能源法学

Science of Energy Law

胡德胜 **主编**

撰稿人（按章节先后顺序）
胡德胜 陈兴华 张　冰
时　颖 葛少芸 王　江
吕　江 龚向前

图书在版编目(CIP)数据

能源法学 / 胡德胜主编. —北京：北京大学出版社，2017.6
（21世纪法学规划教材）
ISBN 978-7-301-28062-1

Ⅰ. ①能… Ⅱ. ①胡… Ⅲ. ①能源法—法的理论—中国—教材 Ⅳ. ①D922.671

中国版本图书馆CIP数据核字（2017）第024516号

书　　　名	能源法学 NENGYUAN FAXUE
著作责任者	胡德胜　主编
责 任 编 辑	郭瑞洁
标 准 书 号	ISBN 978-7-301-28062-1
出 版 发 行	北京大学出版社
地　　　址	北京市海淀区成府路205号　100871
网　　　址	http://www.pup.cn
电 子 邮 箱	编辑部 law@pup.cn　总编室 zpup@pup.cn
新 浪 微 博	@北京大学出版社　@北大出版社法律图书
电　　　话	邮购部 62752015　发行部 62750672　编辑部 62752027
印 刷 者	北京虎彩文化传播有限公司
经 销 者	新华书店 787毫米×1092毫米　16开本　20.75印张　505千字 2017年6月第1版　2024年6月第3次印刷
定　　　价	45.00元

未经许可，不得以任何方式复制或抄袭本书之部分或全部内容。
版权所有，侵权必究
举报电话：010-62752024　电子邮箱：fd@pup.cn
图书如有印装质量问题，请与出版部联系，电话：010-62756370

丛书出版前言

秉承"学术的尊严，精神的魅力"的理念，北京大学出版社多年来在文史、社科、法律、经管等领域出版了不同层次、不同品种的大学教材，获得了广大读者好评。

但一些院校和读者面对多种教材时出现选择上的困惑，因此北京大学出版社对全社教材进行了整合优化。集全社之力，推出一套统一的精品教材。

《21世纪法学规划教材》即是本套精品教材的法律部分。本系列教材在全社法律教材中选取了精品之作，均由我国法学领域颇具影响力和潜力的专家学者编写而成，力求结合教学实践，推动我国法律教育的发展。

《21世纪法学规划教材》面向各高等院校法学专业学生，内容不仅包括了16门核心课教材，还包括多门传统专业课教材，以及新兴课程教材；在注重系统性和全面性的同时，强调与司法实践、研究生教育接轨，培养学生的法律思维和法学素质，帮助学生打下扎实的专业基础和掌握最新的学科前沿知识。

本系列教材在保持相对一致的风格和体例的基础上，以精品课程建设的标准严格要求各教材的编写；汲取同类教材特别是国外优秀教材的经验和精华，同时具有中国当下的问题意识；增加支持先进教学手段和多元化教学方法的内容，努力配备丰富、多元的教辅材料，如电子课件、配套案例等。

为了使本系列教材具有持续的生命力，我们将积极与作者沟通，结合立法和司法实践，对教材不断进行修订。

无论您是教师还是学生，在适用本系列教材的过程中，如果发现任何问题或有任何意见、建议，欢迎及时与我们联系（发送邮件至 bjdxcbs1979@163.com）。我们会将您的意见或建议及时反馈给作者，供作者在修订再版时进行参考，从而进一步完善教材内容。

最后，感谢所有参与编写和为我们出谋划策提供帮助的专家学者，以及广大使用本系列教材的师生，希望本系列教材能够为我国高等院校法学专业教育和我国的法治建设贡献绵薄之力。

北京大学出版社
2012年3月

编写说明

2013年8月，我接受北京大学出版社关于编写或者组织编写一本《能源法学》的约稿，它将作为博雅系教材"21世纪法学规划教材"中的一部新兴课程教材。不久，我便草拟了编写说明、要求和大纲，向一些高校中从事能源法（学）教学科研工作的教师发出了参编邀请。多数参编人员当年11月1日在西安开会讨论了编写事宜和有关学术问题，编写工作随后开始。

在世界范围内，能源法是一个新兴的法律部门，能源法学是一个新兴的法学学科。在我国更是如此。国家教委1985年决定在高等学校正式增设经济法专业时，把"能源法"定为经济法专业的专业课，从而为能源法学学科的建设提供了发展空间。虽然我国第一本能源法学教材、肖乾刚和魏宗琪编著的高等学校法学试用教材《能源法教程》早在1988年6月就已经由法律出版社出版，其后肖乾刚和肖国兴编著的"九五"规划高等学校法学教材《能源法》（1996年6月出版）产生了更大影响，但是能源法学教材类图书目前仍然屈指可数。

我虽然于20世纪80年代在北京大学法律学系攻读国际法专业学士学位时就关注过能源法律问题，但是学术研究性的关注则始于2001年—2005年在英国邓迪大学攻读博士学位和从事博士后研究期间。我对能源法（学）的研究理论进路和重点是以市场经济运行为主线，研究市场经济发达经济体的能源法、国际能源法及其经验和教训对中国的启示和借鉴价值。研究思路上，注重生态环境、自然资源、能源三个领域中科学、政策和法律的系统性关系以及合理融合，即"科学/技术""理念/信仰""政策/法律"之间的系统性三角关系。研究路径和方法上，立足于相关自然科学（如环境科学、生态学、气候变化科学、系统科学）的前沿研究成果，运用经济学和管理科学的理论、知识和研究方法，研究政策法律应该在哪些环节、运用哪些方法措施、在何种程度上对宏观能源经济活动进行调控、对种类能源经济活动进行监管、对具体能源经济活动进行处理。编著《美国能源法律与政策》（郑州大学出版社2010年出版）的过程，从多方面提升了我的能源法学研究能力和水平，特别是坚定了我关于科学的能源法学研究应该以市场经济运行为主线的研究思想。经能源法学前辈肖乾刚老师的推荐，该书还荣获了"2010—2011年河南省优秀图书奖"二等奖。此外，我从中更加深刻地认识了能源法学的交叉学科和综合学科特点，研究者需要避免由于科技盲、经济盲和法盲任何之一而产生的偏差或者错误。

能源是生活之要，生产之基。在市场经济条件下，任何一项能源活动都具有经济活动的属性，尽管还可能同时具有其他属性。由于能源法（学）的新兴特点，能源事务是我国计划经济或者国家调控关注的重点领域，利益纠葛复杂而深；加之能源事项事关民生福祉、影响生态环境、涉及国家安全，不同学者对能源法的调整对象以及调整能源活动的范围，有着不同的理解和认识，有些还属于见仁见智的。这使得这一新兴学科的教学内容和体系的确定方面，在市场经济条件下，还存在着不少值得研究之处；不同教材的编写内容、方法和体例也不尽相同。

为了便于读者全面而系统地了解和理解本教材的体例和内容，下面就六个关键事项作出说明。

一、关于能源法学的研究思想。一项学术性的或者引导学术性的文献，如果没有研究思想，或者运用了多个相互矛盾的研究思想，是没有灵魂的文献。全球化的核心内在动力是市场经济，互联网科技又为市场经济的发展插上了腾飞的翅膀；而互联网科技发展的内在动力却是市场，并且促进了市场经济的多维发展。1987年发表的《我们共同的未来》指出："经济学与生态学必须完全统一到决策和立法过程中。"2014年6月13日，习近平总书记提出了我国能源安全发展的"四个革命、一个合作"战略思想：推动能源消费革命，抑制不合理能源消费；推动能源供给革命，建立多元供应体系；推动能源技术革命，带动产业升级；推动能源体制革命，打通能源发展快车道；全方位加强国际合作，实现开放条件下能源安全。市场经济条件下，能源革命的推进实施以及成果保障，应该经由法治的路径，因而需要能源法学的理论支撑。本教材关于能源法学的研究思想是，维护平等竞争条件下的能源市场生产供应的运行、预防和纠正市场失灵以及经由市场路径促进主体基于能源消费端的节能减排，保障和促进实现清洁导向的能源供应安全。离开了这一研究思想，所设计出来的能源政策、法律和制度必然迟早会暴露出其错误，引发纠纷和造成社会问题。我国近两年出现的可再生能源发电领域的严重"弃风限光"现象，就是其制度设计不符合市场规律的必然结果。

二、关于能源法学的研究目标。基于对第一个关键事项的说明，可以将能源法学的研究目标确定为：运用法学理论，经由法治的路径，通过制定并实施科学、合理以及具有可操作性的法律规则、规范和制度，确保完全竞争市场充分发挥其在能源资源、原材料和产品（商品）配置中的积极作用，维护能源供应安全，解决能源活动所产生的温室气体排放这一重大负外部性，同时实现保障生活用能、维护国家（能源）安全的目标。

古罗马皇帝优士丁尼钦定的教科书《法学阶梯》中这样定义法学和正义："法学是关于正义和非正义的科学。""正义是给予每个人以其应该得到的这种坚定而恒久的理想和追求。"虽然经济学理论中的完全竞争市场是一个基于"理性经济人"假设的假设，但是几乎所有的市场经济国家以及从计划经济向市场经济转型的国家基于市场经济的历史发展规律都承认市场是最有效的资源配置方式（这说明了对完全竞争市场的追求就如同法学上对正义的追求一样，存在宏观上的客观和主观现实需求），尽管有时会出现市场失灵的问题。因此，包括能源法学在内的法学学科、法学研究所追求的正义应该是运用法律规则、规范和制度维护市场对资源配置的正义以及通过例外规定纠正市场失灵的正义。关于能源法学的研究目标，需要注意的两点例外：一是，在对国家安全有着关键性影响的能源活动环节，应该加强政府管理、实施国家垄断或者国家控制下的垄断，但是需要处理好其与市场的衔接；二是，在国家安全受到危害的情形下，在保障生活用能紧急情况所必要之时，可能需要也应该在适当的市场环节，适时、适度、暂时地偏离市场规律。

三、关于能源法的调整范围。任何一个部门法的调整范围都是该部门法及相应部门法学的关键和核心问题，也往往是有争议的问题，有时甚至是不同部门法之间就此发生较大争议的问题；例如，民法学界和经济法学界之间关于两个相应部门法的调整范围以及两者调整范围之间关系问题的争论。人类社会活动中所产生的任一社会关系因其涉及的自然要素和社会因素，往往会被人们基于不同的学科理论同时纳入不同种类的社会关系之中，并被赋予不同的属性。但是，自然生态和人类社会是一个复杂的系统，任何一类社会关系不能都由一个其所谓相应的部门法来调整，相关社会管理事务通常也不能都由一个行政主管部门来管理（详细讨论请见本书第三章第一节第一部分"能源法的概念"的有关内容）。部门法的调整范围如同政府部门的职责配置一样，需要合理分工，需要有适当的交叉便于衔接。我认为，任何一个部门法的调整范围都需要宽窄适宜，在与其他部门法的关系上，应该是有所有所不为；特别是对于能源法、环境法、自然资源法这样的交叉性、综合性法律部门来说。

目前，人们关于能源法的调整范围问题既存在争议，也存在混乱。在已有的能源法（学）教材中，问题和混乱总体上表现为：能源法定义中的能源法调整范围过于宽泛，存在无边无际之嫌；分论或者各论中并没有全面讨论（这也是不可能的），对有些方面的讨论不少是采取从其他部门法中的简单拿来主义。分析产生这方面争议或者混乱的根本性原因，一是缺乏对"能源产业""能源部门""能源链""能源领域"这四个概念的外延的科学认识和明确界定，二是没有合理处理能源法与其他部门法之间的分工和配合。为此，本教材在对它们的外延予以明确的基础上，基于对宽窄适宜、市场经济、矛盾论和国外主流做法趋势（特别是西方发达国家或者能源生产或消费大国能源类政策法律的发展历史和现状）这四项因素的思考，合理考量部门法之间的分工和配合问题，将能源法的概念表述为：能源法是指基于可持续发展理念，为了维护和促进能源领域的市场经济健康发展以及保障国家安全、民生福祉和生态环境，国家制定或者认可的，调整以能源企业为一方主体的能源原材料和产品（商品）生产供应活动以及直接影响能源生产、供应和消费的节能减排活动中所产生的能源社会关系的，以规定当事人的能源权利和能源义务为内容的法律规范的总称。例如，在考量能源法与环境法之间的分工与配合方面，不应该将与能源活动有关的任何环境保护问题都纳入能源法的范围，否则大部分环境法都成能源法的一部分了。因此，这里定义的能源法仅将主体基于能源消费端调控的环境保护措施（发展清洁能源、节约能源、应对气候变化）纳入能源法。

四、关于能源法学的交叉学科和综合学科属性。尽管科学在当代的学科分工越来越细、越多，但是在解决问题时越来越需要多学科知识的交叉、综合和运用。能源法学领域的研究是需要运用诸多自然科学和哲学社会科学理论、知识和成果、研究方法的交叉研究和综合研究，尽管它是以法学研究作为出发点和落脚点的。《我们共同的未来》指出："人类的法律必须重新制定，以使人类的活动与自然界的永恒普遍规律相协调。""经济学与生态学必须完全统一到决策和立法过程中，不仅要保护环境，而且也要保护和促进发展。"也就是说，局限于并沿袭传统法学理念和方法来研究和制定能源法，难免会使能源法走向人类传统人本主义价值观的误区之中，与可持续发展理念和绿色发展理念格格不入。

一个人所认为的一项常识，其他人可能并不知道它、认为它不是常识乃至认为它是谬误。学习交叉学科和综合学科，特别是对之研究，必须避免出现不了解相关学科中的常识的错误。了解和理解能源领域相关学科的常识，是运用法学理论研究解决能源法调整范围内的能源社会关系问题不可或缺的基础。本教材在第一章"导论"对能源、能源资源、能源部门、能源问题以及基础且必要的自然科学和经济学理论和知识进行了介绍，在各论的每一章都首先基于相关的自然科学知识对相关能源产业情况、能源活动流程等予以介绍。如此编排的目的，是方便并希望读者基于科学知识、经济学理论来理解或者研读，避免或者减少对能源法领域中的学术和应用问题进行科技盲式、经济盲式或者法盲式的任何之一的解读。存在任何一盲，都往往会导致对现行能源政策法律及其实施作出不科学的评判，在关于解决能源问题的政策法律规则、规范和制度的设计中存在漏洞，以至于不是解决问题而是创造新的问题、更多的问题。

五、关于能源法的法学二级学科属性。作为一个新兴的法学二级学科，能源法学与其他部门法（学）有着密切的联系。例如，对能源资源勘探、开发和利用以及其他某些能源活动的直接控制管理的立法和行政措施需要运用行政法（学）的理论和方法；对能源活动中平等主体之间能源权利的救济需要运用民法（学）的理论和方法；能源问题的产生与能源经济活动的外部性密切相关，需要运用经济法（学）的理论和方法，特别是需要注意与其中有关宏观调控、财政投资和体制改革、税收和审计等制度的联系；对危害能源生产类设施以及输送配送的犯罪行为，需要注意运用刑法（学）的理论和方法设计适当的刑事制裁措施；对能源原材料和产品（商品）周期过程中能源活动负外部性中的生态环境成本的消除问题，总体上属于环境法的范畴，但是节能减排活动主要属于能源法的范围，两者需要进行合理的衔接；对能源资源的所有权以及勘探权、开发权和利用权的配置问题，总体上属于自然资源法的范畴，但是能源法需要关注能源资源的特殊性问题；对包括应对气候变化在内的国际或者全球能源问题的国际控制和行动，属于国际法的范畴，但是问题的解决需要能源法学研究的支撑。

然而，上述关系并不说明能源法（学）是行政法（学）、民法（学）、经济法（学）、刑法（学）、环境法（学）、自然资源法（学）以及国际法（学）等部门法（学）的简单集合体，更不意味着能源法是碎片化的部门法。这是因为，首先，能源法所调整的能源社会关系产生于能源原材料和产品（商品）周期过程中的能源生产供应活动以及直接影响能源生产、供应和消费的节能减排活动这两条不宜人为分割的主线，相应的能源法律关系具有系统性和整体性，从而决定了能源法（学）的独立性。其次，上述关系一方面说明能源法（学）是基于能源和能源事项的基础性，为应对能源问题而作出反应和调整的产物；另一方面说明，其他部门法（学）对能源法（学）的产生和发展起到了很大的促进作用。再次，能源法（学）的产生和发展，与包括环境科学、生态学、气候变化科学和系统科学等自然科学以及经济学、管理科学等哲学社会科学研究的进展有着不可分割的联系。最后，能源法（学）中所运用的有些措施是其他部门法（学）中所没有的，或者是对其他部门法（学）已有措施的创新性组合。

六、关于能源法学的理论体系。能源法学理论体系在架构上应该由能源法总论、能源生产供应分论和节能减排分论共三个部分组成；两个分论的结构在于大体上对应确保能源供应安全以及将温室气体排放控制于一个适当水平这两个能源议题的核心问题。这是一种与已有能源法（学）教材不同的理论体系；关于这一建构的理由，请见本书第二章第二节第一部分的有关讨论。能源法总论主要讨论能源法学的基础理论问题，内容包括能源、能源资源和能源部门等的概念，能源问题，经济学和经济制度的基本概念和知识以及能源监管，能源法学的学科地位、学科体系、研究对象和研究方法等内容；能源法的概念、产生和发展，能源法律关系和能源法律责任，能源法的基本原则、基本制度问题。能源生产供应分论研究基于能源类别划分的能源法分支学科，例如石油法、天然气法、煤炭法、电力法、水电法、核电法等。节能减排分论研究主体上基于能源消费端调控的节能减排活动方面的能源法分支学科，包括气候变化法、节约能源法、可再生能源法等。本教材的编写体例遵循了这一理论体系。

参加本教材编写工作的作者情况如下（按章节先后顺序）：

胡德胜，博士，西安交通大学法学院教授，博士生导师；

陈兴华，博士，北方工业大学法学系讲师；

张冰,博士,西安交通大学法学院副教授;

时颖,硕士,博士生,西安石油大学人文学院副教授;

葛少芸,硕士,西北民族大学法学院教授;

王江,博士,重庆大学法学院副教授;

吕江,博士,山西大学法学院副教授;

龚向前,博士,北京理工大学法学院副教授;

根据编写分工,作者们提供了各自的初稿。具体情况是:第一、二、三章,胡德胜;第四章,陈兴华;第五章,张冰;第六章,胡德胜;第七章第一、三、四、五、六节,胡德胜;第七章第二、七、八节,陈兴华;第八、九章,时颖;第十章,葛少芸;第十一章,张冰;第十二、十三章,王江;第十四章,吕江;第十五章,葛少芸;第十六章,龚向前。

在统稿的过程中,基于教材体例的统一性、系统性、协调性的考虑,以及,特别是对上述六个关键事项说明的考量,我作为主编对其他作者的初稿或其部分进行了修改、补充乃至重写。基于知识产权方面的考虑,定稿后的署名确定如下:第一、二、三章,胡德胜;第四章,陈兴华、胡德胜;第五章,胡德胜、张冰;第六章,胡德胜;第七章第一至六节,胡德胜;第七章第七、八节,陈兴华;第八章,时颖、胡德胜;第九章,胡德胜、时颖;第十章第一节,胡德胜;第十章第二、三节,葛少芸;第十一章,张冰;第十二章,胡德胜、王江;第十三章,王江、胡德胜;第十四章,吕江;第十五章,葛少芸;第十六章,龚向前。

在互联网为载体的信息时代,资料和信息的获取已经不再是难事。尽管如此,面对面的交流和亲身经历仍然对于学术研究有着深刻的影响。2014年10月至2015年9月作为中美富布赖特项目访问学者在美国太平洋大学麦克乔治法学院的访学经历,编写期间参加的国内外学术会议和讨论,都对我编写和主编本教材的工作产生了或多或少、或深或浅的影响。特别是2016年8月在张家口召开的中国能源法研究会年会的讨论,迫使我又对书稿进行了旨在避免或者减少对能源法学进行科技盲式、经济盲式或者法盲式理解、解读乃至研究的一些修改。

习近平总书记2016年5月17日在哲学社会科学工作座谈会上的讲话指出:要加快发展具有重要现实意义的新兴学科和交叉学科,使这些学科研究成为我国哲学社会科学的重要突破点。能源的生活之要和生产之基的属性,决定了能源法学的具有重要现实意义的新兴学科和交叉学科地位。希望本教材的出版能够为我国能源法学的发展和繁荣产生些许绵薄贡献。

能源(法)领域的前辈和中国能源法研究会顾问肖乾刚先生和吴钟瑚先生,审阅了本书的初定稿;前者对书稿框架结构提出了一些建设性的修改建议,后者基本上通读了书稿并作出了大量批注、提出了许多建议、提供了不少鲜为人知的史料,着实令人感动。上海燃气(集团)有限公司陈新松法务经理对第八章"天然气法",国家电网公司经济法律部刘春瑞处长和能源研究院刘进研究员对第十章"电力法总论"提出了建设性的修改建议。中国能源法研究会个人会员微信群和中国绿色智库微信群中一些人士对本编写说明草稿进行了评论。这些建议和评论促使我对书中一些观点或者表述作出了进一步的阐明、解释或者改进。谨此表示感谢。然而,对于书中的任何错误和不当之处,我当负不可推卸的主编之责。

在本教材编写的最后阶段,西安交通大学法学院的博士研究生王涛和欧俊同学作为第一读者通读了书稿,提出了一些有价值的修改建议和润色意见。北京理工大学法学院的宋瑾瑜硕士研究生参加了第十五章初稿的编写工作。在此表示感谢。

本教材的编写工作得到了陕西省法学会能源法学研究会的些许资助；出版得到了北京大学出版社法律事业部的大力支持。谨在此表示感谢。

本教材可供高等学校法学专业、财经专业以及能源科学与管理类学科专业的学生作为教材使用，也可作为立法和司法部门以及能源、环境与资源保护有关行政机构人员的参考用书，还可作为能源企业及能源相关企业法务部门的参考资料。

科学是通过理性的精神和手段对具体事物的规律进行探索的知识活动，它与封闭、无知和迷信相对立，需要在开放、批判乃至对抗中不断创新和发展，从而走向成熟。由于我学识水平有限，书中不当、疏漏乃至错误之处在所难免，欢迎读者致函 deshenghu@126.com 予以批评指正。

胡德胜
2017 年 3 月 1 日

作者简介

胡德胜,男,1965年生,法学学士(国际法,北京大学),哲学博士、博士后(英国邓迪大学)。西安交通大学法学院教授、博士生导师。2014—2015年度中美富布赖特项目访问学者。律师,经济师,仲裁员。中国环境科学学会环境法学分会副主任委员,中国能源法研究会常务理事兼学术委员会副主任,中国环境资源法学会常务理事,中国自然资源学会水资源专业委员会、中国水利学会水资源专业委员会委员,陕西省能源法学研究会会长。胡德胜教授擅长进行跨法学、经济学和相关自然科学的交叉研究。主要研究领域:国际法和比较法,环境、自然资源和能源治理的科学、法律与政策,以及票据和投资。能源法学及相关著述主要有编著《美国能源法律与政策》("2010—2011年河南省优秀图书奖"二等奖),译作《能源与自然资源中的财产和法律》《矿业特许税费:关于其对投资者、政府和市民社会影响的国际研究》和《确保澳大利亚的能源未来》,主编教材《环境与资源保护法学》,论文《论我国能源监管的架构:混合经济的视角》和"Opportunity, challenges and policy choices for China on the development of shale gas"(载 *Energy Policy*,ESI 高被引论文)等。

陈兴华,女,1978年生,工学博士,北方工业大学文法学院法律系讲师。中国能源法研究会副秘书长。主要研究领域:能源法、环境资源法、经济法。作为助理专家参加国家《能源法》起草小组专家组工作。主持国家能源办项目《能源法律与能源政策关系研究》。参加国家能源局项目若干,其中一项获"2008—2009年度国家能源局软科学研究优秀成果奖"一等奖。发表学术论文十余篇。

张冰,女,1968年生,法学博士,西安交通大学法学院副教授。主要研究领域:经济法、能源法。德国柏林自由大学法学院访问学者。陕西省能源法学研究会副会长兼秘书长。出版专著两部、合著一部,参编教材四部。在《法学杂志》《西安交通大学学报(社会科学版)》《江西社会科学》等上发表学术论文十余篇。

时颖,女,1972年生,硕士,西安石油大学人文学院副教授。长期从事能源法教学。主要研究领域:能源法、经济法。主持或参加国家和省部级项目若干。在《兰州大学学报(社会科学版)》《宁夏社会科学》等上发表学术论文十余篇。

葛少芸,女,1963年生,硕士,西北民族大学法学院教授,法律硕士导师组组长。甘肃省政府法律顾问。主要研究领域:环境资源法、能源法、经济法。主持或参加国家和省部级项目四项。出版专著四部,参编教材一部。发表学术论文三十余篇。荣获省部级科研奖励三项。

王江,男,1980年生,法学博士,重庆大学法学院副教授。英国萨里大学访问学者,环境监管研究团队成员。主要研究领域:环境法、自然资源法、国际环境法。参编教材三部。在《管理世界》《法律科学》等上发表学术论文二十余篇。

吕江,男,1976年生,法学博士,法哲学博士后,山西大学法学院副教授。中国国际法学会理事。主要研究领域:国际能源法、气候变化法。曾赴美国爱荷华大学、英国邓迪大学(能源、石油和矿产法律政策中心)学习。主持或参加国家和省部级项目若干。出版专著两部,《英国新能源法律与政策研究》获省级哲学社会科学优秀成果一等奖。在《法学评论》等上发表学术论文三十余篇。

龚向前,男,1973年生,法学博士,北京理工大学法学院副教授。IUCN环境法委员会委员、国家高端智库武汉大学国际法研究所研究员等。主要研究领域:国际环境法、国际能源法。主持国家和省部级项目多项,参与《能源法(学者建议稿)》《原子能法》等的起草研究和学术论证工作。出版《气候变化背景下能源法的变革》等学术专著多部,在《中国法学》Journal of East Asia and International Law 等上发表学术论文五十余篇。

我国国家机关和政府部门名称缩略表

人民代表大会	人大
常务委员会	常委会
国家发展和改革委员会	国家发改委
国家经济贸易委员会	国家经贸委
国家计划委员会	国家计委
国家发展计划委员会	国家发展计划委
国家电力监管委员会	国家电监会
科学技术部	科技部
住房和城乡建设部	住建部
工业和信息化部	工信部
环境保护部	环保部
国家环境保护局	国家环保局
国家环境保护总局	国家环保总局
国家安全生产监督管理总局	国家安全监管总局
国务院法制办公室	国务院法制办
国防科学技术工业委员会	国防科工委
全国人民代表大会财政经济委员会	全国人大财经委
全国人民代表大会环境与资源保护委员会	全国人大环资委
中央机构编制委员会办公室	中编办
国务院国有资产监督管理委员会	国资委
国家国防科技工业局	国防科工局

我国法律名称缩略表

中华人民共和国电力法	电力法
中华人民共和国煤炭法	煤炭法
中华人民共和国节约能源法	节约能源法
中华人民共和国矿产资源法	矿产资源法
中华人民共和国石油法	石油法
中华人民共和国海洋环境保护法	海洋环境保护法
中华人民共和国森林法	森林法
中华人民共和国水法	水法
中华人民共和国大气污染防治法	大气污染防治法
中华人民共和国环境保护法	环境保护法
中华人民共和国固体废物污染环境防治法	固体废物污染环境防治法
中华人民共和国建筑法	建筑法
中华人民共和国价格法	价格法
中华人民共和国可再生能源法	可再生能源法
中华人民共和国石油天然气管道保护法	石油天然气管道保护法
中华人民共和国循环经济促进法	循环经济促进法
中华人民共和国清洁生产促进法	清洁生产促进法

目 录

总 论 编

3　第一章　导论

  3　第一节　能源、能源资源和能源部门
  9　第二节　能源问题
  12　第三节　经济学、经济制度和能源监管

28　第二章　能源法学概述

  28　第一节　能源法和能源法学
  33　第二节　能源法学的学科体系和学习研究

39　第三章　能源法概述

  39　第一节　能源法的概念、性质、属性和特征
  46　第二节　能源法的渊源和体系
  55　第三节　能源法与其他部门法的关系

59　第四章　能源法的产生和发展

  59　第一节　国外能源法的产生和发展
  68　第二节　中国能源法的产生与发展
  73　第三节　国际能源法的产生与发展

81　第五章　能源法律关系

  81　第一节　能源法律关系
  84　第二节　公众能源利益

87	第三节　企业的能源权利和义务
91	第四节　政府能源管理和我国中央能源管理机构
101	第五节　能源法律责任

105　第六章　能源法的基本原则

105	第一节　能源法基本原则概述
106	第二节　可持续发展原则
109	第三节　能源安全原则
112	第四节　运用经济学理论和方法的原则
114	第五节　公众参与原则
116	第六节　尊重主权和国际合作原则
119	第七节　国家管理原则

122　第七章　能源法的基本制度

122	第一节　能源法基本制度概述
123	第二节　能源战略和规划制度
127	第三节　能源激励制度
131	第四节　能源市场准入制度
133	第五节　能源价格监管制度
135	第六节　能源普遍服务制度
138	第七节　能源储备制度
141	第八节　能源应急制度

能源生产供应编

149　第八章　石油法

149	第一节　石油和石油产业
152	第二节　石油法概述
160	第三节　我国石油法

第九章 天然气法 — 170

- 170 第一节 天然气和天然气产业
- 173 第二节 天然气法概述
- 182 第三节 我国天然气法律制度

第十章 煤炭法 — 186

- 186 第一节 煤炭和煤炭产业
- 189 第二节 我国煤炭法概述
- 193 第三节 我国《煤炭法》的主要内容

第十一章 电力法总论 — 201

- 201 第一节 电力和电力产业
- 206 第二节 电力法概述
- 213 第三节 我国电力法

第十二章 水电法 — 223

- 223 第一节 水能资源和水电产业
- 228 第二节 水电法概述
- 230 第三节 我国水电政策和立法
- 233 第四节 我国水电法的主要制度

第十三章 核电法 — 240

- 240 第一节 核电与核电产业
- 243 第二节 我国核电政策和立法
- 245 第三节 我国核电法的主要制度

节能减排编

第十四章 气候变化法 — 257

- 257 第一节 气候变化科学与能源的关系

259 | 第二节 气候变化法的发展
265 | 第三节 气候变化法的原则和内容

277　第十五章　节约能源法

277 | 第一节 节约能源概述
279 | 第二节 节约能源法概述
283 | 第三节 《节约能源法》的主要制度

295　第十六章　可再生能源法

295 | 第一节 可再生能源概述
299 | 第二节 我国可再生能源立法回顾及现状分析
301 | 第三节 国外可再生能源立法概况和经验
307 | 第四节 我国可再生能源法立法

314　主要参考文献

总 论 编

第一章　导论
第二章　能源法学概述
第三章　能源法概述
第四章　能源法的产生和发展
第五章　能源法律关系
第六章　能源法的基本原则
第七章　能源法的基本制度

能源法(学)的交叉学科和综合学科属性极强。不了解能源产业的相关基本知识和活动流程,缺乏必要的经济学基础知识,能源法(学)研究将没有科学的基础,有关能源法学的理论和能源法律制度的设计只会成为制造新问题和新麻烦的工具。本编讨论能源法学的基础理论问题,内容包括能源、能源资源和能源部门等的概念,能源问题,经济学和经济制度的基本概念和知识以及能源监管;能源法学的学科地位、学科体系以及学习和研究方法等内容;能源法的概念、产生和发展,能源法律关系和能源法律责任,能源法的基本原则和基本制度。

第一章

导　　论

> ✍**学习目标**
> 通过本章的学习，学生可以掌握以下内容：
> 1. 能源的概念和分类、能源资源；
> 2. 能源问题的重要性、世界能源问题和我国能源问题；
> 3. 经济学和经济制度的基本知识和概念、能源监管。
>
> ✍**关键概念**
> 能源　能源问题　能源监管

　　能源是生活之要、生产之基，是人类活动的物质基础。从一定意义上讲，人类社会的发展离不开能源以及先进能源技术的使用。特别是，20世纪70年代两次石油危机导致的石油供应短缺使"能源"成为国际性热点议题，其核心是能源供应安全问题；20世纪90年代气候变化从科学问题转变为政治和法律问题后，由于能源生产、供应和消费活动所排放温室气体占人类活动总排放量的大部分[①]，更加重了"能源"的世界性分量，议题的核心是如何既确保能源供应安全又将温室气体排放控制在一个适当的水平。毫不夸张地说，当今世界，能源原材料和产品的开发、生产、利用和消费以及与之有关的国家安全、民生福祉和生态环境保护，不仅已经构成每个国家社会经济发展的根本性事项，而且已经成为全人类关心的共同议题。能源法学也应运而生并不断发展。

第一节　能源、能源资源和能源部门

一、能源的概念

　　自然社会的基本构成要素包括物质、能量和信息。英语中的"energy"一词，既可指物理

---

① 研究表明，85%的颗粒物和几乎所有的硫氧化物和氮氧化物都来源于能源原材料和产品（商品）的生产、利用和消费活动。这三种污染物会直接污染空气或者通过大气层中的化学反应转变成其他污染物，不仅造成了最广泛的空气污染后果，而且致使大气中温室气体浓度升高，导致气候变化。See IEA, *World Energy Outlook Special Report 2016：Energy and Air Pollution*, IEA, 2016, p.13.

学意义上的能量(做功的能力),也可指人们常说的,也是本书一般情况下所讨论的能源(能源的来源,energy sources),而且两者密切相关。能源是指能够提供某种形式能量(如机械能、热能、光能、电磁能、化学能)的物质或者物质的运动,例如,矿物质能源、核物理能源、大气环流能源和地理性能源。能够提供能量的物质包括一次能源和二次能源中的燃料型能源资源或者产品,如煤炭、石油、天然气及其制品,电力;能够提供能量的物质运动包括一次能源和二次能源中的非燃料型能源(资源),如太阳能、水能、风能和潮汐能。电能通常用千瓦时(kWh,度)作为计量单位,热能通常用英制热量单位(Btu)或者焦耳(J)来衡量。

对于"能源"的概念,人们从不同的角度或者用不同的方法予以定义。例如,《大英百科全书》说:"能源是一个包括所有燃料、流水、阳光和风的术语,人类用适当的转换手段便可让它为自己提供所需要的能量。"《日本大百科全书》说:"在各种生产活动中,我们利用热能、机械能、光能、电能等来做功,可利用来作为这些能量源泉的自然界中的各种载体,称为能源。"中国《能源百科全书》说:"能源是可以直接或经转换提供人类所需的光、热、动力等任何一种形式能量的载能体资源。"自然科学学者将能源定义为"比较集中的含能体或能源过程"[1]。在美国,所谓能源,就位能(势能)而言,是指以做功能力衡量的用于做功的能力,或者是指这种做功能力转换为运动(动能)用于做功的能力。[2]

在能源政策法律中,也需要对"能源"进行定义和界定,以增强法律的可操作性。例如,2007年12月3日公布的《中华人民共和国能源法(征求意见稿)》(下称2007年《能源法(征求意见稿)》)在第2条第2款中这样定义能源:"本法所称能源是指能够直接取得或者通过加工、转换而取得有用能的各种资源,包括煤炭、原油、天然气、煤层气、水能、核能、风能、太阳能、地热能、生物质能等一次能源和电力、热力、成品油等二次能源,以及其他新能源和可再生能源。"

综上所述,能源是一种呈多种形式的,且可以相互转换的能量的源泉。可以将能源定义为:能够直接取得或者通过加工、转换而取得有用能(如热量、电能、光能和机械能等)或可做功的各种载能体资源,包括一次能源(煤炭、原油、天然气、煤层气、水能、核能、风能、太阳能、地热能、生物质能等)和二次能源(电力、热力、成品油等)。能源是国民经济的重要物质基础,未来国家命运取决于对能源的掌控。能源资源的科学开发和能源产品有效利用程度以及人均能源消费量是衡量生产技术和生活水平的重要标志。

二、能源的分类

能源的种类繁多,而且随着科学技术的发展进步,更多种类的新型能源不断出现,来满足人类的能源需求。根据不同的划分标准和方式,可以将能源分为不同的种类。

(一)地球本身能源、来自其他天体的能源和合力能源

这是根据能源是否来源于地球本身而对能源进行的分类。

地球本身能源是指地球本身所蕴藏的能量,通常指与地球内部热能有关的能源以及与原子核反应有关的能源,例如,原子核能、地热能等。地球分为地壳、地幔和地核三层。地壳是地球表面的一层,厚度从数km到70km不等。地壳下面是地幔,它的大部分是熔融状的

---

[1] 叶大均:《能源概论》,清华大学出版社1990年版,第1页。
[2] 胡德胜编著:《美国能源法律与政策》,郑州大学出版社2010年版,第44页。

岩浆,厚度约为2900km;火山爆发一般是这部分岩浆喷出。地球内部为地核,地核中心温度约为2000℃。温泉和火山爆发喷出的岩浆就是地热的表现。可见,地球本身就是一个大热库,热能资源储量很大。

来自其他天体的能源是指来自地球外部天体的能源,主要是太阳能。除直接辐射外,它还为风能、水能、生物能和矿物能源等的产生提供了基础。人类所需能量的绝大部分都直接或间接地来自太阳。正是各种植物通过光合作用把太阳能转变成化学能在植物体内贮存下来。煤炭、石油、天然气等化石燃料也是由古代埋在地下的动植物经过漫长的地质年代形成的。它们实质上是由古代生物固定下来的太阳能。此外,水能、风能、波浪能、海流能等也都是由太阳能转换来的。

合力能源是指地球和其他天体(主要是太阳和月球)相互作用而产生的能量,如潮汐能。

(二) 一次能源和二次能源

这是根据是否经过加工转换而对能源进行的分类。

一次能源,又称天然能源,是指在自然界中现成存在的,并可以直接取用而不改变其基本形态的能源,如煤炭、石油、天然气、水能、核能、太阳能、风能、海洋能、潮汐能和生物质能等。二次能源是指对一次能源进行加工转换而形成的其他种类或者形态的能源产品,如电力、煤气、蒸汽、焦炭、洁净煤、激光和沼气以及汽油、柴油等各种石油制品等。需要注意的是,一次能源有时候会经过多次转换,先后具有不同的形态,但是最后形态的能源仍然被称为二次能源。

(三) 耗竭性能源和非耗竭性能源

这是根据能源资源的分布量和被人类开发利用时间的长短,即是否具耗竭性,对一次能源作出的进一步分类。

耗竭性能源是指对其开发利用程度具有一定的自然和客观限度制约的能源。根据是否可以更新或者再生,又可以分为可再生能源和不可再生能源。(1) 可再生能源是指在被开发利用后通过天然作用或者人工经营而再生,并能够继续为人类利用的能源,如水能。由于这类能源的更新能力有一定限度,并且需要一定的更新周期,因而利用可更新能源的数量、规模、程度和速度应当是有限度的开发利用,不能超过可更新能源本身的更新速度,以保证其更新。如果人类对其开发利用的强度超过其自我更新能力,可更新能源就会退化、解体并有耗竭之虞,就会枯竭而不能永续利用。(2) 不可再生能源是指数量有限、在经过开发利用后基本上或者根本不能再生,最终将会被用尽的能源,如煤炭、石油、天然气等化石燃料。这类能源的形成不仅要经过漫长的地质年代,而且要具备成矿条件。这类能源是利用一点就会减少一点,最终将被开发利用殆尽。因而,对这类能源必须十分珍惜,尽可能进行合理的、节约型的综合利用,减少耗损和浪费。

非耗竭性能源,又称无限能源,是指相对于人类生命周期来说储量无限或者具有无限可再生能力的能源,只要地球、太阳、月球等天体还存在就可以源源不断地供人类开发利用的能源。它又可以分为恒定性能源和亚恒定性能源。恒定性能源主要包括太阳能、潮汐能、原子能等。亚恒定性能源主要包括风能等。对非耗竭性能源应当鼓励使用,尽力进行合理的开发和利用。不过需要注意的是,对非耗竭性能源的利用也是需要一定的其他自然资源条件的支撑的。从地球内部巨大的热能蕴藏量来看,地热能是可再生能源、非耗竭性能源。核能的新发展将使核燃料循环而具有增值的性质。核聚变的能比核裂变的能可高出5～10

倍,核聚变最合适的燃料重氢(氘)又大量地存在于海水中,几乎"取之不尽,用之不竭",故可视为非耗竭性能源。

(四)可再生能源和不可再生能源

这是根据是否可以不断得到补充或者能否在较短周期内再产生这样一种可再生性标准,对一次能源作出的又一种细分。

可再生能源,又称再生能源,是指可以不断得到补充或者能在较短周期内再产生的能源,如水能、太阳能、风能、海洋能、潮汐能和生物质能等。不可再生能源,又称非再生能源,是指既不可以不断得到补充,又不能在较短周期内再产生的能源,如煤炭、石油、天然气、页岩油、页岩气等。其中,煤炭、石油和天然气这三种能源是一次能源的核心,它们是全球能源的基础。

需要注意的是:(1)这种划分所依据的标准与第三种分类的标准,虽然近似但并不相同,也不如后者科学和严谨。不过,这一分类得到了更为广泛的认同。(2)不同国家能源政策法律关于可再生能源范围,可能会有不同的界定。[1]

(五)燃料型能源和非燃料型能源

这是根据能源的性质而对能源进行的分类。

燃料型能源包括煤炭、石油、天然气、泥炭、木材。非燃料型能源包括水能、风能、地热能、海洋能。人类利用自己体力以外的能源是从用火开始的,最早的燃料是木材,以后用各种化石燃料(如煤炭、石油、天然气、泥炭等)。现正研究利用太阳能、地热能、风能、潮汐能等新能源。当前化石燃料消耗量很大,而且地球上这些燃料的储量有限。未来铀和钍将可能会提供世界所需的大部分能量。一旦控制核聚变的技术问题得到解决,人类实际上将获得无尽的能源。

(六)清洁能源和非清洁能源

这是根据在消耗过程中或者消耗后是否造成环境污染(即是否清洁)而作出的能源分类。

清洁能源,又称清洁型能源,是指在消耗过程中或者消耗后不造成环境污染或者环境污染很小的能源,如水力、电力、太阳能、风能等。非清洁能源,又称污染型能源、脏能源,是指在消费或消耗过程中或者之后造成较大环境污染的能源,如煤炭、石油。关于核能是否是清洁能源,是存在很大争议的。因为核能在核材料的开发中、在核废料的处理中,或者会产生严重的污染或者生态破坏,或者具有重大的、不可逆转的生态环境风险。

(七)常规能源和非常规能源

这是根据利用技术是否成熟或者使用是否比较普遍而进行的能源分类。

常规能源,又称传统能源,是指利用技术上成熟或者使用比较普遍的能源,如一次能源中可再生的水能以及不可再生的煤炭、石油、天然气等能源。它目前占全部能源生产消费总量的80%以上。相对于常规能源而言,非常规能源,又称新型能源、新能源,是指新近二三十年来利用或正在着手进行大规模或者商业化开发的能源,如太阳能、风能、地热能、海洋能、生物能、氢能以及用于核能发电的核燃料等能源。

我国《能源法》(征求意见稿)第139条对新能源的定义是,"新能源,是指在新技术基础

---

[1] 肖江平、肖乾刚:《"可再生能源"的法律定义》,载《法学评论》2004年第2期。

上开发利用的非常规能源,包括风能、太阳能、海洋能、地热能、生物质能、氢能、核聚变能、天然气水合物等。"所谓非常规能源,是指由于技术、经济等因素的限制,迄今尚未大规模使用的能源,它是与常规能源对应使用的一个概念,有时又把非常规能源直接称为新能源。

需要注意的是,新能源是个动态的、相对的概念。第一,人们在利用某一能源形式的初期把它当做新能源,随着时间的推移、技术的成熟以及该能源的广泛使用、在能源结构中比重的日益加大,就会把它当做常规能源。第二,新能源(非常规能源)并不是指新发现的能源,它大多数是资源丰富、分布广阔的可再生能源。这是人们常用"新能源和可再生能源"这一术语的重要原因。由于这些可再生能源的能量密度较小,或品位较低,或有间歇性,按已有的技术条件转换利用的经济性尚差,还处于研发阶段,只能因地制宜地开发和利用。新能源中的清洁能源将会是未来的主要能源。

(八) 根据形态特征或者转换与应用的层次进行分类

世界能源委员会根据能源的形态特征或者转换与应用的层次,建议将能源类型分为固体燃料、液体燃料、气体燃料、水能、电能、太阳能、生物质能、风能、核能、海洋能和地热能。其中,前三种类型可以统称化石燃料或化石能源。

已被人类认识的上述能源,在一定条件下可以转换为人们所需要的某种形式的能量。例如,把薪柴和煤炭燃烧或者加热到一定温度,它们就能和空气中的氧气化合并放出大量的热能,可供应热量用来取暖、做饭或制冷,也可以用热来产生蒸汽。用蒸汽推动汽轮机,可以使热能转变成机械能;汽轮机可用来带动发电机,使机械能进而转变成电能。将电输送到工厂、企业、机关、农牧林区和住户,它可以转换成机械能、光能或者热能。

图表 1-01　能源分类举例

		可再生能源	不可再生能源
一次能源	常规能源	水能	煤炭,石油,天然气
	非常规能源	太阳能,风能,地热能,潮汐能,生物质能	
二次能源	常规能源	电力,焦炭,煤气,沼气,蒸汽,汽油,煤油,柴油等石油制品,余热,余能	
	非常规能源	水能(抽水蓄能)	

二、能源资源

能源资源是以自然资源形式赋存的一次能源(天然能源),它们在自然界中天然生成和存在。其中,有的可供人们直接取用而不改变其基本形态;有的则需要经过加工转换才能使用;还有的既可供人们直接取用而不改变其基本形态,也可以经过加工转换和提高能源效能后而使用。在自然界中天然生成和存在的煤炭、石油、天然气、水能、核能、太阳能、风能、海洋能、潮汐能和生物质能等,都是自然资源。

随着科学技术的进步和社会、经济的发展,能源资源的范围以及对能源资源开发利用的方式、方法、途径和深度,都在不断地发展和变化之中。例如,对于天然气,一开始人类认为石油伴生的常规天然气和煤炭伴生的煤层气都是无用之物,后来却将之作为主要能源来对待和使用,再后来又将页岩气作为非常规天然气资源进行开发。

国家对能源资源的主权决定能源资源所有权的配置，能源资源所有权影响或者决定能源资源的初始配置活动——能源资源的勘探或者开发。能源资源的勘探或者开发活动是能源活动的起点（经济）活动，既对相关能源投资活动产生影响，也对能源原材料和产品的流通具有直接影响。不同国家对同一能源资源、同一国家对不同能源资源的所有权以及勘探或者开发权可能有着不同的政策法律规定。对此，请见总论和各论部分的相关介绍和讨论。

三、能源部门

"能源产业"（energy industry）、"能源部门"（energy sector）和"能源链"（energy cycle）是内涵上相互关联、外延上存在交叉的三个术语，时常被人们作为近义词乃至同义词使用。然而，从历史发展角度来看，这三个概念的外延呈依次扩大。能源产业在早期基本上限于从自然界中勘探、采掘、采集和开发能源资源的活动以及将从这些活动中获得的能源原材料进行加工，转换为燃料或者动力的活动；这是狭义的能源产业，汉语中常称之为"能源工业"。后来，能源产业的外延又逐渐扩大到能源原材料和产品的专业化运输、输送、传输（简称三者为"输送"）和配送（又称"分送"）活动、交换（包括进出口在内的贸易、营销和销售）活动以及能源服务提供活动；外延扩大后的能源产业是广义的能源产业，也是人们常说的能源产业，本书也在这一意义上使用"能源产业"这一术语。能源原材料和产品（商品）的生产进口、输送、配送以及销售活动，可以简称为能源生产供应活动；对于从事能源生产供应活动的企业，人们通常称之为能源企业。

人们通常将能源产业划分为上游生产进口（包括从自然界中勘探、采掘、采集和开发能源资源的活动、进口能源原材料和产品的活动，以及将从这些活动中获得的能源原材料进行加工为能源产品或者商品的活动）、中游输送和配送（能源原材料和产品的输送和配送服务活动）以及下游销售（向终端能源消费者营销和销售能源商品的活动）三个部分。也常根据能源的种类将能源产业划分为石油产业、天然气产业、电力产业、煤炭产业、核能（核电）产业、可再生能源产业等。[①] 经营业务同时涵盖某一（些）能源产业上游、中游和下游中两个或两个以上部分的能源企业（集团），通常被称为垂直一体化能源企业。

狭义的能源部门与广义的能源产业是同义词。随着能源部门的外延将能源服务扩大到输送和配送以外的其他能源服务（如节能减排服务），特别是扩大到节能减排活动以及能源生产设备和能源消费产品的生产领域，产生了广义的能源部门。

能源链所包括的能源活动的范围最为广泛，可以包括四类：（1）能源原材料和产品（商品）生产供应周期过程中的能源活动；（2）对前一类能源活动中所产生废弃物的处理与处置活动；（3）前两类能源活动的停止、中断或者结束活动；以及，（4）将前三类能源活动的有害环境影响予以最小化的活动。[②]

此外，还有"能源领域"（energy field）这一术语。它的内涵和外延更为模糊不清，人们时常在非常广泛的意义上使用，可以将之作为能源链的同义词。

[①] 在现实中，不少产业的行业组织（学会、协会等）也将其产业扩大到了勘探、开发、生产所需设备的生产企业。而政府为了促进、加快或者禁止、限制某一能源产业的发展，有时也会针对这些设备生产企业出台一些政策法律。

[②] 参见《能源宪章条约》附件T《关于能源效率及相关环境影响的能源宪章议定书》第2条第4项。

第二节 能源问题

一、能源事项的重要性

人类的能源利用活动先后经历了薪柴时代、煤炭时代和油气时代,并正在经历着从油气时代向可再生和清洁能源时代的转变。与此同时,能源利用总量不断增长,能源结构不断变化。而且,每一次能源时代的变迁,都伴随着科学技术的巨大进步和生产力的飞跃,推动了人类的社会进步和经济发展。在煤炭时代和油气时代,由于人类使用化石能源的数量极大,能源对人类社会进步和经济发展的制约以及对资源环境的影响也越来越明显。从现代社会发展来看,能源事项的重要性主要表现在以下四个方面。

(一)能源是现代社会发展的基础

现代社会发展建立在高度的物质文明和精神文明基础之上。高度物质文明的支撑条件,是社会生产力的极大发展,表现为现代化的农业、工业、城镇和信息以及交通物流系统。它们的运行都离不开能源。当代社会,以实现维持人类生存生命为目的的生命类人权用能在总能耗中所占的比重显著下降,用于维护高水平生活以及生产和交通服务已经成为耗能的主要领域。

从发达国家的发展历程来看:一国处于工业化前期和中期时,能源消费通常都会经历一段快速增长期,能源消费弹性系数①一般大于1;此后,进入低增长期,能源消费弹性系数一般小于1。历史还表明:一国或地区人均GDP达到一定水平后,居民衣食住用行等方面的能源消费将处于上升阶段,人均生活用能会显著增长。因此,没有能源作为支撑,就不可能有现代社会和现代文明。

(二)能源是社会发展的重要制约因素

20世纪70年代末我国实行改革开放政策以来,经济持续快速发展。但是,能源供给不足的矛盾十分突出。往往只要固定资产投资规模扩大、经济发展加速,煤电油运就会出现紧张,成为制约社会发展的瓶颈。20世纪90年代末,随着能源市场化改革不断推进、能源产业进一步对外开放和能源投入增加,煤炭、电力产能大幅度提高,油气进口增多,能源对社会发展的制约得到很大缓解。进入21世纪后,能源供求形势又发生了新的变化,工业化和城镇化步伐加快,一些高耗能行业发展过快,能源需求出现了前所未有的高增长态势,能源对社会发展的制约又开始加大。中国是一个人口众多的发展中国家,达到较高水平的现代化社会还要走相当长的路。随着经济社会持续发展和人民生活水平不断提高,能源需求还会继续增长,供需矛盾和资源环境制约将长期存在。

(三)能源安全事关经济安全和国家安全

从历史上看,发达国家在实现工业化的过程中,除开发利用本国能源资源外,还利用了大量的国际和国外能源资源。20世纪70年代发生的两次世界石油危机,导致主要发达国家经济减速和全球经济波动,引起对能源安全问题特别关注。能源安全中最重要的是石油和

---

① 能源消费弹性系数(Energy Consumption Elasticity Coefficient)是能源消费年均增长率与国内生产总值年均增长率之比,反映经济增长和能源消费增长之间的关系。

天然气安全。21世纪以来,石油价格不断攀升,特别是进入2008年后,国际市场原油价格在首个交易日就突破100美元,而后一路上涨到7月11日的147.27美元历史最高位。这对全球经济特别是石油进口国经济产生了较大影响,一些国家甚至因石油涨价引发社会动荡。此后,由于国际金融危机深化、经济前景暗淡、原油需求预期下降、美国因页岩油气革命而基本实现了能源自给,以及国际能源市场争夺,导致石油价格自8月4日起急剧下跌,到12月24日跌至近35美元。

在经济全球化的背景下,全球能源资源的市场化配置是主流,但是国际政治经济秩序也对全球能源市场规则具有重大影响。由于国内或者地区资源制约等因素,一些发达国家和地区(如欧盟、日本等)至今仍然高度依赖国际油气资源,作为发展中大国的我国的石油和天然气对外依存度已经超过60%,印度的需求也在日益增加。可以预见,在美国能源基本独立的情势中,受国际政治和经济的影响,国际能源市场(特别是石油和天然气市场)对于美国以外大国的能源安全、经济安全乃至国家安全的影响会越来越大。

(四)能源消耗对生态环境的影响日益突出

能源资源的开发利用促进了世界经济的发展,同时也带来了严重的生态环境问题。在人类活动所导致的二氧化碳等温室气体增加总量中,化石燃料的使用是主要来源。科学观测表明:地球大气中二氧化碳的浓度已从工业革命前的280 ppmv上升到了目前的379 ppmv;全球平均气温也在近百年内升高了0.74℃,特别是近35年来升温明显。总体上,全球变暖对地球自然生态系统和人类赖以生存环境的影响是负面的,国际社会需要认真对待。就中国来说,能源结构长期以煤炭为主,而煤炭生产和使用过程中产生的二氧化硫、粉尘、二氧化碳等是大气污染和温室气体的主要来源。解决能源问题,不仅需要注重能源本身的供求平衡,也需要关注由此带来的生态环境问题。

二、世界性能源问题

由于能源事项对生活生产的极其重要性,20世纪70年代的石油危机产生了能源供应安全问题。随着气候变化科学的发展,特别是能源生产和消费活动是人类活动中温室气体的主体贡献者的事实,产生了节能减排问题。这两个议题是能源问题的核心问题。

从国际范围来看,传统的地缘政治因素,可持续发展理念下的全球气候变化应对,本世纪发生的国际金融危机和主权债务危机等因素,都对国际能源形势产生着重要影响。世界能源市场更加复杂多变,不稳定性和不确定性进一步增加。世界性能源问题主要表现为以下五个方面。[①]

(一)能源资源竞争日趋激烈

一些发达国家长期形成的能源资源高消耗模式难以改变,发展中国家工业化、城镇化和现代化进程加快,能源消费需求将不断增加,全球能源资源供给长期偏紧的矛盾将更加突出。到2025年,发展中国家能源需求增量占全球增量的85%左右,消费重心逐步东移。发达国家竭力维护全球能源市场主导权,进一步强化对能源资源和战略运输通道的控制。能源输出国加强对资源的控制,构建战略联盟强化自身利益。能源的战略属性、政治属性更加凸显,围绕能源资源的国际博弈日趋激烈。

---

① 参见《国务院关于印发能源发展"十二五"规划的通知》,载《宁夏回族自治区人民政府公报》2013年第17期。

（二）能源供应格局深刻调整

作为全球油气输出重地的西亚、北非地区局势持续动荡。美国和加拿大页岩气、页岩油等非常规资源开发取得重大突破，推动全球化石能源结构变化。美国出台了《未来能源安全蓝图》，提出"能源独立"新主张，加大本土能源资源开发，调整石油进口来源。日本福岛核电站核泄漏事故不仅影响了世界核电发展进程，而且对全球能源开发利用方式产生了深远影响。欧盟制定了2020年能源战略，启动战略性能源技术计划，着力发展可再生能源，减少对化石能源的依赖。世界能源生产供应及利益格局正在发生深刻调整和变化。

（三）全球能源市场波动风险加剧

在能源资源供给长期偏紧的背景下，国际能源价格剧烈波动，总体呈现上涨态势。金融资本投机形成"投机溢价"，国际局势动荡形成"安全溢价"，生态环境标准提高形成"环境溢价"，能源价格将长期高位震荡。发达国家能源需求增长减弱，已形成适应较高能源成本的经济结构，并将继续掌控世界能源资源和市场主导权，能源市场波动将主要给发展中国家带来风险和压力。

（四）围绕气候变化的博弈错综复杂

气候变化已成为涉及各国核心利益的重大全球性问题，围绕排放权和发展权的谈判博弈日趋激烈。发达国家一方面利用自身技术和资本优势加快发展节能、新能源、低碳等新兴产业，推行碳排放交易，强化其经济竞争优势；另一方面，通过设置碳关税、"环境标准"等贸易壁垒，进一步挤压发展中国家的发展空间。我国作为最大的发展中国家，面临温室气体减排和低碳技术产业竞争的双重挑战。

（五）能源科技创新和结构调整步伐加快

国际金融危机以来，世界主要国家竞相加大能源科技研发投入，着力突破节能、低碳、储能、智能等关键技术，加快发展战略性新兴产业，抢占新一轮全球能源变革和经济科技竞争的制高点。高效、清洁、低碳已经成为世界能源发展的主流方向，非化石能源和天然气在能源结构中的比重越来越大，世界能源将逐步跨入石油、天然气、煤炭（清洁利用）、可再生能源和核能并驾齐驱的新时代。

三、我国的能源问题

在世界情况继续发生深刻变化、世界政治经济形势更加复杂严峻、能源发展呈现新的阶段性特征的形势下，在我国国情也发生着深刻变化的背景下，我国既面临由能源大国向能源强国转变的难得历史机遇，又面临诸多问题和挑战。主要表现为：能源发展的长期矛盾和短期问题相互交织，国内因素与国际因素互相影响，资源和环境约束进一步加剧，节能减排形势严峻，能源资源对外依存度快速攀升，能源控总量、调结构、保安全面临全新的挑战。我国能源问题主要包括以下六个方面。

（一）资源制约日益加剧，能源安全形势严峻

一方面，我国能源资源短缺，优质的常规化石能源可持续供应能力不足。油气人均剩余可采储量仅为世界平均水平的6%，石油年产量仅能维持在2亿吨左右，常规天然气新增产量仅能满足新增需求的30%左右。煤炭超强度开采。另一方面，粗放式发展导致我国能源需求过快增长，石油对外依存度从21世纪初的26%上升至2011年的57%。与此同时，我国油气进口来源相对集中，进口通道受制于人，远洋自主运输能力不足，金融支撑体系亟待

加强,能源储备应急体系不健全,应对国际市场波动和突发性事件能力不足,能源安全保障压力巨大。

（二）生态环境约束凸显,绿色发展迫在眉睫

我国能源结构以煤为主,开发利用方式粗放,资源环境压力加大。大量水资源被消耗或污染,煤矸石堆积大量占用和污染土地,酸雨影响面积达 120 万 km^2,主要污染物和温室气体排放总量居世界前列。国内生态环境难以继续承载粗放式发展,国际上应对气候变化的压力日益增大,迫切需要绿色转型发展。

（三）发展方式依然粗放,能效水平亟待提高

我国服务业发展滞后,能源密集型产业低水平过度发展、比重偏大,钢铁、有色、建材、化工四大高载能产业用能约占能源消费总量一半,单位产值能耗高。我国人均能源消费已达到世界平均水平,但人均 GDP 仅为世界平均水平的一半；单位 GDP 能耗不仅远高于发达国家,也高于巴西、墨西哥等发展中国家。较低的能效水平,与我国所处的发展阶段和国际产业分工格局有关,集中反映了我国发展方式粗放、产业结构不合理等突出问题,迫切需要实行能源消费强度和消费总量双控制,形成倒逼机制,推动在转方式、调结构方面取得实质性进展。

（四）能源基础设施建设滞后,协调发展任重道远

我国区域经济和能源发展不平衡、不协调,能源供需逆向分布矛盾突出,基础设施建设相对薄弱,跨区输煤输电能力不足,缺煤缺电和窝煤窝电并存现象时有发生。城乡之间能源基础设施和用能水平差距大,农村能源建设和服务薄弱,农村电网建设和改造滞后,个别地方还没有用上电,全国仍有大量农户以秸秆和薪柴为生活燃料,减少能源贫困和推进城乡能源协调发展任重道远。

（五）自主创新能力不足,能源产业大而不强

能源科技创新投入不足,研发力量较为分散,领军人才稀缺,自主创新基础薄弱,能源装备制造整体水平与国际先进水平相比仍有较大差距,关键核心技术和先进大型装备对外依赖程度较高,能源产业总体上大而不强,迫切需要进一步深化能源科技体制改革,大力提升能源科技自主创新能力。

（六）体制约束日益显现,深化改革势在必行

能源产业行政垄断、市场垄断和无序竞争现象并存,价格机制不完善。煤电矛盾日益突出。风电、太阳能发电、小水电和分布式发电上网受到电力系统及运行机制制约。能源行业管理薄弱,缺位与错位现象并存,资源管理亟待规范,行业统计亟待加强。推动能源科学发展,迫切需要加快推进能源体制改革。

第三节　经济学、经济制度和能源监管

关于经济学,并不存在一个为所有人都接受的概念。本节首先概述经济学的发展历史,然后介绍现代主流经济学下的经济学和经济体制,接着讨论微观经济学下的市场运转,最后阐释宏观经济学和国家管理下的政府能源监管。

第一章 导 论

一、经济学的发展历史[①]

经济学(economy)一词,源于希腊文 oikonomia,意即家计管理。古希腊哲学家色诺芬在其著作《经济论》中论述了以家庭为单位的奴隶制经济管理,这反映了当时的社会经济发展状况。

以"政治经济学"为题名的第一本书是法国重商主义者蒙克莱田(Antoine de Montchretien)1615 年的《献给国王和王太后的政治经济学》。这里的"政治"是国家范围或社会范围的意思,"政治经济学"是指所研究的是国家范围和社会范围的经济问题。这样,就突破了以往研究社会经济问题只局限于研究家庭经济或者庄园经济,或者只作为某一学说的组成部分的格局。在整个重商主义时期,政治经济学的主要研究领域是流通领域,也包括国家管理。

到了重农主义和英国古典学派,政治经济学的研究重点转向生产领域和包括流通领域在内的再生产,从而涉及财富增长和经济发展的规律。而且古典政治经济学已经同政治思想、哲学思想逐渐分离,形成一个独立的学科,其论述范围包含了经济理论和经济政策的大部分领域。从 17 世纪开始,政治经济学逐渐被广泛用作研究经济活动和经济关系的理论科学的名称。政治经济学有狭义和广义之说。狭义政治经济学仅研究资本主义生产方式的产生和发展。广义政治经济学则研究人类各种生产方式及其产生和发展。马克思和恩格斯的政治经济学属于广义政治经济学,并且运用唯物主义对其内容进行了深刻的根本性的变革。

到 19 世纪末期,随着资产阶级经济学研究对象发生了更倾向于经济现象论证而不注重国家政策分析的演变,一些经济学家改变了"政治经济学"这个名称。1879 年,英国经济学家杰文斯(William Stanley Jevons)在其《政治经济学理论》第二版序言中,认为单一词比双合词更为简单明确,而且去掉"政治"一词也更符合于学科研究的对象和主旨,因而明确提出应该用"经济学"替代"政治经济学"。[②]

1890 年英国经济学家马歇尔(Alfred Marshall)出版了他的《经济学原理》一书,从书名上改变了使用长达 275 年的政治经济学这一学科名称。到 20 世纪,经济学这一名称在西方国家就逐渐代替了政治经济学,并为世界绝大多数国家或者绝大多数学者所接受,既被用于理论经济学,也被用于应用经济学。但是,"政治经济学"和"经济学"在外延和内涵上是相通的,既不能把前者理解为既研究政治又研究经济的学科,也不应理解为从政治角度研究经济的学科。

奠定现代经济学定义基础的,是英国经济学家罗宾斯(Lionel Robbins)在其 1932 年著作《论经济学的性质和意义》中的这一表述:"经济学是研究收支和具有不同用途的稀缺物品之间关系的人类行为的科学"。[③]

[①] 在编写本部分和下一部分的过程中,主要参考了下列二手文献:〔美〕哈伯德、奥布赖恩:《经济学(宏观)》,王永钦等译,机械工业出版社 2007 年版;〔美〕哈伯德、奥布赖恩:《经济学(微观)》,张军等译,机械工业出版社 2007 年版。

[②] William Stanley Jevons, *The Theory of Political Economy* (2nd ed.), Macmillan and Co., 1879.

[③] Lionel Robbins, *An Essay on the Nature and Significance of Economic Science*, Macmillan and Co., 1945, p. 16.

二、经济学理论

(一) 经济学语言

经济学有一种专门的语言,其中包括一些术语,是必须理解和掌握的。否则,就难以把握涉及经济学论述的真谛,乃至出现错误解读的现象。

使一个人能够得到满足的任何事物,称作物品。物品可以分为产品(包括物质、能量、空间和知识产品等)和服务(都是无形的,但有些可以通过物质载体表现出来,例如医生的医疗服务、教师的教育服务等),也可以分为天然物品和劳动物品。从占有上是否具有排他性和使用上是否具有竞争性的角度上,可以将物品分为:(1)私人物品(private good),一种占有上具有排他性的物品,典型的例子是食品和燃料。(2)共用物品(common goods),一种占有上不具有排他性但使用上具有竞争性的物品,典型的例子是人工草场。(3)公共物品(public good),一种占有上不具有排他性且使用上不具有竞争性的物品,典型的例子是战略武器设备。许多人(包括不少学者)经常将公用物品和公共物品混淆或者混同。

如果某种物品的数量或者其替代品的数量不能满足人们免费自由使用,经济学上就认为该物品具有稀缺性。作为一种经济物品,它不但应该有用,而且还应该具有稀缺性。在稀缺性情形下,人们必须为使用某种物品支付价格。如果某种物品的价格等于零而又足够满足每个人的欲望时,这种物品就是自由使用物品。有时,某种物品是否是自由使用物品取决于它所处的环境。

人们可以从中得到直接满足的物品,是消费物品;可以从中得到间接满足的,则是资本物品。

对一种商品进行增加效用的过程,称作生产。进行生产所必需的东西,如劳动、资本、自然资源和管理,称作生产要素或者生产资源。

在生产过程中,劳动、资本和自然资源由生产单位(如个人、农场、工厂、商店、输送网、地区、国家,乃至全球,可以分为不同层次)予以协调地组织起来。在市场经济条件下,生产单位往往是市场主体。

(二) 经济学和经济体制

《美国传统英语词典》将经济学解释为"研究产品、服务的生产、分配和消费,以及经济或者经济系统的理论和管理的社会科学"。[1]萨缪尔森(Paul Anthony Samuelson)则将经济学定义为"研究社会如何利用稀缺资源来生产有价值的产品,并在其不同成员间进行分配的科学"。[2]考虑到萨尔缪森所说的产品包括产品和服务,且公共产品(如政府服务)也是经济学的研究范围,可以说,这两个定义具有一致性。

经济学研究这样三个问题:生产什么物品和生产多少,如何生产,以及为谁生产。[3]

当代,可以将经济学分为微观经济学和宏观经济学。微观经济学研究作为生产单位的私人如何作出选择、如何在市场上相互作用,以及政府如何试图影响它们的选择。宏观经济学研究作为整体的经济,包括诸如通货膨胀、失业和经济增长这样一些问题,以及相关政府

---

[1] *The American Heritage Dictionary of the English Language* (4th ed.), Houghton Mifflin Harcourt, 2000.
[2] Paul A. Samuelson & William D. Nordhaus, *Economics* (18th ed.), McGraw Hill, 2004, p. 4.
[3] Id., ch. 1, "B. Three Problems of Economic Organization" section.

问题。但是,两者的界线并不是严格而且一成不变的。许多经济问题既关系宏观经济层面,也涉及微观经济层面。例如,就企业的新投资而言,新投资的总体水平有助于确定经济增长速度,但是如果要了解企业决定进行多少新投资,又需要分析每个企业的愿望和能力。

任何经济都必须对劳动供给、资本供给、生产资源配置、生产方法以及收入分配问题作出决策。不同的经济体制或者经济制度对此有着不同的安排。基本的或者纯粹的经济体制或者经济制度大致有自给经济、计划经济和市场经济三种类型。

自给经济的基本特征是自给自足,即每个生产单位生产其消费的每件物品。在当代现实生活中,自给经济是很难存在的。

计划经济通常是指一个国家或者行政区域的经济体制,其主要特征是,不区分微观经济和宏观经济,由政府决定生产什么物品和生产多少,如何生产,以及谁将获得这些物品,政府雇员、生产单位或者劳动者的目的是服从政府的命令而不是考察消费者的需要,并对资本或者自然资源在社会成员之间进行生产或者分配,而且进行生产或者分配的依据基本上不是价格而是计划。计划经济的困难之处在于,如果它要公正和合理地运转,让全部或者大多数社会成员满意,中央政府必须对一切生产和分配的细节作出决策,但是这在实际上是不可能的。事实证明,计划经济在生产和提供低成本、高质量的物品方面是极不成功的。

市场经济通常也是指一个国家或者行政区域的经济体制,其主要特征是,区分微观经济和宏观经济,一般是指微观经济的运行。在微观经济中,生产资源主要是私有或者由私人管理或利用,中央政府、地方政府及其部门或者机构通常不直接作为生产单位参与产品、服务的生产和分配,他们在消费方面仅以维持其正常运转为限,完全由作为生产单位的私人决定生产什么物品和生产多少,如何生产,以及由市场而不是政府决定谁将获得这些物品,并以商品形式通过市场进行交换或者调节。在市场经济体制下,政府从宏观经济角度根据整体经济表现进行宏观调控或者干预。但是,过去,市场经济就是指微观经济下的完全竞争市场,因为政府基本上不对它进行调控或者干预。

市场经济比计划经济更具有生产效率和配置效率。生产效率发生在生产物品的过程中,因为私人更具有追求最低成本的动力并实施相应行为。配置效率发生在生产反映消费者的偏好方面,因为私人更希望其所生产的物品能够满足消费者的偏好,从而促进其物品的销售。因此,由于市场促进了生产和自由交换,市场经济往往是更有效的。

从简单却非常发达的罗马商品经济开始,市场经济不断发展:商品从货物发展到了货物与服务皆有,货物从有形发展到了有形与无形并存;商品生产者或服务提供者从简单地满足消费者的明显需求到挖掘消费者的潜在需要而创造、引导、满足消费需求;市场从有形的集市发展到了各种有形与无形市场共生,从有界发展到了总体上的无疆。[①] 特别是,政府或者控制一定资源的经济人可以通过规划或者制度人为地创造稀缺,创设商品或者服务,建立市场并规定交易机制。例如,根据《京都议定书》曾经建立并运行的清洁发展机制。

---

① 胡德胜:《市场全球化下的战略性自然资源国家治理》,载《重庆大学学报(社会科学版)》2016年第3期。

三、市场运转

(一) 完全竞争市场

市场是指以商品形式出现的各种产品的交换场所、网络或者机制。一件商品在到达最终使用者之前,可能会经过一系列的市场。市场可以分为国际市场、国际性区域市场、国内市场和国内性区域市场。根据微观经济学关于经济人和完全竞争市场的假设,市场通过亚当·斯密(Adam Smith)所谓的"看不见的手"进行运转,具有富有效率、最大化财富、鼓励创新、最大化消费者和生产者的盈余、满足人们的欲望,并且促进达到良好政治和经济结果的功效。竞争和垄断属于市场经济结构中的基本要素。

完全竞争市场是市场发挥其优点的必要条件,它应该具有以下六个特征:(1)买方和卖方都是作为理性的私利的最大化者的经济人;(2)众多的买方和卖方;(3)同质性产品;(4)交易的产品有足够大的量,没有任何单一买方或卖方具有市场支配能力;(5)充分的市场信息;(6)可以自由进入和退出市场。在完全竞争市场中,交易是在买卖双方就商品(货物和服务)和价格讨价还价时达成的,讨价还价使得买方和卖方都获取最大的盈余。也就是说,讨价还价使得消费者能够以其最希望的价格购得最想要的商品,生产者能够通过提供新产品、创新和其他活动以顺应消费者的需求。总之,市场交易最大限度地提高了经济效率,也就是资源被应用到由消费者和生产者之间的自由竞价所确定的价值最大的用途。

在多数国家,瓶装水市场是一个很好的完全竞争市场的例子。有很多瓶装水厂家,使得没有一家瓶装水厂家能够控制市场。虽然消费者有不同的偏好,但是所有的瓶装水都只是瓶装水,它们之间没有本质的差异,属于同质性产品。消费者可以容易地获取充分的产品信息。同时,开设瓶装水厂家(市场进入)或者由瓶装水生意转做其他一些生意(市场退出)的投资均不大。

(二) 市场运行

在具有完全竞争市场的上述特征的情形下,市场通过下述方式运行,从而发挥其优点和功效。

1. 需求和供应

需求法则是驱动市场运行的基本经济学法则。根据需求法则,人们购买更多同一商品的意愿随着价格的提高而降低。

供应法则同需求法则对应。根据供应法则,生产者随着价格提高而更愿意向市场提供更多的商品。

需求和供应法则决定生产者生产什么和采用什么资源进行生产。

2. 供需平衡

平衡是指这样一种状态,它只有在受到外界事件干扰时才发生变化。对一个完全竞争市场,没有任何一个买方或者卖方可以影响价格,从而可以达到供需平衡。例如,假定商品A的市场供需平衡价格是单价69元,此时,任何买方都可以以单价69元采购到所有需要的商品A,没有卖方能够以单价70元的价格供应商品A;同样,因为没有生产者能够以单价68元的价格供应商品A,也就没有消费者能够以单价68元的价格购买到商品A。否则,商品A的生产商将会破产。换言之,按照单价69元的价格,卖方要出售的商品A的数量正好等于买方要购买的数量,这时,市场就是平衡的,直到买方和卖方中的一方的态度有所变化为止。

3. 成本

生产商(包括服务商,下同)在有利可图的情况下才向市场提供商品和服务,他们的利润是销售收入同成本之间的差值。当商品 A 的成本超过商品 A 的销售收入时,就不会有厂家生产商品 A。

成本有其模式。一般而言,在生产初期,生产成本由于初期投资而较高。随着产出量的增加,成本降低。例如,生产第一桶石油的初始成本非常高,但是此后生产上千桶石油的初始成本不断降低,直到出现递减收益,然后成本上升,形成 U 型成本曲线。

另外,还需要注意边际成本和平均成本及其联系。平均成本是总成本除以总产出。边际成本是生产下一单位产品的成本。边际成本曲线与平均成本曲线不同,稍微有些平移以反映与收益递减法则相联系的成本。在整个生产周期内,单位成本首先降低,然后因生产需要更多的投资而上升。而且,由于平均成本低估了存在通货膨胀时的当前成本,区分平均成本和边际成本是非常重要的。边际成本更好地说明当前生产成本和利润率。由于边际成本曲线能更好地反映当前生产成本和利润率,每个公司的边际成本曲线是其供应曲线。

4. 边际收入

讨论边际收入在于说明为什么生产下一单位的边际成本更能准确地反映成本和利润。最佳的定价和利润取决于边际收入,而不是总收入。生产商希望实现利润最大化,但是最大销售量并不能实现利润最大化。只有当边际成本等于边际收入时,才能实现利润最大化。

5. 价格弹性和价格非弹性

根据需求法则,需求随价格变化而变化,需求随价格升高而下降。进一步的问题是:需求随价格变化的变化率是什么?如果 1% 的价格上升引起 1% 的需求降低,则称之为存在单位价格弹性,这种情况下的价格为弹性价格。

但是,对一些商品,需求降低的百分比却低于价格上升的百分比,则称之为存在价格非弹性。在价格非弹性的情况下,生产商可以提高价格,但却不导致需求的同比例下降。对于价格非弹性产品,人们不会因价格升高而停止购买。非弹性的需求可以增加生产商的收入,造成更多的资源从消费者向生产商转移。

完全竞争市场的运行方式使得市场能够发挥其优点。铅笔、普通计算器和面包等市场具备使充分竞争性市场发挥作用的基本条件。在这类市场中有很多的买方和卖方,商品品种也很多。运行的结果是,随着买方和卖方不断地进入和退出市场,通过竞争而形成了市场价格。

(三) 市场失灵和经济危机

1. 市场失灵

在政治化的经济制度中,认识和了解市场失灵的情形是非常重要的,尤其是对于决策者而言。一方面,有助于认识和了解市场中存在的缺乏效率和不公平现象或者问题。另一方面,有助于选择适当的行政干预手段,并予以适度地应用。市场失灵有广义、狭义两种理解。狭义的市场失灵是指由于完全竞争市场机制本身的规律、力量或者原因而发生的导致市场不能充分竞争、造成资源浪费的情形。广义的市场失灵还包括由于完全竞争市场的发挥作用而导致的影响社会公平、稳定和秩序以及妨碍国家安全的情形。本节第五部分将讨论能源领域常见的市场失灵情形以及相关监管措施。

2. 经济危机

经济危机是市场失灵的集中表现,在不同的经济发展阶段,其成因、结果、影响和特征有所不同。

在区域性市场经济阶段(19世纪30年代之前),经济危机是狭义的市场失灵,主要由于市场经济自身的盲目性缺陷所造成,发生区域性产能过剩,造成社会财富的浪费。市场机制本身促使生产者通过技术和产品的升级换代、提高生产效率或者开拓域外市场的手段来自行解决和调整市场失灵问题。英国1788年、1793年、1797年、1803年、1810年、1815年和1819年的经济危机就属于这种经济危机。

在半全球市场经济阶段(19世纪30年代至19世纪末),经济危机也是狭义的市场失灵,并呈现一定的周期性。在市场失灵问题的解决和调整上,一方面垄断成为一种重要方法,另一方面是国家开始以国家力量帮助本国生产者夺取外国低廉原料、开拓国外市场。1825年、1847年、1857年、1866年、1873年、1882年、1890年和1900年的经济危机就属于这种经济危机。

在相对全球市场经济阶段(20世纪初至20世纪40年代中期),经济危机主要是狭义的市场失灵,周期较前一阶段缩短。市场失灵问题的解决和调整上,一方面是有些国家动用武力帮助本国生产者,发生了两次世界大战,另一方面则是有些国家从事后方面加强政府对本国经济的国家干预。1907年、1914年、1921年、1929年和1937年的经济危机就属于这种经济危机。

在完全全球市场经济阶段(20世纪40年代中期至今),经济危机是广义的市场失灵,危机频繁、周期变形且更短,既有国内经济危机,区域性国际经济危机,也有全球性国际经济危机,且全球性国际经济危机的次数不多。在市场失灵问题的解决和调整上,国家注重从事前干预和事后干预两个方面,并且强化事前干预,以求促进本国经济的稳定运行或者增长。

四、经济制度、政府监管及其原则和周期

(一) 经济制度

一般而言,经济制度是指国家认可或者规范的经济运行机制。它属于上层建筑的范畴,受政治制度影响很大,但最终决定于生产力发展水平。任何一种经济制度的运转过程,都是劳动者根据一定的规则或者接受管理,运用其劳动力或者技术,把自然资源转化为产品或者商品的过程。

前已提及,存在自给经济、计划经济和市场经济三种基本的或者纯粹的经济制度。从历史的角度进行考察,在生产力极其落后的年代,绝大多数人为免于饥饿之生存而操劳,基本是自足经济。

基本纯粹的市场经济始于生产力的提高而于18世纪末和19世纪初出现的现代产业革命,并发展到20世纪20年代。而基本纯粹的计划经济则始于1917年的苏俄社会主义革命,并在20世纪80年代基本消失。

目前,世界上并不存在纯粹的或者基本纯粹的自给经济、计划经济和市场经济。在经历了1929—1933年世界性经济危机之后,市场经济国家开始运用凯恩斯理论,大力谋求对经济的政府监管,以期纠正或者预防市场失灵。由于纠正式改革的不成功,计划经济国家从20世纪80年代开始谋求向市场经济转型。可以说,当前的世界处于市场经济和政府监管相结

合的混合经济制度时代。正如兰德尔所指出的:"混合经济尽量利用价格规律来指导它的企业部门的生产活动,但国家保留着影响生产模式和消费模式的权力。国家可能生产和分配那些它认为是国家安全所必需的或者具有绝对重要社会价值的商品,而不考虑价格体系。"换句话说,"混合经济试图利用价格规律的长处——作为协调手段固有的高效率,但又不把经济活动的一切方面都托付给它。"①

美国就是如此。美国主流经济学认为最好将美国经济称为政府和私营企业共同起着重要作用的"混合经济"。但是,它也承认"美国人对如何确切地在企业的自由和政府的管理之间划分出一条分界线的问题在信念上经常存在分歧"。②

(二)政府监管及其原则

在资本主义社会,决策者往往是以自由放任的经济政策作为前提和起点对社会进行思考,也就是说,他们认为完全竞争市场是优于政府计划管理的选择。尽管完全竞争市场更多是一种理想而不是现实,但是当代几乎所有的市场经济国家以及从计划经济向市场经济转型的国家基于市场经济的历史发展规律都承认市场是最有效的资源配置方式;这说明了对完全竞争市场的追求就如同法学上对正义的追求一样,存在宏观上的客观和主观现实需求。虽然决策者希望市场是完全竞争市场,公平而且有效地发挥其功效,但是市场并不总是如此。市场失灵情形的危害,对完全竞争市场而言是阻碍充分竞争。这是一个方面。然而,另一方面,经济只是人类社会生活的一个方面,尽管它十分重要。社会还需要公平合理的秩序,节约资源,保护生态环境。有国家存在的现实下,还有国家安全的问题。因此,国家对市场经济的监管是必不可少的。

无论是实行计划经济制度的国家还是实行市场经济制度的国家,政府都对经济活动进行管理。在市场经济国家,政府的经济管理活动多用"监管"(regulate)一词,而计划经济国家则多用"控制"(control)一词。在具体的管理方法、措施和手段上,政府监管和政府控制在不少情况下具有形式上的相同性或者近似性,往往让人难以区别。但是,还是可以从以下三个方面分析是政府监管的还是政府控制的方法、措施和手段的。第一,就动机和目的来看,前者是政府希望借此影响市场失灵情形下的资源配置,主观上基于市场经济的规律而考虑,即使是直接影响资源配置动机和目的,也往往是暂时干预的考量;后者则是希望(长期)借此直接分配资源,主观上(基本)不考虑市场经济的规律。第二,从干预的环节以及是否直接上看,前者通常选择不会影响市场主体竞争地位的环节,并以间接性的、非强制性的为主;后者则往往缺乏对环节是直接性还是间接性、是强制性还是非强制性的考量。第三,政府管理的方法、措施和手段是否符合政府监管的六项原则。基本符合的,是政府监管;反之,则是政府控制。在我国,许多人(包括学者和官员)往往以监管的概念不清为借口或者理由,不区分或者不会区别政府管理的方法、措施和手段是政府监管性的还是政府管制性的。③ 正如吴敬琏先生在对内地一些学者和决策者进行批评时所指出的:不搞懂经济发展的理论,不讨论理论分析的过程,不讨论历史发展脉络,像吃快餐一样只抓结论;没有新的理论内容,只是把"政

---

① 〔美〕阿兰·兰德尔:《资源经济学》,施以正译,商务印书馆1989年版,第27页。
② 美国国务院国际信息局编:《美国经济概况》,杨俊峰等译,辽宁教育出版社2003年版,第17页。
③ 由国家能源局官员联合学者所著的《中国能源监管探索与实践》(作者谭荣尧、赵国宏、张峻极、蒋学林和王云波,人民出版社2016年版)就是这类文献的典型代表之一。

府计划"的名词换成"政府规划"的标签。①

政府监管的原则主要有以下六项②：

(1) 维护市场统一原则。对于一个国家来说，其监管措施不得造成国内市场的分割，不得导致形成两个或者两个以上的市场；对于一个一体化经济组织来说，其监管措施应该维护相关领域市场的统一。

(2) 不干预完全竞争市场的原则。对于完全竞争的市场，一般情况下政府不进行干预。但是，为了避免可能出现的市场失灵现象，或者对已经出现的市场失灵现象，政府应该通过一定的干预措施予以纠正。

(3) 促进经济发展的原则。根据这一原则，为了提高本国的国际(经济)竞争力、保障和促进本国经济的发展，国家应该在确保竞争条件公平的前提下，促进本国经济发展，保障国家经济安全。

(4) 保障国家安全、社会公平和生态健康的原则。根据这一原则，政府应该对于市场(基本上)不予主动关注的经济领域内影响国家安全、社会公平和生态健康的问题，采取以引导、财税政策为主的监管措施。

(5) 尽量采取间接干预措施的原则。根据这一原则，政府不应该直接禁止或者限制企业特别是某一特定(部分)的企业从事某种活动，或者向某一特定(部分)的企业提供补贴，从而使不同的市场主体在竞争中处于不同的竞争地位，导致不公平竞争。

(6) 灵活性原则。根据这一原则，由于市场情势可能千变万化，政府在进行监管时需要具有一定的灵活性，但是，除非涉及国家安全问题，应该以不导致不公平竞争为前提。

(三) 政府监管的周期

当政府由于市场失灵或者出于宏观经济和国家管理考虑而对市场进行监管时，并不是总能达到确定或者希望的监管目标，既有成功，也有失败。就狭义的市场失灵而言，可以将政府监管过程划分为一个由大约六个阶段组成的周期。

第一阶段是自由市场阶段。在这一阶段，政府对某一产业或者市场不进行干预，采取自由放任的经济政策，即小政府阶段。经济学理论认为，对运行良好而且公平有效的完全竞争市场，即使是最低限度的政府监管也会增加不必要的管理成本，从而降低分配效率和引起不公正的分配结果。因为政府在价格或数量方面的监管不仅不会改善市场运行，反而可能提高价格、降低供应、将一些生产商赶出市场，从而减少竞争。

第二阶段是市场失灵阶段。在这一阶段，狭义的市场失灵情形开始出现。资本主义经济危机的历史告诉我们，实现或者保持理想的完全竞争市场是不可能的。

第三阶段是政府监管阶段。为纠正市场失灵，促进公平竞争，政府采取监管措施。市场失灵构成政府监管的必要但非充分条件，政府必须对认定的市场失灵采取正确的监管措施。如果采取错误的监管措施，例如采用价格支撑来纠正信息失当，不仅不会改善经济运行状况，反而可能造成更恶化的后果。政府监管的目标应该是纠正某一市场失灵情形，使市场更

---

① 吴敬琏：《经济转型三件事》，载《南方周末》2010年8月19日第D20版。
② 此处所提出的六项原则，对笔者2010年提出的六项原则进行了发展：增加了"维护市场统一原则"，将"预防和纠正市场失灵现象的原则"及其内容纳入"不干预完全竞争市场的原则"。笔者2010年所提的六项原则，请见胡德胜编著：《美国能源法律与政策》，郑州大学出版社2010年版，第46页。

有效或者更公平,从而恢复到自由市场阶段。

第四阶段是监管失败阶段。在这一阶段,错误的监管措施不仅进一步扭曲市场,而且导致政府对私人企业的干预成本更高或者成本分摊更不公平。不适当或者不正确的监管对策都会导致监管失败。

第五阶段是监管改革阶段。在这一阶段,政府认识到采取的监管措施失败了,于是对监管措施进行改革,以期使市场更有效或者更公平,让市场恢复到自由市场阶段。

第六阶段是市场自由化阶段。在这一阶段,政府认识到采取的监管措施失败了,认为不再需要政府监管,于是放松或者解除管制,不再干预市场,让市场恢复到自由市场阶段。

需要指出的两点是,首先,上述监管过程只是理论上的描述;其次,并不是所有监管过程都历经上述六个阶段。例如,如果第三阶段的政府监管措施适当、适度和有力,就会直接进入第一阶段自由市场阶段,而不会经过第四、第五和第六阶段。再如,当出现第四阶段的监管失败时,可能不经过第五阶段的监管改革,而是直接进入第六阶段的市场自由化。

五、能源监管[①]

(一)能源监管的概念

能源监管是指国家基于国家或者社会公共利益的需要,通过有关国家机关、政府部门或者其他受权或受委托的机构或组织,对能源部门特别是能源产业的有关活动进行规制、管理、监督和处理的活动。在市场经济发达国家,能源监管在上游(勘探、开发或者加工、生产)领域通常以事前监管为主,中游(输送和配送服务)领域内自然垄断较强的环节或领域则事前和事后监管并重,中游领域内市场化较高的环节或领域以及下游(向终端能源消费者的营销或者销售)领域则以事后监管为主。其中,需要监管的领域和范围同广义市场失灵的领域和范围密切相关。一般而言,广义的能源市场失灵包括两个方面:(1)由于完全竞争市场机制本身的规律、力量或者原因而发生的能源市场不能充分竞争、能源资源浪费的情形(即狭义的能源市场失灵);(2)由于完全竞争市场发挥作用而导致的损害国家安全、生活用能源供应和生态环境保护的情形,以及影响社会公平、稳定和秩序及妨碍国家安全的情形。

(二)能源监管的情形和措施

对于能源领域的政府监管,下面结合能源领域中的十种市场失灵情形,讨论能源监管的措施。

1. 过度竞争的失灵情形和监管措施

所谓过度竞争,是指在竞争过程中,出于竞争的需要,众多卖方将价格相继降低到低于成本的过低水平,导致相互竞争的大部分企业歇业或者资源严重浪费而出现的市场缺陷。在上游领域,如果缺乏政策监管,往往出现严重浪费资源的失灵情形。例如,20世纪二三十年代的美国,由于对原油勘探和开采不进行任何干预,出现了下列市场失灵情形:(1)原油产量超过市场需求,超过输送能力和加工能力;(2)开采出来的大量原油露天存放,经常发生火灾和泄漏,以致出现原油浪费、造成环境污染;(3)一些油井在经济寿命完结之前,就被关闭或者遗弃。在下游领域,如果缺乏监管,过度竞争往往出现能源产品销售企业以低于成本的价格进行销售的失灵情形。例如,在澳大利亚,由于垂直一体化能源企业在批发和(特

---

① 胡德胜:《论我国能源监管的架构:混合经济的视角》,载《西安交通大学学报(社会科学版)》2014年第4期。

别是)零售环节通过低价竞争方式打压独立运营的批发商和配送商,出现过度竞争,以致独立运营的批发商和配送商出现周期性的急剧减少。

一般情况下,为了防止出现过度竞争的恶果,政府需要采取反对不正当竞争的监管措施,主要是监管能源产业上游领域的勘探和开采领域以及下游领域的批发和零售领域。例如,为了避免能源领域出现过度竞争,政府就需要通过限制或者禁止以低于成本的价格销售能源产品或者提供能源服务的措施,实施监管,主要是对与垂直一体化能源企业之间不存在管理控制关系的零售企业进行保护。但是,对于能源产品的零售领域,一般倾向于少干预但适度监管的方法。例如,澳大利亚政府经常进行价格调查,确保消费者利益不受损害。

2. 信息不充分的失灵情形和监管措施

在完全竞争市场中,往往会出现信息不充分的问题。其原因在于:(1) 在市场全球化的背景下,收集和传播信息需要成本乃至很高的成本;(2) 出于在讨价还价中取得优势地位的考虑,企业特别是私人企业可能不向消费者提供信息(特别是有价值的信息);(3) 尽管作为群体性的消费者在政治和经济方面可能具有获取信息的兴趣和资金,但是单个的消费者则不然;(4) 由于将众多消费者联合起来需要巨大成本,因而要求消费者能够自己收集和获取信息也是不现实的;(5) 尽管有些私人企业从事收集和传播信息业务,但是可能会为了私人利益而传播不全面的信息,乃至故意传播虚假信息。

为了确保消费者能够及时获取全面、详细和真实的信息,保证消费者选择符合自己意愿或者适合自己消费能力的能源产品或者服务,不支付不合理的高价,需要在能源信息收集和传播方面进行监管。监管措施是要求各方全面、充分、客观地披露信息,并且在必要时由政府组织信息收集和披露。美国、欧盟及其发达成员国、日本的有关能源或者消费者保护机构,就组织收集不涉及商业秘密的能源信息并对不影响国家安全的能源信息予以披露。例如,美国能源信息局(Energy Information Agency)通过其网站全面、充分、客观地披露美国能源市场或者影响其能源市场的各种信息(特别是政府监管信息)。关于能源领域的公共服务义务,欧盟现行的 2003 年电力市场指令(2003/54/EC)和天然气市场指令(2003/55/EC)要求适用《欧共体条约》第 86 条第 2 款的规定,也就是需要明确界定、透明、不具有歧视性,必须可核查、可公开公布,而且必须通知欧盟委员会。在我国,根据国务院发布的《政府部门涉企信息统一归集公示工作实施方案》,我国计划在 2016 年底前初步实现各政府部门涉企信息统一归集、记于相对应企业名下并依法予以公示。

3. 巨大投入产业和资源浪费的失灵情形和监管措施

对于电力、石油、天然气等输送和公用设施,土地购置、设施建造等需要大规模的资金而要求高投入的资本成本,一方面,高投入资本成本限制了市场进入和退出,使得只有个别企业才有能力;另一方面,在单个或者少数线路或者设施就能够满足某一地区需要的情况下,由两个或者更多的设施或者企业服务同一地区会造成资源浪费。因此,无论是在中游领域的输送和配送环节还是公用设施领域,都需要进行监管,防止自然垄断可能带来的负面影响或者避免造成资源浪费。

对于巨大投入产业和资源浪费的市场失灵情形,监管措施往往是只许可一家、几家或者少数企业进行经营。对于因此而产生的法律上的垄断,进一步的监管措施是对垄断企业的产品或者服务价格实施模拟市场定价管理,进行符合市场规律的监管。例如,美国《联邦电力法》(第 205 条和第 206 条)对于电力批发价格和《天然气法》(第 4 条和第 5 条)对于天然气价格,都规定受联邦能源监管委员会监管,要求费率公正和合理、不存在任何不当优惠或不合理歧视。

4. 垄断的失灵情形和监管措施

在某种产品的一个或极少数供应商或者某种服务的一个或极少数提供者完全排他性地占有一个市场,而且没有替代者的情形下,就出现或者构成了垄断。主要存在三种垄断:一是经由过度竞争而形成的垄断;二是通过控制关键技术而出现的垄断(例如微软公司的垄断);三是因需要巨大投资而市场进入机会受限或者因避免资源浪费而导致的自然垄断(例如石油天然气管道输送和能源供应公用设施)。垄断是自由竞争的反面,它本身及其引起的缺陷主要是:(1)因缺乏竞争,具有垄断地位的少数公司有能力不按照市场供求法则或其成本定价,从而可以限制产出以增加利润;(2)垄断市场中的消费者由于产出降低而没有可供消费的商品,从而被剥夺了消费机会,而且由于支付了高于竞争市场中的价格,因而必须放弃其他一些消费机会;(3)公众利益由于垄断价格的高价而发生损失。

在能源领域经常出现的主要是第一种和第三种垄断。第一种主要出现在下游领域的批发和零售市场,第三种往往出现在上游领域的开采(开发)领域以及中游领域的输送配送环节,对它们都需要进行监管。

对于垄断这种市场失灵情形,主要有两类监管措施:第一类是政府对垄断企业进行拆分;第二类是政府对垄断经营的产品或者服务价格实施模拟市场定价管理,以求将价格降低到竞争市场的水平。例如,将能源企业投资者的投资回报率或者能源企业的利润率控制在一定水平,或者建立有关领域的标准市场。例如,美国联邦能源监管委员会于2001年起,着手建立了标准电力市场。

欧盟关于拆分的规定经历了一些变化。① 1996年《电力指令》和1998年《天然气指令》规定了程度最轻的拆分类型,即会计或行政拆分。通过这种拆分,一体化能源企业被要求将其生产、运输、配送和供应活动(就天然气、液化天然气和地下天然气储藏而言)计入独立的账户。相关企业应当以仿佛这些活动由独立的企业实施的方式来编排这些账户。这样做的目的在于避免歧视、交叉补贴和竞争扭曲。

2003年电力和天然气两项指令规定了较为严格的两种拆分:法律上的拆分和功能性(或管理)拆分。法律上的拆分要求一体化能源企业必须为企业进行的每一项业务,特别是生产、运输、配送和供应,维持独立的法人实体。实施此种拆分是为了在输送系统运营商和配送系统运营商之间创造更大的透明度和更公平的竞争环境。功能性(或管理)拆分规定了更大程度的分离,因为它要求一体化能源企业实施一套详细的规则,以确保其内部处理管网业务的附属企业在运营和决策方面的有效独立。它要求各企业运营的严格独立,这种独立性要通过负责生产和供应的管理人员不参与管网活动而得到保证;这意味着,运输和配送的日常运营应该由管网运营商承担。

2009年4月22日欧盟议会通过的第三次能源改革方案废止了2003年的两项指令,对垂直一体化能源企业实施更严格的拆分制度,为成员国提供了三个方案,即严格的所有权拆分、独立系统运营商和独立输送运营商。成员国有30个月的时间在国内法中规定其中一项

---

① 本段及以下两段摘自〔西〕伊尼戈·德尔瓜伊、〔德〕冈瑟·屈内、〔荷〕玛莎·罗根坎普:《欧盟能源部门的所有权拆分和财产权》,载〔英〕艾琳·麦克哈格等:《能源与自然资源中的财产和法律》,胡德胜等译,北京大学出版社2014年版。

新的拆分选项。严格的所有权拆分意味着成员国必须保证,在对供应企业行使控制权的同时,同一个人或一群人不能持有系统运营商中的任何权益或对其行使任何权利;这项规定也适用于相反的情况,即,对一家系统运营商的控制权排除持有供应企业中的任何权益或对其行使任何权利(至少是绝对多数份额)的可能性。在独立系统运营商方案下,垂直一体化企业能够保留其管网资产的所有权,但同时要求输送管网本身由独立系统运营商进行管理。独立系统运营商是一家完全独立于垂直一体化企业的企业或实体,而且履行管网运营商的所有职能。为了确保这类运营商真正独立于垂直一体化企业而维持和行事,必须建立专门的监管机制。在独立输送运营商方案下,一家独立输送运营商允许输送系统运营商继续作为一体化企业的一部分,但是它还提供了详细的规则,以确保其独立性,包括关于投资、日常经营、遵从、监事会和一项可能引起立法建议的专门修订条款。

5. 意外利润的失灵情形和监管措施

意外利润又称经济租金,当某种产品的价格意外较大幅度上涨,但有关企业的成本却没有相应增加时,便出现了意外利润。在能源领域,当能源产品的价格由于政治、军事或者市场操纵而意外上涨时,就会出现意外利润的情况。20世纪70年代美国等石油生产大国石油产业的情况就是一例。当时,国际原油价格由于欧佩克采取措施而暴涨,如果允许国内石油价格提高到国际市场的高位水平,那么与国内石油生产成本无关的石油库存将给这些国家的国内石油产业带来特别高的利润,因为已有的石油库存的生产成本都较低或者很低。石油产业的过高利润往往被国内民众普遍认为是国内石油公司的"意外之财"。为了安抚民众情绪,政府通常会对意外利润进行监管。

对于意外利润这种市场失灵情形,监管措施主要包括:通过控制国内价格避免出现过高的意外利润;征收意外利润税或者收费,并将这一税收用于公共目的;在出口管理方面,对于出口能源产品按受控制的国内价格与国际市场价格之差征收出口税。例如,20世纪70年代,美国实施国内石油价格控制、配给控制和均权控制的路径,解决意外利润等问题。根据1973年《紧急石油配置法》,美国制定了关于石油生产、加工、批发和零售环节多重限价的定价体系。伊拉克战争后,国际市场能源价格大涨,俄罗斯对出口石油和天然气按照受控制的国内价格与国际市场价格之差征收出口税。阿根廷和委内瑞拉也都征收过类似的出口税。在阿根廷,政府与能源生产公司2008年签订的《天然气补充协议》,规定对于大部分意外利润,65%分配给液化石油气基金用以补贴其液化石油气销售,35%归生产商所有。对于石油开采企业销售国产原油因价格超过一定水平所获得的超额收入,我国征收石油特别收益金,实行5级超额累进从价定率计征,按月计算、按季缴纳。根据财政部2006年《石油特别收益金征收管理办法》的规定,凡在我国陆地领域和所辖海域独立开采并销售原油的企业,以及在上述领域以合资、合作等方式开采并销售原油的其他企业,都应当按照该办法的规定缴纳石油特别收益金。

6. 内部成本外部化的失灵情形和监管措施

内部成本外部化是指非由交易双方承担而是由社会作为一个整体而承担或者由特定地区或特定行业的企业或者个人予以承担的成本。例如,如果允许一家能源勘探或开发企业污染环境,那么产生的环境污染将导致周边的土地或者房地产贬值。对于作出允许该能源企业从事有关活动的决定而言,周边土地或者房地产贬值就是外部成本或外溢的成本。因为该污染环境的能源企业不会主动地承担社会成本,其产品的价格并不反映生产的总成本。

内部成本外部化在上游、中游和下游领域都可能出现,需要进行监管。

对于内部成本外部化这种市场失灵情形,建立和制定有关空气、水、土地、杀虫剂、汽油等的标准是常用的监管措施。例如,针对20世纪二三十年代由于对原油勘探和开采不进行任何干预而出现的严重环境污染,解决环境方面的内部成本外部化问题,美国不断制定并修改提高有关环境保护标准;尽管这些标准导致能源企业勘探开发石油和天然气的成本大幅度上升,促使它们大量投资国外,但是保护了本国的生态环境,提高了本国的战略性能源储藏实力。就页岩气开采中的环境保护要求而言,美国的标准在世界上属于较严格之列,大大高于我国的标准。在欧洲,为了解决水力压裂法开采地下能源资源过程可能产生的环境问题,欧洲委员会于2014年1月22日在《2030年能源和气候变化政策框架》中建议欧盟成员国在立法时遵循一些最低的环境保护要求,范围涵盖战略环境影响评价和规划、地下风险评价、开采井整体规划、基准报告和运行监测、逸散甲烷的捕获以及每一开采井所用化学物品的披露等。

7. 重要生活性产品的稀缺的失灵情形和监管措施

在现代社会生活中,许多能源产品(如电力、汽油和天然气等)已经成为重要生活性产品,在城市生活中几乎具有不可或缺的属性,成为生活之要,而这些能源产品又具有很大的稀缺性。在趋利的市场中,稀缺与利润共生。虽然稀缺并不一定导致资源的公平分配,而且就非重要生活性产品而言影响可能不大,但是,对于重要的生活性产品,代内和代际的不公平分配将导致一系列问题。例如,就代内公平而言,当天然气紧缺时,生产商可能认为向一些消费者供气比向另外一些消费者供气更为有利可图,于是向后者大量供气而不向前者供气,因而在这些领域需要进行监管。从代际公平的角度来看,如果当代人将稀有的重要生活性能源资源消费完毕,那么后代人满足其需要的能力将遭受严重削弱。

对于稀有重要生活性产品或者服务的代内不公平分配,在能源领域内的主要监管措施包括实施能源普遍服务制度、限制或者禁止能源产品的出口。世界上多数国家将能源普遍服务的总体目标确定为提供价格合理的可靠能源,满足那些用不上能源或用不起能源的公民的用能需求。例如,欧盟现行《电力市场指令》规定,所有家庭(和规定范围内的小企业)消费者享有普遍服务,即,在相应地域内以合理的、简单和容易比较的以及透明的价格,获得供应一种明确规定质量的电力的权利。美国现行适用的1938年《天然气法》规定,任何准备进出口天然气(包括液化天然气)的单位或者个人必须首先从能源部获得授权。美国虽然因页岩气革命导致其国内天然气价格大大低于国际市场,但是截至2014年2月11日,对于向没有与其签订自由贸易协定的国家出口液化天然气的申请,美国能源部仅批准了6项。

对于稀有重要生活性产品或者服务的代际不公平分配,在能源领域内的主要监管措施之一是采取能源(资源)储备制度。

8. 非标准化的失灵情形和监管措施

标准化的另一种说法是合理化。在能源生产和消费领域,能源产品需要执行一定的标准。一方面,数量适当的标准有助于提高效率;相反,如果标准数量过多,就会增加成本和浪费能源(资源)。另一方面,当一个或少数能源企业公司控制了某一市场,它(们)就没有接受广泛应用的标准的动机。因此,为了确保能源产品的标准化,进行监管就成为不可或缺的事项。

对于非标准化这种市场失灵情形,监管措施是实施标准化制度。在能源领域,如对电力的电压、汽油产品、计量、节能、能效、能源密集度等在标准方面作出规定。例如,澳大利亚制定了《2000年燃料质量法》,并据之制定燃料质量国家标准,调整由于燃料使用而产生的污染物及其排放水平,促进采用效率更高的发动机和污染物排放控制技术。根据2005年《能源政策法》,美国能源部负责组织制定能源效率和可再生能源标准,家电和商用设备标准,烹饪产品节能标准等。

9. 道德风险的失灵情形和监管措施

道德风险是指因经济人失去采取预防措施的动机而导致的发生损失的可能性以及损失规模扩大的情形。在能源领域,如果按照历史成本对能源产品(如天然气和电力)定价,由于知道消费者将通过更高的价格支付设施的建设成本,公用设施公司可能会建设过多的设施以追求高利润。例如,这种定价模式就曾经导致美国20世纪70年代的产能过剩。

为了应对道德风险,监管措施可以是对能源产业上游、中游和下游领域中市场主体的有关活动进行监管。例如,在按照成本对能源产品(如天然气和电力)进行定价的情形下,需要对公用设施公司的设施建设是否过多进行监管,防止其通过建设过多的设施来追求高利润。在美国,联邦和州的公用设施监管者通常单独采用或者并用这样两项标准对成本分摊进行监管:(1)"谨慎投资"标准,即通过谨慎投资产生的成本才可以纳入价格的计价基础;(2)"有用和被使用"标准,即只有那些有用的或者被使用的投资才能纳入价格的计价基础。

10. 投机性操纵市场的失灵情形和监管措施

正常的投机是市场所允许的,有时似乎还是必要的。但是,操纵市场性的投机则因其严重扭曲市场、不能反映基本供求而是有害的。现代市场有形和无形形式并存且融合、受政府干预可能竞争不充分的特点,使通过操纵市场进行投机有时成为严重问题,在能源领域特别严重。2003年美国的安然公司事件就是这方面的一件典型事例。为了确保市场不被扭曲,打击操纵市场的投机,进行监管是非常必要的。特别是需要对大型或巨型垂直一体化能源企业以及中游或下游领域的大型或巨型能源企业进行监管。

应对投机性操纵市场的监管措施需要区分情况而定。情况之一是,政府在能源领域实施了不当的控制或者补贴措施,扭曲了市场,投机者利用政府监管的漏洞,对市场进行投机性操纵。在这种情形下,政府需要取消不当控制或者补贴措施,或者调整控制措施、弥补漏洞,并对投机者进行打击。例如,美国加州对电力市场实行比较严格的价格控制,但是没有考虑全国的统一市场力量以及在设计上存在严重缺陷和重大漏洞,从而严重扭曲了市场。安然公司利用这一漏洞和缺陷,对加州电力市场进行投机性操纵多年,从而引发了2000年加州电力危机,发生了2003年的安然公司事件。这一事件是这一方面的一个典型事例。情况之二是,政府并没有扭曲市场,而是投机者根据自己的实力并利用市场的力量,对市场进行投机性操纵,并通过扭曲市场而获得不当利益或者取得不当竞争优势地位。

思考题

1. 能源的概念和分类。
2. 能源问题的重要性,世界能源问题和我国能源问题主要有哪些?
3. 如何区分某项能源管理方法、措施或手段在性质上是政府监管还是政府控制?

4. 思考能源监管的情形和措施。

拓展阅读

1. 〔美〕阿兰·兰德尔:《资源经济学》,施以正译,商务印书馆1989年版。
2. 国务院《能源发展"十二五"规划》,载《宁夏回族自治区人民政府公报》2013年第17期。
3. 江泽民:《对中国能源问题的思考》,载《上海交通大学学报(自然科学版)》2008年第3期。
4. 胡德胜:《论我国能源监管的架构:混合经济的视角》,载《西安交通大学学报(社会科学版)》2014年第4期。

第二章

能源法学概述

> **学习目标**
> 通过本章的学习,学生可以掌握以下内容:
> 1. 能源法和能源法学之间的关系;
> 2. 能源法学是我国法学体系中的一门新兴二级学科;
> 3. 能源法学的学科体系;
> 4. 如何学习和研究能源法学。
>
> **关键概念**
> 能源法　能源法学　学科体系

如何既确保能源供应安全又将温室气体排放控制于一个适当的水平,是当代人类能源议题的核心问题。解决这一核心问题,法治的社会需要能源法和能源法学。在市场经济条件下,能源法学的研究思想应该是,维护平等竞争条件下的能源生产供应市场的运行、预防和纠正市场失灵以及经由市场路径促进主体基于能源消费端的节能减排,保障和促进实现清洁导向的能源供应安全。能源法学的理论体系也应该在此基础上予以建构。

第一节　能源法和能源法学

一、能源法和能源法学的关系

在我国法律体系和法学体系中,能源法与能源法学是内容相互关联、地位相互对应的,但是又有严格区别的两个概念。① 从法律体系的角度来看,能源法应该是我国法律体系中的一个独立的法律部门。从形式渊源上讲,它既包括能源法典或者能源基本法、能源单项法律,也包括能源法规、规章、能源标准或者其他法律法规规章中的能源法律规范。能源法学则是一门依托于能源法这一部门法的学科。

---

① 需要注意的是,人们在一般意义上使用"能源法"这一概念时,既可以用来指能源法律及其他规范性文件,也可以用来指能源法学。

能源法和能源法学的严格区别在于性质上的不同。前者属于法律的范畴,具有法律所应有的确定性、规范性和强制性;后者则属于法学的范畴,具有法学所应有的系统性、理论性和指导性。

对于能源法的概念,尽管有着不同的表述,国内学者一般从如下广、狭两义上对它进行理解。广义上,也即实体意义上的,能源法是指调整人们在能源活动中所产生的社会关系的法律规范的总称。在能源活动中,人与人之间会发生各种各样、不同属性的社会关系,如经济、政治、人权、社会、生态环境保护等社会关系,而且有些社会关系可能同时具有两种或者两种以上的属性。狭义上,也即形式意义上的,能源法是指以"能源法"或者类似名称命名的、由国家最高立法机关或者其常设机关制定的一部法律。从理论构建上讲,能源法学与能源法之间的关系,主要是能源法学与广义能源法之间的关系。

在能源法(学)教材中,国内学者也对广义上的能源法给出了范围或大或小的不同定义。

肖乾刚和魏宗琪在他们编著《能源法教程》(1988年版)中,这样定义广义的能源法:"能源法是调整人们在能源开发生产、加工转换、输送、供应和利用过程中所发生的能源管理关系和能源协作关系的法律规范的总称"。它认为能源法的调整范围十分广泛、关系错综复杂,包括:"国家在进行宏观经济调节时,有关能源建设的管理关系;国民经济各部门生产、供应、利用能源过程中所产生的能源管理关系;各企业事业单位及公民个人生产、利用能源过程中与国家能源主管部门的关系;企业事业内部有关能源供应、输送和节约能源的管理关系。还有能源管理部门、国民经济各部门、各企业事业单位及公民个人,相互之间在生产、供应、输送、利用能源过程中所发生的关系。另外,还包括一部分涉外……方面的能源管理关系和能源协作关系。"①

肖乾刚和肖国兴在他们编著的《能源法》(1996年版)中,认为:"实质意义的能源法是指调整能源合理开发、加工转换、储运、供应、贸易、利用及其规制,保证能源安全、有效、持续供给的能源法律规范的总称";能源法的调整对象是基于能源开发、加工转换、储运、供应、贸易、利用(统称"能源开发利用")及其规制而发生的,并以这些行为作载体存在和表现的能源物质利益关系。②

黄振中、赵秋雁和谭柏平合著《中国能源法学》(2009年版)中的定义是这样的:"能源法是由国家制定或认可,由国家强制力保证实施,调整能源领域中能源勘探、开发、生产加工、储存、运输、贸易、消费、利用、节约、对外合作、安全、环境保护等环节中产生的各种社会关系,保证能源安全、有效、持续供给的能源法律规范的总称"③。

吕振勇主编《能源法导论》(2014年版)认为:"广义的能源法,是指国家调整能源开发、转换、生产、输送、供应、使用、管理、保护等活动中所发生的社会关系的法律规范总称";"能源法调整的社会关系十分广泛,有纵向关系、横向关系和能源内部关系"。④

王文革和莫神星主编《能源法》(2014年版)在同一页中给广义的能源法下了两个定义。其一是:"能源法是调整能源开发、利用、管理和服务活动中的社会关系的法律规范的总称"。

---

① 肖乾刚、魏宗琪编著:《能源法教程》,法律出版社1988年版,第27—28页。
② 肖乾刚、肖国兴编著:《能源法》,法律出版社1996年版,第56—57页。
③ 黄振中、赵秋雁、谭柏平:《中国能源法学》,法律出版社2009年版,第20页。
④ 吕振勇主编:《能源法导论》,中国电力出版社2014年版,第20页。

其二是："能源法是国家为调整人们在能源合理开发利用、加工转换、供应保障、运输贸易和调控管理活动中产生的各种社会关系而制定的法律规范的总称"。并且认为"能源法的调整对象包括能源开发生产及消费诸环节中所涉及的各方面的经济关系"。①

李响、陈熹和彭亮编著的《能源法学》（2016年版）也给广义的能源法下了两个定义。其一是："能源法是一切调整能源关系的法律法规规章的总称"。② 其二是："能源法是由国家制定或认可，由国家强制力保证实施，调整在能源勘探、开发、生产、运输、贸易、消费、利用、对外合作、安全、环境保护等环节中产生的人与人之间的权利义务关系，以实现能源安全、能源效率，以及可持续发展的能源法律规范的总称"。关于能源法的调整对象，它这样写道："在能源领域存在着错综复杂、千丝万缕的社会关系，这些关系存在于能源勘探开发、生产建设、经营管理、输送供应、利用消费等各个环节，能源法的调整对象，应当是在这些环节中的人与人之间的社会关系"。③

我们认为，上述概念的内涵和外延都过于宽泛，依托其构建能源法学理论及其体系会与其他部门法学之间存在过多而且不必要的重叠，乃至发生冲突。因此，需要将能源法这一概念的内涵和外延限定在一个比较小的适当范围之内。

基于对宽窄适宜、市场经济、矛盾论和国外主流做法趋势（特别是西方发达国家或者能源生产或消费大国能源类政策法律的发展历史和现状）这四项因素的思考，合理考量部门法之间的分工和配合问题，我们将能源法定义如下：能源法是指基于可持续发展理念，为了维护和促进能源领域的市场经济健康发展以及保障国家安全、民生福祉和生态环境，国家制定或者认可的，调整以能源企业为一方主体的能源原材料和产品（商品）生产供应活动以及直接影响能源生产、供应和消费的节能减排活动中所产生的能源社会关系的，以规定当事人的能源权利和能源义务为内容的法律规范的总称。④ 这一概念一方面将能源法的调整对象，即所调整的社会关系，限于能源原材料和产品（商品）的能源生产供应活动以及直接影响能源生产、供应和消费的节能减排活动中产生的能源社会关系，而不是全部的与能源有关联的社会关系；另一方面，能源法是以规定当事人的能源权利和能源义务为内容的，并不规定当事人的其他权利和义务。

对于能源法学，可以定义如下：能源法学是研究能源法这一社会现象及其发展规律的科学。在市场经济条件下，能源法学的研究重点应该是，立足于自然科学技术的发展和研究成果，基于并利用市场规律，运用经济学的理论和方法，研究确保能源供应安全以及促进节能减排的法律规则、规范、原则以及机制、制度和体系。

二、能源法学是法学体系中的新兴交叉学科

学科是相对独立的知识体系，是分级别的。一个学科能够存在，至少需要符合两个条件⑤：第一，其研究对象、研究特征和研究方法、学科的派生来源、研究目的以及研究目标等五

---

① 王文革、莫神星主编：《能源法》，法律出版社2015年版，第8页。
② 李响、陈熹、彭亮编著：《能源法学》，山西经济出版社2016年版，第1页。
③ 同上书，第4页。
④ 关于能源法概念的讨论以及给予这一定义的理由，请见下一节第一部分和第三章第一节的"能源法的概念和调整范围"部分。
⑤ 《中华人民共和国学科分类与代码国家标准(GB/T 13745-2009)》。

个方面是否具有较强的相对独立性。第二,其学术活动的情况和成果,例如具备其理论体系和专门方法的形成、有关科学家群体的出现、有关研究机构和教学单位以及学术团体的建立并开展有效的活动、有关专著和出版物的问世等条件。前一个是内在条件,后一个是外在表现条件。从法学体系的角度考察,任何一门法学学科都需要确定自己的研究对象,因为它是界定该法学学科与其他法学学科不可或缺的标志,也是其据以建立和存在的基础。能源法学这门法学学科也不例外。

能源法学是研究政策性较强的能源法这种社会现象及其发展规律的科学,具有极强的交叉学科属性。能源的生活之要和生产之基的特征,决定了能源法学的具有重要现实意义的新兴学科和交叉学科地位。习近平总书记2016年5月17日在哲学社会科学工作座谈会上的讲话指出:要加快发展具有重要现实意义的新兴学科和交叉学科,使这些学科研究成为我国哲学社会科学的重要突破点。能源法学是我国需要扶持和加快发展的学科。我们认为,能源法学是我国法学体系中的一门新兴二级学科,这是因为:

就学科存在所需要符合的第一个条件的五个方面来说,首先,它的研究对象是与能源法互为支撑的能源政策以及能源法的原则、规则、规范和制度这些社会现象以及它们作为一个整体的发展规律。其次,在研究路径方面,它以确保市场经济在能源原材料和产品(商品)周期过程中的能源活动中发挥基础性作用为主线,基于对能源活动流程所涉自然科学和管理科学的理性认知,采用跨学科的研究方法,研究如何运用政策性较强的法律规则、规范和制度,来预防或者纠正能源活动中的广义市场失灵,既让完全竞争市场充分发挥其积极作用,也特别调整解决其所产生的部分重大负外部性的节能减排活动,同时保障生活用能、维护国家(能源)安全。基于此,它的研究特征是交叉研究和综合研究;这是任何其他(法学二级)学科都不能,也无法取代的。再次,能源法学的派生来源,包括法学、与能源活动所直接相关的自然科学以及管理学、经济学。复次,能源法学的主要研究目的是通过对能源政策法律演变与形成的历史考察,研究实定能源政策法律的内容和本质,探讨人类在经济和社会发展过程中由于能源活动导致社会关系发生变化而出现的一系列新的法律问题及其对策措施,归纳和总结有关能源活动的政策法律思想和学说,确立和阐明能源法的基本原则和制度的构建原理和方法。最后,能源法学的研究目标是运用法学理论,经由法治的路径,通过制定并实施科学、合理以及具有可操作性的法律规则、规范和制度,确保完全竞争市场充分发挥其在能源资源、原材料和产品(商品)配置中的积极作用,维护能源供应安全,解决能源活动所产生的温室气体排放这一重大负外部性,同时实现保障生活用能、维护国家(能源)安全的目标。需要注意的两点例外是:在对国家安全有着关键性影响的能源活动环节,应该加强政府管理、实施国家垄断或者国家控制下的垄断,乃至偏离市场规律,但是需要处理好其与市场的衔接;在国家安全受到危害的情形下,在保障生活用能紧急情况所必要之时,应该在适当的市场环节,适时、适度、暂时地偏离市场规律。上述五个方面的讨论说明,能源法学不能、也无法为其他(法学二级)学科所取代,因而决定了能源法学是一个相对独立的知识体系。

就学科存在所需要符合的第二个条件的三个方面来说。首先,能源法学的理论体系和专门研究方法已经基本成熟。能源法学的理论体系是指能源法的研究范围及其分支学科系统,主要经由能源法学教科书以及相关学术著作和学术论文而形成和展现。早在1985年决定在高等学校正式增设经济法专业时,国家教委就把"能源法"定为经济法专业的专业课,从而为能源法学学科的建设开辟了发展空间。1988年6月,由肖乾刚和魏宗琪编著的高等学校法学试用教材《能源法教程》(19.9万字)由法律出版社出版,这是我国第一本能源法学教材;"由于当时能源领域只有个别行政法规","对能源法研究刚刚起步","这本《能源法教程》是不成熟的",但是"标志着中国能源法学进入了一个新学科建设的初始阶段"。[①]

1996年6月,由肖乾刚和肖国兴编著的"九五"规划高等学校法学教材《能源法》(26.2万字)出版,影响更大。它在体例上分为上篇和下篇,初具总论和分论的体例。内容上,它以制度分析、比较分析、实证分析为主要方法,以可持续发展理论、产权理论、国家干预理论、技术创新理论为指导,以"能源法经济观"为主线,研究了能源法的基本制度、体系结构,阐述了具体能源法律制度的理论框架,比较深入地探讨了节约能源、煤炭、电力、石油、核能和可再生能源法律制度以及国外能源立法概况,并将作者参加能源立法的研究成果"能源法经济观理论"作了系统论证和具体化。这部教材的出版使能源法学作为一个新学科得到了更为广泛的认可。[②]

此后出现的能源法学教材类图书主要有:吕振勇著《能源法简论》(中国电力出版社2008年3月出版),黄振中、赵秋雁和谭柏平合著《中国能源法学》(法律出版社2009年版),吕振勇主编《能源法导论》(中国电力出版社2014年版),王文革和莫神星主编《能源法》(法律出版社2014年版),李响、陈熹和彭亮编著的《能源法学》(山西经济出版社2016年版)。它们都是在2007年《能源法(征求意见稿)》公布后编写的,前四本具有该征求意见稿的较强烙印,特别是黄振中、赵秋雁和谭柏平合著的书和王文革、莫神星主编的书都称是"以现行能源法律法规为蓝本,以《能源法》(征求意见稿)为主线"而编写。其中,吕振勇主编的书和王文革、莫神星主编的书总体上是阐释能源法的总论,黄振中、赵秋雁和谭柏平合著的书分为总论和分论两部分,吕振勇主编的书基本上遵循2007年《能源法(征求意见稿)》的体例分为总论、分论和附论,李响、陈熹和彭亮编著的书分为基础理论编和分论编。从能源法学研究的范围和内容出发,本教材从能源法总论、能源生产供应分论和节能减排分论共三编来构建能源法学的体系,详细讨论请见本节第二部分。

其次,从能源法学科学家群体的发展和现状来说,作为中国法学会专门研究会的中国法学会能源法研究会早在1997年5月就经中国法学会批准成立,它由我国能源法学研究群体经由原国家计委、原国家经贸委以及煤炭、电力、石油等部门(国有能源央企)等7家单位法律部门和研究机构的共同发起。根据中国法学会要求改组后的中国法学会能源法研究会于2014年8月19日成立,现有团体会员20余家,个人会员140多人。其中,来自高校和科研机构从事能源法学研究的学者,煤炭、电力、石油、天然气、核电、节能等行业大型企业的总法律顾问或法务部门负责人,法律服务机构的能源业务律师以及国家能源主管部门的干部近80人担任理事。可以说,能源法学科学家群体已经具备相当规模,而且国内外学术(交流)活动多。

最后,从能源法学和能源法的有关专著和出版物的问世情况来看,数量丰富,高质量者不在少数。既有关于中国能源法(学)问题的研究,也有关于外国能源法(学)问题的研究,还有关于国际和比较能源法(学)问题的研究。特别是,学者们承担了能源法(学)研究领域不少国家级和省部级重大、重点和一般科研项目。例如,国家社科基金重大项目方面,杨泽伟

[①] 肖乾刚:《中国能源立法与能源法学科的创建与发展》,载《中德法学论坛》(第9辑),2012年。
[②] 同上。

教授主持了"发达国家新能源法律政策研究及中国的战略选择"(09&ZD048),肖国兴教授主持了"中国能源革命与法律制度创新研究"(15ZDB179)等。胡德胜和肖国兴主编了国家新闻出版署"十一五"规划重点图书"资源和能源政策法律比较丛书",杨泽伟主编了"十二五"国家重点图书"新能源法律与政策研究丛书",杨解君主编了"《世界能源法研究》丛书"等。中国法学会能源法研究会每年组织编写并安排出版年度报告《中国能源法研究报告》。特别是,以国家能源领导小组办公室《能源法》起草专家组常驻专家为首于 2007 年完成的"能源法立法前期重大问题研究"项目,包括 14 个专题,形成了数百万字的研究报告,为 2007年《中华人民共和国能源法(送审稿)》的起草工作奠定了重要的理论和方法基础。该研究报告还荣获了"2008—2009 年度国家能源局软科学研究优秀成果奖"一等奖。

第二节 能源法学的学科体系和学习研究

一、能源法学的学科体系

能源法学的学科体系取决于能源法学研究的范围和内容,而后者又决定于对能源法调整对象的范围的界定。

任何一个部门法的调整范围都是该部门法及相应部门法学的关键和核心问题,也往往是有争议的问题,有时甚至是不同部门法之间就此发生较大争议的问题;例如,民法学和经济法学之间关于相应两个部门法的调整范围以及两者调整范围之间关系问题的争论。笔者认为,任何一个部门法的调整范围都需要宽窄适宜,特别是对于能源法、环境法、自然资源法这样的交叉性、综合性法律部门来说。目前,人们关于能源法的调整范围问题既存在争议,也存在混乱。下面以国内出版的能源法(学)教材为例进行讨论。

肖乾刚和魏宗琪编著的《能源法教程》(1988 年版)体例上未分篇(编),共有 8 章。章的标题名称依次是导论、能源法、国外能源立法、能源开发生产的法律规定、节约能源的法律规定、农村能源和新能源的法律规定、能源供应的法律规定,以及奖励和处罚。

肖乾刚和肖国兴编著的"九五"规划高等学校法学教材《能源法》(1996 年版)分上下 2 篇共 11 章。上篇 4 章是导论、能源问题及其对策、能源法及其制度、能源法律制度理论框架。下篇 7 章是节约能源法律制度、石油法律制度、煤炭法律制度、电业法律制度、原子能法律制度、可再生能源法律制度、国外能源立法。

吕振勇所著《能源法简论》(2008 年版)围绕我国《能源法》的制定而进行研究,共有 8 章,不分篇(编),总体上似乎属于总论性质。这 8 章分别是概述、能源法的含义与特征、能源法律关系、能源行政管理机关、能源法的基本原则、能源基本法律制度框架、能源法律责任、能源法体系建设。

黄振中、赵秋雁和谭柏平合著的《中国能源法学》(2009 年版)以 2007 年《能源法(征求意见稿)》为主线进行编写,分上篇"总论"和下篇"分论"共 13 章。上篇"总论"包括能源概述、能源法概述、能源法的法律属性和定位、能源法的基本原则、能源法的基本制度、能源法律关系和能源法律责任 7 章。下篇"分论"包括石油法、天然气法、煤炭法、电力法、核能源法和替代能源法 6 章。

吕振勇主编《能源法导论》(2014 年版)基本上按照《能源法(征求意见稿)》的体例组织

编写,分"总论""分论"和"附论"三篇共22章。第一篇"总论"有6章,分别是概述、能源法的含义、能源法律关系的调整、中国能源工业发展与能源立法、外国能源法简介以及《能源法》起草过程与研讨的主要问题。第二篇"分论"有14章,分别是能源法总则、能源行政管理体制与主管机关、能源监管、能源企业、能源开发建设法律制度、能源生产法律制度、能源供应与服务法律制度、能源节约法律制度、农村能源法律制度、能源特别法律制度、能源国际合作、监督与保障、能源行政执法以及能源法律责任。第三篇"附论"有2章,分别是附则和有关问题简述与建议。

王文革和莫神星主编《能源法》(2015年版)共有8章,不分篇(编),总体上似乎属于总论性质。这8章标题分别是能源法概述、能源法的基本原则、能源宏观管理法律制度、能源节约与科学用能制度、能源环境与绿色能源制度、能源经济激励制度、能源市场激励法律制度以及能源法律责任。

李响、陈熹和彭亮编著的《能源法学》(2016年版)分上编"能源法学基础理论"和下编"能源法学分论"2编共14章。上编"能源法学基础理论"有7章,分别是能源法概论、能源法的产生与发展、能源法律体系、能源法基本法律制度、能源法律关系、能源法律责任以及主要西方国家能源政策与法律。下编"能源法学分论"有7章,分别是石油法律制度、天然气法律制度、煤炭法律制度、电力法律制度、核能法律制度、可再生能源法律制度以及能源法律制度。

分析上述教材,除了肖乾刚和肖国兴编著《能源法》对"能源法学"用一章篇幅进行了详细讨论外,有的没有关于能源法学的讨论,有的则讨论不多甚至一段篇幅或者几句话带过。问题和混乱总体上表现为:能源法定义中的能源法调整范围过于宽泛,存在无边无际之嫌;分论或者各论中并没有全面讨论(这也是不可能的),对有些方面的讨论不少是采取从其他部门法中的拿来主义。分析产生这方面争议或者混乱的根本性原因,一是缺乏对"能源产业""能源部门""能源链""能源领域"这四个概念的外延的科学认识和明确界定;二是没有合理处理能源法与其他部门法之间的分工和配合。

为此,在对这四个概念的外延予以明确的基础上,科学考察西方发达国家或者能源生产或消费大国能源类政策法律的发展历史和现状,合理考量部门法之间的分工和配合,本教材对能源法的概念给出了一个在调整范围上宽窄适度的上述定义。能源法所调整的能源社会关系产生于下列两类活动:第一类是能源原材料和产品(商品)生产供应周期过程中的能源活动。它包括:从自然界中勘探、采掘、采集和开发能源资源的活动,进口能源原材料和产品的活动,将从这些活动中获得的能源原材料进行加工为能源产品或者商品的活动;能源原材料和产品的输送和配送服务活动;以及,向终端能源消费者营销和销售能源商品的活动。这类活动的特点是,主体中必然有一方是能源企业。能源法调整这类活动中所产生的能源社会关系的目的,主要在于确保可用于供应的能源数量和供应渠道的通畅。第二类是主体基于能源消费端调控的节能减排活动,即直接影响能源生产、供应和消费的节能减排活动,包括直接的节能减排活动本身,清洁能源开发和利用活动,应对气候变化活动,企业的一些能源生产设备和能源消费产品(商品)的生产活动,以及国家关于调整能源结构、应对气候变化和能源绩效指标等的管理活动。能源法调整这类活动中所产生的能源社会关系的目的,主要在于通过节约使用、提高能效、增加清洁能源供应来减少温室气体排放,从而有效应对气候变化。例如,在考量能源法与环境法之间的分工与配合方面,不应该将与能源活动有关的任何环境保护问题都纳入能源法的范围,否则大部分环境法都成能源法的一部分了。因此,这里定义的能源法仅将主体基于能源消费端调控的、与节能减排活动密切的环境保护措施纳入能源法。也就是说,在与其他部门法的关系上,能源法和能源法学都应该有所为有所不为。

基于此,笔者认为,能源法学的体系在理论构建上应该由总论、能源生产供应分论和节能减排分论共三个部分组成;两个分论的结构在于大体上对应确保能源供应安全以及将温室气体排放控制于一个适当水平这两个能源议题的核心问题。总论主要讨论能源法学的基础理论问题,内容包括能源、能源资源和能源部门等的概念,能源问题,经济学和经济制度的基本概念和知识以及能源监管,能源法学的发展历史、学科地位、学科体系、研究对象和研究方法等内容;能源法的概念、产生和发展,能源法律关系和能源法律责任,能源法的基本原则、基本制度问题。能源生产供应分论研究基于能源类别划分的能源法分支学科,例如石油法、天然气法、煤炭法、电力法、水电法、核电法等。节能减排分论研究主体上基于能源消费端调控的节能减排活动方面的能源法分支学科,包括气候变化法、节约能源法、可再生能源法等。

需要注意的是,能源生产供应分论与节能减排分论之间密切相关,存在一定的交叉。例如,天然气因使用过程中排放的温室气体量低而通常被视为清洁能源,水能与太阳能、风能等同属于可再生能源;它们的生产和供应都有助于节能减排目标的实现。减少浪费的用能和提高能效的用能,具有增加能源供应的效果。再如,为了应对气候变化,减少温室气体排放的能源结构优化,会对各类能源的生产、供应和消费活动产生影响。

此外,还可以将那些涉及能源法多个分支学科的问题抽取出来进行单项研究,例如能源公用事业、输送和配送等,也作为能源法的分支学科。

本书的编写体例遵循了能源法学的上述学科体系。

二、能源法学的学习和研究

古罗马皇帝优士丁尼钦定的教科书《法学阶梯》中这样定义法学和正义:"法学是关于正义和非正义的科学。""正义是给予每个人以其应该得到的这种坚定而恒久的理想和追求。"虽然经济学理论中的完全竞争市场是一个基于"理性经济人"假设的假设,但是几乎所有的市场经济国家和从计划经济向市场经济转型的国家基于市场经济的历史发展规律都承认市场是最有效的资源配置方式[1],这说明了对完全竞争市场的追求就如同法学上对正义的追求一样,存在宏观上的客观和主观现实需求。因此,包括能源法学在内的法学科学研究所追求的正义应该是运用法律规则、规范和制度维护市场对资源配置的正义以及通过例外规定纠正市场失灵的正义。

马克思主义认为,经济基础决定上层建筑,上层建筑对经济基础也具有一定的反作用。关于法律与经济基础以及其他因素之间的关系,马克思和恩格斯指出:第一,法律是由统治阶级的物质生活条件决定的[2],但是具有相对的独立性,并受社会生活和上层建筑中其他各

---

[1] 《中共中央关于全面深化改革若干重大问题的决定》(2013年11月12日)指出:"市场决定资源配置是市场经济的一般规律,健全社会主义市场经济体制必须遵循这条规律,着力解决市场体系不完善、政府干预过多和监管不到位问题。"

[2] 参见《马克思恩格斯选集》(第1卷),人民出版社1995年版,第82、268页。

种因素(如政治、哲学、宗教、文学、艺术等)的影响和制约。① 也就是说,一个国家法律的存在和发展状况往往是由所有这些因素相互作用、综合影响的结果。只不过"相互作用的力量很不均衡,其中经济运动是更有力得多的、最原始、最有决定性的"②。第二,法律同时也依赖于或者受制于统治阶级的意志因素,对经济发展具有三种反作用。恩格斯指出,一国执政者的政治权力对于经济发展具有三种情形的反作用:(1)沿着同一方向起作用,经济会发展得比较快;(2)沿着相反方向起作用,经济会遭到崩溃或者面临崩溃的边缘;(3)"阻碍经济发展沿着某些方向走,而推动它沿着另一种方向走。"③作为政治权力作用结果的法律,也必然对于经济发展具有这三种反作用。这不仅为其他国家(特别是苏联)的历史所证明,也为我国(包括1949年以来)的历史所验证。

2014年《二十国集团能源合作原则》的原则三是"鼓励和促进运转良好、开放、竞争、高效、稳定和透明的能源市场,使之能够促进能源贸易和投资"。2016年9月《二十国集团领导人杭州峰会公报》根据《二十国集团能源合作原则》,集团成员国"重申致力于构建运转良好、开放、竞争、高效、稳定和透明的能源市场,建设能更好地反映世界能源版图变化、更有效、更包容的全球能源治理架构,塑造一个负担得起、可靠、低温室气体排放和可持续的能源未来,同时利用好能源资源和技术"。

在澳大利亚工业和科学部2015年4月发布的《能源白皮书(2015年)》中,部长伊恩·麦克法兰(Ian Macfarlane)在序言中将澳大利亚能源政策的指导原则表述为:"应该让市场在没有政府不必要干预的情形下自由运转。竞争、生产力和投资会向家庭和企业提供可靠的、成本上具有竞争力的能源。"该白皮书将澳大利亚能源部门的愿景描述为:"向家庭、企业和国际市场提供价格上具有竞争力的、可靠的能源供应。路径是:竞争,它会增加消费者的选择机会以及对价格构成下降压力;更具生产力的能源使用,它会降低成本、改善能源使用以及刺激经济增长;投资,它会鼓励创新和能源资源开发,增加就业和出口。"④

为了使能源法律对经济发展的反作用与市场经济发展规律的方向保持一致,保障、促进、推动而不是阻碍国民经济和社会的健康发展,能源法学的研究思想应该是,维护平等竞争条件下的能源生产供应市场的运行、预防和纠正市场失灵以及经由市场路径促进主体上基于能源消费端的节能减排,保障和促进实现清洁导向的能源供应安全。了解、学习和研究能源法学,至少需要注意如下三点:

第一,能源法学是一门新兴的并不断发展的交叉学科、综合学科。了解、学习和研究能源法学,需要具有扎实的法学基本理论知识以及一定的经济学、管理学以及相关的自然科学(例如环境科学、生态学和气候变化科学等)知识;其中,能源技术(主要是能源生产、供应、输送、配送和消费的工序或者流程)以及相关管理方面的知识,非常重要。一个人所认为的一项常识,其他人可能并不知道它、认为它不是常识乃至认为它是谬误。学习交叉学科和综合学科,特别是对之研究,必须避免出现不了解相关学科中的常识的错误。了解和理解能源领域相关学科的常识,是运用法学理论研究解决能源法调整范围内的能源社会关系问题不可

---

① 参见《马克思恩格斯全集》(第39卷),人民出版社1972年版,第199页。
② 参见《马克思恩格斯选集》(第4卷),人民出版社1995年版,第483页。
③ 参见《马克思恩格斯全集》(第37卷),人民出版社1972年版,第487页。
④ [Australian Government] Department of Industry and Science, *Energy White Paper 2015*, April 2015, Forward and p. 2.

或缺的基础。存在科技盲、经济盲或者法盲中的任何一盲,都往往会导致对现行能源政策法律及其实施作出不科学的评判,在关于解决能源问题的政策法律规则、规范和制度的设计中存在漏洞,以至于不是解决问题而是创造新的问题、更多的问题。

第二,能源法学是一门在理论上具有探索性的法学学科。能源法学的产生时间不长,而且由于其交叉学科的特性,需要基于不同的视野、层次或者维度研讨相关问题并注重系统性的协调。然而,在已有研究成果中,"横看成岭侧成峰,远近高低各不同"的片面研究较多,系统性、综合性和整体性的富有真知灼见的科学研究较少。因此,能源法学需要理论上继续和不断地探讨。

第三,能源法学是一门应用性很强的法学学科。由于能源对于经济活动的基础性、对于城镇人口的基本必需品属性,能源问题的迫切性以及人类对于能源及相关影响或者活动的不断反思,传统的关于能源以及涉及能源的思维方式和经济发展模式正在发生着深刻的变革,能源活动对于能否实现、如何实现、能否尽快实现人类社会的可持续发展具有重要乃至决定性的影响。因此,能源法学可以直接服务于包括我国在内的全球可持续发展战略的实施,并对能源战略、方针、规划、政策和法律的制定与实施,对国际能源合作以及有关能源纠纷或者争端的处理等都具有直接的应用价值。

在了解、学习和研究能源法学的过程中,需要注意一方面培养将所学的能源法学理论、方法和知识运用于实践中的能力,另一方面通过实践不断加深对能源法学的理解,特别是发现或提出新的问题,发现新的方法或者创新性地运用已有方法于能源法学的研究过程之中。

能源法学是一门系统阐释能源法学基本理论和基本知识的法学二级学科。它涵盖了能源法学整个学科领域的各主要门类或者分支学科的主要内容。作为新兴的法学边缘学科和交叉学科,它不仅涉及国内法和国际法,也涉及法理学、行政法、民法和刑法等法学二级学科,而且还涉及经济学、管理学、系统科学、环境科学、生态学和气候变化科学等社会科学和自然科学学科。因此,必须注意学会基于法学的理论和方法,将这些学科的理论和方法运用于能源法学的了解、学习和研究之中。

能源法学的研究是从对能源法律规则、规范和制度的评价和分析着手的,其设问的依据是人类能源活动的行为模式与既有社会关系(特别是既有社会利益配置)之间的相互影响,对于能源问题的成因和对策,不同学科从不同角度提出了应对的理论、原则、方法、措施和手段,能源法学研究的应该是立足于系统论、整体论对"诸多"的"最佳"进行比较,或选择其一或者进行综合而提出系统性、整体性的"最佳",并运用于能源的立法、执法、守法和司法活动之中。在这一意义上,可以认为,能源法学既是一门研究法律规范的程序法结合实体法的学问,也是一门法学方法论学问。尽管能源法学需要有其独特的研究和解释方法,但是它需要基于传统的法学原理和方法而进行研究,需要在传统法学理论和法律制度的基础上不断创新。

能源活动首先是一种社会性质的经济活动。基于相关自然科学的发展,人类逐渐并不断深入地认识了能源活动的经济上的外部性。将经济学方法运用于能源法学之中,一方面是运用经济学的理论和方法,确立和发展能源法学的基本理论,用于指导能源政策和法律的制定;另一方面是运用经济学的理论和方法,对能源政策和法律进行分析和评价,从而丰富和提高能源决定的科学性和可行性。从西方能源经济学的发展来看,早期研究侧重于理论(例如,外部性理论,公共物品经济学等),后来则转向能源经济技术分析以及能源管理经济手段的研究和政策建议(例如,在能源战略和规划中引入投入—产出分析法,把成本—收益分析方法应用于能源决策,以及如何在现代能源管理中利用市场经济的规律、运用市场导向的方法、措施和手段,等等)。这些成果已经并在不断地进一步运用于能源法之中。

20世纪90年代以来,基于环境科学和生态学而发展并建立的气候变化科学,对人类的能源活动产生了重大影响。根据气候变化科学的研究成果,能源活动是人类温室气体排放的主体贡献者。能源法学需要基于气候变化科学、环境科学和生态科学的研究成果,确定能源活动经济上的外部性,进而运用法学的理论和方法、法律的措施和手段对能源活动进行调整。

系统科学不仅是反映客观规律的科学理论,也是科学研究思想方法的理论。其任务不只是认识系统的特点和规律,反映系统的层次、结构、演化,更主要的是调整系统结构、协调各要素之间的关系,从而使系统达到优化的目的。系统科学的基本思想、理论及特点,反映了现代科学整体化和综合化的发展趋势,为解决现代社会中政治、经济、科学、文化和军事等各种复杂问题提供了方法论基础。系统科学理论要求将研究对象作为一个系统性的整体予以对待,注意并掌握研究对象的整体性、关联性、等级结构性、动态、平衡性及时序性等基本特征。特别是需要注重系统科学与互联网科技的结合,运用去计算、大数据等措施构建有关信息平台、交易平台、政务平台和治理平台,加强各种专业性和综合性的智能能源网建设。对于具有交叉学科属性的能源法学的了解、学习和研究来说,系统科学要求从系统论、整体性、宏观性的层面出发,综合考察运用不同理论和方法对能源活动予以调整、对能源问题进行应对的策略和措施,综合考察能源法律的方法、措施和手段。

此外,能源法学的了解、学习和研究活动还需要数学的理论和方法。这主要是运用定量分析的理论和方法,研究能源活动的内部和外部影响,认识能源活动的规律性,从而更为精准地进行调整。

思考题

1. 为什么说能源法学是一门新兴的并不断发展的交叉学科?它对能源法学的研究方法有哪些影响?
2. 思考能源法学学科体系的构建问题。

拓展阅读

1. 肖乾刚:《中国能源立法与能源法学科的创建与发展》,载《中德法学论坛》(第9辑),2012年。

2. Raphael J Heffron, Kim Talus, "The development of energy law in the 21st century: A paradigm shift?", *Journal of World Energy Law and Business*, Vol. 1 (2016).

3. Raphael J. Heffron, Kim Talus, "The evolution of energy law and energy jurisprudence Insights for energy analysts and researchers", *Energy Research & Social Science*, Vol. 19 (2016).

第三章

能源法概述

> ✍学习目标
> 通过本章的学习,学生可以掌握以下内容:
> 1. 能源法的概念、性质、属性和特征;
> 2. 能源法的渊源;
> 3. 我国能源的渊源和我国能源法律体系的现状;
> 4. 能源法与其他法律部门的关系。
>
> ✍关键概念
> 能源法　能源法的渊源　能源法律体系

第一节　能源法的概念、性质、属性和特征

一、能源法的概念和调整范围

对于什么是能源法,无论中外,学者们都有着不同的表述。国内学者一般从广、狭两义上对它进行理解。广义上,也即实体意义上的,能源法是指调整人们在能源活动中所产生的社会关系的法律规范的总称。在能源活动中,人与人之间会发生各种各样、不同属性的社会关系,如经济、政治、人权、社会、生态环境保护等社会关系,而且有些社会关系可能同时具有两种或者两种以上的属性。狭义上,也即形式意义上的,能源法是指以"能源法"或者类似名称命名的、由国家最高立法机关或者其常设机关制定的一部法律。国外学者通常并不对"能源法"进行定义,在教科书或者其他著述中往往根据自己的研究偏好或者所收集论文的内容进行体例上的编排;在普通法国家更是如此。有的即使下了定义,也是非常的宽泛。例如,赫夫龙(Raphael J. Heffron)在《能源法导论》一书中这样定义能源法:"能源法事关能源资源的管理事宜。"[①]澳大利亚学者布鲁克(Brad Brook)基于对本国情况的考察,将能源法定义为"个人之间、个人与政府之间、政府与政府之间、州与州之间有关所有能源的权利与义务的

---

① See Raphael J. Heffron, *Energy Law: An Introduction*, Springer, 2015, p.1.

分配"①。在能源法(学)教材中,国内学者也对广义上的能源法给出了范围或大或小的不同定义;请见第二章第一节第一部分中的有关内容。

但是,广义上的能源法又因对"能源活动"范围的不同界定,影响能源社会关系(又称能源关系)范围的大小,进而影响能源法律规范的范畴。从能源原材料和产品(商品)的周期来看,包括能源资源的勘探和开发,能源原材料和产品的萃取、精炼、生产、储存、输送和配送、配置、交换和消费活动。从能源链的角度来说,能源活动包括的范围更广。可以包括四类:(1)能源原材料和产品(商品)周期过程中的能源活动;(2)对前一类能源活动中所产生废弃物的处理与处置活动;(3)前两类能源活动的停止、中断或者结束活动;以及(4)将前三类能源活动的有害环境影响予以最小化的活动。②

能源是生活之要和生产之基。一国的能源政策不具有独立性,因为它们需要服务于国家安全、保障民生、生态环境和经济发展这四项具有根本性的国家目标或者政策。无疑,能源社会关系是非常广泛的。但是,如果将能源法界定为调整内容十分宽广的所有能源社会关系的法律规范,显然就把能源法调整的范围弄得过于宽泛,而且会同其他法律部门的内容重叠过多。而且,从这种宽泛的能源活动概念和范围出发,我们既不能有效地学习能源法这门课程,也无法深入地从事能源法领域的研究。因此,需要给能源法一个较为适宜的狭窄概念,将之界定为调整一定范围内的能源社会关系(或者说特殊范围内的能源社会关系)而不是所有能源社会关系的法律规范。

任何一个部门法的调整范围都是该部门法及相应部门法学的关键和核心问题,也往往是有争议的问题,有时甚至是不同部门法之间就此发生较大争议的问题。例如,民法学界和经济法学界关于两个相应部门法的调整范围以及两者调整范围之间关系问题的争论。人类社会活动中所产生的任一社会关系因其涉及的自然要素和社会因素,往往会被人们基于不同的学科理论同时纳入不同种类的社会关系之中,并被赋予不同的属性。但是,自然生态和人类社会是一个复杂的系统,任何一类社会关系不能都由一个其所谓相应的部门法来调整,相关社会管理事务通常也不能都由一个行政主管部门来管理。③ 例如,人生而平等,但是人与人之间的所有社会关系不能都由调整平等主体之间社会关系的部门法来调整。人类的一切活动都是直接或者间接利用自然资源的活动,但是利用自然资源活动中产生的社会关系不能都由自然资源法来调整,所有自然资源及其利用活动的管理事务不能都由自然资源行政主管部门来管理。水是生命之源、生态之要、生产之基,但是涉水的社会关系不能都由水法来调整、涉水管理事务不能都由水行政主管部门来管理。人类的一切活动都会直接或者间接地对生态环境造成或多或少、或大或小的不利影响,但是对生态环境产生不利影响的活动中产生的社会关系不能都由环境法来调整,所有生态环境管理事务不能都由环保行政主管部门来管理。能源是生活之要、生产之基,但是能源活动中产生的社会关系不能都由能源法来调整,能源管理事务不能都由能源行政主管部门来管理。部门法的调整范围如同政府部门的职责配置一样,需要合理分工,需要有适当的交叉便于衔接。

---

① See Martha M. Roggenkamp, Anita Rønne Catherine Redgwell and Inigo del Guayo, *Energy Law In European: National, EU and International Law and Institutions*, Oxford University Press, 2001, p. 7.
② 参见《能源宪章条约》附件 T《关于能源效率及相关环境影响的能源宪章议定书》第 2 条第 4 项。
③ 例外是两类或者两类以上的纯执行性的行政管理可以由一个同时被赋予多个行政主管部门职责的一个行政机构来管理,这种情形主要出现在低层政府。例如,我国不少县级或者区政府成立的综合执法机构。

本书主编认为，确定能源法的调整范围，需要考虑下列四项因素。

第一，宽窄适宜。包括能源法在内的任何一个部门法的调整范围都需要宽窄适宜，在与其他部门法的关系上，应该是有所为有所不为，特别是对于能源法、环境法、自然资源法这样的交叉性、综合性法律部门来说。当然，包括法学在内的任何科学都应该是开放性的学科体系，法学的任何分支学科亦然。自然生态和人类社会的系统性和整体性，决定了任何问题的完整解决程序和过程不可能由一个部门法来完成，需要不同部门法之间的合理协调和有效衔接。相应地，从不同的法学二级学科角度来研究以及如何解决同一问题是必要的，也是正常的。

第二，市场经济。一切能源活动都具有经济活动的属性。在以全球化和互联网化为主要特征的现代市场经济条件下，必须以自由市场的基础性配置作为原始起点，对基于市场供求规律、价值规律和竞争规律而形成的能源活动运行秩序，通过能源法规定或者认可的协调和监管方式（包括但不限于引导、规范、激励、调剂、协调、服务、监管等），确保能源市场经济关系能够服务于国家安全、保障民生和生态环境保护。

第三，主要矛盾和矛盾的主要方面。当代能源议题的核心是如何既确保能源供应安全又将温室气体排放控制于一个适当的水平。能源是生活之要、生产之基，能源供应安全问题是实现可持续发展目标的主要矛盾。事实证明，在当代科学技术条件下，人类基本上可以获得充足的能源供应。然而，能源活动特别是能源消费是人类活动所排放温室气体的主体和大部分来源，而由大气中温室气体结构性比例的变化所导致的气候变化给可持续发展造成了严重的威胁或者风险。节能减排问题是能源供应安全这一矛盾的主要方面。因此，根据辩证唯物主义的矛盾论，能源政策法律需要包括能源生产供应和节能减排这两个密不可分的方面。

第四，国外和国际主流做法趋势。在经济合作与发展组织（OECD）国家，特别是美国、欧盟和日本等资本主义发达的国家和地区，尽管它们认为节能减排是生态环境保护的一个必不可少的方面，但是从它们能源政策法律的制定和实施情况来看，都是围绕能源生产供应和节能减排这两个方面进行的，而且节能减排是其能源政策法律体系的组成部分。[①] 这是国际能源署的3E均衡能源决策理念[②]影响的结果。因为国际能源署是在经济合作与发展组织框架下成立的，而且后者的成员都是前者的成员。特别是联合国2015年《变革我们的世

[①] 例如，德国1998年《能源法》第1条将能源供应安全、廉价能源和环境相容性同时列为德国能源法平等的三大宗旨。

日本2002年《能源政策基本法》第1条规定："鉴于能源是国民生活之安定向上及国民经济的保持和发展所不可缺少的，并且能源的利用会给地区和地球的环境造成较大影响，本法旨在……"

在2007年能源白皮书《应对能源挑战》中，英国明确其能源战略的目标是"实现能源安全以及加速向低碳经济转型"。英国2013年《能源法》的全称是："关于下列事项规定的法律：低碳目标范围和义务的设定；为鼓励低碳发电或确保供应安全目的的电力市场改革；核事监管办公室的设立和职能；国有管道和存储系统及与之有关的权利行使；战略和政策声明的制定；天然气和电力的国内供应；扩大需要能源许可证的活动的类别；受监管企业向燃气或电力消费者提供救济的指令作出；试运行期间的离岸电力传输；与主管部长发生的某些费用有关的税费收取；烟雾和一氧化碳报警器；以及其他相关事项。"

历经3年之久，法国于2015年8月13日制定了《为了绿色增长的能源转型法》。该法确立了法国能源政策的如下核心目标，并围绕此以展开制度设计：确保能源供应安全，以及为了应对气候变化而减少温室气体排放和能源消费、增加可再生能源在法国能源结构中的比例。

[②] 3E是指能源安全（energy security）、经济发展（economic development）和环境保护（environmental protection）。

界:2030年可持续发展议程》将"确保人人获得负担得起的、可靠和可持续的现代能源"列为可持续发展目标之七,提出:到2030年,"确保人人都能获得负担得起的、可靠的现代能源服务","大幅增加可再生能源在全球能源结构中的比例"以及"全球能效改善率提高一倍"。

基于对上述四项因素的思考,合理考量不同部门法之间的分工和配合问题,我们将能源法的概念表述为:能源法是指基于可持续发展理念,为了维护和促进能源领域的市场经济健康发展以及保障国家安全、民生福祉和生态环境,国家制定或者认可的,调整以能源企业为一方主体的能源原材料和产品(商品)生产供应活动以及直接影响能源生产、供应和消费的节能减排活动中所产生的能源社会关系的,以规定当事人的能源权利和能源义务为内容的法律规范的总称。

正确理解这一概念,需要注意以下三点。第一,能源法所调整的社会关系限于能源社会关系。第二,能源社会关系是在下列两类活动中产生的:一是以能源企业为社会关系一方主体的能源原材料和产品(商品)的生产供应活动,活动所针对的对象是能源资源或者能源原材料或产品(商品);二是主体上基于能源消费端调控的节能减排活动,即直接影响能源生产、供应和消费的节能减排活动,既包括直接的节能减排活动本身,也包括清洁能源开发和利用活动,应对气候变化活动,企业的一些能源生产设备和能源消费产品(商品)的生产活动,以及国家关于调整能源结构、应对气候变化和能源绩效指标等的管理活动。第三,能源法律规范是以规定当事人的能源权利和能源义务为内容的。例如,能源开发企业因修建厂房、购买办公用品而与承建单位、办公用品销售方之间所发生的社会关系,就不属于能源社会关系。再如,在考量能源法与环境法之间的分工与配合方面,不应该将与能源活动有关的任何环境保护问题都纳入能源法的范围,否则大部分环境法都成能源法的一部分了。故此,这里定义的能源法仅将主体上基于能源消费端调控的环境保护措施(发展清洁能源、节约能源、能源视角的应对气候变化)纳入能源法。① 当然,这不妨碍从环境法的角度研究清洁能源发展、节约能源和应对气候变化问题。而且,不少学者都是环境法、自然资源法和能源法领域的多栖学者。

二、能源法的性质

作为法律体系中的一个部门,能源法当然具有法的一般属性。但是,能源法又是一个非常特殊的法律部门,有许多不同于传统法律的特点。那么,怎样看待能源法的性质呢?它的性质和一般法的性质有无不同?这些问题集中反映在能源法的阶级性上。大体有三类主张:

(一)否认能源法具有阶级性

有人认为,从人与自然的关系来看,法的共同性因素将随着社会生产力和自然科学技术的发展,出现日益扩展的趋势。合理开发和综合利用能源资源,解决能源活动中的生态环境问题等愈来愈引起重视,迫使国家不得不用政策法律的形式进行调整。这些调整自然关系的政策法律,虽然会受到阶级利益的制约和影响,但是也得承认这些法律本身是没有阶级性的,是可以为各种不同形态社会所共同认可的。也有人认为,不应以抽象的"统治阶级意志"

---

① 在对本书"编写说明"的微信群讨论中,有学者(例如肖国兴教授)认为:这样定义环境法与能源法之间的关系,有可能陷能源法于不仁不义的境地。

为标准,社会关系是一个庞大而复杂的系统,反映这些关系的法律也必然是一个大的复杂系统。保护生产力、生产者、生产技术、生产工具的法律与维护特殊阶级利益而进行压迫和斗争的法律,在性质上有着根本的不同。

(二)强调能源法的阶级性

有人认为,否认能源法阶级性的观点违背了马克思主义关于法的理论的基本观点。资本主义国家的能源法,首先是为了现代生产的需要,以维护高额利润;其次是为了调节个别资本家同整个资产阶级和无产阶级的矛盾;再次,是为了保护资产阶级自身的健康与生命安全。可见,资本主义国家能源法归根到底是为了维护资产阶级的利益的。

(三)不否认能源法具有阶级性

该观点不否认能源法具有阶级性,但同时认为阶级性不是能源法唯一的本质属性,应该全面把握能源法产生的背景、任务、性质和特点,防止简单化。具体理由如下:

(1)能源法产生的背景不仅仅是阶级矛盾,还有人类同自然的矛盾。虽然人类同自然的矛盾也包含了某些政治和经济的因素,但是起决定性作用的、决定事物本质的不是阶级矛盾而是人类与自然的矛盾。

(2)能源法的调整对象是人们在能源活动中所产生的社会关系,能源法的任务包括"构建稳定、经济、清洁、可持续的能源供应及服务体系,提高能源效率,保障能源安全,推动资源节约型和环境友好型社会建设,促进能源与经济社会的协调发展"[①]。这一任务的实现,将给全体社会成员普遍带来惠益,不论富人还是穷人,是统治阶级还是被统治阶级。在这一点上,不表现阶级利益的根本对立和冲突。

(3)能源法同社会的政治、经济、文化有着密切的联系,并体现执政阶级的政策和利益,因而也使能源法具有法的一般属性。这是毫无疑义的。但是,能源法的调整对象和任务的特殊性决定了它还有更重要的一个方面,即强烈的社会性、自然性和技术性。

笔者认为,简单化地照搬传统理论,不作具体分析地把能源法说成是阶级矛盾的产物,是统治阶级为维护本阶级利益而进行统治的工具,是把复杂的社会现象进行机械唯物主义的简单化处理。这种片面的观点,不利于把握能源法的基本性质和特征,不利于充分发挥能源法的效能,不利于正确把握能源法的制定和实施的指导思想,也不利于对外国和国际能源法中有益经验的交流与借鉴。

三、能源法的属性

(一)能源法是社会法

能源是生活之要和生产之基。对于作为生活之要的能源产品和能源服务,不宜过分地以阶级或者意识形态来予以划分;特别是,发展和使用清洁能源、节约能源和提高能源效率符合整个社会乃至全体人类的共同利益。

(二)能源法是以社会利益为本位的法

所谓社会利益就是指不特定多数人的利益。能源是人类的经济和社会发展的基础,与社会、经济发展的秩序密切相关,因而成为社会利益的重要组成部分。能源问题的产生或与私人利益的盲目追逐和市场机制调节失灵直接相关,或与基于国家(经济)利益的国际政治

[①] 2007年《能源法(征求意见稿)》第1条。

密切相关。在社会经济发展的严重问题面前，人们终于认识到，个人利益与社会利益、一国利益与国际秩序稳定并非完全一致。在处理个人利益与社会利益、一国利益与国际秩序稳定之间的关系时，就必须从社会利益和整体利益出发，对不利于社会利益和整体利益的达到一定程度的行为加以限制。

（三）能源法是公法手段干预私法领域的法

就国内能源问题而言，主要是在私法秩序下产生的；这表明了私法对于能源活动的职能。但是在现代社会中，能源已经成为人类社会经济发展的必要条件，其社会公共利益性使之作为独立利益形态的要求日益突出，人类社会的共同利益要求公法手段必须作用于私法领域，否则，能源供应安全、有效应对变化就无从谈起。

（四）能源法是以可持续发展为价值目标的法

社会公共利益有诸多方面，但主要表现为人类社会经济的可持续发展，这正是能源法的价值之所在。可持续发展是当代人类共同的选择，而能源是可持续发展的核心内容，它要求既满足当代人的需要，又不对后代人满足其需要的能力构成危害。

四、能源法的特征

作为部门法的一种，能源法在诸多方面具有与其他部门法相同的一般特征（例如，法律规则具有规范性，许多法律规范具有强制性等）。然而，由于能源法是法学与经济学、环境科学、生态科学、气候变化科学和系统科学等社会科学和自然科学的交叉学科，能源法还具有不同于其他部门法的固有特征。这主要表现在以下五个方面：

（一）综合性

能源法是一个综合性非常强的法律部门。主要体现在以下四方面：

1. 所规范活动范围的广泛性。作为能源法调整对象的能源社会关系产生于能源活动的各个环节和领域，能源法所规范活动的范围、广度和深度是其他任何法律部门所无法比拟的。从目前的规定来看，能源法既规范能源原材料和产品（商品）生产供应周期过程中的能源活动（如能源资源勘探和开发，能源原材料和产品的萃取、精炼、生产、储存、输送和配送、配置、交换），也包括直接影响能源生产、供应和消费的节能减排活动。

2. 法律关系主体的广泛性。由于能源是生活之要和生产之基，能源法遵从可持续发展的理念和价值目标，因此能源法律关系的主体不仅包括公民、法人及其他组织、国家乃至全人类，还包括尚未出生的后代人。

3. 调整内容的广泛性。这是由能源法所规范活动范围的广泛性所决定的。如此广泛而又丰富的调整内容同样也是其他任何部门法所难以比拟的。

4. 牵涉法律的广泛性。由于所规范活动范围、法律关系主体以及调整内容的广泛性，能源法所调整的社会关系极为复杂，需要运用的手段各式各样，从而决定了所采取的法律措施的多样性。它不仅可以适用诸如宪法、行政法、刑法等公法予以解决，也可以援引民商法等私法给予救济，还可诉诸国际法予以调整。这是其他任何部门法所无法比拟的。

（二）技术性

能源法具有浓厚的科学技术性，这也是它不同于一般部门法的基本特征。

首先，能源法的相当一部分内容建立在自然规则基础之上。这种基础包括生物、化学和物理原理，"自然法则"就不可避免地成为能源立法时的指导原则。能源法律的制定和实施必须依赖和利用专门的科学技术知识,而且自然科学家也应该为能源立法贡献自己的专业知识和特长。

其次,"科学技术"不仅需要现在已知的知识及其建议,而且还需要在科学的不确定性范围内预测和评价风险的方法。

再次,由于能源法的不少内容(例如气候变化法)是通过调整一定领域的社会关系来协调人与自然之间的关系的,因此它必须体现自然规律的要求,必须把大量有关技术规范、操作规程、能源标准和控制污染的各种工艺技术要求等运用于能源立法之中。

最后,它促进对科学技术成果的运用。例如,如果能源立法不对淘汰落后的技术设备以及运用先进科学技术作出规定的话,企业出于自身利益和生产成本的考虑就不太容易接受新的科学知识和技术改良。这样也不利于科学技术的进步和发展。

(三)价值取向的多重性

能源法的价值取向是能源法所追求的价值目标。能源法作为新兴的法律部门,是在反思既有法律制度何以不能解决已然威胁人类整体生存和发展基础的能源问题的基础上形成的,决定了这门法律价值取向的多重性。能源法也追求传统法律的"秩序、公平、自由"三大价值目标,但是它所追求的这三大价值目标是以可持续发展价值观念为基础的。能源法的价值取向不仅包括有生命的人,还包括供所有生命享用的气候生态环境,从而实现人与自然共存共荣的目的,这也是能源法区别于价值取向只限于当代人的其他部门法的显著特征。

(四)法律关系的特殊性

传统部门法的法律关系所体现的是一定社会人与人之间纯粹的思想关系,法律也是通过权利义务的确定对人类行为进行调整,从而实现自由、秩序和公平的社会理想。能源法律关系所要体现的,不仅有一定社会人与人之间纯粹的思想关系,也在一定程度上有一些人类与自然之间的关系。后者既不是一种纯粹的思想关系,又不是纯粹的物质关系。能源法律关系除了要受来自社会经济关系的制约以外,更大程度上还要受到来自人与自然之间关系,特别是自然规律的制约。当前,在"人本主义"思想为主导的社会条件下,能源立法尚不能,也不可能确定人类与自然之间的权利义务关系。所以目前它仍然必须通过调整人们相互之间的行为和利益才能得到具体体现。

(五)软法性法律规范多①

根据传统的法律思想和理论,无论中外,都强调权利的强制性最后必须落实到在发生违法情形时有补救措施。例如,中国先贤曾说"徒法不能以自行"(《孟子·离娄上》),西方法中有"没有救济,就没有权利"(no remedy, no right)的格言。补救措施一方面表现在对违法者的制裁或者惩罚上,另一方面体现在对权利人权利的补救上。马克思就曾经说过,法律之所以对人有效,是因为它们居于统治地位,违反它们就会受到惩罚。然而,随着市场经济条件下管理科学的发展,治理国家的理论、方法和艺术也在发展。20世纪六七十年代以来,许多发达资本主义国家制定了大量的政策性立法,运用软法性规范来促进或者引导某一产业或者部门在某段时期内朝某一方向发展,其路径不是通过强制性措施来禁止、限制国民作出某些类行为,而是通过激励性的经济措施鼓励其国民实施某些类行为。目前,政策性立法在美

---

① 参见胡德胜:《关于拟制定〈能源法〉的定性定位问题》,载《江西理工大学学报》2015年第6期。

国、日本等发达国家大行其道,是现代国家监管立法的重要特征之一,特别是在环保、自然资源和能源等领域具有普适性。相应的软法性规范大多并不具有强制性。

第二节 能源法的渊源和体系

一、能源法的渊源

能源法的渊源是指能源法的表现形式。从国内法和国际法间关系的二元论来看,有国内能源法与国际能源法之分。

就国内法而言,由于存在着大陆法系和普通法系两大法系的不同、不同国家法律传统的不同,不同国家往往有着不同的能源法的渊源。尽管判例法仍然是绝大多数普通法系国家能源法的正式法律渊源,然而从总体上看,在绝大多数国家,成文的能源法律和政策是能源法的重要和核心渊源。下面从国内法和国际法的角度,分别介绍能源法的渊源。

(一)能源法的国内法渊源

(1) 宪法和宪法性法律。宪法关于能源社会关系的规定主要是确立公民与能源相关的人权和环境保护事项、能源资源的权利和管理以及国家与能源相关的职责。作为国家的根本大法,宪法具有最高的法律效力。

(2) 法律。一国最高立法机关制定的法律,即狭义的法律。它的主要表现形式是成文的实体法和程序法。在能源法领域,法律通常包括能源基本法、国家能源战略和政策以及单项能源法律。能源基本法以及国家能源战略和政策主要是对综合性能源政策目标、能源法法律原则和所有能源领域的共同事项、能源管理机关等事项作出规定。单项能源法律通常是针对具体种类的能源、某类或者某一阶段的能源活动等而制定的专门法律。此外,民法、刑法、诉讼法、经济法、环境与资源保护法等法律中也有关于能源事项的法律规则。需要注意的是,由于法律制度的不同,不同国家的最高立法机关会有所不同,有些国家是一个机关,有些国家是多个机关。这些法律的效力位阶次于宪法。

(3) 执行(行政)机关(附属)法规。这是指根据宪法或者法律的授权,由执行(行政)机关制定的用于落实和实施相关能源法律的规范性法律文件。由于法律制度的不同,不同国家的执行(行政)机关会有所不同,乃至存在较大差异。例如,在美国,除总统是宪法规定的执行机关以外,联邦法律还设立了一些行政机关(如联邦能源监管委员会)或者授权隶属总统的执行部门(如能源部、内政部),根据相关法律的规定,制定法规;而且总统制定的法规与后者制定的法规具有同等的法律效力。在英美法系国家或者地区,这些法规被称为"regulation"或者"by-law";在我国香港特别行政区通常被译为"附属法规"。①

(4) 执行(行政)机关规章。这是指执行(行政)机关根据行政权限的规定所制定的实施相关能源法律和(附属)法规的规范性法律文件。它的内容通常是一些更为具体的规定(尤其是程序方面的规定),确保能源法律和(附属)法规得到公正和有效率的实施,保障行政相

---

① 我国学者多将之译为"法规"或者"行政法规"。在我国大陆的法律体系中,作为法律形式渊源的法规包括国务院制定的行政法规以及地方人大或其常委会依法制定的地方性法规。如果采用"法规"或者"行政法规"的译法,一则容易让读者(特别是不了解英美法律制度的读者)误解,二则对初学者来说容易误人子弟,故笔者赞成并在本书中采用"附属法规"的译法。

对人的合法权益。

（5）判例法。在普通法系国家（地区），判例法是法律的正式渊源，在能源法领域也不例外。但是，由于能源活动的外部性问题以及国家监管的加强，成文法在能源法领域的比重越来越大，判例法在大多数普通法系国家（地区）发挥作用的空间非常小；不过，美国由于其最高法院的联邦积极主义，判例法在重大能源问题方面仍然有着重要作用。

（6）区域（地方）法。在联邦制国家，联邦与联邦主体（州、省等）通常根据宪法或者宪法性法律的规定，分别管理着能源事务或者活动的不同方面，所以能源法就有了联邦能源法与联邦主体（州、省等）能源法之分。在实行一国两制的国家，不同制度的地区之间，其能源法会有所差异。在一些单一制国家，地方政权可以根据宪法或者法律的规定，在不同宪法和宪法性法律、法律、行政法规相抵触的前提下，制定地方性能源法律，在本行政区内予以实施。

（7）国际法。在承认国内法和国际法间关系一元论的国家，国际法是其国内能源法的直接和正式渊源，无需通过国内转换或者采纳程序。在实施一元论和二元论混合的国家，某些领域、种类或者渊源的国际法是其国内能源法的正式渊源，无需通过国内转换或者采纳程序。在实施二元论的国家，国际法则不是国内能源法的渊源。在能源法领域也是如此。

（8）习惯和惯例。在一些国家，对于平等主体在有关能源活动中所形成的习惯、惯例或者惯常做法，只要它们不违反法律规定，法律予以认可，它们因而成为能源法的渊源。

（二）能源法的国际法渊源

国际能源法的渊源由国际条约、习惯国际法、一般法律原则、政府间国际组织的具有法律拘束力的决议这些正式渊源以及司法判例、各国权威最高的公法学家学说等辅助渊源组成。

（1）国际条约。国际能源条约是国际能源法的主要渊源，包括多边、双边的涉及能源事项的专门条约或者相关条约。从内容上看，目前的国际能源条约已经涵盖了能源资源的勘探开发，能源产品的生产、输送、配送、消费，能源活动的环境保护等国际能源的各个领域。

"框架公约"是国际能源法的发展倾向之一。追求能源（供应）安全以满足民生、实现经济良性发展以及保护生态环境以实现人类社会的可持续发展，是世界各国共同追求的目标。但是，不同发展水平的国家之间、能源进口国和出口国之间有着不同的能源利益诉求，加上地缘政治等复杂的国际关系、政治制度和意识形态方面的差异，许多国家基于自身的需要或者考虑，不愿意牺牲自己的能源利益。在这种制定国际能源相关条约虽然非常必要，但是条约不可能对各种国际能源关系中的权利和义务作出明确而具体的规定的情况下，就出现了由条约仅对有关国际能源关系的目标或者原则作为规定，而将具体的权利义务事项留给缔约国通过进一步协调后再确定的"框架公约"。例如，2015年5月《国际能源宪章宣言》，2015年12月《巴黎协议》，1992年《联合国气候变化框架公约》等。

（2）习惯国际法。国际能源法产生于20世纪70年代。由于历史很短，目前形成通例且被接受为法律的、专门针对能源领域的国际习惯并不多见，而且从实体国际法的角度来看，主要是同时涉及能源和环境两个领域的。

（3）一般法律原则。作为国际法渊源的一般法律原则是指得到世界各国承认的一般法律原则。人类的善良本性、正义追求、相互尊重等意识对法律的形成具有一定影响。一般法律原则就是基于人类社会的某些共同特性和本质而产生，很大程度上是由于人类有着共同的道德原则。

（4）政府间国际组织的决议。第二次世界大战后，政府间国际组织的决议对于国际法的形成和发展发挥了巨大的推动作用。它们可以分为三类：① 根据其成立条约或者宪章的授权，所作出的决议对于成员国具有直接的法律效力，具有条约国际法的属性。② 根据其成立条约或者宪章的规定，所作出的决议是一种宣言、倡议、指导性文件或者行动计划，对于成员不具有法律效力，但是可以作为证明某项习惯国际法或者一般法律原则存在的证据或者辅助资料。它们通常被称为国际法中的"软法"。③ 所作出的决议是通过一项国际条约文本，相关条约文本的缔约国一旦达到条约生效所需要的数目，便成为条约国际法；在条约生效之前，相关条约文本可以作为证明某项习惯国际法或者一般法律原则存在的证据或者辅助资料。

二、我国能源法的主要渊源

根据我国《宪法》和《立法法》的规定，我国实行二级（国家和地方）多元的立法体制，法律的形式渊源包括宪法、法律、法规和自治条例、单行条例、规章等。此外，对于法律适用具有普遍意义的立法解释和司法解释，在习惯上也属于我国法律的渊源。我国目前有6部单行能源法律，有30多部行政法规，有200多部部门规章，有近千部地方性法规和地方政府规章。此外，还签署、缔结或者参加了30多项与能源相关的国际条约。

（一）宪法中的能源相关法律规范

在讨论能源法的主要渊源时，一般认为应该将宪法中与能源相关的规范纳入其中。考察世界上大多数国家的宪法，虽然鲜有关于能源事务的直接规定，但是却有不少与能源相关的规定。这些规定主要分为三个方面：一是关于包括能源资源在内的自然资源的所有和开发利用的规定；二是关于包括能源经济活动在内的经济活动的规定；三是与能源社会关系密切的生态环境保护规定。从这些规定中，可以推演出关于能源的法律规范。

就我国《宪法》而言，第9条规定："矿藏、水流、森林、山岭、草原、荒地、滩涂等自然资源，都属于国家所有，即全民所有；由法律规定属于集体所有的森林和山岭、草原、荒地、滩涂除外。国家保障自然资源的合理利用，保护珍贵的动物和植物。禁止任何组织或者个人用任何手段侵占或者破坏自然资源。"据此，完全可以认为，能源资源的所有和开发利用关系应当遵守该条的规定。

第26条规定："国家保护和改善生活环境和生态环境，防治污染和其他公害。国家组织和鼓励植树造林，保护林木。"一切能源活动都涉及污染物的排放，对生态系统的影响。因此，所有能源活动都必须符合生态环境保护法律的规定。特别是，当代人类已经认识到了森林的碳汇功能，更加全面地认识到了其传统生态功能，可以根据该条规定，就鼓励植树造林和保护林木制定更为全面和详细的下位阶法律规范。

第15条规定："国家实行社会主义市场经济。国家加强经济立法，完善宏观调控。国家依法禁止任何组织或者个人扰乱社会经济秩序。"据此，我国的所有能源活动应当符合该条关于市场经济的规定。此外，《宪法》第6、7和8条关于经济制度的规定，第12和13条关于公共财产和私有财产的规定，第11、16、17和18条关于内资非公有制经济成分、国有企业、集体经济组织、外资企业的规定，都适用于能源产业内的市场主体。

第14条前4款规定："国家通过提高劳动者的积极性和技术水平，推广先进的科学技术，完善经济管理体制和企业经营管理制度，实行各种形式的社会主义责任制，改进劳动组织,以不断提高劳动生产率和经济效益,发展社会生产力。国家厉行节约,反对浪费。国家合理安排积累和消费,兼顾国家、集体和个人的利益,在发展生产的基础上,逐步改善人民的物质生活和文化生活。"它为能源领域的科技创新和发展,节能,能源结构调整以及推动或者实行能源普遍服务提供了宪法依据。

(二)能源法律

能源法的单项法律是指由国家最高立法机关制定的,专门调整能源社会关系的或者对于能源社会关系具有基础性的特别规范性法律文件。一般情况下,它们是以综合性能源基本法的存在为前提的能源立法现象,其特点是具有调控对象和方法的针对性或者单一性。

需要制定综合性能源基本法的原因主要在于宪法位阶的能源规范条款缺乏、不明确或者需要整合国内现行法律制度。综观制定有综合性能源基本法的大多数国家,这类法律主要是对能源战略和政策、能源活动的基本原则和重要制度作出规定,其目标在于协调其他单项的能源法律之间的关系,并使它们之间具有内在的协调统一性。

我国目前缺少一部综合性的能源基本法。2005 年,题名为《能源法》的立法工作启动。但是,虽然有浩大的 15 家单位参与[①],多次列入立法计划,都未能让《能源法(草案)》从国务院走出而进入全国人大。拟制定《能源法》未能按很多人的期盼在 2011 年之前出台,其原因无疑是多方面的。就实质原因而言,是国家关于能源政策的顶层设计一直没有完成或者完善。2007 年 12 月 4 日《能源法(征求意见稿)》与现时能源政策之间的巨大差距,可以充分说明这一点。从形式原因上看,则主要是拟制定《能源法》的定性定位问题。我国拟制定的综合性能源基本法内容上宜以政策性、原则性和框架性为主,名称上冠以《能源政策基本法》较妥,定性定位应该是应然能源法律体系中的基本法。[②]

我国目前已经制定了调整包括能源资源勘探开发活动在内的《矿产资源法》(1986 年 3 月 19 日通过,1996 年 8 月 29 日修正)、《电力法》(1995 年 12 月 28 日通过,2015 年 4 月 24 日二次修正)、《煤炭法》(1996 年 8 月 29 日通过,2013 年 6 月 29 日三次修正)、《节约能源法》(1997 年 11 月 1 日通过,2007 年 10 月 28 日修订,2016 年 7 月 2 日修正)、《可再生能源法》(2005 年 2 月 28 日通过,2009 年 12 月 26 日修正)和《石油天然气管道保护法》(2010 年 6 月 25 日通过)等 6 部单行能源法律。

与能源活动关系密切的单行法律也有许多。如环境保护方面的《环境影响评价法》(2002 年 10 月 28 日通过,2016 年 7 月 2 日修正)、《放射性污染防治法》(2003 年 6 月 28 日通过)、《环境保护法》(1989 年 12 月 26 日通过,2014 年 4 月 24 日修订)、《大气污染防治法》(1987 年 9 月 5 日通过,2015 年 8 月 29 日二次修正)、《固体废物污染环境防治法》(1995 年 10 月 30 日通过,2015 年 4 月 24 日二次修正)、《水法》(1988 年 1 月 21 日通过,2002 年 8 月 29 日修订,2016 年 7 月 2 日修正)、《水污染防治法》(1984 年 5 月 11 日通过,2008 年 2 月 28 日修订)、《海洋环境保护法》(1982 年 8 月 23 日通过,2013 年 12 月 28 日修正)等。

[①] 《能源法》起草组 2006 年 1 月 24 日成立时,国家发改委主任兼国家能源领导小组办公室主任马凯担任组长。国家能源办、国家发改委、国务院法制办、财政部、国土资源部、科技部、农业部、商务部、国资委、环保总局、安全监管总局、电监会、全国人大财经委、全国人大环资委和中编办等 15 家单位参与起草工作。

[②] 胡德胜:《关于拟制定〈能源法〉的定性定位问题》,载《江西理工大学学报》2015 年第 6 期。

(三) 能源法规以及自治条例和单行条例

1. 法规

我国的法规有行政法规和地方性法规两类。

(1) 行政法规。对于下列事项，国务院可以根据宪法和法律制定行政法规：① 为了执行法律的规定需要制定行政法规的事项；②《宪法》第 89 条规定的国务院行政管理职权的事项；③ 全国人大或其常委会就应当由其制定法律的事项，授权决定由国务院先制定行政法规的事项。

我国目前有 30 多部能源行政法规。例如，1982 年《对外合作开采海洋石油资源条例》(2001 年修订)、1986 年《民用核设施安全监督管理条例》、1987 年《核材料管制条例》、1994 年《矿产资源法实施细则》、2000 年《煤矿安全监察条例》、2005 年《电力监管条例》、2008 年《公共机构节能条例》等。

(2) 地方性法规。目前，可以制定地方性法规的人大或其常委会有三类：① 省级人大或其常委会。根据本行政区域的具体情况和实际需要，它们在不同宪法、法律、行政法规相抵触的前提下，可以制定地方性法规。② 设区的市的人大或其常委会。根据本市的具体情况和实际需要，在不同宪法、法律、行政法规和本省(自治区)地方性法规相抵触的前提下，它们可以对城乡建设与管理、环境保护、历史文化保护等方面的事项制定地方性法规，但法律另有规定的，从其规定。设区的市的地方性法规须报省(自治区)人大常委会批准后施行。③ 自治州的人大或其常委会。它们可以根据《立法法》的规定行使设区的市制定地方性法规的职权。

地方性法规可以规定的事项包括：① 为执行法律、行政法规的规定，需要根据本行政区域的实际情况作具体规定的事项。② 属于地方性事务需要制定地方性法规的事项；③ 除《立法法》第 8 条规定的事项外，其他事项国家尚未制定法律或者行政法规的，省级以及设区的市和自治州根据本地方的具体情况和实际需要，可以先制定地方性法规。

我国目前有近五六百部能源地方性法规。例如，在包括能源矿产资源的矿产资源管理方面，许多省级人大常委会制定了《矿产资源管理条例》，吉林省制定了《矿产资源开发利用保护条例》和《矿产资源勘查开采管理条例》，湖北省制定了《矿产资源开采管理条例》等。在农村可再生能源方面，一些省(如湖南、湖北、浙江、山东等)制定了《农村可再生能源条例》等。

2. 自治条例和单行条例

自治条例和单行条例由民族自治地方的人大依照当地民族的政治、经济和文化的特点，予以制定。自治区的自治条例和单行条例，报全国人大常委会批准后生效；自治州、自治县的自治条例和单行条例，报省级人大常委会批准后生效。

自治条例和单行条例可以依照当地民族的特点，对法律和行政法规的规定作出变通规定，但不得违背法律或者行政法规的基本原则，不得对宪法和民族区域自治法的规定以及其他有关法律、行政法规专门就民族自治地方所作的规定作出变通规定。

无论是从名称还是从内容上看，与能源事项有关的自治条例和单行条例非常鲜见。

(四) 能源规章

我国的能源规章有部门规章和地方政府规章两类。

(1) 部门规章。国务院各部委、中国人民银行、审计署和具有行政管理职能的直属机构,可以根据法律和国务院的行政法规、决定、命令,在其权限范围内,制定规章。

部门规章规定的事项应当属于执行法律或者国务院的行政法规、决定、命令的事项。涉及两个以上国务院部门职权范围的事项,应当提请国务院制定行政法规或者由国务院有关部门联合制定部门规章。

由于能源活动事关人民生活,为经济血液,影响生态环境,进而事关国家安全,涉及部门众多。中央政府中权限范围与能源活动有关的主要有国家发改委、国家能源局、国土资源部、水利部、环保部、农业部、国家林业局、财政部、国家税务总局等。这些部门单独或者联合制定了 200 多部能源部门规章。例如,国家发改委单独制定了《天然气基础设施建设与运营管理办法》(2014 年)、《煤炭经营监管办法》(2014 年)、《电力安全生产监督管理办法》(2015 年)、《水电站大坝运行安全监督管理规定》(2015 年),与其他部门联合制定了《基础设施和公用事业特许经营管理办法》(2015 年)、《公共机构能源审计管理暂行办法》(2015 年),等等。

(2) 地方政府规章。省级政府以及设区的市、自治州的政府,可以根据法律、行政法规和所属省级行政区的地方性法规,制定地方政府规章。

地方政府规章可以就下列事项作出规定:① 为执行法律、行政法规、地方性法规的规定需要制定规章的事项。② 属于本行政区域的具体行政管理事项。设区的市、自治州的政府制定地方政府规章,限于城乡建设与管理、环境保护、历史文化保护等方面的事项。③ 应当制定地方性法规但条件尚不成熟的,因行政管理迫切需要,可以先制定地方政府规章。

我国目前有近五六百部能源地方政府规章。例如,《湖北省矿产资源补偿费征收管理实施办法》(1995 年)、《黑龙江省地方水电管理办法》(1996 年)、《山东省节能监察办法》(2005 年)、《黑龙江省公共机构节能办法》(2010 年)、《湖北省实施〈公共机构节能条例〉办法》(2011 年)等。

(五) 能源类相关国际条约

在国际法上,条约有广义和狭义之分。狭义上的条约仅指题名为"条约"或者"公约"的国际法律文件。广义上的条约则是指《维也纳条约法公约》第 2 条界定的条约:"国家间所缔结而以国际法为准之国际书面协定,不论其载于一项单独文书或两项以上相互有关之文书内,亦不论其特定名称如何。"一般在广义上使用"条约"这一术语。我国《缔结条约程序法》条款中的"条约"是指狭义上的条约。

我国《缔结条约程序法》规定,条约的缔结权分为三种情形:① 狭义条约和重要协定的批准由全国人大常委会决定。② 国务院规定的必须经核准的和缔约各方议定必须经核准的协定和其他具有条约性质的文件,由外交部或者国务院有关部门会同外交部,报请国务院核准。③ 无须全国人大常委会决定批准或者国务院核准的协定,除以中华人民共和国政府部门名义缔结的协定由本部门送外交部登记外,其他协定由国务院有关部门报国务院备案。尽管如此,我国法律承认,我国缔结或者参加的国际条约如果与狭义法律、法规和规章不一致的,以前者为准。也就是说,条约在我国法律位阶中居于狭义法律的地位。

目前我国已经签署、缔结或者参加了 30 多项与能源相关的国际条约。例如,双边条约方面,与欧洲原子能共同体(2008 年)、哈萨克斯坦(2009 年)、沙特阿拉伯(2012 年)、土耳其(2012 年)、加拿大(2012 年)、英国(2013 年)等关于和平利用核能合作方面的协定或者议定书,2009 年《中国和巴西关于能源和矿业合作的议定书》、2009 年《中国与哈萨克斯坦关于能源和贷款领域一揽子合作的备忘录》、2009年《中国和美国关于加强气候变化、能源和环境合作的谅解备忘录》、2010年《中国和南非关于能源合作备忘录》、2013年《中欧能源安全联合声明》等。

多边条约方面,主要有1956年《国际原子能机构规约》、1986年《核事故或辐射紧急情况援助公约》、1986年《及早通报核事故公约》、1992年《联合国气候变化框架公约》、1994年《核安全公约》、1997年《乏燃料管理安全和放射性废物管理安全联合公约》、2005年《第四代核能系统研究和开发国际合作框架协议》、2005年《核材料和核设施实物保护公约》等。

此外,国家的能源政策和规划文件也对能源产业产生影响乃至决定性影响。例如,国务院新闻办公室白皮书1996年《中国的环境保护》、2003年《中国的矿产资源政策》、2006年《中国的环境保护(1996—2005)》、2007年《中国的能源状况与政策》、2008年《中国应对气候变化的政策与行动》、2011年《中国应对气候变化的政策与行动》、2012年《中国的能源政策》、2016年《中国的核应急》等。

三、关于我国能源法律体系现状和归属的讨论[①]

(一) 关于我国能源法律体系现状的讨论

根据官方文件的表述,在统一的社会主义法律体系之下,我国目前已经形成的法律体系有宪法及宪法相关法、民法商法、行政法、经济法、社会法、刑法、诉讼与非诉讼程序法等七个。[②] 另有准备形成的国家安全法律体系。[③]

基于前面关于我国能源法主要渊源的介绍,考察我国目前的能源立法状况,可以总结如下:(1)存在"三纵七横"的形态,即,从法律位阶的纵向上看分为能源法律、能源法规、能源规章三个层级,从调整对象的横向看包括煤炭、石油天然气、电力、核能、可再生能源、能源节约、能源监管等7个方面的社会关系。[④] (2)除适用于能源矿产勘探和开发活动的《矿产资源法》外,还有《电力法》《煤炭法》《可再生能源法》《节约能源法》和《石油天然气管道保护法》等5部单行能源法律,有30多部行政法规,有30多项已签署、缔结或者参加的与能源相关的国际条约,有200多部部门规章,有1000多部地方性法规和地方政府规章。然而,对于上述能源法律群是否形成了能源法律体系或其雏形,存在争议和疑问。有人认为,我国"能源法律体系的雏形已经初步构建起来"。[⑤] 也有人则认为,我国"能源法律体系已经初步形成体系"。[⑥] 还有人基于存在能源法律体系而讨论其健全、完善和发展问题。[⑦]

然而,经认真分析,可以发现,我国最多是存在外在形态上的能源法律体系雏形,并没有具有实质内容上的能源法律体系。这一判断的主要理由是,我国能源法律规范作为一个整体,存在以下三个方面的严重缺陷:

[①] 胡德胜:《关于拟制定〈能源法〉的定性定位问题》,载《江西理工大学学报》2015年第6期。
[②] 国务院新闻办公室:《中国特色社会主义法律体系》,人民出版社2011年版。
[③] 陈菲:《十二届全国人大常委会立法规划作出调整 增加编纂民法典等34件立法项目》,载《人民日报》2015年8月6日第4版。
[④] 石少华:《法治何以推动能源革命》,载《能源评论》2015年第4期。
[⑤] 叶荣泗:《回顾与展望改革开放以来的我国能源法制建设》,载《郑州大学学报(哲学社会科学版)》2009年第3期。
[⑥] 李艳芳:《论我国〈能源法〉的制定——兼评〈中华人民共和国能源法〉(征求意见稿)》,载《法学家》2008年第2期。
[⑦] 石少华:《法治何以推动能源革命》,载《能源评论》2015年第4期;张璐:《论我国能源法律体系的应然构建与完善发展》,载《北京理工大学学报(社会科学版)》,2011年第5期。

(1) 结构上,不仅能源基本法缺失,而且由全国人大或其常委会制定的能源产业法覆盖的领域欠缺(例如,没有《石油法》《天然气法》《原子能法》)。这一点也是基于存在能源法律体系而讨论其健全、完善和发展问题的学者所承认的。①

(2) 内容上,现行能源法律、法规和规章中存在不少立法空白或者盲区,一些已经不能适应正在变化的或者已经变化了的社会现实。例如,1995 年《电力法》明确规定,国务院应当对电网调度管理、电力供应与使用、上网电价实行同网同质同价的具体办法和实施步骤、电力生产企业有特殊情况需另行制定上网电价的、分类电价和分时电价的分类标准和分时、电价管理、农业和农村用电管理等事项制定配套行政法规。但是,十多年过去了,仍有《电价管理办法》等 4 部行政法规没有制定出来。

(3) 协调性上,从实体内容上看,同一位阶、不同位阶的法律文件之间,存在着诸多矛盾与冲突,形式上一定程度的有法可依带来的是实质上的无法可依和混乱,损害着社会主义法治的权威。例如,《电力法》规定个人售电必须持供电营业许可证,但是《可再生能源法》要求可再生能源全额收购制,而实际上优先调度清洁能源的规定却并未执行。国家能源局 2013 年《分布式光伏发电项目管理暂行办法》规定"在经济开发区等相对独立的供电区同一组织建设的分布式光伏发电项目,余电上网部分可向该供电区内其他电力用户直接售电",但是《电力法》规定"一个供电营业区内只设立一个供电营业机构";这意味着分布式光伏项目直接售电一直在违法进行。具有体系性的能源立法,要求一国各种形式的能源法具有统一的秩序,意味着它们之间非但没有冲突,还需要制度同一。②如果以此为标准,我国谈不上存在健全的能源法律体系。

在外在形态和实体内容上都存在如此重大缺陷的情形下,那种认为我国能源法律体系已经形成的观点显然是缺乏说服力的。

(二) 关于我国能源法律体系的归属

能源是生活之要和生产之基,一国的能源政策法律需要服务于国家安全、保障民生、生态环境和经济发展这四项具有根本性的国家目标或者政策。③在不少发达国家(例如美国、日本和德国等),往往都有一部法律来统领能源领域的所有法律,维护和确保各能源单行法律之间的协调与统一,并且它们都发挥了很好的作用。例如,美国形成了以《能源政策法》为核心,加上石油天然气立法、煤炭立法、原子能和核电立法、水电立法、可再生能源和替代能源立法、能源监管立法等法律组成的能源法律体系。④日本构建了以《能源政策基本法》主导,由煤炭立法、石油立法、天然气立法、电力立法、可再生能源立法、能源利用合理化立法、新能源利用立法、原子能立法等为中心内容,相关部门法实施令等为补充的能源法律制度体系。⑤德国形成了以《能源经济法》为引领,以煤炭、石油和天然气、可再生能源与核能、节约能源、能源生态税等能源专门立法为主要内容的能源法律体系。⑥相比而言,缺乏一部统领性能源法律的国家,其能源法律体系往往显得不健全,而且各单行法律之间经常缺乏协调,导致实施

---

① 张璐:《论我国能源法律体系的应然构建与完善发展》,载《北京理工大学学报(社会科学版)》2011 年第 5 期。
② 肖国兴:《论〈能源法〉的理性及其法律逻辑》,载《中州学刊》2007 年第 4 期。
③ 胡德胜:《论我国能源监管的架构——混合经济的视角》,载《西安交通大学学报(社会科学版)》2014 年第 4 期。
④ 胡德胜编著:《美国能源法律与政策》,郑州大学出版社 2010 年版。
⑤ 罗丽:《日本能源政策动向及能源法研究》,载《法学论坛》2007 年第 1 期。
⑥ 杜群、陈海嵩:《德国能源立法和法律制度借鉴》,载《国际观察》2009 年第 4 期。

中的困难重重。

考察我国状况,将以调整能源法律关系为主的任何一部法律,无论是归类于已经形成的七个法律体系,还是归类于有待形成的国家安全法律体系,都很不合适。因此,将以调整能源法律关系为主的所有单行法律归集为单独的能源法律体系最为合适,但是这一法律体系需要大力进行外在形态上的整理整合和实质内容上的协调统一。如果考虑现阶段能源类立法的状况,也可以暂时将能源法律体系作为经济法律体系中一个相对独立的子法律体系。

根据全国人大常委会法工委立法规划室主任王瑞贺的介绍,国家安全法律体系应该包括的法律有国家安全法、反间谍法、反恐怖主义法、境外非政府组织管理法、网络安全法、陆地国界法、能源法、原子能法、航空法、修改测绘法等。[①]然而,将一部名称为《能源法》的法律纳入国家安全法律体系非常不妥。主要理由在于:(1)以偏概全。尽管能源政策法律于国家安全至关重要,但是也同时服务于生活用能、生态环境和经济发展这三项具有根本性的国家目标或者政策。(2)与国际上的通行做法不符,不利于国际能源的交流与合作。放眼全球,尚没有发现将一部名称为《能源法》的法律纳入国家安全法律体系的。我国如果将之纳入国家安全法律体系,将非常不利于我国的对外能源合作。因为很少有国家愿意与动辄将能源合作上升到国家安全高度的国家合作。特别是,能源合作是"一带一路"建设的重要内容,而我国多次宣称"一带一路"只涉及经济而不涉及政治、国家安全和军事。(3)的确,能源政策法律需要服务于国家安全这项根本目标。然而,将一部作为能源领域基本法的《能源法》列入国家安全制度体系却不合时宜。一般做法是对于涉及国家安全的重大事项在其他法律中作出规定,甚至可以用一部单行法律对此作出规定。

(三)关于我国能源法律体系的应然构建

张璐教授认为:(1)对某个法律领域立法的体系化研究,是法学基础理论研究的重要环节,充分体现了从理论应然的角度对相关立法实践的指引作用,在很大程度上提高相应领域法律体系结构与内容的合理化水平,而且有助于对该法律领域整体上的把握和认知。尤其对我国的立法实践而言,往往更多侧重于各单行立法的应急性而在整体结构性上考虑不足,更显体系化研究的必要性,而对超越立法实践的法律体系的应然构建研究尤为重要,因其可以充分发挥参照作用,为现有立法在体系上的合理化完善提供必要的借鉴和参考。(2)考虑到法律体系构建的合理性、对能源开发利用不同环节的特殊性以及能源资源的不同类型划分等诸多因素,能源法律体系应包括能源基本法和具体能源法两个组成部分。其中具体能源法又可划分为能源利用法、能源产业法(又可进一步分为不可再生能源法和可再生能源法)和能源公用事业法。

对于张璐教授的第一个观点,笔者赞同并同意它适用于能源法领域。对于他的第二个观点,笔者认为可考虑加以改进。例如,还应当考虑不同类别能源产业的现在和未来的发展趋势、在能源结构中的地位和作用,考虑能源原料和产品(商品)的周期性。据此,可以考虑将能源法律体系的应然结构排列为能源基本法、能源生产供应法、能源公用事业法(主要是关于能源原材料和产品(商品)输送和配送的,其内容在教科书中可以分解到各能源产业法之中)、节能减排法(包括气候变化法、节约能源法、可再生能源法等)。之所以不建议使用

---

① 陈菲:《十二届全国人大常委会立法规划作出调整 增加编纂民法典等34件立法项目》,载《人民日报》2015年8月6日第4版。

"能源利用法"的表述和划分,是因为"利用"和"能源利用"的语义比较模糊,容易造成误解。如果"能源利用"是指能源原材料和产品(商品)的使用和消费,利用水能、风能和太阳能资源发电的能源利用活动,就不宜列入"能源利用法"的调整范围。而且,能源视角的气候变化法属于能源法的分支。[①]

第三节 能源法与其他部门法的关系

十一届全国人大及其常委会认为,我国有中国特色的社会主义法律体系已经基本形成,该法律体系由宪法及宪法相关法、民法商法、行政法、经济法、社会法、刑法、诉讼与非诉讼程序法等七个部分组成,包括法律、法规和规章三个层次。[②]但是,从十八届中共中央委员会形成以来关于经济改革、法治建设和生态文明建设等方面决策落实的要求来看,从参与国际合作的需求来看,我国的法律体系还需要大修大补。从理论上说,能源法是一个独立的法律部门。但是,由于能源法源于传统法律部门而且在我国尚处于形成和发展中的原因,以及能源法的交叉学科属性,决定了能源法与相邻法律部门(特别是经济法、行政法、民商法、环境法以及自然资源法)之间的关系非常密切。

一、能源法与宪法及宪法相关法的关系

在任何国家的法律体系中,宪法都处于最高位阶,是国家的根本大法。所有法律的效力都源于宪法,任何法律规范都不得与宪法的规定和精神相抵触。因此,宪法中关于或者涉及能源活动的规定是能源立法和行政的基础和依据。前已述及的我国宪法中能源相关法律规范,充分说明了宪法对于能源法的基础性关系。

同宪法一样,宪法相关法中的一些法律或者法律规范,决定着能源法的某些方面。例如,《立法法》要求能源法律的制定必须符合立法的程序性规定。

二、能源法与社会法的关系

社会法产生于对部门法有着较为严格划分的西欧和北欧国家。它的范畴体系目前较为模糊,一般包括反垄断、反不正当竞争、消费者权益保护、计划和产业政策、国有企业以及生态环境保护等方面的法律。

对于传统部门法方法不能单独应对的以及解决的某一(些)特定领域内因新的问题所导致的社会关系的改变,社会法往往将传统部门法方法与经济、技术、社会等方法进行结合或者融合,实施综合性的对策和措施。与传统部门法相比,社会法具有明显的公共利益保护特征,其手段和方法兼具公法和私法的特征。

能源法是综合不同的法律措施和手段来应对和解决能源问题和法律规范,具有社会法的一般特征,特别是在能源普遍服务、反市场垄断和自然垄断监管方面。

---

① 例如,美国2005年《能源政策法》中有"气候变化"篇,欧盟2009年通过的"2020年气候和能源立法包"(2020 Climate and Energy Package)包括了 Directive 2009/29/EC、Directive 2009/28/EC、Directive 2009/31/EC 和 Decision No. 406/2009/EC 等4项指令,将应对气候变化、温室气体减排和能源消费(结构)一并考虑。

② 参见国务院新闻办公室:《中国特色社会主义法律体系》,人民出版社2011年版。

三、能源法与行政法的关系

通过保障能源供应安全来实现社会公平是所有国家能源政策法律的直接形式目标之一。这决定了在任何国家,能源领域都是国家干预比较多的领域。于是,行政法的措施和手段在能源领域大行其道,能源监管盛行,这在世界范围内都是普遍现象。特别是,在计划经济体制下,能源领域的经济活动在计划经济国家是基于体现行政力量的计划而运行的,纠纷主要是通过行政的渠道而解决的。

在能源法与行政法的关系方面,行政法的措施、手段和方法是能源法中运用最多的。首先,能源行政主管部门的管理权限必须由能源行政组织法予以明确。其次,大量的能源法律制度是以行政法律规范的形式确立。最后,在能源纠纷或者争议的处理方面,需要遵守行政诉讼、行政复议、行政程序和行政处罚方面的有关规定。

四、能源法与经济法的关系

能源法与经济法都属于法学的新兴学科,它们之间具有密切的关系。能源问题的产生与能源经济活动的外部性问题密切相关,目前的能源法律手段正朝着融合社会、经济、技术等多个领域的方向发展。政府试图通过市场以及市场导向的机制,促进经济增长方式的改变,从国民经济和社会发展的各个环节寻求能源问题的解决路径和方法。因此,能源法与经济法中有关宏观调控、财政投资和体制改革、税收和审计等制度有着非常密切的联系。

五、能源法与民法商法的关系

在国家制定大量能源法律规范之前,能源领域的经济活动在市场经济国家是基于民事法律而运行的,纠纷主要是通过民事诉讼的渠道而解决的。具体而言,首先,物权法的规定直接影响着能源资源的勘探、开发和利用活动。其次,物权法关于相邻关系的条款直接规范着能源活动的外部性。再次,合同法直接约束着能源投资、能源输送、能源储存、能源产品销售、能源服务供应等活动中地位平等的当事人之间的民事关系。最后,能源法中的一些交易机制(特别是为法律创设的商品所建立的交易机制),其设计、监管和运行受到商法理论的很大影响。

六、能源法同环境法的关系

能源法同环境法的关系更为密切。首先,能源活动中产生的对于生态环境的一般负外部性,总体上需要受环境法的规制。其次,能源活动中产生的对于生态环境的一个特别的、主体上由于能源消费产生的负外部性——对气候变化的影响,虽然是两者都需要解决的问题,但是能源视角的气候变化法需要作为能源法的分支学科。关于能源法与环境法之间的分工与配合方面的考量,请见本章第一节第一部分"能源法的概念和调整范围"的详细讨论。

七、能源法同自然资源法的关系

能源法同自然资源法的关系也非常密切。这是因为,能源产品的最初来源都是能源资源。能源活动上游领域中的能源资源勘探和开发活动,需要受自然资源一般法律规范的调整。能源法中关于能源资源勘探、开发和利用活动的部分,具有能源法和自然资源法的双重属性。

八、能源法与刑法的关系

能源法与刑法的关系主要体现在对能源犯罪的制裁方面。能源法"借用"和"改造"刑罚措施,惩治有关能源领域中的犯罪行为,从而实现能源法的目的。对于一些严重违反能源法律的行为,如果不规定其应该承担的比较重的法律责任——刑事责任,就不足以制止违法行为,起不到法律的震慑违法者、预防违法行为的作用和教育功能。

九、能源法与诉讼与非诉讼程序法的关系

违反能源法律规范的行为者应该承担不利的法律后果。首先,因能源违法行为而遭受损害的人,应该有权得到救济,包括损失得到赔偿,妨害予以排除。其次,恶意较大、违法行为情节严重的违法者本身应该受到一定的惩罚或者制裁。在这一方面,与传统的诉讼程序不同的是,在对受害者进行法律救济和对违法者追究法律责任方面,能源法需要在主体资格、因果关系认定和举证责任方面进行制度上的创新。

此外,国际能源法和大多数国家的能源法律对于能源纠纷或者争端的解决,还采用非诉讼的行政处理、行政裁决以及仲裁的方法。

关于能源纠纷或者争端解决的诉讼和非诉讼方法,有的是适用一般的诉讼和非诉讼法律规范,有的则是适用能源法中专门的诉讼和非诉讼法律规范。

十、能源法与国际法的关系

能源法与国际法的关系主要表现在国际能源法这一分支的法学学科之上。前已讨论,能源法的形式渊源包括国内能源法和国际能源法两个部分。国际能源法以国际能源条约为主要研究对象,既是能源法的分支学科,也是国际法的分支学科。

从具体的法律规范内容上看,国内能源法与国际能源法在内容和方法上具有相当程度的同一性。它们的主要不同之处是,国际能源法的制定主体是国家,而且国家是国际能源法律关系主体中具有主导地位的主体;但是,在国内能源法律关系的主体中,国家并不一定,也不应该具有主导地位。因此,国际能源法作为能源法的一个分支学科,在能源法中具有较为独立的地位。

由于能源问题具有全球性,一方面,国际能源法在运用国内能源法的原则、制度和措施的同时,极大地丰富和促进了国际法的发展。另一方面,一些国际能源条约所采用的原则、制度和规范,为国内能源法所采纳,成为国内能源法的重要内容和组成部分。由于这两个方面的共同作用,以及市场经济规律的基础性配置作用,能源法在许多方面出现了全球趋同化的趋势或者现实。

然而,需要注意国际能源法与国内能源法在调整范围或者调整对象上的差别。某些国际能源条约法规定的调整范围大于国内能源法的调整范围。例如,现行《能源宪章条约》所调整的能源经济活动范围就远远大于任何一国能源法的。我国在决定是否参加《能源宪章条约》时,或者根据它或参考它对我国国内法进行修改时,或者在提出对它的修改建议时,仅由国际法或能源法领域的专家进行研究是远远不够的。

需要指出的是,能源法与其他部门法之间的上述关系,并不说明能源法(学)是行政法

（学）、民法（学）、经济法（学）、刑法（学）、环境法（学）、自然资源法（学）以及国际法（学）等部门法（学）的简单集合体，更不意味着能源法（学）是碎片化的部门法（学）。这是因为，首先，能源法所调整的能源社会关系产生于能源原材料和产品（商品）生产供应过程中的能源活动和直接影响能源生产、供应和消费的节能减排活动这两条不宜人为分割的主线，相应的能源法律关系具有系统性和整体性，从而决定了能源法（学）的独立性。其次，上述关系一方面说明能源法（学）是基于能源和能源事项的基础性，为应对能源问题而作出反应和调整的产物；另一方面说明其他部门法（学）对能源法（学）的产生和发展起到了很大的促进作用。再次，能源法（学）的产生和发展，与包括环境科学、生态学、气候变化科学和系统科学等自然科学以及经济学、管理科学等哲学社会科学研究的进展有着不可分割的联系。最后，能源法（学）中所运用的有些措施是其他部门法（学）中所没有的，或者是对其他部门法（学）已有措施的创新性组合。

思考题

1. 什么是能源法，它的调整对象是什么？
2. 能源法的渊源有哪些？
3. 我国能源法的渊源有哪些？谈谈你对我国能源法律体系现状和归属的看法？
4. 从与其他部门法关系的视角，试论能源法是一个独立的法律部门。

拓展阅读

1. 《中华人民共和国能源法（征求意见稿）》（2007年12月3日）。
2. 石少华：《法治何以推动能源革命》，载《能源评论》2015年第4期。
3. 肖国兴：《论〈能源法〉的理性及其法律逻辑》，载《中州学刊》2007年第4期。
4. 叶荣泗：《回顾与展望改革开放以来的我国能源法制建设》，载《郑州大学学报（哲学社会科学版）》2009年第3期。
5. 张璐：《论我国能源法律体系的应然构建与完善发展》，载《北京理工大学学报（社会科学版）》2011年第5期。
6. 胡德胜：《关于拟制定〈能源法〉的定性定位问题》，载《江西理工大学学报》2015年第6期。
7. Raphael J. Heffron, *Energy Law: An Introduction*, Springer, 2015.

第四章

能源法的产生和发展

> **学习目标**
> 通过本章的学习,学生可以掌握以下内容:
> 1. 美国、日本、德国、英国、澳大利亚、印度等国能源法的产生和发展情况;
> 2. 中国能源法的产生和发展情况;
> 3. 国际能源法的基本概念、产生和发展情况。
>
> **关键概念**
> 能源　能源政策　能源立法　能源法律体系　能源管理体制　国际能源法

能源是人类生存、生活与发展的重要物质基础。人类社会的能源利用经历了薪柴、煤炭、石油这三个时期,并正经历着以注重清洁能源和节能为特征的可持续能源时期。每次能源变革都推动了社会的进步与发展。由于世界能源资源分布的不均衡以及能源在社会生活中的重要性,能源问题自工业革命以来一直是全世界各国关注的焦点。各国大都采取立法的形式来保障本国的能源安全,从而保护本国的利益;作为国际法的一个分支,国际能源法也逐渐在维护和发展国际能源秩序、保障国际能源安全等方面发挥越来越重要的作用。从不同国家以及国际上来看,能源法都有一个产生和发展的过程。了解和学习这些过程,有助于我们更好地理解能源法的本质和意义,掌握能源法的精髓。

第一节　国外能源法的产生和发展

20世纪70年代的石油危机导致世界能源供应形势紧张。有效合理地使用有限的能源、压缩石油消费,成为各国最紧迫的问题。同时,这也促使各国加快了能源立法步伐,重要的能源政策法律陆续产生。1974年法国《节能法》面世;1976年英国制定了《能源法》,德国制定了《发电法》;1978年美国制定了《国家能源法》,其中包括《国家节能政策法》《发电厂和工业燃料使用法》《天然气政策法》《公用设施监管政策法》和《能源税收法》五部法律;1979年日本制定了《能源使用合理化法律》;苏联国家计委制定了《国民经济中燃料热力和电力消耗定额的基本条例》;罗马尼亚制定了《关于正确管理和降低电能、热能和天然气消耗的法令》《关于合理消费燃料和经济管理车辆的法令》;等等。作为发展中国家典型代表的印度,早在1948年就制定了《电力法》,1976年又通过了《能源税法令》。这些法律的制定,一方面对缓解能源危机、发展经济发挥了积极的作用,另一方面对提高能源利用效率、规范能源产业发展也起到了重要的作用。了解这些国家的能源立法对于完善我国能源法治具有积极的参考价值。

一、美国

(一)美国能源立法

美国是世界最大能源消费国之一。其能源主要分为化石能源、核电能源和可再生能源,其中,化石能源是主要部分,可再生能源所占比重较小。美国能源法产生于19世纪末,发展于20世纪30年代,20世纪70年代,在能源危机背景下开始大规模地进行能源立法。美国能源法的发展可以分为以下四个阶段。

1. 萌芽期(1933年以前)

美国联邦政府这一时期的能源专门立法较少。1897年美国国会通过了《石油矿藏法》,这是美国历史上第一部专门能源法律,也是第一部规制石油行业的法律。1906年制定了《赫伯恩法》,主要目的是规制石油管道的管理,而非保护自然资源;立法背景是为了应对当时日益扩张和过度集中的标准石油公司,因而从某种程度上说它是一部反垄断法。1920年美国国会又通过了两部关于能源的重要法律。一部是《联邦电力法》,建立了联邦电力委员会,赋予该委员会审批发放水电项目许可证的职权。另一部是《矿产土地租赁法》,旨在稳定油田和天然气田相关土地的租赁事宜。

2. 发展期(1933—1972年)

这一时期的立法主要集中在公用事业和核能监管领域。在经历1929—1933年经济危机,尤其是第二次世界大战后,为了加快能源产业的发展,美国制定了大量的能源法律与附属法规。例如,1935年《公用设施控股公司法》、1938年《天然气法》、1954年《国内税收法》、1969年《国家环境政策法》和《联邦煤矿健康和安全法》等。它们构成了美国能源法律体系的初步框架。美国政府对核能的监管始于1942年启动的对核武器进行研制的曼哈顿工程。1946年制定了《原子能法》,并根据该法成立了原子能委员会,对原子能利用活动进行管制。1954年,美国修改了《原子能法》,规定原子能委员会的主要职责是设计和生产核武器、开发用于航海的原子能反应堆等。此后,直至1973年第四次中东战争引发的第一次石油危机,美国在能源立法领域进入了一段休眠期。

3. 爆发期(1973—1989年)

20世纪70年代的全球性能源危机,促使美国联邦政府对其能源管理机构进行整合,这是美国能源立法的转折点。美国开始大规模地进行能源立法,并更加注重能源安全。在1973—1980年的短短八年间,美国国会就先后通过了29部能源方面的法律。例如,《紧急石油配置法》(1973年)、《能源机构重整法》(1974年)、《能源政策与节约法》(1975年)、《天然气紧急法》(1977年)、《能源税收法》(1978年)、《核不扩散法》(1978年)、《能源安全法》(1980年)、《原油暴利税法》(1980年)等。

4. 平淡期(1990年至今)

这一时期的美国,为了培育有序的市场竞争,获得更为便宜可靠的能源,在立法上注重对能源产业的放松管制。在1992年《能源政策法》的基础上,美国通过了2005年《能源政策法》,它是美国近四十年来范围最广泛、内容最丰富的能源政策立法,目的是通过促使能源多样化、提升能源效率、扩大战备石油储备,进而保护环境和巩固能源安全。2007年《能源独立和安全法》旨在推动美国减少能源对外依赖性和实现供应安全。为了进一步加强节能、提高能效,美国2014年通过了《能源效率提高法》。

(二)美国能源管理体制[①]

美国的经济是一种基于市场经济的、"政府和私营企业共同起着重要作用的'混合经济'"。美国政府特别是联邦政府对能源的监管和管理极为重视。美国的能源监管权力分属于联邦政府和州政府,它们在法律规定的范围内行使各自的职权。

在联邦层面,能源部是美国的能源事务行政主管部门,其主要宏观职责是确保美国能源的充分和可靠供应,协调并集中全国的能源生产和供应能力;具体职责包括负责制定和实施国家综合能源战略和政策。除能源部外,联邦政府其他的能源监管机构还有联邦能源监管委员会、核能监管委员会、环境保护署,以及内政部内的矿藏管理局、印第安事务局、垦务局、美国地质调查局、土地管理局和露天采矿办公室。劳工部、运输部等其他政府部门也负有油气资源管理的部分职责。

在美国能源管理体制中,联邦能源监管委员会是一个非常重要的机构。它是能源部内的一个独立监管机构,由总统任命、国会确认的5名委员组成,其任务是促进在公平的竞争市场中有丰富和可靠的能源,立足于美国的经济、环境和安全利益对能源产业进行监管和监督。委员会职员由能源各领域的专家构成,分属能源项目办公室、市场价目和费率办公室等若干办公室。

在州层面,所有50个州以及华盛顿特区都有被称为公用设施管理局、公共服务管理局、公司管理局或者贸易管理局的能源监管机构。它们中绝大部分对能源产业准入、能源设施的建设和弃用等相关事务拥有发放许可、特许经营或者审批的权力,有权控制能源服务的质量和数量,制定统一的记账系统和要求配置年度报告。

二、日本

(一)日本能源立法

日本是一个自然资源非常缺乏的发达资本主义国家,大部分资源性原料和产品都依赖进口。在利用政策调控的同时,日本注重运用法律手段对能源相关产业、能源供需进行监管和调节。在能源供需方面注重能源储备制度。日本现行能源法律体系主要由能源基本法、能源专门法以及配套法规三部分组成。

(1)能源基本法。2002年6月14日,日本制定了从宏观上规范能源活动的《能源政策基本法》。其立法目的是,在降低对进口石油等不可再生能源过度依赖的同时,促进能源资源开发、能源输送体制的完善,实现能源储备及能源利用的效率化,对能源进行适当的危机管理,从而实现能源供给源多样化、提高能源自给率和谋求能源安全。

[①] 主要参考资料为胡德胜编著:《美国能源法律与政策》,郑州大学出版社2010年版,第76—81页。

(2) 能源专门法。日本采取对石油、煤炭、电力、天然气、水资源、矿产资源等能源相关资源开发利用活动和领域分别予以规制的方法，制定了不同的能源专门法；例如1962年《石油业法》、1964年《电力事业法》、1954年《天然气事业法》、1955年《原子能基本法》、1979年《节约能源法》等。

(3) 配套法规。为了贯彻施行能源专门法，日本制定了一系列的相关配套法规。例如《电力事业法施行令》《电力事业法施行规则》《售电限制规则》《电力事业会计规则》等。

这样，日本形成了《能源政策基本法》与能源专门法相结合的能源立法模式，构建了以《能源政策基本法》为指导，以《电力事业法》《天然气事业法》《原子能基本法》《能源利用合理化法》等能源专门法为主体，以《电力事业法施行令》《天然气事业法施行令》《促进新能源利用特别措施法施行令》等相关法为配套的金字塔式能源法律体系。

(二) 日本能源管理体制

日本实行统一管理的能源管理制度。经济产业省是日本政府的能源管理行政主管部门，负责制定矿产开发、能源储备、新能源开发、原子能安全等能源政策，行使全国能源供需和相关工作的统一行政管理，保障国家矿产资源和能源的供给安全。[①]经济产业省下设若干职能部门（例如资源和能源厅、核能和工业安全厅等），分别管理与能源相关的某一（些）方面的事务。厅下设若干部、处负责管理相关的具体事务。

除国家对能源实行统一管理外，日本还注重对能源专业机构与相关民间组织的建设，建立了能源管理的多级体制。在石油、天然气、新能源开发、能源节约等领域，日本都有相应的专业机构具体负责。为了使能源政策制定具有科学性、能源发展具有协调性，日本政府还设立了一些专门针对能源的委员会、监管部门和能源协调机构。例如，2004年日本成立了石油天然气金属矿产资源机构，该机构不隶属于日本经济产业省的资源和能源厅，而是一个独立运作的行政法人机构。[②]

三、德国

(一) 德国能源立法

德国是世界上最大的能源消费国之一。除拥有较为丰富的煤炭资源外，德国的其他自然资源非常贫乏，石油和天然气基本上都依赖进口。20世纪70年代石油危机发生后，德国一方面努力进行结构调整、降低能耗，另一方面鼓励开发和使用水能、风能、太阳能及生物能等可再生能源。经过多年不懈努力，德国已经成为世界上可再生能源利用最成功的国家之一。

长期以来，德国非常注重通过法律手段对能源产业、能源供需进行调节和监管。1935年，德国制定了《能源经济法》。后来，分别在石油储备、可再生能源、节约能源、核能等领域制定专门法律。目前，德国已形成了以《能源经济法》（2005年修订）为核心的，由煤炭、石油、可再生能源、节约能源、核能、生态税收等专门立法为主体内容的能源法律体系。

(1) 能源基本法。1935年制定并经多次修改的《能源经济法》是德国能源法律体系中的基本法。1935年《能源经济法》主要对电力和天然气市场的相关问题进行规范，目的在于确

---

① 潘小娟：《外国能源管理机构设置及运行机制研究》，载《中国行政管理》2008年第3期。
② 姜雅：《日本石油天然气金属矿产资源机构的运作模式及其对我国的启示》，载《国土资源情报》2009年第4期。

保"尽可能安全和廉价地"组织能源供应,授权有关部门负责能源的监管、市场准入、退出和投资控制。

1988年,德国对《能源经济法》进行了全面修改。1988年《能源经济法》共有19条,明确规定"保障提供最安全的、价格最优惠的以及与环境相和谐的能源"是其立法目的。保障能源供应安全是重中之重。其特点在于,主要通过三种机制来确立能源供应安全:① 公共能源供应的准入制度,即"申请—许可"程序;② 保护能源消费者;③ 能源产业的国家监管。1988年《能源经济法》实施后,德国电力和天然气等基础能源领域从原来的垄断结构转向自由的市场经济结构,取得了较好成效。

2005年,德国又对《能源经济法》进行了较大修改,在全国范围内加强对能源市场的监管,将负责管理邮政与电讯市场的监管机构更名为联邦网络局,把其监管领域扩展到能源市场。2005年《能源经济法》的核心内容是由联邦网络局负责为能源企业制定最高限价,同时放宽对企业利润幅度的限制,允许企业通过降低成本来提高利润,以促进市场竞争。

(2) 能源专门法。1919年,德国制定了《煤炭经济法》,它是世界上第一部以"经济法"命名的法律,其目标在于确立煤炭产业的国家管制。1974年10月20日,德国制定《能源供应安全保障法》,授权联邦政府发布法令和规章来保证基本的能源供应。1978年7月25日,德国制定《石油及石油制品储备法》,以期建立比较完善的石油储备制度。1991年,德国制定《可再生能源发电向电网供电法》(简称《电力输送法》),强制要求公用电力公司购买可再生能源电力,这为德国可再生能源的发展打下了良好基础。2000年3月29日,德国制定了《可再生能源优先法》,该法建立在1991年《电力输送法》的基础之上,被视为世界上最进步的可再生能源立法。德国一直重视能源节约和能源效率的提高,例如1976年制定了《建筑物节能法》、1978年制定了《供暖设备条例》。在核能方面,德国很早就有专门的核能立法,早在1958年就制定了《原子能法》。为了防止自然资源的过度利用和减少温室气体排放,德国还注重通过税收手段来调控能源价格、促进自然保护。例如,1999年制定《引入生态税改革法》,并以此为基础进行了一系列的生态税收改革,对矿物能源、天然气、电等征收生态税。进入20世纪后,德国陆续制定了一些新法、修改了一些原有法律,适应能源领域的新情况、新问题。例如2012年《可再生能源法》、2013年《原子能法》以及2014年《可再生能源法》。

(二) 德国能源管理体制[①]

德国实行主管部门统一管理、其他部门协作的能源监督管理体制。联邦经济与技术部是德国能源事务的主管行政部门,但是其他相关部门也在职权范围内负责一定的能源事务。联邦经济与技术部是一个综合性的管理部门,其制定经济政策的总体目标是:在个人和企业自由平等的基础上,在竞争和稳定的前提下,通过国民的积极参与,在德国建立经济持续发展的良好基础。基于这一总体目标,其经济政策可以细化为以下七个方面:(1) 增加就业;(2) 促进经济的持续增长和竞争力的不断提高;(3) 完善和发展社会保障体系;(4) 促进技术创新;(5) 实现经济发展与环境保护的有机结合;(6) 深化国际分工和自由贸易;(7) 促进国家信息化建设。

其他有关部门在各自职责范围内负责相应的能源事务。例如,《可再生能源优先法》第12条规定,可再生能源的市场开发与技术研究由联邦环境、自然保护和核安全部负责,联邦

---

① See IEA, *Energy Policies of IEA Countries: Germany 2013 Review*, pp.24—25.

粮食、农业和林业部及联邦经济和技术部给予协作。建筑节能事务,由联邦经济与技术部和联邦运输、建筑与城市事务部共同负责。联邦食品、农业与消费者保护部主管转基因等生物体事务。能源相关税收由联邦财政部及其所属机构负责。联邦卡特尔办公室负责诸如市场监测和能源产业中滥用优势地位的一般日常事务。联邦电力、燃气、电信、邮政和铁道网络署是受联邦经济与技术部支撑的一个独立的高级联邦行政机构,负责通过自由化和监管来促进电力和天然气市场的发展。垄断委员会由总统任命的专家组成,负责评估德国境内的竞争,就燃气和电力市场的竞争趋势每两年发布一次报告。联邦环境署内的德国排放交易局负责排放交易的行政管理,联合履约和清洁发展机制项目的审批、排放监测和报告。德国能源署是联邦政府的能源效率和可再生能源研究中心。联邦地学和自然资源研究所是联邦政府在地学领域的咨询机构。联邦统计局履行《能源统计法》赋予它的职责。石油(汽油)统计主要由联邦经济和出口管制办公室负责。

四、英国

(一)英国能源立法

英国是欧盟成员国中能源资源最丰富的国家之一[①],其能源资源主要有煤、石油、天然气、核能和水力等。英国是最早的工业化国家之一,法律体系健全。英国资源开发和能源应用技术发达,法律也非常健全。英国关于和涉及传统能源的法律主要有1989年《原子能法》、1989年《电力法》、1990年《环境保护法》、1991年《煤炭开采法》、1995年《天然气法》、1996年《节约能源法》等。进入21世纪后,英国仍然重视能源立法,先后制定了2000年《公用事业法》、2003年《可持续能源法》、2004年《能源法》、2005年《可再生能源法》、2006年《气候变化和可持续能源法》等。同时,英国十分重视发展新能源,在新能源立法方面一直处于世界领跑者的地位。

近年来,英国又相继出台了一些法律,如2008年《能源法》、2008年《气候变化法》、2009年《绿色能源(定义与促进)法》、2010年《能源法》、2011年《能源法》和2013年《能源法》等。其中,2011年《能源法》以消除能效投资的障碍、加强能源安全和确保低碳能源供应的投资为目标。其内容主要包括:(1)绿色方案(创建一个新的融资框架,确保家庭和非住宅物业的能效得到切实改善);(2)采取进一步措施,提高能源效率;(3)发展低碳技术的措施。

(二)英国能源管理体制

英国的主要能源行政机构是能源与气候变化部(Department of Energy and Climate Change)。该部设立于2008年10月3日,由能源和气候变化大臣领导,承受了原商业、企业和监管改革部的与能源相关的部分职能,以及环境、食品农村事务部的与气候变化有关的职能。其职责范围主要包括:(1)能源安全。确保英国的企业和家庭在照明和电力、取暖和运输领域能够得到安全的能源供应。(2)应对气候变化行动。通过国际行动和减少英国温室气体排放,减缓变化的影响。(3)可再生能源。到2020年,能源供应中有至少15%是可再生能源。(4)负担得起的能源供应价格。向消费者、纳税者和经济实体提供安全、低碳的能

---

① 1973年1月1日,英国正式加入欧共体,后成为欧盟成员国。在2016年6月23日举行的决定英国是否继续留在欧盟的全民公投中,因51.8%的投票支持退出欧盟,英国政府将启动退出程序谈判。鉴于完成退出程序需要数年时间,而且现行英国能源法仍然在欧盟法律的框架内运作,本书仍然将英国作为欧盟成员国对待。

源。(5) 公平。确保政策的成本和收益得到公平的配置,从而能够保护最弱势的和缺乏燃料的家庭,解决能源集约性产业所面临的竞争力问题。(6) 支撑增长。在就业、增长和投资方面,以一种使经济利益最大化的方式,实施有关政策,包括发挥已有大多数石油和天然气矿藏的优势以及抓住全球绿色经济兴起所带来的机遇。(7) 平安、安全和成本上有效率地管理英国的国家能源资产。[①]

英国的主要能源监管机构是天然气与电力市场署(Gas and Electricity Markets Authority)及其治下的天然气与电力市场办公室(Office of Gas and Electricity Markets)。它们都是独立的监管机构,履行1986年《天然气法》、1989年《电力法》、2000年《公用事业法》、1998年《竞争法》、2002年《企业法》以及其他能源法律赋予它们的监管职责。天然气与电力市场署实行理事制,其理事由能源与气候变化部部长任命。天然气与电力市场办公室主要负责监管英国的电力产业以及天然气下游市场。

五、澳大利亚

(一) 澳大利亚能源立法

澳大利亚是一个联邦制国家,人们通常不甚严谨地称澳大利亚由六个州(新南威尔士、维多利亚、昆士兰、南澳大利亚、西澳大利亚、塔斯马尼亚)和两个地区(首都地区、北部地区)组成。其政治制度是由三个层次政府(联邦、州、地方)组成的议会代表制民主,三个层次的政府共同分担治理国家的职责。宪法明确规定了联邦政府的职能,其中包括外交、国防、税收和贸易。州政府则负责联邦政府职责范围以外的事宜,行使联邦权力以外的权力。实际上,联邦和州两个层次的政府基于平等的法律地位在许多领域开展合作。

澳大利亚能源资源非常丰富,是世界上最大的煤炭出口国、铀生产国、液化天然气出口国之一。根据《澳大利亚联邦宪法》,联邦和州(地区)在能源领域有着管辖权分工。首先,它规定"联邦议会制定贸易和商业方面法律的权力,延及航运、船运以及各州铁路财产"(第98条),但是不得"减损各州或者居民的为了保育或者灌溉目的对河水的合理使用权利"(第100条)。其次,各州(地区)地域内的能源事项(特别是能源自然资源)及相关事项主要由相关各州(地区)管辖;如果进行联邦性立法,必须得到有关州或者地区的同意。最后,当一个州(地区)的任何法律与联邦法律发生抵触时,以联邦法律为准,州法律中与联邦法律的抵触部分应当无效(第109条)。从法律渊源上讲,澳大利亚的现行能源立法主要有以下六类法律文件。

(1) 澳大利亚联邦缔结或者参加的国际条约。澳大利亚是1992年《联合国气候变化框架公约》的缔约国。

(2) 澳大利亚联邦同(有关)州(地区)之间、州(地区)相互之间签订的协定以及联邦据此制定和生效的全国性能源政策和法律。例如,2004年《澳大利亚能源市场协议》以及据此生效的《国家电力法》和《国家燃气法》《国家能源零售法律和规则》(适用于新南威尔士、南澳大利亚、塔斯马尼亚、首都地区和昆士兰)、《国家能源客户框架》,等等。

(3) 联邦政府立法。联邦议会根据宪法制定的联邦能源或者相关能源法律。例如,

---

① [UK] Department of Energy & Climate Change, *About Department of Energy & Climate Change*, https://www.gov.uk/government/organisations/department-of-energy-climate-change/about (2016-05-26).

1989年《机动车辆标准法》和《澳大利亚辐射防护和核安全法》、1999年《环境保护和生物多样性保育法》、2012年《竞争和消费者法》和《温室气体和能源最低标准法》,等等。

(4) 各州(地区)宪法和议会立法。例如,各州(地区)为了实施《国家电力法》和《国家燃气法》,都制定了自己的《国家电力(州或地区名称)法》和《国家燃气(州或地区名称)法》。此外,各州(地区)还制定了其他一些能源和相关能源法律,如昆士兰州的2012年《能源法律修正法》等。

(5) 判例法。在能源领域,由于有关普通法基本上已经被废除,判例法在能源领域方面发挥作用的范围已经极其狭小,主要在有关私权性质较浓的纠纷处理方面具有一定作用。

(6) 行政部门附属立法。联邦或者州(地区)议会制定的一些法律授权联邦、州总理或者有关行政部门的部长为实施法律而制定有关规定或者发布有关文件的权利。例如,南澳大利亚州《2004年自然资源管理法》授权制定或者组织制定自然资源管理规划、流域自然资源管理附属法规。

此外,为了更好地探讨澳大利亚有关能源法律的内在含义,还必须了解和研究影响它们的背景,特别是那些虽然形式上不具有法律拘束力的全国性政策性文件,如联邦政府《能源白皮书(2004年)》《能源白皮书(2015年)》等。

在联邦层次,尚无能源基本法,能源法律体系在效力位价上由法律(Act)、附属法规(Regulation)、规章制度(Codes of Practice)、标准(Standards)以及行业标准或指南(Industry Specific Standards/Guidance Notes)组成,形成了"金字塔"型的法律体系。其中,法律和法规是必须遵守的,而规章制度、标准和指南则主要是自愿执行的。各州的法律体系也是这种框架结构。[1]

(二) 澳大利亚能源管理体制[2]

澳大利亚政府体系分为联邦政府、州(地区)政府、地方(市、镇和郡)政府三个层次。其能源管理体制也相应地据此划分层次。这里介绍联邦政府层次的能源管理体制。

1. 澳大利亚政府间理事会之能源理事会

澳大利亚联邦和州之间存在一系列非法定的协商、协调和合作程序机制,其核心是澳大利亚政府间理事会(COAG);它由澳大利亚联邦政府总理、各州(地区)首脑以及地方政府协会主席组成。澳大利亚政府间理事会就同时影响联邦和州管辖范围内的事项或者需要全国性政策协调的事项进行协商、讨论,作出决定;决定的形式有协定、决议、公告等,而且主要是框架性的、建议性的,除另有规定外一般不具有直接的法律拘束力。不过,从实际情况来看,澳大利亚政府间理事会作出的决定,基本上都通过在联邦、州层次上制定法律、附属法规和规划等得到了实施。[3]

澳大利亚政府间理事会于2001年6月设立能源事务部长理事会,由其探索能源领域改革的可能性,就澳大利亚能源(电力和天然气)市场体系顶层设计提出建议。2013年12月下设能源理事会,取代能源事务部长理事会。能源理事会专门就同时影响联邦和州管辖范围内的能源事项或者需要全国性政策协调的能源事项进行协商、讨论,起草有关文件,向澳大

---

[1] [Australian Government] Department of Industry and Science, *Energy White Paper 2015*, April 2015.
[2] 有关机构的成立和职能信息情况,来源于各机构的官方网站。
[3] 胡德胜、陈冬等编译:《澳大利亚水资源法律与政策》,郑州大学出版社2008年版,第6页。

利亚政府间理事会提供建议和咨询报告。

2. 联邦政府能源行政部门

澳大利亚能源政策的目标是,提供充足、可靠和价格上负担得起的能源,以满足未来的能源消费需求、支撑经济强劲增长;实现这一目标的路径是增强竞争力以保持低价,增加能源生产力以促进增长,为澳大利亚的能源未来进行投资。[①]联邦政府监管能源产业的部门主要有产业、创新和科学部(Department of Industry, Innovation and Science)、澳大利亚能源监管局(Australian Energy Regulator)、澳大利亚能源市场委员会(Australia Energy Market Committee)等。

产业、创新和科学部有四项重大目标:支撑科技及其商业化,促进企业投资增长和提升企业能力,精简监管,以及建设一个高效的组织机构。除部长外,目前还有主管资源和能源事务、北部澳大利亚事务的部长各1名,主管科学和创新事务的助理部长各1名。该部下设能源局,负责支撑能源市场的安全和可持续的运转,使其向消费者提供可靠和低价的能源产品和能源服务。该部在能源领域的主要职责是,在宪法赋予联邦政府的权力范围内,负责矿产和能源资源的管理工作。一方面,它对事关全国性的矿产和能源资源事务进行协调;另一方面,它对各州(地区)地域管辖范围以外的矿产和能源资源事务进行直接管理,例如澳大利亚领海、专属经济区、大陆架上的矿产和能源资源。

能源监管局根据全国性能源市场立法和规则,监管能源市场和能源管网。它的职能包括:监测电力和燃气的批发市场以确保能源供应企业遵从法律和规则,必要时采取强制执法措施;根据成本回收原则,设定能源管网的收费标准和收入;监管昆士兰、新南威尔士、南澳大利亚、塔斯马尼亚和首都地区的零售能源市场;以及,发布能源市场信息。

经由澳大利亚政府间理事会同意,作为监管全国主要能源市场的新治理安排,澳大利亚能源市场委员会设立于2005年。它的主要职责包括:制定管理电力和天然气市场的规则,包括市场的零售要素;通过向能源和资源执行理事会提出建议,支持这些市场的发展。它的工作目标是,促进高效、可靠和安全的能源市场,服务于消费者的长远利益。

六、印度

(一)印度能源政策法律

进入21世纪后,印度是世界上经济发展最快的国家之一,其现有能源供给远不能满足其需求。在印度的能源构成中,煤炭居首,煤电占其国家用电量一半以上;石油天然气占能源消费总量的比例低于世界平均值,且严重依赖进口;水电占一次能源消费的比例较高。近年来,印度煤炭进口增长很快,居世界前列。对进口能源的过度依赖影响经济发展和国家安全。面对严峻的能源形势,印度政府不断加强能源立法,进行能源政策措施改革,以求促进经济的稳定发展。

1. 能源立法

印度重视石油天然气方面的立法,制定了《石油法》《天然气法》《管道法》和《石油储备法》等相关法律,将油气勘探开发、加工、运输、储备等环节纳入规范的法制化管理轨道,加强执法监管。同时,印度把节约能源、提高能源使用效率作为保障国家能源安全的一项基本国

---

① 叶荣泗、吴钟瑚:《中国能源法律体系研究》,中国电力出版社2006年版,第111页。

策。21世纪初,印度先后制定了两部法律来规范国家能源保护和利用行为。其一,是2001年《能源保护法》,它的最大特点是规定了实施机制和争端解决程序,从而使其能够得到有效的贯彻执行;其二,是2003年《电力法》,其最大特点是引入竞争机制,建立了电力购买和销售企业的多元化体制。

另外,印度还制定了1948年《油田法》、1962年《原子能法》和1996年《原子能(修正)法》、1998年《电力监管委员会法》、2001年《节约能源法》、2002年《石油监管机构法》、2003年《电力法与可再生能源法》、2005年《生物柴油政策》等。

2. 能源改革措施

21世纪以来,印度的能源改革措施主要有四个方面。第一,在电力生产领域,除水电外,取消许可证制度,实行自由准入制度;在电力输送和配送领域,实行开放政策,鼓励各种资本进入电力输送和配送领域。第二,对能源领域进行结构性改革,鼓励私人资本参与能源业。在石油天然气生产领域,允许国营企业组建自己的董事会,避免政府干预企业生产和经营,以便提高企业的管理水平。政府鼓励私人企业进入能源生产领域,鼓励私人资本进入电力生产和配送领域,并实施了大型电力生产计划;不过,私营部门仍只能进行发电生产,无法涉足电力传输和配送。第三,建立节约、可持续发展的经济模式。第四,建立清洁能源发展机制。[1]

(二) 印度能源管理体制

为了统一规划国家能源发展,有效调整国内能源结构,印度政府于2005年成立了最高能源委员会。该委员会由电力部、煤炭部、石油天然气部、原子能部和计划委员会等能源相关职能部门的部长组成,人数为20—26人。它协调国家能源的总体供需,并使国家能源政策得以有效贯彻和执行。

印度中央政府设立有能源效能局,负责能源政策的制定和能源法律的起草,负责中央政府能源政策的执行。能源效能局受最高能源委员会的领导。

新能源与可再生能源部全面负责新能源与可再生能源领域的所有事务,包括相关政策的制定和执行、新能源研发项目的组织和协调、新能源的国际交流合作等。在该部的领导下,印度在包括生物能、风能、核能、太阳能以及甘蔗发电等新能源领域均取得了一定进展。

2002年4月,印度政府设置了石油规划和分析小组,取代原来隶属于石油和天然气部的石油工业协调委员会,其主要职能是分析国内外石油市场价格走势,评估石油出口趋势,维护数据库及保障信息交流系统的有效运行,以应对紧急情况。

第二节 中国能源法的产生与发展

我国能源法经历了一个从无到有、逐步加强的过程。回顾我国能源法制历程,大体上可以分为四个阶段:初创时期、起步阶段、全面发展时期以及未来的成熟时期。

一、初创时期(20世纪50—80年代)

20世纪70年代的两次石油危机引发了世界能源政策大调整,主要能源消费国纷纷重视

---

[1] 杨翠柏:《印度能源政策分析》,载《南亚研究》2008年第2期。

并加快了能源立法。在20世纪末期的我国改革开放初期,法制工作百废待兴,能源立法亦是刚刚起步。邓小平同志提出:能源问题是中国经济发展的瓶颈;要搞四个现代化,能源方面搞不好就会耽误。不过,这时的中国,经济和能源总量都处于世界末位,虽然也有少量能源的进出口,但是与世界能源市场的联系不大,几乎是处于能源系统的自循环状态。

政企不分、高度集中的计划经济,严重违背了经济发展规律,导致国内电力频繁短缺,与不断发展的经济很不匹配,很大程度上影响了经济的发展。我国开始积极探索能源与经济的关系。

本着急用先立的原则,我国这一时期的能源立法主要着眼于解决资金短缺、促进能源资源开发、缓解供需矛盾。国务院制定或者批转了《国家能源交通重点建设基金征集办法》(1982年)、《对外合作开采海洋石油资源条例》(1982年,后修订多次)、《海洋石油勘探开发环境保护管理条例》(1983年)、《节约能源管理暂行条例》(1983年)、《关于集资办电和实行多种电价的暂行规定》(1985年)和《关于征收电力建设资金的暂行规定》(1987年)等。但是,这些法律或者文件的部门计划管理特色明显,头痛治头、脚痛治脚,系统性差、效果差。

我国的能源法律思想也开始形成。在1979年6月召开的全国人大会议上,时任全国人大常委会委员长的叶剑英指出,"随着经济建设的发展,我们还需要有各种经济法",并提出需要制定包括能源法在内的五部经济法律。1979年12月9日—22日,国家科委在杭州组织召开了全国第一次能源政策研究座谈会,它标志着我国开始比较系统地研究能源问题。座谈会上,专家们一方面针对我国的能源资源、供应以及消费做了比较实事求是的分析,毫不留情地提出我国存在能源危机的观点;另一方面,提出了我国能源政策大纲(草案)和能源政策研究规划,提出了筹备成立全国能源研究会,建议国家成立统一的能源机构。后来,时任副委员长的彭真把草拟《能源法》的任务交给了1980年成立的国家能源委员会。能源法研究小组计划于1983年完成《能源法》草拟工作。然而,随着国家能源委员会在1982年的撤销,《能源法》草拟工作终止。

总体而言,这一时期我国在个别领域出现了一些层次较低的行政法规和规章,适用范围窄,还谈不上具有科学意义上的能源立法,离成为能源法律体系还有很大距离。

二、起步阶段(20世纪90年代—21世纪初)

在此阶段,我国经济保持了较快的发展速度,产业结构也发生了变化,以较低的能源增长支撑着较快的经济增长。1992年中国共产党第十四次全国代表大会明确指出,我国经济体制改革的目标是建立社会主义市场经济体制。市场配置资源的作用在不断增强,能源开发领域要逐步实现市场竞争方式、多元投资开发的格局。在此背景下,我国经济立法进程加快,能源领域的立法活动开始活跃起来。1995年《电力法》、1996年《煤炭法》和1997年《节约能源法》这三部重要的能源专门法律先后制定,其他一些相关能源法律、配套法规也陆续出台。

(一)《电力法》

《电力法》于1995年12月28日通过,次年4月1日起施行。它是我国能源领域的第一部专门性法律,可视为我国能源法制发展史上的里程碑。它的制定实施,在一定程度上推动和促进了电力体制的改革和发展,标志着我国电力和其他能源工业逐步迈向法制化轨道。《电力法》制定后经历了2009年8月27日和2015年4月24日两次修改。其中,第二次根据

《关于修改〈电力法〉等六部法律的决定》进行,是《电力法》制定 20 年后的一次重要修改,旨在落实《国务院关于取消和调整一批行政审批项目等事项的决定》(国发〔2014〕27 号)"先照后证"的改革精神。主要内容是删去修改前法律第 25 条第 3 款中的"供电营业机构持《供电营业许可证》向工商行政管理部门申请领取营业执照,方可营业"。

(二)《煤炭法》

《煤炭法》于 1996 年 8 月 29 日通过,同年 12 月 1 日起施行,经历了 2011 年 4 月 22 日和 2013 年 6 月 29 日两次修改。其中,第二次主要是修改《煤炭法》不能适应社会经济新形势的内容,取消生产许可证。修改后的《煤炭法》第 22 条为:"煤矿投入生产前,煤矿企业应当依照有关安全生产的法律、行政法规的规定取得安全生产许可证。未取得安全生产许可证的,不得从事煤炭生产。"并删去了修改前法律中与此不匹配的其他条款。

(三)《节约能源法》

《节约能源法》于 1997 年 11 月 1 日通过,次年 1 月 1 日起施行。这是一部诞生于社会主义市场经济建立过程中的中国首部关于能源节约的综合性法律。它促进了合理利用能源和节约能源,提高了能源的利用效率和经济效益,对保护环境,保障国民经济和社会发展,以及满足人民生活需要起到了重要作用。它的制定和实施,使我国的节能工作逐步走上了法制化的轨道。该法的法律基本框架、节能行为的规范和制度的设计,基本符合我国市场经济体制发展,并有一定的前瞻性。但是由于该法规制和调整的社会经济、法律关系覆盖面小,以及相应的规范和法律制度缺位,也出现了一些问题。全国人大常委会于 2007 年 10 月 28 日对它进行了修订、2016 年 7 月 2 日进行了修正。

(四)其他相关能源法律和能源法规规章

上述三部能源单行法对这一时期我国的能源立法具有重大意义,是我国能源立法的重大突破。首先,它们的制定加强了能源法律,提高了能源法律的法律地位和法律效力,标志着我国能源管理已经初步纳入法制化的轨道。其次,它们是在能源法制上反映市场经济的成果。通过市场竞争发挥市场机制的作用和国家宏观调控作用,是能源发展的必由之路。而政府要依法行政,有关能源主管部门和相关部门要依法监督管理,不得随意的干涉市场的正常运行和企业的正常生产活动。①

这个时期,全国人大常委会还制定了一些与能源密切相关的其他法律。例如,《矿产资源法》(1986 年,1996 年修订)、《海洋环境保护法》(1982 年,2013 年修订)、《森林法》(1984 年,1998 年修订)、《水法》(1988 年,2002 年修订)、《大气污染防治法》(1987 年,1995、2000、2015 年修订)、《环境保护法》(1989 年,2015 年修订)、《固体废物污染环境防治法》(1995 年,2013、2015 年修正)、《建筑法》(1997 年)、《价格法》(1997 年)等。

此外,许多与能源相关的法规和规章也相继出台。就行政法规和部门规章而言,与能源单行法、相关能源法律配套的有《矿产资源监督管理暂行办法》(1987 年)、《矿产资源法实施细则》(1994 年)、《矿产资源勘探勘查区块登记管理办法》(1998 年)、《探矿权采矿权转让管理办法》(1998 年)等。虽然没有全国人大或其常委会立法,但是根据需要制定的行政法规和部门规章有《民用核设施安全监督管理条例》(1986 年)、《核材料管制条例》(1987 年)、《电力设施保护条例》(1987 年,1998 年修订)、《铺设海底电缆管道管理规定》(1989 年)、《水库

---

① 叶荣泗、吴钟瑚:《中国能源法律体系研究》,中国电力出版社 2006 年版,第 13 页。

大坝安全管理条例》(1991年)、《电网调度管理条例》(1993年)、《对外合作开采陆上石油资源条例》(1993年，2001、2007、2011年修订)、《核电厂核事故应急管理条例》(1993年)、《乡镇煤矿管理条例》(1994年)、《煤炭生产许可证管理办法》(1994年)、《电力供应与使用条例》(1996年)、《核出口管制条例》(1997年)、《核两用品及相关技术出口管理条例》(1998年)、《煤矿安全检查条例》(2000年)、《大中型水利水电工程建设征地补偿和移民安置条例》(2000年)等。

这一时期的能源立法虽然有了一定的前瞻性，但是由于我国当时正处于经济体制转型时期，受当时立法环境和条件的限制，计划经济的烙印还比较明显，缺乏对能源市场、竞争机制等方面的规范。

三、全面发展时期(21世纪至今)

进入21世纪以来，党中央把科学发展观、全面建设小康社会作为全国上下的重要任务。中国共产党第十八次全国代表大会要求必须更加自觉地把推动社会经济发展作为深入贯彻落实科学发展观的第一要义。2001年我国正式加入世界贸易组织(WTO)，为我国经济融入经济全球化发展潮流创造了契机，经济连年高速增长。但与此同时，一些隐藏的能源方面的制约性因素逐渐暴露。例如，石油等能源对外依赖性不断增强，能源环境压力增大，能源安全问题开始突出以及能源结构不合理。面对这些困难和问题，我国亟须完善能源立法，用与时俱进的立法体制解决能源发展中的问题。我国政府也高度重视能源立法工作，将多部能源法规的制定或者修改纳入了立法规划。

这一时期的能源立法在追求可持续发展、适应市场经济和能源改革方面取得了较大进展。具体体现在以下六个方面：

（一）制定《可再生能源法》

《可再生能源法》于2005年2月28日通过，次年1月1日起施行。2009年12月26日，全国人大常委会对它进行了修改。现行《可再生能源法》对于改善我国能源结构，鼓励开发利用可再生能源，保障能源持续、稳定的供应，防止不断增长的化石能源利用所带来的环境污染、温室效应和生态环境破坏，都起到了重要作用。它不但体现了可持续发展理念，而且在一定程度上规范了政府和市场主体的行为，是对能源法律制度的突破性创新。《可再生能源法》是能源立法中的里程碑，标志着我国能源立法已经进入了新的阶段。

（二）修订《节约能源法》

制定于1997年的《节约能源法》在10年后的2007年10月28日迎来了一次大修订。2007年《节约能源法》（2016年修正）共7章87条，主要内容包括节能管理、合理使用与节约能源、节能技术进步、激励措施和法律责任等。这次修改主要体现在八个方面：一是将节约能源确定为基本国策；二是省级政府可制定严于国家标准的地方建筑节能标准；三是将节能目标完成情况纳入地方政府考核评价内容；四是禁止使用国家明令淘汰的用能设备、生产工艺；五是加强对重点用能单位节能的监管；六是加大节能方面政策激励力度；七是明确节能执法主体，强化节能法律责任；八是对交通节能、建筑节能、公共机构节能等问题作出了专门规定。

此外，国务院及时制定了有关的节能配套法规。例如，2008年的《民用建筑节能条例》和《公共机构节能条例》等。

(三) 制定《石油天然气管道保护法》

《石油天然气管道保护法》于 2010 年 6 月 25 日通过,同年 10 月 1 日起施行。该法共 6 章 61 条,主要内容包括管道规划与建设、管道运行中的保护、管道建设工程与其他建设工程相遇关系的处理和法律责任。它对保障石油、天然气管道及其附属设施的安全运行、维护公共安全起到了保障作用。

(四) 启动《能源法》的制定工作

我国能源领域虽然已有《电力法》《煤炭法》《节约能源法》和《可再生能源法》等法律,但是一直缺少一部在能源法律体系中处于核心地位的,能够以优化能源结构、提高能源效率、保障能源安全、协调能源开发利用与环境保护的,具有统领、约束、指导、协调作用的能源基本法。因此,能源基本法的出台日益紧迫。2005 年,国务院总理温家宝和副总理曾培炎分别批示启动《能源法》立法。2006 年年初,《能源法》起草工作启动,国务院批准成立跨部门的《能源法》起草组,国家能源办、国家发改委、国务院法制办、财政部、国土资源部、科技部、农业部、商务部、国资委、国家环保总局、国家安全监管总局、国家电监会、全国人大财经委、全国人大环资委和中编办共 15 家单位作为起草组成员单位,派员参加起草工作。经过近三年的努力,2007 年形成了《能源法(送审稿)》并于 2008 年 12 月上报国务院。2009 年,国务院法制办成立《能源法》审查修改工作小组,随后形成《能源法(修改稿)》,并更广泛地深入研究、调研、征求意见、修改以及广泛公开征求社会公众的意见。2010 年,国务院法制办多次召开专题论证会、修改工作会。2013 年,《能源法》被列入国务院立法计划。2015 年国务院立法计划将其列为全面深化改革和全面依法治国急需立法项目。

(五) 积极准备《原子能法》

我国专门规制原子能领域的法律极少,亟须制定《原子能法》。《原子能法》作为核能领域的最高法和基本法,主要内容应该包括组织体系与职责、使用范围、监督管理体制、监督管理程序或步骤、核事故应急、法律责任、补偿与赔偿、法规建设等。

我国《原子能法》立法工作开始于 20 世纪 80 年代,但是进展非常缓慢。1999 年起,国防科工委先后委托中国核工业经济研究中心开展了国外调研、比较研究、立法重大问题研究和起草工作,并将《原子能法》列入核工业"十五"规划。在广泛调研、充分论证的基础上,经多次修改,形成了《原子能法(草案)》征求意见稿。

2010 年,由工信部、国防科工局牵头,在国务院法制办的推动下,工信部、国防科工局再次启动了《原子能法》立法工作。2013 年底完成了征求意见稿,并以工信部办公厅名义征求有关部门意见。2014 年底,工信部正式将《原子能法(送审稿)》报送国务院。随后,国务院法制办大规模征求有关部门、企业、民间组织和团体的意见,并委托中国法学会组织召开了立法专家研讨会。《原子能法(送审稿)》除与国家核安全局在核安全监管职责方面有分歧外,基本达成了一致意见。

(六) 进行《核安全法》立法

我国核安全法规体系目前包括 1 部法律、7 部法规、20 余部部门规章。法律是《放射性污染防治法》。法规包括《民用核设施安全监督管理条例》《核电厂核事故应急管理条例》《核材料管制条例》《民用核安全设备监督管理条例》《放射性物品运输安全管理条例》《放射性同位素与射线装置安全和防护条例》和《放射性废物安全管理条例》。在内容上,核安全法规体系目前有 10 个系列,包括通用系列、核动力厂系列、研究堆系列、燃料循环系列、放射性废物管理系列、核材料管制系列等。体系虽然已建立,但是不足却日益凸显。《放射性污染防治法》除了从环境保护视角看核安全外,没有提到核安全监管的法律地位。

由于《原子能法》出台有难度,业界开始退而求其次,力推《核安全法》。2013年,《核安全法》正式进入全国人大常委会立法规划。该法将在相关领域(如核事故损害赔偿、核安全信息公开和公众参与等)弥补我国核安全法律制度的空白。

此外,我国目前正在研究或者起草的立法还有《石油天然气法》《国家石油储备条例》《能源监管条例》等。

四、成熟时期(未来)

经过数十年的发展,我国能源法律体系的雏形已经大致形成,基本上实现了从政策管理向法制管理的转变。这不仅是我国能源事业逐步走向法制化的标志,而且在很大程度上支持着我国能源事业的发展。初具规模的立法促进着我国能源开发、利用、节约、保护及能源监管,保障能源安全,促进能源清洁合理利用和保护环境。能源立法的不断加强也为我国不断提高能源供给能力、优化能源供应和消费结构、提高能源产业技术装备水平、推进能源改革、促进能源节约以及生态保护提供了强有力的法律依据。在当前情况下,我国的能源立法正在朝着保障能源安全、提高能源效率、促进能源合理开发利用、推动生态环境保护的方向发展。

为了在未来可以拥有更完善的能源法律体系,我们有必要反思现在的能源立法。首先,统领性的法律《能源法》缺位,分行业的立法《原子能法》《石油天然气法》等缺位,专门性立法能源公用事业立法、能源监管立法等缺位。其次,由于经济发展环境及国际经济形势的不断发展变化,我国以前制定的能源立法(如《电力法》《矿产资源法》《煤炭法》《石油天然气管道保护法》《海洋石油天然气管道保护条例》和《海洋石油勘探开发环境保护管理条例》等)需要修订。再次,已有立法严重滞后,内容不合理,并且配套法规规章不足。最后,现有法律之间缺乏合理的协调和衔接。

针对这些问题,应该按照"抓龙头、补空白、修现行、快配套"的指导原则,尽快制定和修订我国能源法律法规,解决我国能源法律体系中存在的诸多缺陷。① 首先,制定能源基本法,统领我国能源法律体系,为各个单行能源法律、法规和规章的创制和修订提供基本法基础。其次,制定和修改能源单行法。最后,制定有关的配套法规。

第三节 国际能源法的产生与发展

能源本身是不可或缺的生产资料,能源服务是现代社会的重要支撑条件,能源和能源服务已经成为国家之间力量等级的决定性因素之一。这必然在国际政策法律上有所反映和体现。有学者认为,国际能源法已经获得了独立的国际法地位,是国际法的一个新分支。② 国际能源法的出现拓宽了国际法的调整领域和学术研究,为国际法的发展注入了新的活力。

国际能源法作为一个独立的部门国际法,其产生与发展可以分为三个阶段:第一阶段是

---

① 叶荣泗、吴钟瑚:《中国能源法律体系研究》,中国电力出版社2006年版,第33页。
② 杨泽伟:《国际能源法——国际法的新分支》,载《武大国际法评论》2009年第2期。

第三世界国家争取民族独立与自觉推动国际能源法的产生阶段；第二阶段是在能源危机推动下的能源秩序与能源机制的发展阶段；第三阶段是在全球气候变化等环境问题背景下的可持续发展阶段。①

一、产生阶段

第二次世界大战后，新独立的广大发展中国家（特别是能源资源性原料产品生产国）纷纷采用国有化的方式掌握本国的能源命脉，希望独立享有能源自主权。它们认为，根据国家主权原则，一国有权独立自主地选择本国的能源制度。随之，在能源资源领域征收与补偿问题上引发了许多跨国争端。为此，联合国大会通过了一系列关于自然资源永久主权的决议。例如，1952年《统筹规划的经济发展及通商协定》、1962年《自然资源的永久主权》、1970年《发展中国家自然资源永久主权及本国经济发展资金积聚来源之扩展》、1972年《发展中国家对自然资源的永久主权》、1974年《建立国际经济新秩序宣言》和《建立国际经济秩序新行动纲领》以及1974年《各国经济权利和义务宪章》。②在化石能源时代，由于大部分能源来源于能源类自然资源，因此，这些决议反映了国家以及国际组织呼吁关注国际能源法问题的现实，推动了国际能源法的产生。不过，这一时期产生的国际能源法律并不是规范化、体系化的国际能源法。

二、发展阶段

能源法久已有之，甚至可以追溯至15世纪英国普通法中的财产法则。但是，真正成形则是在20世纪70年代国际能源危机的推动下实现的。③国际能源法的形成也与能源危机有着密切关系。总结国际能源法成为国际法一个独立分支的动因，可以初步归纳为能源危机引发的能源安全需要、能源争端引发的国际能源秩序需要两个主要方面。

（一）能源危机引发的能源安全需要

1960年，伊朗、科威特、伊拉克、沙特阿拉伯和委内瑞拉五国成立了石油输出国组织（OPEC，又译"欧佩克"），其宗旨在于协调和统一成员国的石油政策和价格，确保国际石油市场价格的稳定，保障石油生产国的稳定收入，为石油消费国提供足够、经济、长期的石油供应，并给予石油工业投资者合理的收益（《石油输出国组织规约》第2条）。这样就形成了一个以维护成员国各自及共同的利益为核心的、同盟性的国际能源组织和多边能源外交协调组织，为国际石油的价格主导权和话语权之争奠定了组织基础。此外，科威特、利比亚和沙特阿拉伯又于1968年组建了阿拉伯石油输出国组织（OAPEC，阿拉伯欧佩克），目的也是协调各成员国的石油政策，维护各成员国的利益。1973年10月，反对以色列的第四次中东战争爆发。战争期间，阿拉伯欧佩克的成员国每月都递减石油产量，导致石油价格猛增；此外，还根据对阿以问题的态度将石油消费国分为"友好"——保持原来供应水平、"中立"——适当下调、"不友好"——实施禁运三类国家，以此来分配石油的供应量。④ 第一次全球能源危

---

① 杨振发：《国际能源法发展趋势研究——兼论对中国能源安全的影响》，知识产权出版社2014年版，第28页。
② 胡德胜：《自然资源永久主权、WTO规则及私有化或市场化》，载《郑州大学学报（哲学社会科学版）》2007年第2期。
③ 马俊驹、龚向前：《论能源法的变革》，载《中国法学》2007年第3期。
④ 于宏源、李威：《创新国际能源机制与国际能源法》，海洋出版社2010年版，第130页。

机由此发生。

对于正在高速发展、快速消费能源的西方大国来说，这次全球性能源危机影响了它们的经济社会稳定，使得它们第一次深刻认识到了石油输出国运用石油这一武器所带来的巨大冲击，并促使各国将能源安全问题上升至国家安全的层面去考虑，有计划地将国家能源政策法律的制定纳入国家议程。当时主要以石油进口为主的工业国为了促成它们之间在国际能源事物上达成共识，于1972年2月在华盛顿召开了由能源部长、欧洲共同体和经合组织的高级官员出席的"华盛顿能源会议"；参加的工业国包括英国、美国、法国、意大利、联邦德国等13个国家。1974年《国际能源纲领协议》通过，国际能源署（IEA，又译"国际能源机构"）成立。国际能源署的宗旨是：保障在公平合理基础上的石油供应安全；共同采取有效措施以满足紧急情况下的石油供应，如发展石油供应方面的自给能力、限制需求、在公平的基础上按计划分享石油等；通过有目的的对话和其他形式的合作，促进与石油生产国和其他石油消费国的合作关系，包括与发展中国家的关系；推动石油消费国与石油生产国之间能够达成更好的谅解；顾及其他石油消费国包括发展中国家的利益；通过建立广泛的国际情报系统和与石油公司的经常性协商机制，在石油工业领域发挥更加积极的作用；通过努力采取保护能源、加速替代能源的开发以及加强能源领域的研究和发展等长期合作的措施，减少对石油进口的依赖。

可见，从国家经济稳定发展和能源安全战略的角度看，正是因为能源危机引发的能源安全这一需求的普遍一致性，推动了主要能源出口国家和主要工业发达国家在国际能源法律与政策方面的协调与合作，促进了国际能源法的发展。

（二）能源争端引发的国际能源秩序需要

国际能源秩序是世界范围内建立起来的国际能源合作关系以及各种国际能源合作体系与制度的总和，是使世界能源合作作为有内在联系和相互依存的整体进行有规律的发展与变化的运作机制。[①]国际能源新秩序是构建国际经济新秩序的一项重要内容。

首先，能源资源（特别是化石类能源资源）的全球地理和政治格局分布都极不均衡。当时能够开发利用的能源类自然资源主要分布在发展中国家，而能源的主要消费国则主要集中在发达国家。于是，能源问题一开始就超越国界。因此，能源争端不仅可能发生在不同国家之间，也有可能发生在国家与投资者之间以及东道国与投资者之间；这些争端既可能单独出现，也可能同时出现。这些争端包括能源资源开采过程的争端，开发后初级能源的加工、产品储存、运输等过程中的争端，能源合作双方与第三方因在生产、输送等过程中所产生的环境污染、意外事故而产生的争端[②]，因基础能源供应、能源过境等引起的争端。[③]

其次，近代资本主义产业革命后，逐步形成了西方国家主导的国际能源秩序。20世纪初国际能源合作的发展是在西方主要发达国家对外扩张和侵略中推进的，是西方发达国家主导下的国际能源秩序，而且是不公平、不合理的。这一国际能源秩序阻碍了发展中国家的发展。20世纪60年代以来，为了改变这一国际能源旧秩序，发展中国家一直在为建立一种平等互利的国际能源新秩序而努力。前述联合国大会关于自然资源永久主权多项决议的通

---

① 参见杨泽伟：《新国际经济秩序研究》，武汉大学出版社1998年版，第11页。
② 参见于宏源、李威：《创新国际能源机制与国际能源法》，海洋出版社2010年版，第131页。
③ 参见杨泽伟：《跨国能源管道运输的争议解决机制》，载《法学》2007年第12期。

过,就是例证。

再次,国际能源新秩序得以建立的重要保障是,根据国家主权原则,各国对国际能源的合作享有平等的参与权和决策权。要改变由发达国家主导的国际能源旧秩序必须建立体现发展中国家利益的新秩序,保护一切主权国家的利益。

最后,在国际能源新秩序的影响和带动下,国际能源贸易合作、国际能源投资合作以及国际能源技术合作的趋势明显加强。在能源全球化的背景下,能源的勘探、开发、利用、运输及技术创新通常超越国界,需要各国的合作以及国际协助管理。

进入 21 世纪后,能源对世界经济和政治形势的影响与日俱增。诸多能源事件(例如,俄罗斯与乌克兰的天然气争端)都对世界能源格局产生了巨大影响。国际社会对能源问题的关注不断加强,国际能源贸易、能源技术往来密切,构建一个和谐的国际能源新秩序的愿望越来越强烈。在这样的背景下,国际能源法应运而迅速发展。国际能源法是政治、经济、社会、文化、科学技术等各种复杂因素博弈的结果,是国际法发展过程中的重要事件。可以将国际能源法概括为:主要调整国家之间的能源关系的有拘束力的原则、规则和规章和制度的总体;涉及能源资源的勘探、开发和利用,能源产品的生产、运输、贸易和储备,能源服务的提供和使用等跨国活动和行为。

三、可持续发展阶段

人类既是自然环境的产物,又是其改造者。人类开发利用能源的历史悠久。在工业革命以前的漫长岁月中,能源主要是以薪柴为主的植物燃料。由于消费量不大而在植物的可再生能力之内,而且环境容量可以"吸收和消化"薪柴利用过程中排放的废弃物,因此能源开发利用活动基本上不构成环境问题。然而,工业革命促使矿物能源取代薪柴成为能源消费的主要对象,产生现代的能源相关环境问题。经济的高速增长和人口规模的不断扩大,导致能源消费需求急速增长,能源相关活动带来了环境问题或者增加了环境问题的严重程度。例如全球变暖、雾霾、酸雨、石油污染、核污染、光化学烟雾、臭氧层被破坏、生物多样性消失等都与能源活动相关。这就要求人类社会不得不科学平衡能源活动与环境保护二者之间的关系。

关于能源活动相关环境保护的国际能源法,主要源于国际自然资源和环境保护方面的政策法律。1972 年《人类环境宣言》将环境政策与国家自然资源永久主权结合起来,提出了国家环境义务,即各国"有责任保证在他们管辖或控制之内的活动,不致损害其他国家的或在国家管辖范围以外地区的环境"(原则 21)。1974 年《各国经济权利和义务宪章》第 20 条规定:"为了今代和后世而保护、维护和改善环境,是所有国家的责任。"世界环境与发展委员会 1987 年报告《我们共同的未来》不仅完善了可持续发展理念,也首次在国际文件中提出了能源对于可持续发展的重要意义。1992 年《环境与发展宣言》原则 23 指出:"受压迫、统治和占领的民族,其环境和自然资源应予以保护。"

1992 年《联合国气候变化框架公约》重申了各国根据本国的环境和发展政策开发其自然资源的主权权利。它是世界上第一个为全面控制二氧化碳(CO_2)等温室气体排放、应对全球气候变暖给人类经济和社会带来不利影响的国际公约,也是国际社会在应对全球气候变化问题上开展国际合作的一个基本框架。作为欧洲能源宪章大会最终法律文件之一的 1994 年《能源宪章条约》是第一个将环境规范明确纳入能源法律领域的国际法律文件。除就能源资源开发利用、能源贸易与运输、能源投资保护、争端解决以及能源效率作出规定外,它还就相关环境保护问题作出了规定。1997年《京都议定书》是人类社会历史上第一个为发达国家规定温室气体减排义务的具有法律约束力的文件;它以量化的指标和具体的达标时间表落实了发达国家在国际环境问题上应当承担的"有区别的"责任。2002年可持续发展世界峰会涉及了能源领域如何实现可持续发展的议题,明确了弥补《21世纪议程》遗漏的能源建议。

综上所述,近年来,以气候变化和环境问题为主的可持续发展已经成为推动国际能源法发展的强大驱动力。

四、国际能源组织对国际能源法的推动

20世纪以来,随着经济的发展,各国对能源的需求不断而且迅速增加,使得能源输出国与能源消费国在能源定价、能源销售等方面的矛盾日益尖锐。有关国际能源组织就是在这种背景下产生的。国际组织在国际能源法的发展过程中发挥了重要作用,而且其作用越来越大。它们的作用主要体现在四个方面:(1)引导国际能源向着比较科学合理的方向发展。例如,体现可持续发展理念、促进能源供给稳定等。(2)通过一些政策和法律文件,不断编纂或者发展国际能源法的内容,规范跨国能源活动,确立调整国际能源活动的法律规则。例如,国际能源署通过的《国际能源纲领协议》、国际原子能机构通过的《国际原子能规约》以及国际新能源机构通过的《国际新能源机构规约》等,促进了国际能源法律体系的建构。(3)通过要求成员国规范统一,可以为各国能源立法提供借鉴样本,从某种程度上有利于国际能源法的协调乃至在一定范围内的统一。(4)为解决国际能源活动中的争端,给争端国一个协商和交流的场所。[1]下面介绍几个重要的国际能源组织。

(一)国际能源署[2]

国际能源署于1974年11月在经济合作与发展组织(OECD)的框架下成立,总部位于法国首都巴黎。其基本文件是《国际能源纲领协议》(Agreement on an International Energy Program)。其成立是西方发达国家应对20世纪70年代世界石油危机的产物。成立之初,其作用是负责协调应对石油供应紧急情况的措施:建立应急机制以减少成员国的损失,建立国际石油市场的情报系统,建立与石油公司的协商机制,实现长期的能源合作计划。随着能源市场的变迁,国际能源署的使命也随之改变并扩大,纳入了基于提高能源安全、经济发展和环境保护"3E"的均衡能源决策概念。国际能源署目前的工作重点是研究应对气候变化的政策、能源市场改革、能源技术合作以及与非成员国(特别是主要能源消费和生产国,如中国、印度、俄罗斯)、欧佩克国家展开合作。国际能源署的活动有利于加强能源消费国之间的合作,避免无预警的能源危机,从而有益于维护国际能源安全,促进各国完善能源相关法律。2015年11月18日,我国成为国际能源署的联盟国。

(二)国际原子能机构[3]

国际原子能机构(IAEA)成立于1957年10月,是在原子能领域开展多边科技合作的政

---

[1] 参见赖超超:《论国际能源法的发展趋势》,载《南京工业大学学报(社会科学版)》2012年第11期。
[2] 主要资料来源:国际能源署网站,http://www.iea.org(2016-05-30)。
[3] 主要资料来源:国际原子能机构网站,www.iaea.org(2016-05-30)。

府间国际组织,总部位于奥地利首都维也纳。其基本文件是《国际原子能机构规约》。国际原子能机构拥有两方面的职能:(1)促进原子能的和平利用。帮助各国提高核能安全能力和核事故应急能力,增强世界民众对核能发展的信心。(2)控制原子能的使用。加大对发展中国家的科技援助,促进核能安全可持续发展,防止核武器扩散。自成立以来,它在监督及和平利用核能方面做了大量的工作,制定了一系列与核能安全相关的国际公约。例如,《及早通报核事故公约》《核事故或辐射紧急情况援助公约》《乏燃料管理安全和放射性废料管理安全联合公约》《修订〈关于核损害民事责任的维也纳公约〉议定书》《补充基金来源公约》《核安全公约》以及《核不扩散条约》等。我国于1984年1月1日加入国际原子能机构。

(三) 能源宪章组织[①]

能源宪章组织是建立在1994年12月签订、1998年4月生效的《能源宪章条约》之上的国际能源组织,总部位于比利时首都布鲁塞尔。它起源于1991年12月签订的《欧洲能源宪章》。该组织致力于加强能源生产国与消费国之间、国家与企业之间、企业与企业之间的多维度对话,推动能源多边合作;成员国之间的合作领域涵盖了整个能源产业链,涉及能源投资促进与保护、能源贸易、能源过境运输、争端解决以及能源效率等方面。其相对完善的国际能源争端解决机制,成为目前国际能源争端解决制度的重要内容;条约中的能源输送议定书是对国际能源法的创新性发展。致力于多边能源条约是《能源宪章条约》及该组织对国际能源法的重要贡献。特别是近年来,《能源宪章条约》在减少成员国能源投资和贸易障碍、降低成本和加强国际能源合作等方面发挥着越来越重要的作用。我国于2001年12月成为该组织受邀观察员国。

为了发展能源宪章组织,应对21世纪的最主要能源挑战,《国际能源宪章》于2015年5月在海牙签署。它是一项旨在加强签署国之间能源合作的政治意向声明,签署国不承担法律义务和资金责任。我国国家发改委副主任、国家能源局局长努尔·白克力率团出席了能源宪章部长级会议,代表我国签署了《国际能源宪章宣言》。

(四) 石油输出国组织[②]

石油输出国组织成立于1960年9月14日,是世界上主要石油生产国旨在"保卫成员国个体和集体利益,协调和统一成员国石油政策以及决定最佳措施"的一个国际组织(《石油输出国组织规约》第2条第1款)。该组织成员国总共控制全球约2/3的石油储量,约占全球石油产量的40%和出口量的50%。石油输出国组织曾多次使用石油价格暴涨来抗衡美国等西方发达国家。

(五) 国际可再生能源机构[③]

国际可再生能源机构(IRENA)总部位于阿联酋的阿布扎比。其基本文件是2009年1月在德国波恩达成的《国际可再生能源规约》,目前有147个成员(国)。它是世界上首家全面致力于促进可再生能源利用的国际组织。认识到可再生能源的巨大潜力,它致力于促进全球可再生能源的发展,帮助政府和民间增强其可再生能源影响力。其目标是成为国际可再生能源和可再生能源知识的交流和发展平台,扩大可再生能源的相关知识信息(如技术数

[①] 主要资料来源:能源宪章网站 www.energycharter.org(2016-05-30)。
[②] 主要资料来源:石油输出国组织网站(2016-05-30)。
[③] 主要资料来源:国际可再生能源机构网站 www.irena.org(2016-05-30)。

据、经济数据和可再生能源资源潜力数据)。它的工作指导原则主要有六项:(1)会员国与利益相关国家之间的国际合作;(2)帮助各成员国挖掘可再生能源潜力;(3)为发展中国家提供所有的满足其特殊需要的服务;(4)所有成员国参与到 IRENA 的决策过程;(5)提供卓越的服务;(6)提高服务效率和透明度。我国于2013年加入国际可再生能源机构。

(六) 欧盟[①]

欧盟(European Union,又称"欧洲联盟"),源于欧洲共同体。其宗旨是:"通过建立无内部边界的空间,加强经济、社会的协调发展和建立,最终实行统一货币的经济货币联盟,促进成员国经济和社会的均衡发展";"通过实行共同外交和安全政策,在国际舞台上弘扬联盟的个性"。2006年欧盟在《可持续、竞争和安全的欧洲能源战略》绿皮书中确立了欧洲能源政策法律的三大目标:可持续性(sustainability)、竞争性(competitiveness)和供应安全性(security of supply)。

(七) 亚太经济合作组织[②]

亚太经济合作组织(APEC)于1989年成立,是亚太地区最高级别的政府间经济合作机制。自成立以来,它进行了一系列多边能源合作并实施有关的能源倡导,在提高能效、节能、能源对外开放、能源结构改革、可再生能源的发展、加大清洁能源的消费等方面取得了很大进展,为亚太经济合作组织框架内的能源合作作出了重要贡献。

思考题

1. 国外、我国和国际能源法产生的原因和背景是什么?

思考方向:无论是中国的、国外的,还是国际的,能源法产生的原因无一例外都和能源问题有关。能源问题包括多个方面:能源短缺、能源危机、能源开发利用秩序调整的需要等。

2. 中国能源法的发展大致有几个阶段?
3. 发达国家和发展中国家的能源立法有何异同?

思考方向:各国国情不同,面临的能源问题也不同。总体而言,发达国家和发展中国家在能源立法上由于能源具体问题、能源体制、国内法治的不同,能源立法上的异同也有一定规律可循。

4. 国际能源法的产生和发展有哪些阶段?
5. 国际能源组织对国际能源法的推动作用表现在什么地方?重要的国际能源组织有哪些?

拓展阅读

1. 肖乾刚、肖国兴编著:《能源法》,法律出版社1996年版。
2. 叶荣泗、吴钟瑚:《中国能源法律体系研究》,中国电力出版社2006年版。

---

① 主要资料来源:欧盟网站 http://europa.eu/index_en.htm(2016-05-30)。
② 主要资料来源:亚太经济合作组织网站 www.apec.org(2016-05-30)。

3. 胡德胜编著:《美国能源法律与政策》,郑州大学出版社 2010 年版。
4. 马俊驹、龚向前:《论能源法的变革》,载《中国法学》2007 年第 3 期。
5. 杨泽伟:《国际能源法——国际法的新分支》,载《武大国际法评论》2009 年第 2 期。
6. 肖乾刚:《中国能源立法与能源法学科的创建与发展》,载《中德法学论坛》(第 9 辑),2012 年。

第五章

能源法律关系

> **学习目标**
> 通过本章的学习,学生可以掌握以下内容:
> 1. 能源法律关系的基本概念;
> 2. 公众能源利益的含义;
> 3. 企业能源义务的内容;
> 4. 能源管理体制;
> 5. 能源法律责任。
>
> **关键概念**
> 能源法律关系的主体　能源法律关系的客体　能源权利　能源义务　能源管理体制　能源法律责任

第一节　能源法律关系

一、能源法律关系的概念和类型

能源法律关系是指在能源原材料和产品(商品)的生产、销售、输送配送、消费等活动中以及节能减排、能源生产设备和能源消费产品的生产活动中所产生的并经能源法律规范所调整的社会关系。能源法律关系包括三项构成要素,即能源法律关系的主体、客体和内容。

根据能源法律关系主体间的地位是否具有法律所直接规定的平等性,人们通常将之分为纵向的和横向的能源法律关系。本书认为,除此之外,还存在纵横混合的能源法律关系。

纵向的能源法律关系是指经法律调整的纵向能源关系,又称能源的行政管理法律关系,包括能源监管关系、能源规划关系等。纵向关系的双方主体之间的地位具有不平等性,是一种管理与被管理、监督与被监督、控制与被控制、指导与被指导的关系。

横向的能源法律关系是指经法律调整的横向能源关系,又称能源的市场运行法律关系,包括能源的合作关系、交易关系、市场竞争关系、国际贸易以及能源的国际合作关系等。横向关系的主体之间的地位平等,彼此之间不具有法律所直接规定的命令与服从的性质。需要注意的是,存在基于具有平等地位的市场主体之间所缔结的章程而成立的行业协会,这类行业协会有时会根据章程的规定,指导协会成员的能源活动。这类指导关系因私权利而产生,不具有行政管理的性质,本质上仍然属于横向能源关系。

纵横混合的能源法律关系是指经法律调整的纵横混合能源关系,又称兼具能源行政和市场属性的混合法律关系。例如,为了引导能源产业的发展方向或者能源消费行为导向,能源政策法律规定,愿意实施积极能源行为的市场主体可以根据其与政府或其机构签订的合同,在履行合同义务后享受政策法律规定的补偿、补贴或者税费减免或抵扣等形式的经济激励。这时,政府或其机构与市场主体之间签订合同的行为并不是市场运行行为,因为一方面是政府在行使行政权力,另一方面是合同对价通常并不是市场上的合理价格。但是,这类合同一经签订或者生效,就具有民法上的属性,政府或其机构就与市场主体之间具有平等的地位。

需要注意的是,随着政府更多地不断运用经济激励措施鼓励或者引导市场主体、公私合作的发展,不少纵向的能源法律关系的命令与服从性质日渐弱化。例如,对于一些适用范围广泛的补偿、补贴或者税费减免或抵扣等形式的经济激励,政府或其机构并不通过与市场主体签订合同的形式予以实施,而是由后者向前者提出申请,前者对经过其审核后符合条件的市场主体给予经济激励。

二、能源法律关系的主体

能源法律关系主体是能源法律关系的参加者,即在能源法律关系中享有权利或负有义务的单位和个人。能源法律关系主体的范围非常广泛,国家和政府或其机构、企业、其他社会组织和个人都可以参与能源法律关系。

(1) 国家和政府或其机构。国家和政府或其机构是能源法律关系的主要参与者,既可以成为纵向能源法律关系的主体,也可以成为横向能源法律关系的主体,还可以成为纵横混合能源法律关系的主体。这是因为,政府或其机构有时以行政管理者的身份参与能源法律关系,有时以能源消费者的身份参与。特别是,中央政府或者有关机构的能源管理职责具有宏观性,主要包括编制国家能源发展战略和规划、制定国家能源发展政策、组织实施各项能源制度、对下级部门履行能源职责情况进行监督检查等。国家和政府或其机构主要通过两种途径以行政管理者的身份参与能源法律关系:一是缔结或者参加能源相关国际条约、实施国际能源活动等,从而参与涉外能源法律关系;二是实施管理、监督、控制、指导等活动,参与对内能源法律关系。

(2) 企业。企业是能源市场中最重要的主体。作为能源法律关系主体的企业包括两大类。一类是能源原材料和产品(商品)的生产类、销售类以及输送配送类企业;人们通常称之为能源企业,本书也是在这一意义上使用"能源企业"这一术语的。根据主营业务的不同,能源企业可以分为能源勘探或者开发企业、能源加工转换企业、能源仓储企业、能源输送企业、能源配售企业、能源贸易企业、能源服务企业等。在能源法上,根据能源企业所承担义务的不同,人们通常将之分为一般能源企业和特殊能源企业;特殊能源企业主要是指经营能源管网输送和配送设施的企业、承担能源普遍服务义务的企业以及在事关国民经济命脉和国家安全的能源领域内从事能源开发利用活动的企业。[①] 二是能源消费企业(特别是用能大户企

---

① 参见我国《能源法(征求意见稿)》第127—132条。

业)以及能源生产设备(例如风电、太阳能发电设备等)和能源消费产品(商品)(如照明产品、制冷或者取暖产品等)的生产企业。不少教材或者研究文献并没有区别这两类能源法律关系的主体,经常混淆。

(3)其他社会组织。主要包括能源行业协会、能源中介机构、能源科研机构等组织和团体。

能源行业协会是社会中介组织,是独立于政府与企业之外的社会团体。其社会中介职能表现为在政府部门与会员单位之间发挥桥梁和纽带作用,协助政府部门进行行业管理,同时帮助能源企业改善经营管理、反映和维护能源企业的共同愿望和利益要求。例如,中国电力企业联合会、中国煤炭工业协会、中国石油和化学工业联合会、中国石油企业协会、中国农村能源行业协会、中国可再生能源行业协会、中国清洁能源行业协会、中国风能协会等。

能源中介机构主要在能源审计、节能服务及节能评估方面发挥作用。

(4)个人。个人作为能源市场的重要主体基本上是以能源消费者的身份出现的。由于能源消费品的不可替代性以及能源供应的自然垄断性很强,消费者总体上处于弱势地位,需要政府的特殊保护来保障其基本能源需求。

三、能源法律关系的客体

能源法律关系的客体是指能源法律关系主体的权利和义务所指向的对象。它是将能源法律关系主体间的权利义务联系在一起的中介;没有客体作为中介,就不可能形成能源法律关系。能源法律关系客体的数量和种类繁多,主要有以下三类典型形态:

(1)能源和能源服务。能源是能够直接取得或者通过转换而取得某种形式有用能的各种资源,包括煤炭、原油、天然气、煤层气、水能、核能、太阳能、地热能、生物质能等一次能源,电力、热力、成品油等二次能源,以及其他新能源和可再生能源。[①] 能源服务包括能源的输送和配送服务以及相应的调度服务、节能管理服务等。

(2)能源开发、利用和管理的行为。在能源法律关系客体的意义上,能源开发、利用和管理的行为是指权利和义务所指向的作为或者不作为。作为能源法律关系客体的行为,按其功能和内容可以分为能源管理行为、能源开发建设行为、能源加工转化行为、能源输送与供应行为、能源使用(消费)行为、节能减排行为、能源生产设备和能源消费产品(商品)的生产行为等。

(3)与能源开发、利用和研究相关的智力成果。作为客体的智力成果是指人们在能源开发、利用、管理和研究等智力活动中所创造的财富,包括专利权、商标权和著作权等知识产权。[②]

四、能源法律关系的内容

能源法律关系的内容是指能源法律关系的主体在法律上享有的权利和承担的义务的总和。从权利的法律功能和社会价值的角度上看,能源法律关系中的权利是指规定或者隐含于能源法律规范之中的,能源法律关系主体以相对自由的作为或者不作为的方式获得利益

---

① 参见我国《能源法(征求意见稿)》第2条。
② 参见王文革、莫神星主编:《能源法》,法律出版社2015年版,第27页。

的一种资格、职责或者职权。例如,在纵向的能源法律关系中,国家机关作为能源法律关系主体时所享有的权利体现在法律所赋予的职权或职责之中。能源法律关系中的义务是指规定或者隐含于能源法律规范之中的,为了满足权利主体的利益,按权利主体的要求,通过作为或不作为的方式保障权利主体获得利益的一种约束手段。①例如,能源企业作为能源法律关系的主体时依据法律所应承担的节能减排义务。

但是,需要注意两点:其一,在能源法律关系中,国家或者政府及其机关所拥有的资格、职权或者职责在多数情形下,具有权利和义务于一体的特征,不可分割;其二,尽管根据权利的一般理论,权利人可以放弃权利,国家或者政府及其机关在这种情形下所享有的权力/权利不得非法放弃。

第二节 公众能源利益

一、公众能源利益的概念

公众能源利益是指公众所享有的获得基本能源供应与服务的利益。公众的基本能源需求主要包括两类:一是个人和家庭为了生活目的的基本能源需求;二是提供社会公共或者基本服务的单位(如国家或者政府机关、学校、消防等)因提供社会公共或者基本服务所要求的基本能源需求。对于不同的能源(如石油、天然气、电力、供热等),公众的基本能源需求存在程度上的差异。公众能源利益问题的实质是如何满足社会大众的基本能源需求,实现社会正义。因为,燃料贫困与人类福祉之间具有密切联系。从生命健康方面来说,燃料贫困影响婴儿成长发育,影响青少年和成年人的精神健康。从人权的角度来看,能源是多项人权得以实现的重要保障乃至前提条件。

公众能源利益问题产生的主要原因是,在一国不同区域之间由于经济和社会发展水平差异较大,或者某一特定区域内不同社会阶层之间由于经济实力的差异较大,从而导致在能源公用事业领域,某一(些)区域的全部或者部分人群的基本能源需求得不到满足。这样就需要国家和政府采取措施,实现能源领域的社会分配正义。

可以认为,公众能源利益是通过国际人权法加以确立而国际化的。《世界人权宣言》第25条和《经济、社会及文化权利国际公约》第11条明确规定人人享有相当生活水准权。要实现这一人权,持续地通过烹调、取暖、照明、能源、卫生设备等途径获得食物、住房、服务与基础设施就非常关键。2010年12月联合国大会第65/151号决议将2012年确定为"人人享有可持续能源"国际年,并且确定到2030年实现"现代能源服务的普遍获得"的目标。不少国家已经在法律上就公众能源利益作出了规定。例如,法国2000年《电力公共服务现代化和发展法》第1条规定:电力公共服务旨在以符合公共利益的原则下,保障全国的电力供应;它有助于通过满足每个人的获得电力供应的权利,增强社会凝聚力。为了保障贫困人口享用能源的权利,其2013年《反贫困法令》规定,符合条件的贫困个人或家庭有权利向地方政府申请保障其能源供应,享受福利电费和燃气费。

对于公众能源利益的内容,尽管不同国家的规定不同,但是应该包括以下三个基本方

---

① 参见黄振中、赵秋雁、谭柏平:《中国能源法学》,法律出版社2009年版,第146—147页。

面:一是能源或者供应服务的可获得性。例如,印度2007年《电力法》第6条规定,中央政府和有关邦政府应当共同努力,完善农村电力基础设施和农村电力化工程,向农村地区供应电力,从而解决印度农村电力的可获取性问题。二是能源或者供应服务价格上的可负担性。美国对低收入家庭进行的能源援助,英国解决燃料贫困问题,法国2013年《反贫困法令》规定贫困个人和家庭有权享受福利电费和燃气费,解决的都是能源或者供应服务价格上的可负担性,确保低收入或者贫困的个人和家庭以能够负担得起的价格获得能源及其供应服务。三是,能源供应的可靠性问题。它要求能源供应应该稳定、可靠,不应该供应不足,或者没有特殊情况时常有中断。

二、公众参与:公众能源利益的重要实现路径

(一)能源事务公众参与概述

能源事务公众参与,作为一种程序,是指因公共机构关于某一(拟)决策能源事项(例如,一个项目、一个方案、一项规划、一项政策)(可能)遭受其正面或者负面影响的,或者对该(拟)决策事项感兴趣的个人、法人或者其他组织,通过交流信息、发表意见以及明确表达利益诉求等方式,旨在影响公共机构关于该(拟)能源决策事项的决策或者结果的过程;作为一种法律上的权力/权利,是一国公民所享有的并可通过其所在国有关团体、组织或者机构实施的国内法上的权力/权利,公共机构负有职责和义务考虑国内公众的意见并给出在能源决策中采用或者不采用的理由,国内公众享有获得法律救济程序的权利。[①]公众参与是保证公众能源利益的重要手段。从内容上看,公众参与权主要包括知情权、提议权、决策参与权、监督批评权、损害诉讼权等权利。

能源事务公众参与可以矫正能源领域的市场失灵和政府失灵。首先,公众参与可以矫正能源市场失灵。在以市场为基础的经济制度中,市场主体运用各自的资源和优势,通过公开的自由竞争来实现各自的利益诉求。但是,如果市场主体之间的实力存在巨大差异,竞争结果将是强势群体占得优势,弱势群体处于被动和不利的地位。实践证明,引入公众参与有利于矫正能源市场失灵的不利影响。其次,公众参与可以矫正能源政府失灵。由于能源产业事关国家安全、民生保障、生态环境和经济发展等宏观事项,市场经济发达国家都无一例外地对能源领域实施着虽然不同却总体上程度较大的政府监管[②];在一些国家还存在着政府或者通过其代理人(国有、国营或者国控企业)的垄断。如果政府在纵向治理过程中缺乏与公众进行充分联系和沟通的动力,就会导致公众的利益诉求,尤其是弱势群体的利益诉求,或者不能纳入政府治理的合理考量之中,或者扭曲市场。公众参与可以为能源市场中的供方和需方,能源市场主体的强势方和弱势方,能源领域的长期、中期和短期利益方提供一个公平的交流、博弈平台和机制,促进政府的能源监管决策和垄断监管措施更加合理,在保护弱势群体的同时符合市场导向,避免政府失灵。

(二)能源事务公众参与的主要内容

从外延上看,公众参与应该包括公众有权通过适当的途径获得公共机构所掌握的关于(拟)决策事项的信息,有权获得参与公共机构决策程序的机会并进行参与,以及对其本国

---

① 参见胡德胜:《"公众参与"概念辨析》,载《贵州大学学报(社会科学版)》2016年第5期。
② 参见胡德胜:《论我国能源监管的架构:混合经济的视角》,载《西安交通大学学报(社会科学版)》2014年第4期。

(拟)决策事项,通过本国法律救济程序获得救济这三个部分。① 据此,能源事务公众参与的主要内容应该包括公众获得(拟)决策能源事项的信息、获得参与能源决策程序的机会并进行参与,以及通过法律救济程序获得救济这三项内容。

1. 公众获得(拟)决策能源事项的信息

首先,在作出能源事项决策之前,有关行政机关和其他公共机构必须就拟决策能源事项进行充分和有效的信息披露。其次,在作出决策的过程中,严格按照法定程序将拟决策能源事项的信息向公众公开,允许符合法律规定的利益主体查阅和获取有关文件档案。最后,有关行政机关和其他公共机构必须对能源事项的决策结果以及形成过程、考量因素及权衡予以公开。特别是对于那些可能会对生活、生产和生态环境产生重大影响的能源事项决策,更应该如此,从而使公众充分知悉。

2. 公众获得参与能源决策程序的机会并进行参与

有关行政机关和其他公共机构在进行能源决策时,尤其是在涉及公共利益和安全的重大能源决策时,必须高度重视公众参与,增强能源决策的科学性和可接受性。首先,必须给社会公众以参与能源决策的机会。变相剥夺公众参与机会的做法有很多,例如,不合理地限制参与主体的范围和参与方式,从告知时间到参与活动(结束)之间的有效期间很短,告知方式的受众范围很小,等等。其次,必须保障社会公众能够切实参与到能源决策程序中来。实践中变相剥夺公众有效参与的做法也不少,例如,限定参与者的发言时间,不给参与者提供展示其观点、意见或者建议的设备,等等。

公众参与能源决策方面经常受民众关注的有能源建设项目环境评价、能源价格决策等。公众参与原则是环境与资源保护法的基本原则之一。就能源建设项目而言,需要对公众参与项目进行环境影响评价,规定详细的参与条件、程序,给予公众充分发表意见的机会,并保障其按照法律规定的程序能够实际参与到决策中去。西方发达国家核电站建设的经验表明:公众对国家发展核能的参与程度,决定了公众对发展核能的接受程度;广泛而充分的公众参与,有助于国家核战略的民主决策和科学决策;即便发生核事故,公众参与有助于政府采取更得力的处置措施,将事故危害和影响控制在最小限度。②

在能源价格决策上,引入行政听证制度对于提高政府能源价格决策的科学性和透明度,促进政府价格决策民主化和规范化具有重要的意义。事关民生的能源产品和能源服务具有社会公共性和不可或缺性,因而在制定和调整相关能源的价格时,应该考虑这两个特性,注意照顾能源消费者的弱势地位。从善治角度出发,制定和调整相关能源价格的过程中引入价格听证制度非常必要。根据我国《价格法》第23—25条的规定,对于关系群众切身利益的公用事业、自然垄断经营性质的能源商品和能源服务价格的制定和调整,应当适用听证会制度,由政府价格主管部门主持,征求消费者、经营者和有关方面的意见,论证其必要性、可行性。目前,我国各地天然气零售价格和电力零售价格在进行制定和调整时,均举行听证会,贯彻了能源价格决策民主化的要求。我们认为,为了提高行政决策的科学化、民主化和效率化,对有些能源商品和能源服务,还可以实行对定价机制进行听证,通过民意调查等其他措

---

① 参见胡德胜:《"公众参与"概念辨析》,载《贵州大学学报(社会科学版)》2016年第5期。
② 参见宋志琼:《我国核安全法基本原则初探》,载中国法学会能源法研究会编《中国能源法研究报告 2014 年》,立信会计出版社 2015 年版,第 369 页。

施克服单纯听证方式的弊端。

3. 公众通过法律救济程序获得救济

法谚有云:"没有救济,就没有权利。"作为权力/权利的公众参与,需要有相应的救济程序予以保障。如果公众参与的权利人无法获得(拟)决策能源事项的信息却无从申请或者申诉、起诉,如果权利人被剥夺了参与能源决策程序的机会、被限制乃至剥夺了进行实际参与的权力/权利却无从申诉、起诉,如果权利人无从得知决策结果和作出决策的理由就无从判断决策的科学、公正及合理与否,如果权利人不能对错误的决策提出异议并享有寻求公正裁决的程序,公众参与的权力/权利、制度就徒有虚名。因此,健全的公众参与制度必须有法律救济程序,保障权利人能够获得信息、享有参与机会并实际参与、能够对不公正的决策程序和结果提出异议并享有寻求公正裁决的程序。正如国内有学者所提出的,听证结束后,如果能源主管部门的决策结果是实施能源项目的,异议者在符合法定条件的情况下可以向法院提起诉讼。[1]

第三节 企业的能源权利和义务

一、企业的能源权利

企业(特别是能源企业)作为能源法律关系的主体,在纵向的能源法律关系中,处于被管理的地位,因此能源法律仅需要对其承担义务作出特别规定;在横向的能源法律关系中,企业和其他平等主体的权利,民事法律已经对其享有的民事权利作出了一般性规定。

二、企业的能源义务

(一)能源普遍服务义务

普遍服务义务(universal service obligations)由美国1934年《电信法》最早确立。[2] 经过七十多年的发展,这一理念得到广泛地承认,在西方国家还扩展到邮政、电力、煤气、铁路、民航、银行等网络型公用事业领域。能源普遍服务(universal access to energy)理念出现后,许多国家在能源政策法律中根据本国国情,在电力、天然气等能源领域逐渐引入相关制度并进行实践。[3]

最初,能源普遍服务义务强调从事电力、热力、燃气及其他能源产品和服务供应的能源企业,负有为用户提供安全、持续、可靠的能源供应和服务的义务。随着社会的发展,发达国家认为还应该包括对用户的能源供应和服务的非歧视性以及经济上的合理性。[4] 联合国2015年9月《变革我们的世界:2030年可持续发展议程》将"确保人人获得负担得起的、可靠

---

[1] 参见张勇:《能源基本法研究》,法律出版社2011年版,第124—126页。
[2] 美国1934年《电信法》明确其立法宗旨是:"电信经营者应当以充足的设施和合理的资费,尽可能地为美国所有国民提供迅速而高效的有线和无线通信服务。"
[3] 有关国家的实践,请见本书第七章第六节"能源普遍服务制度"中的有关内容。
[4] 以电力为例,我国学术界对电力普遍服务义务的界定基本上相同。认为至少应该包括三个方面的含义:(1)可获得性。所有的消费者都能够获得电力服务,即国土范围内的任何人在任何时候、任何地方都可以享受供电服务。(2)非歧视性。所有用户可以享受无差别的供电服务,即享受相同的价格和服务质量。(3)可承受性。电力用户享受的供电服务价格的制定应该合理和负担得起。

和可持续的现代能源"列为可持续发展目标之七,提出"到 2030 年,确保人人都能获得负担得起的、可靠的现代能源服务"。

我国在电力领域首先确立电力普遍服务政策。国家电监会 2005 年《供电监管办法试行》第 5 条使用了"电力社会普遍服务义务"这一概念,并将其界定为"保障任何人能够以普遍可以接受的价格获得最基本的供电服务"。国家电监会 2009 年《供电监管办法》第 10 条将其修改为"依法保障任何人能够按照国家规定的价格获得最基本的供电服务"。修改后的电力普遍服务仅包含两个方面的内容:(1)保障任何人可以获得最基本的供电服务;(2)按照国家规定的价格获得供电服务。这一规定是与我国电力供应的现实相一致的。但是在热力、燃气及其他能源产品供应和服务方面,我国的能源普遍服务还处于发展的初期阶段。

能源普遍服务体现了公共利益的性质。我国能源产业传统上实施的是政企合一的体制,能源部门既具有行政管理权又拥有能源商品生产经营权和服务提供权,自然而然地既是责任主体又是实施主体,兼具两种身份。随着能源市场化改革的进行和深入,能源部门正在实行政企分开,能源企业将逐渐成为独立的市场主体,不再具有原先的行政职能。政府成为能源普遍服务的直接提供者已经不具有可实现性。因此,在市场经济条件下,政府和能源企业如何分担能源普遍义务,是一个需要深入研究的课题。未来的改革方向应该是:政府加强监管,确保能源服务的可获得性、非歧视性,能源商品和服务价格的合理性;对于由于贫困而没有能力以合理价格获得能源商品和服务的个人和家庭,政府需要采取措施,保障其能够获得满足基本需求的能源商品和服务。

(二)节能减排义务

1. 企业的节能义务

20 世纪 70 年代能源危机发生后,出现了节能(energy conservation)一词,其旨在通过节约能源和减少能源消耗来应对能源危机。节能是指在满足相等需要或达到相同目的的条件下,通过加强用能管理,采取技术上可行、经济上合理以及环境和社会可以接受的措施,减少从能源生产到消费各个环节中的损失和浪费,提高能源利用的经济效果。20 世纪 90 年代开始,有人用"能源效率"(energy efficiency)一词来代替"节能"一词,强调通过技术进步、产业结构调整和生活方式改变来提高能源效率,从而节能降耗、增加效益、保护资源及生态环境。[1]

关于节能义务,我国《节约能源法》第 4 条规定:节约资源是我国的基本国策,国家实施节约与开发并举、把节约放在首位的能源发展战略。因此,作为能源消费主体的用能企业,负有节约能源的义务。考察该法以及《能源法(征求意见稿)》的规定,企业的节能义务主要包括:(1)技术节能。用能企业应当推进节能技术进步,采用节能新技术、新工艺、新设备、新材料,加强资源综合利用,提高能源利用水平。(2)管理节能。用能企业应当加强节能管理,建立节能组织机构和设置节能专业岗位,明确节能目标和各级机构的节能责任。(3)重点领域节能。用能企业要节俭、适度、科学用能,优先使用高效能源和节能产品。

国际实践表明,自愿节能协议已经成为一种行之有效的节能减排新机制。自愿节能协议,是指行业协会或者企业自愿地与政府签订协议、作出节能减排目标的承诺,政府在企业

---

[1] 参见胡孝红主编:《各国能源法新发展》,厦门大学出版社 2012 年版,第 238 页。

履行承诺后给予其相应财税或者融资政策支持的一种节能机制。①自愿节能是企业在政府的支持和鼓励下,自愿按照预期的节能目标进行的一种自愿活动。

2. 企业的减排义务

随着工业的迅猛发展和生活方式的改变,人类的能源消耗量越来越大,能源开发利用活动造成的环境污染日趋严重。减排义务是指义务主体减少污染物排放、减轻污染物对环境损害的义务。它要求义务主体减少有害气体、温室气体、固体废弃物、重金属(如铅、镉等)以及放射性物质等污染物的排放。企业的减排义务旨在强调企业的生态环境保护义务。

能源清洁生产是企业减排的一项措施,也是企业的一项环境义务。清洁生产要求企业不断采取改进设计,使用清洁的能源和原料,采用先进的工艺技术与设备、改善管理、综合利用等措施,从源头上消减污染,提高能源利用效率,避免或者减少能源生产、服务和产品使用过程中产生和排放污染物,从而减轻或者消除对人类健康和环境的危害。

3. 企业的安全环保义务与生态补偿义务

能源开发和加工转换企业应当具备法定的安全生产和环境保护条件。能源建设项目的安全与环境保护设施,应当与主体工程同时设计、同时施工、同时投入使用,即能源开发和加工转换企业要实施"三同时"制度。

能源开发和加工转换企业在合法开发和利用自然资源的过程中,对自然资源所有权人、生态环境保护付出代价者或者作出贡献者应该支付相应的费用,作为补偿。

(三)能源储备与应急义务

1. 能源储备义务

企业的能源储备义务是指,根据国家能源储备制度特别是其中企业义务能源储备的相关规定,企业应当承担和履行的能源储备义务。

目前,我国还没有法律对能源企业是否应该承担以及如何承担能源储备义务作出规定。不过在实践中,我国企业义务能源储备已经起步。例如,中石化投资 100 亿美元,配套自建了 320 万 m^3 原油商业储备库和 200 万 m^3 成品油储备库。②

《能源法(征求意见稿)》第 64 条规定,承担能源储备义务的企业(承储企业)有义务达到国家规定的储备量,按照规定报告储备数据,接受能源主管部门的监督检查。根据 2016 年 5 月国家能源局《国家石油储备条例(征求意见稿)》的规定,承储企业包括所有从事原油加工、成品油批发和原油进出口的企业。企业的能源储备义务主要包括:(1)所有企业的配合义务。对政府储备的收储和轮换,相关企业应当在石油接卸、管道输送等方面予以优先保证。(2)承储企业的保有最低库存量义务。最低库存量一般为企业专用油库和炼厂内的油罐内归本企业所有的石油库存量的 90%。(3)承储企业的报告义务。首先,承储企业应当定期或者根据要求随时向国务院能源主管部门报告企业义务储备库存量及其计算依据。其次,承储企业因自然灾害、火灾等不可抗力无法达到义务储备量要求时,应当及时向国务院能源主管部门报告。(4)承储企业的采购、存储和轮换管理义务。承储企业应当合理地采购、存储和轮换义务储备石油;每次轮换的数量和轮换完成期限,应当符合国务院能源主管部门的规定。(5)承储企业的资金承担义务。企业义务储备所需建设资金、石油采购资金和运行

---

① 参见《能源法(征求意见稿)》第 139 条。
② 参见李莉:《国家二期原油战略 储备库天津站注油》,载《中国能源报》2014 年 2 月 17 日第 14 版。

管理费用,由承储企业承担。(6)承储企业的无条件执行动用指令义务。动用企业义务储备,由国务院能源主管部门发布指令,有关企业应当无条件执行。企业义务储备动用后,承储企业应当在规定期限内恢复储备。(7)承储企业的配合检查义务。保有最低库存量的义务。对行政机关依法履行职责的活动,承储企业应当予以配合,如实反映情况,提供必要的条件、资料,不得拒绝、阻挠、干扰监督检查。

2. 能源应急义务

企业的能源应急义务是指企业(特别是能源企业和用能大户企业)根据国家能源应急制度的规定,应当承担的法律义务。企业的能源应急义务主要包括:(1)配合义务。相关企业有义务向有关政府部门提供编制能源应急预案所需要的信息资料。(2)报告义务。在发生影响能源供应和能源价格剧烈波动等事关能源的自然灾害、事故灾难、公共卫生事件和社会安全事件时,及时向有关政府部门报告。(3)执行应急指令的义务。能源应急预案启动后,相关企业应当依法执行有关政府部门发布的指令,采取或者配合采取应急措施。

特别是,能源生产供应单位有保障能源资源安全和能源生产运输设施设备功能完好的义务,用能单位有保障本单位重要耗能设施设备安全的义务。

(四)公平竞争义务

在我国,一方面,能源领域市场准入控制严格,竞争机制尚未完全形成;另一方面,国家对于能源领域存在特殊的管理,容易形成某一(些)能源企业的市场支配地位。实践中,能源企业滥用市场支配地位的表现形式多种多样。常见的有超高定价、拒绝交易、搭售和滥收费用。

(1)超高定价。拥有市场支配地位的能源企业作为供应方,高价销售其产品,盘剥买方。例如,燃气公司高价供应燃气给用户,获取垄断利润。拥有市场支配地位的能源企业作为买方,低价购进商品,盘剥卖方。例如,电网企业利用优势市场地位迫使发电企业低价售电。

(2)拒绝交易。在没有正当理由的情形下,拥有市场支配地位的能源企业拒绝出售其商品或者提供服务。例如,2005年8月,国家发改委对石油价格的上涨幅度进行了调整,不过上调幅度没有达到中石油和中石化这两大石油集团的预期。然而,在国内市场需求没有任何波动的情况下,全国多地却出现了成品油供应严重短缺的情况。鉴于当时国内陆地石油的开采权和成品油供应掌握在这两家企业手中,可以认为这是一场典型的拒绝交易事件。[①]

(3)搭售。拥有市场支配地位的能源企业利用其在经济和技术等方面的优势地位,要求交易相对人购买其商品或者服务时必须同时购买其不愿意或者不需要的商品。例如,供电企业强制用户购买其提供的电表、电线、变压器等商品。

(4)滥收费用。拥有市场支配地位的能源企业超过标准收取费用或者不应当收费而收取费用。例如,供电企业通过随意加大线路损失、变压器损失、协议电量或者表外多计电量等手段,多收取用户电费。

此外,还有价格歧视等其他表现形式。

综上所述,在能源市场中,除了自然垄断领域外,能源企业必须承担公平竞争义务,才能

---

① 参见林丽敏:《公用企业滥用市场支配地位的反垄断法规制》,载《福建金融管理干部学院学报》2009年第2期。

促进能源市场机制的完善。除了适用《反垄断法》和《反不正当竞争法》以禁止能源企业滥用市场支配地位的行为外,还可以考虑通过能源立法,针对能源市场上特殊的滥用市场支配地位的行为进行特别监管。

第四节 政府能源管理和我国中央能源管理机构

一、政府能源管理和能源监管概述①

作为国家社会公共事务管理者的政府②,无论是专制的还是民主的,为了维护有利于自己统治的社会秩序,都需要解决本国的国家安全、生活用能供应保障、生态环境保护问题,同时发展本国经济。然而,能源政策不具有独立性,需要服务于国家安全、保障民生、生态环境以及经济健康这四项具有根本性的广泛的国家目标或者政策,但是它们之间却时常发生冲突。于是,政府对能源事务进行管理就不可或缺。然而,在不同经济制度下,政府的主导管理模式是不同的。计划经济下,政府的主导管理模式是政府控制(control),其管理以目的乃至动机的正确作为出发点,更多地采用直接管理的措施或者手段,乃至直接作为能源产品或者服务的提供者、直接进行能源投资以及直接规定能源产品或者服务的价格。市场经济下的以及混合经济下的政府,更多地采用间接管理的措施或者手段,即,一般情形下由市场主体决定或主导市场运行,政府仅在防止市场失灵的必要情形下通过干预市场而发挥作用,也就是通常所说的政府监管(regulation)。市场经济发达国家或者地区都无一例外地对能源领域实施着虽然不同却总体上程度较大的政府监管。

能源产业一般可以分为上游(勘探、开发或者生产)、中游(输送和配送)和下游(向终端用户营销和销售能源产品或者服务)三个部分。在市场经济发达国家,能源监管在上游通常以事前监管为主,中游内自然垄断较强的环节或领域则事前和事后监管并重,中游内市场化较高的环节或领域以及下游则以事后监管为主。其中,需要监管的领域和范围同广义市场失灵的领域和范围密切相关。一般而言,广义的市场失灵包括两个方面:(1)由于完全竞争市场机制本身的规律、力量或者原因而发生的市场不能充分竞争、资源浪费的情形(即狭义的市场失灵);(2)由于完全竞争市场发挥作用而导致的损害国家安全、生活用能源供应和生态环境保护的情形,以及影响社会公平、稳定和秩序及妨碍国家安全的情形。

目前,我国能源领域的市场经济还远未形成,仍然处在从计划经济向市场经济过渡的转型期。由于政府控制和政府监管的许多措施和手段在形式上具有相同性或者近似性,国内许多人(包括政府官员和学者)对于能源管理存在不少不当乃至错误的理解和认识。例如,有人将能源管理定义为国家能源主管机关和相关部门代表国家运用行政手段、采取有效措施监督和控制人们开发利用能源资源的各种管理活动的总称,并认为能源管理实质上是行政管理,因而具有权威性、强制性、规范性和具体性的法律化特点。③其实,即使在经济转型期

---

① 参见胡德胜:《论我国能源监管的架构:混合经济的视角》,载《西安交通大学学报(社会科学版)》2014年第4期。
② "政府"通常在如下广、狭两义上使用。广义的政府包括行使国家管理职能的所有国家机关,乃至受委托行使国家管理职能的机构。狭义的政府指权力分立体制下的执行或者行政机关。在大多数国家,对执行机关和行政机关基本上不进行区分,在少数国家(如美国)一定程度上存在着执行机关和行政机关的区分。
③ 张剑虹:《中国能源法律体系研究》,知识产权出版社2012年版,第75页。

的我国,能源管理的强制性也不是适用于大多数能源事务的,在市场经济发达国家更是如此。而且,在市场经济发达国家,政府能源管理法律化的规范性总体上是比较弱的,而且管理具有一种宏观、中观和微观相结合的整体性。国际上行之有效的节能减排机制的自愿节能协议,可以说明这一点。而且,从我国中央能源管理机构的沿革中,也可以发现这一点。

我们认为,政府能源管理是指一国以能源经济活动的原理为基础,服务于国家安全、保障民生、生态环境以及经济健康这四项根本性而广泛的目标或者政策,制定与执行能源发展政策、战略和规划,并且通过经济、科技、行政、法律等各种手段影响单位和个人的能源相关行为,从而对能源事务进行管理的国家活动。由于能源问题的阶段性、不同国家具体情况(特别是经济制度)的不同,能源管理的范围有大和小之分,管理模式有政府控制模式、政府监管模式以及混合模式之别。

二、我国中央能源管理机构的沿革

我国能源管理体制的演变进程可以分为两个阶段。第一阶段是在改革开放之前,以能源部门为基本单位多次分合,但是保持政企合一、高度集中的特质。这一阶段能源管理体制改革主要集中在能源部门之间的分合、中央与地方间的放权与集权。第二阶段,在市场改革进程中,政企逐步分开,政府能源管理职能虽然一定程度上随市场调整,但是期间伴随着利益博弈。根据能源管理体制的变迁,我国中央能源管理机构的沿革可以归纳为:三次电力工业部、三次煤炭工业部、二次石油工业部、二次水利电力部、二次国家能源委员会、二次国家能源局、一次燃料化学工业部、一次石油化学工业部、一次能源部、一次国家发改委能源局和一次国家能源领导小组。

1949—1955年,国家设立燃料工业部,下设煤炭管理总局、电业管理总局、水力发电工程局、石油管理总局。

随着经济的发展,"一五"之后国内能源需求旺盛,煤炭、石油、电力分家的诉求强烈。1955年,第一届全国人民代表大会第二次会议撤销燃料工业部,分别成立了煤炭工业部、石油工业部和电力工业部。

1958年,中央开始尝试下放管理权。撤销各大区煤炭管理局,撤销地质部石油地质局;将水利部与电力工业部合并,成立水利电力部;将电力工业企业全部下放省级政府。但是,这次改革出现了"一放就乱"的问题,煤炭、石油、电力管理权限随后上收。

1970年,中央推行能源管理第二次放权。撤销石油工业部、煤炭工业部、化学工业部,将其合并为燃料化学工业部。同年6月,将原煤炭工业部与地方双重领导的中央企业下放地方。到1971年,几乎将所有的生产、建设单位全部下放。

1975年开始,中央逐步上收管理权限,重塑中央部门垂直管理体制。撤销燃料化学工业部,重新成立煤炭工业部,并组建石油化学工业部。

1978年3月,第五届全国人民代表大会第一次会议撤销石油化学工业部,分别设立化学工业部和石油工业部。电力工业管理体制重新回归以中央管理为主、大区电业管理局分片管理的体制。

党的十一届三中全会之后,国家逐步对"政企合一、垄断经营、高度集中"的计划经济体制进行改革,能源管理体制开始寻求与市场化相适应的模式。

1980年,国家对能源管理体制进行调整,成立了国家能源委员会。该委员会负责管理石油工业部、煤炭工业部和电力工业部。

由于国家能源委员会与国家计划委员会的职能交叉,出现了比较严重的管理冲突和不协调。两年后的1982年,撤销了国家能源委员会,石油工业部、煤炭工业部和电力工业部归国务院直接领导。同年2月,石油工业部所属海洋石油业务独立,成立了中国海洋石油总公司。次年7月,石油工业部下属炼油厂分离,与化学工业部和纺织部的部分石化、化纤企业合并,组建了中国石油化工总公司。这样,国内能源企业格局的轮廓开始出现。

1979—1982年期间,电力工业管理出现反复。1979年,国务院撤销水利水电部,分别成立了电力工业部和水利部,并由国家对电力供应进行统一分配。1982年3月,水利部与电力部再次合并为水利电力部。同步还进行了电力投资体制改革,打破了独家办电的格局。

我国在第四次行政体制改革的过程中,试图转移政府职能、实行政企分开、下放权力,于1988年4月撤销了煤炭工业部、石油工业部、核工业部以及水利电力部,组建了我国第一个能源部,统管国家能源工业。与此同时,成立了中国统配煤矿总公司、中国石油天然气总公司和中国核工业总公司三个正部级公司,并由其承担部分政府管理职能。

由于政企不分这一固有问题难以根本解决,能源供应增长难以满足经济增长的用能需求,加之能源部并不拥有定价和投资管理职能,能源管理体制实际上根本无法理顺,能源部不能把煤、电、油、核工业统一组织起来,一批老干部对能源部和国务院施压。[1] 1993年3月,第八届全国人民代表大会第一次会议决定撤销能源部,重新组建电力工业部和煤炭工业部。1997年1月17日,国家电力公司成立,与电力工业部两套牌子、两个班子运行,前者负责国有电力资产经营,后者负责电力工业行政管理。

1998年,新一届政府推进机构改革,撤销了煤炭工业部、电力工业部等专业能源部门,以求进行专业化管理。在国家经贸委下组建了电力司、国家煤炭工业局、国家石油和化学工业局;重组国有石油天然气企业,组建了中石油、中石化、中海油三大集团。在电力工业部撤销后,电力行政管理职能移交给了国家经贸委,行业管理则交由中国电力企业联合会负责。

2001年,撤销了煤炭工业局、国家石油和化学工业局,煤炭、油气工业由国家经贸委和国家计委按照职责分工共同管理。

2002年2月10日,国务院发布《关于印发电力体制改革方案的通知》(国发[2002]5号),启动了新一轮电力体制改革。当年,据此撤销了国家电力公司,成立了国家电网公司和南方电网公司两家电网公司以及五家发电集团公司和四家电力辅业集团公司,形成了新的电力企业组织体系。

在2003年的国务院机构改革中,撤销了国家经贸委,原国家发展计划委员会并入国务院体改办的职能以及原国家经贸委的部分职能后,改组为国家发改委。当年5月6日,国家发改委成立,下设能源局(国家石油储备办公室)。能源产业的行业管理职能的大部分转移到了国家发改委。同年8月,国家电监会成立,负责电力行业监管。

2005年5月,在煤荒、油荒、电荒肆虐的背景下,国务院成立了国家能源领导小组,作为能源工作最高层议事协调机构。它下设办事机构国家能源领导小组办公室。

2008年,国务院推动大部制改革,国家发改委能源局、国家能源领导小组和原国防科工委的核电管理职能合并,成立国家能源局(副部级),并于同年8月正式挂牌;该局由国家发

---

[1] 黄毅诚:《能源部的成立与撤销》,载《能源》2013年第3期。

改委管理,承担了能源行业主要管理职责。

2010年1月22日,国家能源委员会正式成立,并公布了组成人员名单。

在2013年国务院机构改革中,国家能源局和电监会的职责整合,组建了现在的国家能源局,以求完善能源监督管理体制。新组建的国家能源局,拥有较大的"政监合一"职能,由国家发改委管理。由此,我国进入了能源行业管理与市场监管融合的新阶段,监管领域也从单一的电力监管向整个能源产业拓展,监管范围延伸到能源规划、政策、安全和重大项目的后续监管。2014年5月,国家能源局印发《能源监管行动计划(2014—2018)》,明确了五年的能源监管目标、重点任务和相关措施,确保放权与监管、调控与监管并行。

三、我国中央政府的主要能源管理机构

目前,我国中央政府层面的能源管理机构主要有作为最高议事协调机构的国家能源委员会,作为宏观综合调控部门的国家发改委,作为能源行业专门管理部门的国家能源局,拥有小部分涉及能源事务管理职能的国家安全监管总局、国土资源部、环保部、水利部、国资委、商务部、科技部等,以及有关行业协会。

我国政府能源管理体制的现状是:管理职能分散于多个部门,缺乏统一的总体规划和政策指导,相互协调困难,难以形成统一管理,造成宏观调控乏力,管理效率低下,难以适应复杂多变的能源安全形势以及国民经济和社会发展需要。应该选择和实行什么样的能源管理体制,理论上和实务中都存在争议。争议的主要问题有两个:一是"政监合一"还是"政监分立"?二是实行一个部门管理还是多个部门管理?有关讨论,请见本章"理论探讨"栏。

下面介绍我国中央政府最主要的三个能源管理机构,即国家能源委员会、国家发改委和国家能源局。

(一)国家能源委员会

国家能源委员会是我国能源管理事务的最高议事协调机构。根据第十一届全国人民代表大会第一次会议审议批准的国务院机构改革方案,2008年3月21日国务院《关于议事机构设置的通知》明确国家能源委员会是国务院议事协调机构之一,具体工作由国家能源局承担;不过,国家能源委员会当时并未实际成立。

2008年8月开始挂牌的国家能源局,经过一年多的运转,作为一个副部级的机构,在统筹协调能源重大问题方面,显得力不从心。在此背景下,为了加强能源战略决策和统筹协调,国务院决定正式成立国家能源委员会。2010年1月22日国务院办公厅印发《关于成立国家能源委员会的通知》,明确了下列事项:(1)国家能源委员会的主要职责是负责研究拟订国家能源发展战略,审议能源安全和能源发展中的重大问题,统筹协调国内能源开发和能源国际合作的重大事项。(2)国家能源委员会的组成人员。时任国务院总理温家宝任主任,常务副总理李克强任副主任,委员由来自正、副部级相关部门的正职或者副职领导组成。(3)国家能源委员会办公室主任由国家发改委主任兼任,副主任由国家能源局局长兼任,办公室具体工作由国家能源局承担。

根据工作需要和人员变动情况,国务院先后于2011年9月8日和2016年6月19日对国家能源委员会组成人员作了相应调整。

2010年4月22日,国家能源委员会第一次全体会议在北京召开,国务院总理、国家能源委员会主任温家宝主持会议。会议听取了国家能源委员会办公室关于当前能源形势与工作

任务的汇报。国务院副总理、国家能源委员会副主任李克强出席会议并讲话。

四年之后的2014年4月18日，国家能源委员会召开了第二次全体会议。会议听取了国家能源委员会办公室主任、国家发改委主任徐绍史关于当前能源形势的工作汇报，审议了能源委员会办事规则和能源发展战略行动计划。国务院总理、国家能源委员会主任李克强指出：调整能源结构，关键要推进能源体制改革；要放开竞争性业务，鼓励各类投资主体有序进入能源开发领域公平竞争；积极推进清费立税，深化煤炭资源税改革；加快电力体制改革步伐，推动供求双方直接交易，提供更加经济、优质的电力保障，让市场在电力资源配置中发挥决定性作用；我国能源装备有基础、有条件、性价比好，要积极创造体制条件，着力完善相关专业服务，努力形成各方合力，推动先进能源技术装备"走出去"。他强调：当前要开工一批重大项目；这既是稳增长、提高能源保障能力的重要举措，更是调整能源结构、转变发展方式的有效抓手；要适时在东部沿海地区启动新的核电重点项目建设，2014年要按规划开工建设一批采用特高压和常规技术的"西电东送"输电通道，优化资源配置，促进降耗增效。

（二）国家发展和改革委员会

2003年，根据第十届全国人民代表大会第一次会议批准的国务院机构改革方案和《国务院关于机构设置的通知》，原国家发展计划委改组为国家发改委，原国家发展计划委的农产品进出口计划的组织实施职责划归商务部，原国务院经济体制改革办公室的职责以及原国家经贸委部分职责划入国家发改委。国务院办公厅2003年4月25日印发《国家发展和改革委员会主要职责、内设机构和人员编制规定的通知》。根据该通知，国家发改委是综合研究拟订经济和社会发展政策，进行总量平衡，指导总体经济体制改革的宏观调控部门，下设包括能源局（国家石油储备办公室）在内的26个职能机构。这样，能源行业管理职能的大部分转移到了国家发改委。其中，一部分能源事务管理职能由能源局负责；包括研究国内外能源开发利用情况，提出能源发展战略和重大政策；拟订能源发展规划，提出相关体制改革的建议；实施对石油、天然气、煤炭、电力等能源的管理；管理国家石油储备；提出能源节约和发展新能源的政策措施。

2008年，根据第十届全国人民代表大会第一次会议批准的国务院机构改革方案和《国务院关于机构设置的通知》，国家发改委能源行业管理的有关职责划给新设立的国家能源局。这些职责包括：拟订能源发展战略、规划和政策，提出相关体制改革建议；实施对石油、天然气、煤炭、电力等能源的管理；管理国家石油储备；提出发展新能源和能源行业节能的政策措施；开展能源国际合作。

根据国务院办公厅2008年7月15日《国家发展和改革委员会主要职责、内设机构和人员编制规定》，国家发改委设28个内设机构；它们是办公厅、政策研究室、发展规划司、国民经济综合司、经济运行调节局、经济体制综合改革司、固定资产投资司、利用外资和境外投资司、地区经济司、西部开发司、东北振兴司、农村经济司、基础产业司、产业协调司、高技术产业司、资源节约和环境保护司、应对气候变化司、社会发展司、就业和收入分配司、经济贸易司、财政金融司、价格司、价格监督检查司、法规司、外事司、人事司、国民经济动员办公室以及重大项目稽察特派员办公室。它拥有下列15项主要职责：

（1）拟订并组织实施国民经济和社会发展战略、中长期规划和年度计划，统筹协调经济社会发展，研究分析国内外经济形势，提出国民经济发展、价格总水平调控和优化重大经济结构的目标、政策，提出综合运用各种经济手段和政策的建议，受国务院委托向全国人大提交国民经济和社会发展计划的报告。

(2) 负责监测宏观经济和社会发展态势,承担预测预警和信息引导的责任,研究宏观经济运行、总量平衡、国家经济安全和总体产业安全等重要问题并提出宏观调控政策建议,负责协调解决经济运行中的重大问题,调节经济运行,负责组织重要物资的紧急调度和交通运输协调。

(3) 负责汇总分析财政、金融等方面的情况,参与制定财政政策、货币政策和土地政策,拟订并组织实施价格政策。综合分析财政、金融、土地政策的执行效果,监督检查价格政策的执行。负责组织制定和调整少数由国家管理的重要商品价格和重要收费标准,依法查处价格违法行为和价格垄断行为等。负责全口径外债的总量控制、结构优化和监测工作,促进国际收支平衡。

(4) 承担指导推进和综合协调经济体制改革的责任,研究经济体制改革和对外开放的重大问题,组织拟订综合性经济体制改革方案,协调有关专项经济体制改革方案,会同有关部门搞好重要专项经济体制改革之间的衔接,指导经济体制改革试点和改革试验区工作。

(5) 承担规划重大建设项目和生产力布局的责任,拟订全社会固定资产投资总规模和投资结构的调控目标、政策及措施,衔接平衡需要安排中央政府投资和涉及重大建设项目的专项规划。安排中央财政性建设资金,按国务院规定权限审批、核准、审核重大建设项目、重大外资项目、境外资源开发类重大投资项目和大额用汇投资项目。指导和监督国外贷款建设资金的使用,引导民间投资的方向,研究提出利用外资和境外投资的战略、规划、总量平衡和结构优化的目标和政策。组织开展重大建设项目稽察。指导工程咨询业发展。

(6) 推进经济结构战略性调整。组织拟订综合性产业政策,负责协调第一、二、三产业发展的重大问题并衔接平衡相关发展规划和重大政策,做好与国民经济和社会发展规划、计划的衔接平衡;协调农业和农村经济社会发展的重大问题;会同有关部门拟订服务业发展战略和重大政策,拟订现代物流业发展战略、规划,组织拟订高技术产业发展、产业技术进步的战略、规划和重大政策,协调解决重大技术装备推广应用等方面的重大问题。

(7) 承担组织编制主体功能区规划并协调实施和进行监测评估的责任,组织拟订区域协调发展及西部地区开发、振兴东北地区等老工业基地、促进中部地区崛起的战略、规划和重大政策,研究提出城镇化发展战略和重大政策,负责地区经济协作的统筹协调。

(8) 承担重要商品总量平衡和宏观调控的责任,编制重要农产品、工业品和原材料进出口总量计划并监督执行,根据经济运行情况对进出口总量计划进行调整,拟订国家战略物资储备规划,负责组织国家战略物资的收储、动用、轮换和管理,会同有关部门管理国家粮食、棉花和食糖等储备。

(9) 负责社会发展与国民经济发展的政策衔接,组织拟订社会发展战略、总体规划和年度计划,参与拟订人口和计划生育、科学技术、教育、文化、卫生、民政等发展政策,推进社会事业建设,研究提出促进就业、调整收入分配、完善社会保障与经济协调发展的政策建议,协调社会事业发展和改革中的重大问题及政策。

(10) 推进可持续发展战略,负责节能减排的综合协调工作,组织拟订发展循环经济、全社会能源资源节约和综合利用规划及政策措施并协调实施,参与编制生态建设、环境保护规划,协调生态建设、能源资源节约和综合利用的重大问题,综合协调环保产业和清洁生产促进有关工作。

（11）组织拟订应对气候变化重大战略、规划和政策，与有关部门共同牵头组织参加气候变化国际谈判，负责国家履行联合国气候变化框架公约的相关工作。

（12）起草国民经济和社会发展、经济体制改革和对外开放的有关法律法规草案，制定部门规章。按规定指导和协调全国招投标工作。

（13）组织编制国民经济动员规划、计划，研究国民经济动员与国民经济、国防建设的关系，协调相关重大问题，组织实施国民经济动员有关工作。

（14）承担国家国防动员委员会有关具体工作和国务院西部地区开发领导小组、国务院振兴东北地区等老工业基地领导小组、国家应对气候变化及节能减排工作领导小组的具体工作。

（15）承办国务院交办的其他事项。

分析国家发改委的上述职责及其与国家能源局职责之间的关系，可以发现，国家发改委在能源事务宏观管理以及重大的具体或者微观能源事务管理方面都拥有广泛职能。

（三）国家能源局

国家能源局是能源行业管理的行政主管部门和能源产业的监管机构。根据国务院办公厅2013年6月9日《国家能源局主要职责内设机构和人员编制规定》，国家能源局设12个内设机构；它们是综合司、法制和体制改革司、发展规划司、能源节约和科技装备司、电力司、核电司、煤炭司、石油天然气司（国家石油储备办公室）、新能源和可再生能源司、市场监管司、电力安全监管司和国际合作司。

1. 国家能源局的主要职责

国家能源局拥有下列12项主要职责：

（1）负责起草能源发展和有关监督管理的法律法规送审稿和规章，拟订并组织实施能源发展战略、规划和政策，推进能源体制改革，拟订有关改革方案，协调能源发展和改革中的重大问题。

（2）组织制定煤炭、石油、天然气、电力、新能源和可再生能源等能源，以及炼油、煤制燃料和燃料乙醇的产业政策及相关标准。按国务院规定权限，审批、核准、审核能源固定资产投资项目。指导协调农村能源发展工作。

（3）组织推进能源重大设备研发及其相关重大科研项目，指导能源科技进步、成套设备的引进消化创新，组织协调相关重大示范工程和推广应用新产品、新技术、新设备。

（4）负责核电管理，拟订核电发展规划、准入条件、技术标准并组织实施，提出核电布局和重大项目审核意见，组织协调和指导核电科研工作，组织核电厂的核事故应急管理工作。

（5）负责能源行业节能和资源综合利用，参与研究能源消费总量控制目标建议，指导、监督能源消费总量控制有关工作，衔接能源生产建设和供需平衡。

（6）负责能源预测预警，发布能源信息，参与能源运行调节和应急保障，拟订国家石油、天然气储备规划、政策并实施管理，监测国内外市场供求变化，提出国家石油、天然气储备订货、轮换和动用建议并组织实施，按规定权限审批或审核石油、天然气储备设施项目，监督管理商业石油、天然气储备。

（7）监管电力市场运行，规范电力市场秩序，监督检查有关电价，拟订各项电力辅助服务价格，研究提出电力普遍服务政策的建议并监督实施，负责电力行政执法。监管油气管网设施的公平开放。

(8) 负责电力安全生产监督管理、可靠性管理和电力应急工作,制定除核安全外的电力运行安全、电力建设工程施工安全、工程质量安全监督管理办法并组织监督实施,组织实施依法设定的行政许可。依法组织或参与电力生产安全事故调查处理。

(9) 组织推进能源国际合作,按分工同外国能源主管部门和国际能源组织谈判并签订协议,协调境外能源开发利用工作。按规定权限核准或审核能源(煤炭、石油、天然气、电力等)境外重大投资项目。

(10) 参与制定与能源相关的资源、财税、环保及应对气候变化等政策,提出能源价格调整和进出口总量建议。

(11) 承担国家能源委员会具体工作。负责国家能源发展战略决策的综合协调和服务保障,推动建立健全协调联动机制。

(12) 承办国务院、国家能源委员会以及国家发改委交办的其他事项。

2. 国家能源局与国家发改委的有关职责关系

国家能源局与国家发改委的有关职责关系是:

(1) 国家能源局负责拟订并组织实施能源发展战略、规划和政策,研究提出能源体制改革建议,负责能源监督管理等;国家发改委主要是做好国民经济和社会发展规划与能源规划的协调衔接。

(2) 国家能源局拟订的能源发展战略、重大规划、产业政策和提出的能源体制改革建议,由国家发改委审定或审核后报国务院。

(3) 国家能源局按规定权限核准、审核能源投资项目,其中重大项目报国家发改委核准,或经国家发改委审核后报国务院核准。能源的中央财政性建设资金投资,由国家能源局汇总提出安排建议,报国家发改委审定后下达。

(4) 国家能源局拟订的石油、天然气战略储备规划和石油、天然气战略储备设施项目,提出的国家石油、天然气战略储备收储、动用建议,经国家发改委审核后,报国务院审批。

(5) 国家能源局提出调整能源产品价格的建议,报国家发改委审批或审核后报国务院审批;国家发改委调整涉及能源产品的价格,应征求国家能源局意见。

(6) 核电自主化工作,在国家发改委指导下,由国家能源局组织实施。

(7) 输配电价格成本审核办法由国家发改委会同国家能源局制定,共同颁布实施。电力辅助服务价格由国家能源局拟订,经国家发改委同意后颁布实施。跨区域电网输配电价由国家能源局审核,报国家发改委核准。大用户用电直供的输配电价格,由国家能源局提出初步意见,报国家发改委核批。区域电力市场发电容量电价,由国家能源局研究提出初步意见,报国家发改委核批。

(8) 国家发改委、国家能源局共同部署开展全国电力价格检查。委托国家能源局对电力企业之间的价格行为(上网电价、输配电价)进行监督检查;在容量电价、输配电价方面,国家能源局会同国家发改委进行监督检查;在终端销售电价方面,国家发改委会同国家能源局进行监督检查。

(9) 国家发改委、国家能源局按照各自的职责对价格违法行为进行处理。国家发改委对电价违法行为实施行政处罚,国家能源局对查出的电价违法违规行为,应及时向国家发改委提出价格行政处罚建议。

理论探讨

国家能源管理模式

国家能源管理体制需要解决两个基本问题:一是能源管理和能源监管机构应该融为一体还是相互独立?即,"政监合一",还是"政监分立?"二是能源管理实行统一管理还是多头管理?即,"统一监管",还是"分业监管""多头监管"的问题。

(一) 国外能源管理模式

不同国家的选择不同,由此形成了不同特色的能源管理模式。

1. 国家高级别、集中型能源管理模式[①]

美国被国内学界认为是这一管理模式的代表。

美国1977年《能源部组织法》实施后,联邦政府能源事务管理职能大大集中,基本上主要由能源部、联邦能源监管委员会、核能监管委员会、环境保护署和内政部负责。

除核电外,能源管理一般行政事务由能源部负责,监管事务由联邦能源监管委员会负责;核电的管理和监管由核能监管委员会负责,能源相关的生态环境保护事宜由环境保护署负责,能源资源及相关资源的开发利用管理主要由内政部负责。

能源部的主要宏观职责是确保美国能源的充分和可靠供应,协调并集中全国的能源生产和供应能力;具体职责包括负责制定和实施国家综合能源战略和政策。

联邦能源监管委员会是能源部内独立的能源监管机构。其职责是监管电力、天然气和石油的州际输送,审查液化天然气终端建设的项目建议,发放水电项目许可。它是2005年《能源政策法》的主要实施机构。

核能监管委员会的主要职责是,制定管理核反应堆和核材料安全事项的规则和条例,向许可机构发布行政命令,就所管辖法律事宜作出裁决。

环境保护署是美国对能源活动有着深刻影响的监管部门。它的环境保护监管措施是影响能源的生产、开发、运输和分配的一个主要因素。

内政部内涉及能源事务的主要机构有矿藏管理局,印第安事务局,垦务局(运营58座水电站),美国地质调查局,土地管理局(管理埋藏在大约7亿英亩联邦土地下的矿藏资源)以及露天采矿办公室。

目前,美国所有州和华盛顿特区都有被称为公用设施管理局、公共服务管理局、公司管理局或者贸易管理局的监管机构。它们中的绝大部分对产业准入、设施的建设和弃用等相关事宜拥有发放许可、特许经营或者批准的权力,有权控制服务的质量和数量,制定统一的记账系统和要求置备年度报告。

2. 低级别、集中型能源管理模式

日本、英国和德国被国内学界认为是这一管理模式的代表。

这里以日本为例介绍如下。

经济产业省是日本政府能源主管部门,但是能源管理工作主要是由其内设立的资源能

[①] 参见胡德胜编著:《美国能源法律与政策》,郑州大学出版社2010年版,第76—81页。

源厅来承担,负责制订国家的能源政策和计划,实施全国的资源能源行政管理。由于日本能源供应主要依靠进口,能源管理的重心在能源贸易上。

能源管理协调机构有能源咨询委员会、新能源和工业发展组织、日本核能安全委员会等。

一些行业监管机构行使能源方面的监管职能。例如,日本电力系统利用协会是电力业务监管机构,承担电力系统各种规则的制定和监管任务。

3. 高级别、分散型能源管理模式

印度被国内学界认为是这一管理模式的代表。印度设立有石油部、煤炭部、电力部等,分别归口管理石油和天然气、煤炭、电力等能源产业。

(二) 政府能源管理模式的选择

1. 能源统一管理模式,还是分业管理模式

主张采用能源统一管理模式的主要理由:(1) 能源的经济技术属性要求国家进行统一监管。能源生产、运输、供应和消费之间联系密切,煤电油气、新能源和可再生能源等各能源行业之间也存在较为密切的关联关系,特别是围绕着电力生产、运输与替代的关系密切而复杂,只有实施统一管理才能够实现彼此间合理的匹配与衔接,实现能源结构整体优化和高效、协调发展。(2) 能源的战略地位要求国家进行统一监管。能源是国家基础产业和经济命脉,具有重要的战略地位。面对日趋复杂的国家能源安全形势和全球气候变化问题,面对以新能源和智能电网快速发展为标志的新一轮能源技术革命,只有由国家进行统一管理,才能更好地规划和布局,实现快速发展。(3) 多头分散的能源监管模式无法适应能源发展需要。由于各能源市场之间具有很强的关联性,每项特定的能源政策都将产生一系列的联动效应,如果政出多门,将造成政策相互抵消甚至冲突,使能源企业常常无所适从。[①]

主张采用分散管理模式的主要理由:(1) 过分集中的政府管理模式存在增加管理成本的问题。(2) 事实上,没有一个国家能够采取完全集中的能源管理体制,有关能源的各项管理职能或多或少零散地分散在不同的政府部门中。

2. "政监合一",还是"政监分立"模式

政府监管权之所以能够独立出来,根源于其比传统的行政权和司法权更能有效地应对现代社会复杂现实的需要。这是因为,监管权兼具传统行政权的主动性与集合性,司法权的独立性、专业性与非政治化的本质特征。(1) 主动性。监管权主体在行权方式上,有权积极、主动地行使法律赋予它的监管权力。(2) 集合性。监管权在职能内容上具有准立法权、行政(执法)权与准司法权的集合性。(3) 独立性。监管机构依照法律授权独立行使监管权,不受公民、法人和其他组织的非法干涉。独立性是监管机构作为市场公平竞争秩序和公众利益维护者角色的决定性因素。(4) 专业性。针对经济领域中的特殊事项或特定行业,监管过程复杂多变,监管事项具有高度的技术性、专业性。与其他行政权相比,监管权对监管权主体在知识专业化方面的要求更高。(5) 非政治化。能够增加政府有利于市场的承诺及公正监管承诺的可信度,从而吸引投资者,保持监管政策的稳定性,减少政治上的不确定性。[②]

[①] 参见刘振亚:《中国电力与能源》,中国电力出版社2012年版,第260页。
[②] 参见魏琼:《电力监管权力的配置研究》,西南政法大学博士论文,2014年,第60—61页。

专业监管机构从行政机关脱离出来,主要是因为两者职能的不同。相较于一般的行政事务管理,监管的技术复杂程度较高,在相关政策出台、监管方法、人员技能、事件处理程序上都需要专业性。政府一般行政部门主要负责宏观政策的制定,而监管机构负责监管过程中具体政策的制定与执行。同时,为了防止来自政治或行政领域的非正常干扰,应该让监管机构能够独立地进行监管而不受利益相关方的干扰,从而实现监管政策稳定性、连续性的目标。监管机构应该独立于行政机关,独立于监管对象。[①]

2003年,我国设置了专门的电力监管机构——国家电监会,将电力行业管理权力分别分配给行政管理机构和监管机构。但是在运行中,国家电监会由于受到多方面的不当干扰,监管无力。在2013年国务院机构改革中,将国家能源局和电监会的职责整合,重新组建了国家能源局。就电力行业的国家管理来说,国家能源局的市场监管司和电力安全监管司都进行管理。前者的职责是:组织拟订电力市场发展规划和区域电力市场设置方案,监管电力市场运行,监管输电、供电和非竞争性发电业务,处理电力市场纠纷,研究提出调整电价建议,监督检查有关电价和各项辅助服务收费标准,研究提出电力普遍服务政策的建议并监督实施,监管油气管网设施的公平开放。后者的职责是:组织拟订除核安全外的电力运行安全、电力建设工程施工安全、工程质量安全监督管理办法的政策措施并监督实施,承担电力安全生产监督管理、可靠性管理和电力应急工作,负责水电站大坝的安全监督管理,依法组织或参与电力生产安全事故调查处理。

第五节 能源法律责任

一、能源法律责任的概念和特点

能源法律责任是指能源法律关系的主体或其工作人员因违反能源法律规定的义务或者合同约定的义务所应当承担的不利法律后果。

能源法律责任具有如下特点:(1)它既可以因违反能源法律直接规定的义务而引起,也可以因违反根据能源法律规定所签订合同中的义务而引起。(2)它是基于能源法上的法定义务或者合同义务而形成的。(3)能源法律责任的追究是由国家强制力实施或者作为保证的。

根据能源违法行为的性质,可以将能源法律责任分为能源行政责任、能源民事责任和能源刑事责任。本节随后的三个部分将对它们进行简要的介绍。

二、能源行政责任

能源行政责任是行为人因违反能源法律中行政法上的义务所应当承担的不利法律后果。它分为行政主体及其工作人员的能源行政责任以及行政相对人的能源行政责任。

行政主体及其工作人员的能源行政责任是指行政主体或其工作人员违反能源法律中的行政法上的义务,尚不构成犯罪的,根据法律规定所应当承担的行政责任。它又可分为行政

---

① 陈新春、焦连志:《大部制视角下的电力监管机构改革》,载《上海电力学院学报》2015年第1期。

主体的能源行政责任和行政主体工作人员的能源行政责任。行政主体的能源行政责任由上级政府(在实施违法行为的行政主体是地方政府时)、同级政府或者相应的上级政府职能部门(在实施违法行为的行政主体是政府职能部门时)依法作出决定,承担责任的方式有取消或者限制评先进或者评优资格、实施区域限批等。行政主体工作人员的能源行政责任的承担形式是行政处分,由政府或其职能部门、承担行政管理职能的事业单位根据法律规定的权限对违法失职的工作人员给予行政上的惩戒。行政处分的种类有六种,从轻到重依次为警告、记过、记大过、降级、撤职和开除。

《可再生能源法》第28条规定,国务院能源主管部门和县级以上地方政府管理能源工作的部门和其他有关部门在可再生能源开发利用监督管理工作中,违反该法规定,有下列行为之一,尚不构成犯罪的,由本级政府或者上级政府有关部门责令改正,对负有责任的主管人员和其他直接责任人员依法给予行政处分:(1)不依法作出行政许可决定的;(2)发现违法行为不予查处的;(3)有不依法履行监督管理职责的其他行为的。

《节约能源法》第68条第1款规定,负责审批或者核准固定资产投资项目的机关违反该法规定,对不符合强制性节能标准的项目予以批准或者核准建设的,对直接负责的主管人员和其他直接责任人员依法给予处分。

行政相对人的能源行政责任的承担形式是行政处罚,由行政主体对违反能源法律中的行政法上义务的公民、法人或者其他组织作出决定。《行政处罚法》第8条规定行政处罚种类主要有警告、罚款、没收违法所得、没收非法财物、责令停产停业、暂扣或者吊销许可证、暂扣或者吊销执照、行政拘留,以及法律、行政法规规定的其他行政处罚(如责令具结悔过、通报批评等)。学理上,可以将行政处罚分为人身自由罚、行为罚、财产罚和声誉罚。

《电力法》第61条规定,违反该法第11条第2款的规定,非法占用变电设施用地、输电线路走廊或者电缆通道的,由县级以上地方政府责令限期改正;逾期不改正的,强制清除障碍。第62条规定,违反该法第14条规定,电力建设项目不符合电力发展规划、产业政策的,由电力管理部门责令停止建设;电力建设项目使用国家明令淘汰的电力设备和技术的,由电力管理部门责令停止使用,没收国家明令淘汰的电力设备,并处5万元以下的罚款。

《煤炭法》第64条规定,违反该法第54条的规定,未经批准或者未采取安全措施,在煤矿采区范围内进行危及煤矿安全作业的,由煤炭管理部门责令停止作业,可以并处5万元以下的罚款。

《石油天然气管道保护法》第51条规定,采用移动、切割、打孔、砸撬、拆卸等手段损坏管道或者盗窃、哄抢管道输送、泄漏、排放的石油、天然气,尚不构成犯罪的,依法给予治安管理处罚。

《可再生能源法》第29条规定,违反该法第14条规定,电网企业未按照规定完成收购可再生能源电量,造成可再生能源发电企业经济损失的,由国家电力监管机构责令限期改正;拒不改正的,处以可再生能源发电企业经济损失额一倍以下的罚款。

《可再生能源法》第30条规定,违反该法第16条第2款规定,经营燃气管网、热力管网的企业不准许符合入网技术标准的燃气、热力入网,造成燃气、热力生产企业经济损失的,由省级政府管理能源工作的部门责令限期改正;拒不改正的,处以燃气、热力生产企业经济损失额一倍以下的罚款。

《节约能源法》第68条第2款规定,固定资产投资项目建设单位开工建设不符合强制性节能标准的项目或者将该项目投入生产、使用的,由管理节能工作的部门责令停止建设或者停止生产、使用,限期改造;不能改造或者逾期不改造的生产性项目,由管理节能工作的部门报请本级政府按照国务院规定的权限责令关闭。

《石油天然气管道保护法》第 50 条规定,管道企业有下列行为之一的,由县级以上地方政府主管管道保护工作的部门责令限期改正;逾期不改正的,处 2 万元以上 10 万元以下的罚款;对直接负责的主管人员和其他直接责任人员给予处分:(1) 未依照该法规定对管道进行巡护、检测和维修的;(2) 对不符合安全使用条件的管道未及时更新、改造或者停止使用的;(3) 未依照该法规定设置、修复或者更新有关管道标志的;(4) 未依照该法规定将管道竣工测量图报政府主管管道保护工作的部门备案的;(5) 未制定本企业管道事故应急预案,或者未将本企业管道事故应急预案报政府主管管道保护工作的部门备案的;(6) 发生管道事故,未采取有效措施消除或者减轻事故危害的;(7) 未对停止运行、封存、报废的管道采取必要的安全防护措施的。

三、能源民事责任

能源民事责任是指能源民事主体因违反能源民事法律、违约等其他不履行其他民事义务所应当承担的民事责任。

能源民事责任的承担方式包括:(1) 向受损害一方承担责任的停止侵害、排除妨碍、消除危险、返还财产、恢复原状、赔偿损失、支付违约金等。(2) 因违反社会和公共利益而承担的被司法机关予以训诫、责令具结悔过、收缴进行非法活动的财物和非法所得等。

《可再生能源法》第 29 条规定,违反该法第 14 条规定,电网企业未按照规定完成收购可再生能源电量,造成可再生能源发电企业经济损失的,应当承担赔偿责任。第 30 条规定,违反该法第 16 条第 2 款规定,经营燃气管网、热力管网的企业不准许符合入网技术标准的燃气、热力入网,造成燃气、热力生产企业经济损失的,应当承担赔偿责任。

《电力法》第 50 条规定:(1) 电力企业或者用户违反供用电合同,给对方造成损失的,应当依法承担赔偿责任。(2) 电力企业违反该法第 288 条、第 29 条第 1 款的规定,未保证供电质量或者未事先通知用户中断供电,给用户造成损失的,应当依法承担赔偿责任。(3) 因电力运行事故给用户或者第三人造成损害的,电力企业应当依法承担赔偿责任;但是由于不可抗力和用户自身的过错造成电力运行事故的除外。

四、能源刑事责任

能源刑事责任是指行为人因其能源违法行为构成犯罪而应当承担的刑事责任。

能源刑事责任的承担形式适用刑法的规定,主要分为主刑和附加刑。

主刑是对犯罪分子适用的主要刑罚主刑,有管制、拘役、有期徒刑、无期徒刑和死刑共五种。主刑只能独立使用,不能相互附加适用。

附加刑是对犯罪分子在主刑之外适用的刑罚有罚金、剥夺政治权利和没收财产共三种。附加刑附加于主刑而适用,但是既能相互附加适用,也可以独立适用。

《煤炭法》第 65 条规定,有下列行为之一,构成犯罪的,由司法机关依法追究刑事责任:(1) 阻碍煤矿建设,致使煤矿建设不能正常进行的;(2) 故意损坏煤矿矿区的电力、通讯、水源、交通及其他生产设施的;(3) 扰乱煤矿矿区秩序,致使生产、工作不能正常进行的;(4) 拒绝、阻碍监督检查人员依法执行职务的。

《矿产资源法》第 47 条规定，负责矿产资源勘查、开采监督管理工作的国家工作人员和其他有关国家工作人员徇私舞弊、滥用职权或者玩忽职守，违反该法规定批准勘查、开采矿产资源和颁发勘查许可证、采矿许可证，或者对违法采矿行为不依法予以制止、处罚，构成犯罪的，依法追究刑事责任。

《节约能源法》第 85 条规定：违反该法规定，构成犯罪的，依法追究刑事责任。第 86 条规定：国家工作人员在节能管理工作中滥用职权、玩忽职守、徇私舞弊，构成犯罪的，依法追究刑事责任。

《石油天然气管道保护法》第 57 条规定：违反该法规定，构成犯罪的，依法追究刑事责任。

《可再生能源法》第 28 条规定：国务院能源主管部门和县级以上地方政府管理能源工作的部门和其他有关部门在可再生能源开发利用监督管理工作中，违反该法规定，有下列行为之一，构成犯罪的，依法追究刑事责任：(1) 不依法作出行政许可决定的；(2) 发现违法行为不予查处的；(3) 有不依法履行监督管理职责的其他行为的。

《电力法》第 70 条规定，有下列行为之一，构成犯罪的，依法追究刑事责任：(1) 阻碍电力建设或者电力设施抢修，致使电力建设或者电力设施抢修不能正常进行的；(2) 扰乱电力生产企业、变电所、电力调度机构和供电企业的秩序，致使生产、工作和营业不能正常进行的；(3) 殴打、公然侮辱履行职务的查电人员或者抄表收费人员的；(4) 拒绝、阻碍电力监督检查人员依法执行职务的。

思考题

1. 能源法律关系的主体是什么？
2. 能源法律关系的客体是什么？
3. 简述公众利益及其实现。
4. 试论企业的能源义务。
5. 简述国家能源管理模式。
6. 简述能源法律责任及其种类。

拓展阅读

1. 《中华人民共和国能源法（征求意见稿）》(2007 年 12 月)。
2. 胡德胜编著：《美国能源法律与政策》，郑州大学出版社 2010 年版。
3. 黄振中、赵秋雁、谭柏平：《中国能源法学》，法律出版社 2009 年版。
4. 王文革、莫神星主编：《能源法》，法律出版社 2015 年版。
5. 张勇：《能源基本法研究》，法律出版社 2011 年版。
6. 胡德胜：《论我国能源监管的架构：混合经济的视角》，载《西安交通大学学报（社会科学版）》2014 年第 4 期。

第六章

能源法的基本原则

学习目标
通过本章的学习，学生可以掌握以下内容：
1. 能源法基本原则的概念；
2. 能源法六项基本原则的内容。

关键概念
能源法基本原则　可持续发展原则　能源安全原则　运用经济学理论和方法的原则　公众参与原则　尊重主权和国际合作原则　国家管理原则

第一节　能源法基本原则概述

一、能源法基本原则的概念

无论在汉语还是在拉丁和斯拉夫语族的语言中，"原则"一词的核心义项都是根本规则。法学理论认为，法律在形式上由规则构成，而法律规则又有其分类和/或由其部分形成某一法律规范或者某种制度。任何一个法律体系都有某些原则作为其基础，原则的作用在于被认为是解释、执行和发展各种具体法律规则的指引。[①]法律原则应该是分层次的。可以分为最高或者首要原则（正义原则）、（一国）整体法律体系的基本原则、部门法律体系的基本原则以及一般原则四个层次。一个法律体系中的最后原则就是其基本原则，其作用是作为整个法律体系的基础，引申出所有一般原则。能源法也是一样，有其自身的基本原则，一贯地被视为整个能源法体系的基础，在这些原则的基础上，引申和发展能源法的一般原则、规则和规章、制度。关于能源法基本原则，目前并不存在一个为所有人都接受的定义。笔者认为，所谓能源法基本原则，是指具有较强能源法特质的，贯穿于能源法律规范体系的整体，在能源法的制定、执行、实施活动和过程中必须遵循和贯彻的根本性原则。所谓具有较强能源法

[①] 拉兹认为，法律原则具有解释规则的基础、变更规则的根据、规则中特殊例外的基础、解决特定的案件以及制定新规则的根据这五种功能。See Joseph Raz, "Legal Principles and the Limits of Law", *The Yale Law Journal*, Vol. 81 (1972), pp. 839—842.

特质,是指或者为能源法所特有,或者对于能源法有着特别重要的意义。

至于哪些原则属于能源法基本原则,国内外学者见仁见智。笔者认为,能够作为能源法基本原则的原则,需要符合下列三项条件:一是对能源法具有普遍意义,二是适用于能源法的一切效力范围,三是构成能源法的基础。研究能源法基本原则的意义,一方面在于,在能源法的制定、执行、实施活动和过程中必须遵循和贯彻,从而保护能源法体系的完整、协调和统一。另一方面在于,在缺乏具体的、具有可操作性的能源法律规范的情形下,采取的措施或者作出的行为应当同能源法基本原则保持一致。

根据能源法基本原则应该符合的前述三项条件,从有利于国际间能源法律及学术交流的角度,大致上遵循逻辑发展的理路,笔者认为,可以归属于能源法基本原则的有可持续发展原则、能源安全原则、运用经济学理论和方法的原则、公众参与原则、尊重主权和国际合作原则以及国家管理原则等六项基本原则。在相互关系方面,这六项基本原则之间是一种辩证关系,但是可持续发展原则具有统领性的地位、作用、功能和价值。

第二节 可持续发展原则

一、可持续发展的概念

"可持续发展"第一次作为术语被明确提出,可见于国际自然资源保护联合会、联合国环境规划署和世界自然基金会于1980年共同出版的《世界自然保护策略:为了可持续发展的生存资源保护》一书。它指出:"可持续的发展意味着,必须既考虑经济方面又考虑社会和生态方面,必须既考虑生物资源之根本又考虑非生物资源之根本,必须既考虑可供选择行为的短期利害又考虑其长期利害。"[①]但是,作为一种理念,其形成是以世界环境与发展委员会1987年的报告《我们共同的未来》为标志的。该报告指出:可持续发展是指"既满足当代人的需要,又不对后代人满足其需要的能力构成危害的发展"。它"包括两个重要的概念:'需要'的概念,尤其是世界上贫困人民的基本需要,应将此放在特别优先的地位来考虑;'限制'的概念,技术状况和社会组织对环境满足眼前和将来需要能力施加的限制"。[②]

按照该报告的阐释,可持续发展是一种基于生态学和伦理学理念的综合发展观。1992年,联合国环境与发展大会在《里约宣言》《21世纪议程》等国际法律和政策文件中对可持续发展理论予以采纳。例如,《里约宣言》原则宣告,人类"应享有以与自然相和谐的方式过健康而富有生产成果的生活的权利";原则三主张,"为了公平地满足今世后代在发展与环境方面的需要,求取发展的权利必须实现"。

对于我国倡导的生态文明,可以理解为可持续发展与我国国情和实践相结合的升华产物。生态文明的提出和发展经历了从概念到内容,从哲学到应用学科,从理论到实践不断深化的过程。在1987年6月的全国生态农业研讨会上,针对我国生态环境趋于恶化的态势,生态农业科学家叶谦吉呼吁"大力提倡生态文明建设",引起了与会者的共鸣。中共中央十七大报告第一次在党的文件中提出生态文明的概念以及"建设生态文明""树立生态文明观

---

① IUCN, UNEP, WWF, *World Conservation Strategy*, IUCN, 1980, para. 3 of Part 1.
② 世界环境与发展委员会:《我们共同的未来》,王之佳等译,吉林人民出版社1997年版,第52页。

念"概念和要求。中共中央十八大报告对生态文明理念首次作出科学概括,就生态文明建设首次作出全面部署,提出中国特色社会主义事业总体布局由经济建设、政治建设、文化建设、社会建设、生态文明建设构成"五位一体"。十八届五中全会提出了"创新、协调、绿色、开放、共享"五大发展理念。总之,生态文明是遵循人、自然、社会、经济四者之间和谐发展这一客观规律而取得的物质与精神发展成果的总和。

二、可持续发展原则的内容

可持续发展理念的内涵极其丰富,涉及范围非常广泛。国际上有许多权威机构或者学者对之进行了解释。①其中,英国著名国际法学家桑兹(Philippe Sands)的四要素说具有一定的代表性和合理性,因为它抓住了可持续发展原则的主要内容,并为许多权威学者所认可。他提出,可持续发展原则包含代际公平、代内公平、可持续利用以及环境与发展一体化四个核心要素。

(一)代际公平(intergenerational equity)

有关代际公平的较完整理论是由韦斯(Edith Brown Weiss)于1984年首先提出的。它是指每一代人都是后代人的地球权益的托管人,应该实现每一代人之间在开发、利用自然资源方面的权利的平等。代际公平的要求有三项:(1)"保存选择原则",即每代人既应为后代人保存自然和文化资源的多样性,又享有可与前代人相比的多样性的选择权利;(2)"保存质量原则",即每代人既应保持地球生态环境质量,又享有前代人所享有的那种地球生态质量的权利;(3)"保存取得和利用原则",即每代人应对其成员提供平等的取得和利用前代人遗产的权利并为后代人保存这项取得和利用权。②对代际公平的承认体现于不少全球性或者地区性国际条约和国际裁判文书之中,并在许多国家的国内政策和法律中得到了规定。③

(二)代内公平(intragenerational equity)

代内公平是指代内的所有人,不论其国籍、种族、性别、经济发展水平和文化等方面的差异,对于利用自然资源和享受良好的环境享有平等的权利。实现代内公平,最重要的和根本的是建立国际经济新秩序和新的全球伙伴关系,把建立新的国际经济秩序同生态环境保护结合起来。1991年《发展中国家环境与发展部长级会议北京宣言》提出"必须建立一个有助于所有国家,尤其是发展中国家持续和可持久发展的公平的国际经济新秩序,为保护全球的环境创造必要条件"。要实现代内公平,就必然要求发达国家的财富和技术在一定程度上以非商业性的条件向发展中国家转移,以帮助发展中国家提高可持续发展的能力;要求发达国家改变其传统的生产和消费模式,减轻地球的负担;要求发展中国家选择可持续的经济发展模式和生活方式,避免重走发达国家的老路。

(三)可持续利用(sustainable utilisation)

可持续利用是指在自然资源利用方面,每代人应该以可以持续的方式进行利用。对于可再生资源,应该在保持它的最佳更新能力的限度内予以开发利用;对于不可再生资源,应

---

① 参见金瑞林主编:《环境与资源保护法学》,北京大学出版社2006年版,第79页。
② 参见王曦编著:《国际环境法》(第二版),法律出版社2005年版,第102—103页。
③ 胡德胜主编:《环境与资源保护法学》,郑州大学出版社2010年版,第97页。

该为后代人保存一定的量；对于非耗竭性资源，则应该鼓励尽量开发利用。[①]关于可持续利用这一要求，不仅载入许多全球性或者地区性国际条约之中，而且在许多国家的国内政策和法律中有所规定。为了实现可持续利用，各国必须尽快改变现行的生产和消费方式，并推行适当的人口政策。这也是《里约宣言》原则8以及《人类环境宣言》原则27（人口政策）和原则28（消费方式）的要求。

（四）环境与发展一体化（integration of environment and development）

环境与发展一体化是指人类应该将保护生态环境同社会、经济及其他方面的发展进行有机的结合、协调和统一，不能以保护生态环境为理由或者借口否定发展，也不能以发展为理由或者借口牺牲生态环境。[②]不仅从许多全球性或者地区性国际条约之中，而且在许多国家的国内政策和法律中，我们可以发现环境与发展一体化的规定。环境与发展的一体化、实现可持续发展是1992年联合国环境与发展大会的主题。当然，发达国家与发展中国家在处理环境与发展的关系方面可以有不同的侧重点。消除贫穷是发展中国家实现可持续发展的必不可少的条件。《里约宣言》原则3主张，世界各国，尤其是发展中国家，"求取发展的权利必须实现"。

三、可持续发展原则对能源法的影响

综合考察和分析可持续发展的四个核心要素，不难发现：可持续发展的前提是发展，其目的在于增进人类福祉，改善人类生活质量，同时应该维护生态系统的健康平衡。也就是说，应该把社会经济的发展同生态系统的健康平衡有机地结合起来。这就要求，对人类生存和发展基础的生态环境和自然资源的开发和利用，应该在利用效率最大化和废弃（污染）物质最小化的基础之上进行，人类社会经济的发展必须控制在地球生态系统的承载能力之内。与传统的发展观念相比较，可持续发展在对发展概念的理解上要求人类更新伦理道德和价值观，更新人类的生产方式和生活方式。

具体到能源领域来说，第一，人类社会消费的所有能源都直接或者间接地从能源资源开发或者转换而来。对于可再生能源资源，应该在保持它的最佳更新能力的限度内予以开发利用；对于不可再生能源资源，应该为后代人保存一定的量；对于非耗竭性能源资源，则应该鼓励尽量开发利用。第二，人类社会在开发和生产能源产品的过程中，能源产品或者服务的输送、配送或者提供过程中，必然需要其他某一（些）自然资源（产品）（如土地资源、水资源）的支撑，对生态环境产生或多或少、或大或小的不利影响。这就要求，人类对其他自然资源的利用必须提高效率、节约使用或者在其可再生能力的限度内利用。第三，人类社会在消费能源产品的过程中，都会排放废弃物；特别是化石能源中的非清洁能源，会产生大量的温室气体和其他污染物，对生态环境造成污染或者不可逆转的严重风险或者威胁。[③]人类社会在生活和消费方式方面，需要减少能源消费、尽量消费清洁能源、提高能源消费效率。第四，也是最重要的，人类社会的能源活动应该基于尊重和利用生态规律而进行。

---

① 参见王曦编著：《国际环境法》（第二版），法律出版社2005年版，第106—107页。
② 同上书，第107页。
③ 例如，能源部门对于应对气候变化具有举足轻重的影响和作用。被列在1992年《联合国气候变化框架公约》附件一中的工业化国家，其能源活动所造成的温室气体排放量占这些国家温室气体排放总量的约84%，而发展中国家的能源活动所造成的也占它们总量的60%。

在能源法领域,可持续发展原则的影响是,能源法应该将实现人类社会和经济的可持续发展作为其所要追求实现的理想目标,其法律规范应该以新的发展观取代传统的发展观,从而使人类的思想和行为在能源法律规范的引导下发生根本性的转变。具体而言:

(1) 能源法必须立足于经济学、生态学、环境科学和气候科学等科学知识,规定合理、有效的措施、方法和手段。只有这样,才能在能源资源的开发以及能源产品或者服务的输送、配送、提供和消费过程中,注重节约、提高效率、加强循环利用、减少废物排放,促进生态环境与自然资源能够得到科学意义上有效保护,可持续发展才会得以真正实现。

(2) 能源法应该在生态环境承载能力和可再生自然资源的可再生能力之内,制定有关的开发和生产流程指南、消耗标准和消费标准,引导、鼓励或者促进单位和个人采纳。

(3) 能源法需要规范不可再生能源资源耗竭的速率,节约和高效地使用其他自然资源,从而保护生物多样性和生态环境,尽可能地少妨害或者减损后代人类的选择。

(4) 为了维护生态系统的健康平衡,能源法应该要求把对大气质量、水和其他自然因素或者自然条件的不利影响减少到最低程度。

第三节　能源安全原则

一、能源安全原则的概念

20世纪70年代的石油危机,导致了主要能源形式石油的国际价格暴涨和全球性供应中断,许多工业化国家遭受了巨大经济损失、国内政治稳定受到了严重威胁,西方联盟也发生了严重公开分裂。"能源,特别是石油第一次成为公众和政府议事日程的一项关键和优先考虑的事务。"[1] 认识到能源安全的极端重要性,西方发达国家提出并开始研究能源安全问题,并于1974年成立国际能源署(IEA)。能源安全问题最初主要内容是石油安全。国际能源署成立之初倡导以稳定石油供应和石油价格为核心的能源安全理念。

目前,人们对能源安全(energy security)有多种定义,范围从狭窄的能源实物供应中断问题,到宽泛的涉及能源市场变化的经济、环境和政治影响问题,但是并不存在一个完美无缺的定义。例如,可以将能源安全分为战争时期的能源安全以及和平时期的能源安全;前者是指保证国家在战争期间获得足够的能源供应,后者是指确保价格合理的能源供应以保证国民经济在正常的水平下运行,以及在经济正常增长的情形下确保能源供应保持相应的增长。能源安全通常是指和平时期的能源安全。但是,在武力型战争、武装冲突或其风险仍然存在,其他形式的战争(如经济战)时隐时现的当代国际社会,一个国家必须考虑战争期间的能源安全问题。

对于能源安全,学界的理解有广义和狭义之分。就狭义而言,它是指可以获得充足、可靠和价格可承受的能源用来满足需求并维持经济增长。从广义上讲,它还包含地缘政治、可持续发展以及社会接受程度等。[2]

---

[1] 〔意〕艾伯特·克劳:《石油经济与政策》,王国梁等译,石油工业出版社2004年版,第130页。
[2] 参见〔美〕罗伯特·基欧汉,约瑟夫·奈:《权力与相互依赖——转变中的世界政治》,林茂辉等译,中国人民公安大学出版社1992年版,第66—67页。

关于和平时期的能源安全,国际能源署这样定义:可以将能源安全表述为"在一种可承受的、同时注意环境关切事项的价格下的不中断的(能源)实物供应"。它还对能源安全从三个维度予以审视:可承受价格/竞争价格下的能源供应,可获得的/现有的能源供应,可靠的/不中断的能源供应。[①]实现这种能源安全,需要采取措施,减少来自能源系统内部和外部的诸多风险,以及为了管理存在的风险而建设一种迅速恢复供应的能力。[②]

英国 2012 年《能源安全战略》认为:能源安全的核心是确保,能够避开过分震荡的价格(价格安全),获得所需要的能源服务(实物供应);能源安全属于复合性问题,对它的任何界定都必须具有弹性;能源服务不应该限于确保能源供应,而是意味着向消费者提供热力、电力和输配送等终端能源产品;能源安全有安全、可持续性和价格可承受性三项核心目标,需要在可持续能源供应(特别是削减碳排放)以及可承受价格下的能源供应的背景中予以考虑。

笔者认为,就其本质而言,能源安全是以确保国家安全为出发点,涉及可提供能源消费的自然资源的可供应性、保障民生、生态环境保护以及经济发展之间的纽带。能源法上的国家能源安全原则是指,能源政策法律的制定和实施必须将能源安全作为优先目标。

二、能源政策法律中关于能源安全的规定

为了保障本地区或者本国的能源安全,大多数制定有能源政策法律的一体化经济组织或者国家都有关于能源安全的规定。下面介绍美国和欧盟及其成员国德国、英国的有关法律规定。

(一)美国

美国为了成立能源部而于 1977 年 8 月 4 日制定《能源部组织法》的原因之一是,应对由于不可再生能源短缺和日益增长的对外能源供应依赖所形成的对美国国家安全的威胁以及对美国公民健康、安全和福祉的威胁。1978 年 10 月制定的《国家能源法》(National Energy Act)旨在于消除美国对进口石油的依赖。为了确保能源安全,1980 年《能源安全法》(Energy Security Act)制定,它还包括 1980 年《防务生产法修正案》(Defense Production Action Amendments)、1980 年《美国合成燃料公司法》(The United States Synthetic Fuel Corporation Act)、1980 年《生物质能和酒精燃料法》(The Biomasses Energy and Alcohol Fuels Act)、1980 年《可再生能源法》(The Renewable Energy Resources Act)、1980 年《太阳能和能源节约法》(The Solar Energy and Energy Conservation Act)和 1980 年《地热能法》(The Geothermal Energy Act)等其他一些法律。《能源安全法》采用了与过去完全不同的立法思路,将能源政策从常规能源转移到由煤炭、油页岩和沥青砂合成的石油和天然气的开发和推广。

美国 1992 年《能源政策法》(Energy Policy Act)明确声称其目的在于制定一套全面的国家能源政策,从而"以低成本高效益而且对环境有益的方式,渐进而持续地提高美国的能源安全"。能源部先于 1995 年 7 月颁布《国家能源政策计划》(National Energy Policy Plan),而后于 1997 和 1998 年相继颁布了《战略规划》(Strategic Plan)和《国家全面能源策

[①] See OECD, IEA, *Energy Supply Security 2014*. IEA, 2014, pp. 13—14.
[②] See Iana Dreyer, Gerald Stang, "What energy security for the EU", *Brief*, Vol. 39 (2013), p. 1.

略》(Comprehensive National Energy Strategy)。这三份文件的主要目标都在于服务国家安全和环境政策，并且促进能源生产和效率的提高。2007年，为了进一步促进美国的能源独立和能源安全，增加清洁的可再生能源的生产，保护消费者，提高产品、建筑和机动车辆的能效，促进温室气体捕获和存储技术的开发和应用，美国制定了长达310页的《能源独立和安全法》。

（二）欧盟

与欧盟交互的欧洲经济共同体自其成立之始就受能源因素的关键影响。在促成欧洲经济共同体诞生的三项主要条约中，《欧洲煤钢共同体条约》旨在保障煤炭市场稳定发展，《欧洲原子能共同体条约》事关核能开发及利用。20世纪70年代的石油危机，对于欧洲经济共同体共同能源政策的发展具有重要的推动作用。1974年它提议实行"从大量进口转变为大力发展能源生产"的共同能源政策新战略，其中包括减少石油进口、发展能源特别是核能的生产以及加强能源的科研与开发，这得到了成员国的支持。

面临对外能源依赖度不断增加和能源价格很不稳定的国际能源情势，欧盟于2000年11月发布政策绿皮书《面向为了能源供应安全的欧洲战略》。绿皮书将其能源安全目标确定为：不意味着寻求能源自足的最大化或者对外依赖的最小化，而是旨在减少与对外能源依赖相关的风险。认为其长期能源供应安全战略必须是，一方面为了其公民福祉和经济合理发挥功能，确保以一种所有消费者（私人和产业）都能够承受的价格，从市场上获得不中断的能源产品实物供应；另一方面尊重环境关切事项和寻求可持续发展。然而，面对伊拉克战争后国际油价持续上涨的严峻形势，欧洲委员会于2006年3月发表了关于确保能源供应安全的绿皮书《关于可持续、竞争性及安全能源的欧洲战略》，强调统一对外能源政策的重要性，提出建立泛欧能源共同体的主张。

欧盟宪法性文件《欧盟条约》（2012年版本）第100条涉及了能源安全问题，呼吁对各种能源供应来源（在产品和地理区域方面）的多样化，予以反应。在欧盟制定法中，涉及能源安全的指令主要是欧盟理事会发布的2004年《关于确保天然气供应安全的措施》和2006年《贯彻关于保持最小原油量或石油产品的成员国义务》。在欧盟条约法中，关于能源安全的主要是1994年《能源宪章条约》和2005《能源共同体条约》。前者意在确保欧盟整体的能源安全，将能源安全定义为供应安全、基础设施安全和需求安全的三合一模式，就能源贸易、能源产业的外国投资保护、能源运输、能源争端解决以及能源效率等内容作出了规定。后者旨在保证东南欧国家加入时能够与欧盟内部能源市场予以对接。基于1994年《能源宪章条约》而签署的2015年《国际能源宪章》是欧盟推动的从国际层面保障欧盟能源安全的又一项重大努力。它声明其目标在于"实现可持续发展能源、提高能源安全及以最高效率生产、转化、运输、配送和使用能源，目的是通过社会可接受、经济上可行、适应环境要求的方式提高安全性"。

（三）英国

英国的能源安全框架是基于欧盟的政策法律要求、结合本国的国情和优先发展方向而确定的。进入21世纪后，英国更为关注能源安全。2002年1月，英国下议院贸易和工业委员会发布了题为《能源供应安全》报告，从输配送网络、电力和天然气的供应和贸易安排、环境政策、减少能源需求和提高能效、燃料贫困、政府能源政策协调等方面讨论能源供应安全。政府（贸易和工业部）在其2003年能源白皮书《我们的能源未来：创建低碳经济》中非常关注能源安全,尤其主张"能源消费者、市场和政府需要重新确保监管者在建议或者制定新的监管规定或者措施时,对于能源安全给予充分的考量"(第 6.10 段)。在 2007 年能源白皮书《应对能源挑战》中,英国明确其能源战略的目标是"实现能源安全以及加速向低碳经济转型"。2011 年《能源法》的目的之一是增强能源供应安全,第二编的标题就是"能源供应安全"。2012 年 11 月,英国能源和气候变化部发布了题为《能源安全战略》的政策白皮书。它对英国的能源安全进行了界定、详细和公开的评估,列出了正在进行的确保能源安全的各项工作,制定了政府确保能源供应安全的政策。2013 年《能源法》的目的之一是鼓励低碳发电或者确保供应安全而改革电力市场。

(四)德国

早在第二次世界大战以前的 1935 年,德国就在其《能源法》序言中规定,确保"尽可能安全和廉价地"组织能源供应是立法目标。德国 1998 年《能源法》第 1 条将能源供应安全、廉价能源和环境相容性同时列为德国能源法平等的三大宗旨。该法通过三项机制来确保能源供应安全:(1)公共能源供应的准入机制。它在第 3 条规定,意欲经营能源供应事业者应当获得国家的预先授权,其法律程序是许可证程序。(2)保障所有小型能源消费者能够获得能源服务。小型能源消费者的用能基本上是为了生活目的,具有人权的属性。不过,基于市场经济的规律,为了保护能源供应商的利益,法律确认能源服务提供的经济合理性。(3)它在第 18 条规定,为了使相关企事业的活动符合所有以能源供应安全为导向的法律法规和标准,电力和燃气产业须服从国家监管。

德国还制定了多部关于能源安全专门法律,以应对能源供应中断的情况。联邦层面最重要的是主要针对民用能源供应中断的 1974 年《能源供应安全保障法》。[①] 它授权联邦政府制定法令和规章,从而保证基本的能源供应。联邦政府据此授权先后制定了涉及矿物石油、燃气和电力部门的多项具体法令,例如《电力供应保障法令》《燃气供应保障法令》等,它们应对和管理能源危机的主要措施是对能源销售和利用活动施加限制。在国防紧急状态或军事危机情况下,1968 年《经济安全保障法》授权联邦政府制定法令来确保能源安全;1976 年的《电力负荷分配法令》和《燃气负荷分配法令》就是据之制定的。

此外,德国能源安全法律还建立了风险防范(危机避免)机制,主要措施是 1965 年《矿物油产品最低储备法》和 1978 年《矿物石油储备法》确立的能源储备制度。

第四节　运用经济学理论和方法的原则

一、运用经济学理论和方法的原则的概念

一方面,市场因其是最有效的资源配置方式,对于实现"给予每个人以其应该得到的"的正义来说不可或缺。另一方面,能源活动具有经济活动的本质属性,其所具有的外部经济性问题(特别是负外部经济性问题)明显而巨大。因此,市场经济条件下的能源立法、执法和司法活动必须运用经济学的理论和方法,否则,所制定出来的能源法律规则、规范和制度就难以符合市场规律,或难以得到有效实施,或阻碍市场经济的健康发展,或容易引发国际争端。

[①] 该法的全称是《在原油、矿物石油产品或天然气进口受到危害或阻碍时保障能源供应安全的联邦法》。

运用经济学理论和方法的原则,是指在能源法中应该尊重经济规律,注重发挥市场的基础性作用和积极作用,运用激励原理、生态环境效益的损益分析方法、对法律规范的成本效益分析方法等经济学方法于能源活动的预测、评价、管理以及拟定(或既定)法律制度的设计与分析之中,作为指导(制定或修改)法律以及确立法律规范的理论基础,以真正通过立法实现社会、经济、生态环境三方面效益的均衡和综合决策。世界环境与发展委员会1987年报告《我们共同的未来》指出:"经济学与生态学必须完全统一到决策和立法过程中,不仅要保护环境,而且也要保护和促进发展。"运用经济学理论和方法的原则,为《里约宣言》原则16所确认和提倡。原则16要求,"国家当局应该致力于促进环境成本内部化以及使用经济手段"。

二、经济学方法在能源法中的运用

经济学方法在能源法中的运用,主要包括三个方面:

第一,能源法应该尊重经济规律,注重发挥市场的基础性作用和积极作用。首先,市场机制是能源领域运行的基础机制,非由于解决市场失灵问题,政府不以法律为工具直接或者间接手段干预自由、竞争的能源市场的运行。其次,即使是解决市场失灵问题,政府干预能源市场运行的手段或者措施也应该尽可能是间接的、短期的,不构成对市场的扭曲。例如,英国实施的是这样一种市场能源供应路径,即,鼓励能源供应者多元化,助推实现一种相对良性的能源供应状况,而私人投资者能够充分发挥其能力、具有高度的自我调整能力;其能源安全战略立足于竞争性能源市场与对消费者实现能源供应多元化和足够基础设施的有效监管两者之间的结合。[①]

计划经济体制下政府控制经济的一些手段与市场经济条件下的政府干预措施,在表现形式上具有相同或者相似之处,它们之间的本质区别在于自由、竞争的市场是否构成经济的基础或者基石,有关手段或者措施是否构成对市场的扭曲。例如,对某种可再生能源产业某一环节的经济激励措施,不应该导致这一环节的投资者获得不合理的高投资回报率,否则就构成对投资市场的扭曲;不应该导致其境内的产业生产者或者经营者获得不适当的竞争优势,否则就构成对竞争市场的扭曲。

在德国,"社会市场经济"原则得到了遵行。即使是为了保障能源安全的措施,无论是联邦政府和地方政府,一方面,只能在防止确然会出现的市场失灵或者应对已经出现的市场失灵时,才有权按照法定程序,对能源的生产、储存、运输、分配、销售或者利用环节进行干预;另一方面,政府的干预措施必须符合宪法所规定的相称性、必要性和合理性等原则。例如,联邦政府采取措施之前必须发布一项宣告能源供应中断或国防紧急状态的命令。

第二,作为一种法律制度或者措施,将经济学研究的成果确立于能源立法之中。这要求采取经济效果最佳的措施并将其制度化。例如,将财产权理论运用于解决能源活动的外部经济性问题。首先,一些经济学家在排污收费和许可证交易等经济手段与通过法律进行的行政命令等直接管制手段进行比较后,得到的基本结论是:排污收费和排污交易在生态环境保护的效果方面是基本等同的,而且两者的经济效率一般都高于直接管制。其次,根据激励

---

① See [UK] Department of Energy and Climate Change, *Energy Security Strategy*, November 2012, paras. 1.8 and 2.1.

原理,运用经济手段能够调节能源活动或者引导其发展方向。例如,税收、补贴和信贷工具在促进能源节约、提高能源效率、减少温室气体和发展清洁能源方面发挥着巨大的作用。

第三,运用经济学的分析方法,对能源政策法律中已有的制度或者措施及其效果或者有效性进行评估、分析和评价。一般认为,对能源法律规范或者机制进行经济分析首先出现在美国。罗斯福在美国国内实施"新政"期间,美国立法理论的一大发展是将经济学原理运用于立法活动之中。由于"新政"厉行节俭,美国国会预算办公室和拨款委员会合并办公。在工作中,他们发现将福利经济学运用于审批生产项目可以使那些具有比较经济优势的项目得到优先接受。在1936年,美国运用经济分析方法制定了《公共汽车尾气控制法》,在资源法律—成本—效益分析上作出了一项革新。目前,对能源立法进行经济学评估的主要范围包括评估能源立法的经济成本,对法律实施的有效性进行经济分析,运用于能源活动的投入产出分析和资源开发建设项目的国民经济评价。所有这些都与现代能源法密切相关。

第五节 公众参与原则

一、公众参与原则的概念

公众参与(英文 public participation,有时也用 public involvement)是一个起源于西方现代公共/政府治理理论和实践、经由以联合国机构系统为主推动的国际政策法律文件的推进而广泛应用于世界各地的概念。它起初是一项政治原则或者实践,后来也被视为一项权利,即公众参与权(right to public participation)。可以将公众参与视为权力(利)的产生源泉,视为民主政治不可或缺的组成部分。虽然同"利益相关者参与""公民参与""社区参与"之间存在相同或者近义表述,有时相互替换使用,但是"公众参与"一词的使用最为普遍。尽管有些文献将公众参与的历史追溯得很远,不少文献将美国的实践和1972年《人类环境宣言》作为公众参与的兴起之源,但是,极大地推动并切实使得公众参与进入国际和国内公共政策领域的,无疑是1992年6月联合国环境与发展会议通过的《里约宣言》原则10。[①]

联合国粮食及农业组织、联合国欧洲经济委员会和国际劳工办公室组织了一个林业公众参与专家组。在其2000年《欧洲和北美林业中的公众参与》报告中,该专家组将公众参与定义如下:"公众参与是一种自愿程序,人们单独地或者经由有组织的团体,能够据之交流信息、发表意见以及明确表达利益诉求,并因而有可能影响有关事务的决策或者结果。"[②]

公共参与国际协会(International Association for Public Participation)是这样界定公众参与的:"'公众参与'意味着让那些受一项决策影响的人们参与到决策程序中来。它通过向参与者提供以一种有意义的方式进行参与所需要的信息,促进可持续发展的决策,并且同参与者进行沟通交流他们是如何受到决策影响的。公共参与实践可能会涉及公开会议、调查、

---

① 《里约宣言》原则10宣告:"环境问题最好在所有有关公民在有关一级的参与下加以处理。在国家一级,每个人都应当享有权利,通过适当的途径获得有关公共机构掌握的关于环境的信息,其中包括关于他们社区内有害物质和活动的信息,而且每个人都应当有机会参与决策程序。各国应当广泛地提供信息,从而促进和鼓励公众的认知和参与。应当提供利用司法和行政程序的有效途径,其中包括赔偿和补救措施。"

② Team of Specialists on Participation in Forestry, *Public Participation in Forestry in Europe and North America*, FAO, ECE, ILO, 2000, p.6.

经验交流会、研讨会、投票、公民咨询委员会以及其他形式的公众直接参与。"①

弗曼(Eeva Furman)等没有给公众参与下定义,而是根据国际政策法律文件的规定认为公众参与由获取信息、参与决策程序以及利用法律程序救济这三个部分组成。② 阿费尔特兰格(Bastien Affeltranger)认为:"公众参与是一个常用术语,又被称为参与式程序,它一方面识别一种道德的和民主的价值,另一方面确定一系列的技术性程序。"③正如美国学者托马斯(John Clayton Thomas)所指出的:"将公民参与作为现代公共管理不可分割的有机组成部分是一个比较新的思想或观念,是 20 世纪末叶的管理创新。"④

笔者认为,就其内涵而言,公众参与作为一种程序,是指因公共机构关于某一(拟)决策事项(例如,一个项目、一个方案、一项规划、一项政策)(可能)遭受正面或者负面影响的,或者对该(拟)决策事项感兴趣的个人、法人或者其他组织,通过交流信息、发表意见以及明确表达利益诉求等方式,旨在影响公共机构关于该(拟)决策事项的决策或者结果的过程;作为一种法律上的权利/权力,是一国公民所享有的并可通过其所在国有关团体、组织或者机构实施的国内法上的权利/权力,公共机构负有职责和义务考虑国内公众的意见并给出在决策中采用或者不采用的理由,国内公众享有获得法律救济程序的权利。从其外延来说,公众参与包括公众有权通过适当的途径获得公共机构所掌握的关于(拟)决策事项的信息,有权获得参与公共机构决策程序的机会并进行参与,以及,对其本国(拟)决策事项,通过本国法律救济程序获得救济这三个部分,而且它原则上不直接涉及政党政治和国家机构及其工作人员选举,尽管可以将政党列入公众的范围。⑤

能源是生活之要,能源消费所排放的温室气体量占人类活动所排放温室气体总量的大部分,因而能源关系到每个人的利益,是一项涉及每个人的事业。在能源法的发展中,公众参与成为应对能源问题和实现可持续发展的必不可少的重要组成部分,并逐渐成为能源法的一项基本原则,贯穿于程序法和实体法之中。

二、我国法律有关公众参与原则的规定

首先,我国公民有参与涉及能源管理的国家管理的权利。这项权利可以在宪法中找到规定。我国《宪法》第 2 条第 1、3 款分别规定:"中华人民共和国的一切权力属于人民。""人民依照法律规定,通过各种途径和形式,管理国家事务,管理经济和文化事业,管理社会事务。"根据这一规定,我国公民可以广泛参与国家的能源管理活动。但是,公民依法参与国家管理的具体方式,需要立法上的进一步具体化、规定具有可操作性。2005 年《可再生能源法》第 4 条第 2 款规定:"国家鼓励各种所有制经济主体参与可再生能源的开发利用,依法保护可再生能源开发利用者的合法权益。"2008 年《循环经济促进法》第 3 条规定:"循环经济促进法发展循环经济是国家经济社会发展的一项重大战略,应当遵循统筹规划、合理布局,因

---

① International Association for Public Participation, *Good public participation results in better decisions*, http://www.iap2.org/ (2015-08-30).
② Asia-Europe Environmental Technology Centre, *Public involvement in environmental issues in the ASEM—background and overview*, Asia-Europe Environmental Technology Centre, 2002, pp. 11—12.
③ Bastien Affeltranger, *Public participation in the design of local strategies for flood mitigation and control*, UNESCO, 2001, p. 13.
④ 参见[美]托马斯:《公共决策中的公民参与》,孙柏英等译,中国人民大学出版社 2010 版,第 2 页。
⑤ 参见胡德胜:《"公众参与"概念辨析》,载《贵州大学学报(社会科学版)》2016 年第 5 期。

地制宜、注重实效,政府推动、市场引导,企业实施、公众参与的方针。"

其次,我国公民享有一些参与能源事务管理的权利。我国《节约能源法》第 9 条第 1 款规定:"任何单位和个人都应当依法履行节能义务,有权检举浪费能源的行为。"2005 年《可再生能源法》第 9 条规定:"编制可再生能源开发利用规划,应当征求有关单位、专家和公众的意见,进行科学论证。"但是,总体上讲,在我国能源政策法律领域中,公众参与的广度、深度和力度都非常不足。即使在法律规定有权参与的情况下,实践中公民如何真正有效地参与能源管理、参与监督以及检举,还存在有许多障碍,有待解决和完善。例如,在如何行使权利的形式和程序方面,缺乏具体的和具有可操作性的规定。

最后,与能源法存在交叉关系的环境保护法律中,有不少关于公众参与的规定。例如,2014 年《环境保护法》是我国目前单行法律中关于行政机关或部门社会治理方面公众参与规定最为全面的一部法律。(1) 该法第 4 条将公众参与规定为环境保护应当坚持的一项原则。(2) 该法用专门一章,即第 5 章"信息公开和公众参与"(第 53—58 条)就环境保护公众参与中的信息获取以及参与决策这两个方面作出了比较具体的、具有一定可操作性的规定。(3) 该法第 58 条就环境公益诉讼问题作出了规定。(4) 该法第 62 条针对重点排污单位违反法律不公开或者不如实公开环境信息的行为,第 67 条和第 68 条针对政府及其有关主管部门、监督管理部门以及它们的工作人员违反关于公众参与的法律规定的行为,规定了制裁措施。

再如,2002 年《环境影响评价法》适用于能源规划和建设项目的环境影响评价。该法只有第 5 条和第 21 条的规定涉及公众参与。第 5 条规定:"国家鼓励有关单位、专家和公众以适当方式参与环境影响评价。"第 21 条第 1 款规定:"除国家规定需要保密的情形外,对环境可能造成重大影响、应当编制环境影响报告书的建设项目,建设单位应当在报批建设项目环境影响报告书前,举行论证会、听证会,或者采取其他形式,征求有关单位、专家和公众的意见。"但是,该法对于违反这两条规定的行为,没有规定任何制裁或者补救措施,从而导致这两条的规定在法律上并不具有强制性,使其实际效力和效果大大降低。

第六节 尊重主权和国际合作原则

一、尊重主权和国际合作原则概述

自 1648 年《威斯特伐利亚和约》签订以来,主权一直是国家组成之现代国际社会秩序的基石,是"国际法的基本的、最高的原则"[1]。根据 18 世纪著名西方国际法学家瓦特尔(E. de Vattel)的经典表述,"任何民族,无论以什么方式自己进行治理并且不从属于任何其他民族,就是主权国家"[2]。20 世纪初欧洲大陆最具权威的国际法学者之一菲德罗斯(Verdorss)对国家主权作出了进一步的阐释。他说,"完全的自治构成国家主权的内侧,而独立则构成它的外面";"现代概念"上的"主权国家是完全自治的、因而是独立的、不服从任何其他国家法律秩序的社会组织"[3]。在《联合国宪章》中,国家主权是首要原则,尽管它倡导和促进国际合

---

[1] I. Brownlie, *Principles of Public International Law* (4th ed.), Clarendon Press, 1990, p. 287.

[2] E. de Vattel, *Le Droit des Gens, ou Principes de la Loi Naturelle*, M. DCC LVIIL, A LONDRES, 1758, p. 18.

[3] 〔奥〕阿·菲德罗斯等:《国际法》,李浩培译,商务印书馆1981年版,第12页。

作。但是,20世纪后半叶以来,重大的能源问题并不承认国家边界的人为分割,具有全球性质,而且全球化现实下的众多领域和事项的国际化趋势,更彰显国际合作的不可或缺性。2015年《国际能源宪章》基于"承认各国对本国能源资源的主权以及各国遵照其所有国际义务在其领土范围内调整能源传输和运输的权利",鼓励它们"进行政治和经济合作",推动"实现可持续发展能源、提高能源安全及以最高效率生产、转化、运输、配送和使用能源,目的是通过社会可接受、经济上可行、适应环境要求的方式提高安全性"。笔者认为,尊重主权和国际合作已经形成能源法领域的一项基本原则。

所谓尊重主权和国际合作原则是指,以国家主权为基础,国家通过协商而放弃一定范围内或者程度上的主权,本着国际合作的精神,从而解决能源领域内的全球性事项或者对国际事务具有全局性影响的事项的原则。具体而言:

第一,国际社会由主权国家所组成是一个政治现实,而且,每个国家都有其自己的利益。因而,一国对于其单独管辖范围(特别是其领土范围)内的有关能源活动的人、事、物等事项享有主权权利。但是,该国负有不得违法损害其管辖范围以外的合法权益以及生态环境与自然资源的责任。

第二,对于由两个或者两个以上多个国家共享的能源资源,共享国家应当本着主权平等,考虑利益大小及所负历史责任等因素,放弃一定范围内或者程度上的主权,通过国际合作,共同承担开发、利用、保护和管理共享能源资源的责任,并享有相关权利。例如,对于由不同国家分别处于不同上、中、下游段的一条蕴藏水能资源的国际河流,任何水道国都不能借口对位于其领土范围的河段享有主权(权利)而置其他沿岸国开发利用水能资源的利益于不顾。

第三,国家管辖范围之外的生态环境与能源资源,属于全人类的共同财产、共同遗产或者共同关切事项,所有国家应当本着主权平等,考虑利益大小及所负历史责任等因素,放弃一定范围内或者程度上的主权,通过国际合作,共同承担保护这类生态环境与能源资源的责任。这类生态环境与能源资源如公海以及在公海上方生存或者迁徙的鸟类和其他野生动物,公海海床和洋底及其底土,以及全球大气层(包括臭氧层)、南极地区,等等。

第四,对于一国独享、两个或者两个以上国家共享的生态环境与能源资源,如果存在对国际事务具有全局性影响的情形,所有国家应当本着主权平等,考虑利益大小及所负历史责任等因素,放弃一定范围内或者程度上的主权,通过国际合作,共同承担保护这类生态环境与能源资源的责任。例如,气候变化在一定程度上是由于国家管辖范围之内的温室气体过度排放从而引起大气结构发生变化所导致,已经成为一项全人类共同关切事项。1992年《联合国气候变化框架公约》及其后的相关国际政策法律文件就是对它的应对。

尊重主权和国际合作原则既注意到国家主权和国际合作之间的形式冲突,更强调两者之间内容上的辩证关系。抛开国家主权而只讲国际合作,是脱离国际政治现实的不切实际的空想;反之,片面强调国家主权,不进行必要的国际合作,则会引发冲突,乃至毁灭人类发源于斯、生存于斯和发展于斯的地球生态系统和自然环境,导致人类自己的灭亡,而所谓国家主权也就成了无本之木、无源之水。

为了加强能源领域的国际合作,包括中国在内的二十国集团于2014年11月16日通过了《二十国集团能源合作原则》,同意遵循九项原则进行能源合作。2016年9月《二十国集团领导人杭州峰会公报》重申致力于根据《二十国集团能源合作原则》进行国际能源合作。

二、我国的国际能源合作[①]

(一)我国的国际能源合作阶段

1949年以来,我国的国际能源合作经历了一个从无到有、由浅到深的过程,大致可以分为四个阶段。

1. 无参与阶段(1949—1982年)

在1983年以前,虽然我国出口少量石油,但是却与任何国际能源机制都没有交流,处于一种自我封闭的状态。

2. 开始参与阶段(1983—1989年)

1983年,我国加入了世界能源理事会,这是我国加入的第一个全球能源组织,我国为此建立了世界能源理事会国家委员会。次年,我国加入了国际原子能机构。由于当时不熟悉国际规则,我国在与国际能源机制的接触中采取了较为谨慎的态度,以探索外部世界、学习如何遵守国际规则为主。

3. 积极参与阶段(1990—1999年)

这一阶段,我国以越来越自信的心态适应全球化,在国际能源合作中转向积极主动参与。转折点是我国在1991年同中国台北、中国香港一同加入亚太经济合作组织能源工作组。我国次年签署了《气候变化框架公约》,在1996年与国际能源署建立了合作关系。在这一阶段,我国与国际能源机制(特别是区域性机制)开展了更多的合作。不过,我国参与国际能源合作活动仍不够深入,象征意义大于实际意义。

4. 有影响力的参与阶段(2000年至今)

进入21世纪后,随着世界向多极体系转变,我国开始尝试更加主动、深入地参加国际能源合作,试图为全球能源治理作出切实贡献,从而态度上由积极参与转变为主动影响。一方面,通过担任成员国、联盟国、对话国、观察员国等,我国与世界主要国际能源组织或者机制(例如,国际能源署、国际能源论坛、石油输出国组织、能源宪章、国际可再生能源署和国际原子能机构等)开展了多种形式的合作。另一方面,我国也开始在涵盖议题更广泛的主要国际和区域机制讨论能源问题时发挥关键作用,例如,在20国集团、金砖国家、亚太经济合作组织和上海合作组织等框架下。我国是许多国际能源机制(例如,国际能源论坛、联合数据倡议组织、国际能效合作伙伴关系和清洁能源部长级会议等)的创始成员,积极参加或者主办了许多国际能源会议。例如,2015年5月20日至21日,国家发展改革委副主任、国家能源局局长努尔·白克力率团出席在海牙举行的国际能源宪章部长级会议,并代表中国签署了《国际能源宪章》。

总之,我国近年来对多边平台善加利用、进行实质性参与并以开放务实的态度主动发挥影响,通过下列活动,实现了从跟随者到影响者的转变:积极参与国际能源组织改革及相关国际规则制定;在国际范围内提出一系列新倡议,引领塑造国际能源发展新格局;向国际能源组织派员,增强参与治理的软实力。

(二)我国的国际能源合作模式

在当代国际条件下,建立一个能够涵盖能源领域各个方面、真正一体化的国际能源合作

[①] 参见朱轩彤:《中国参与全球能源治理之路》,国际能源署2016年报告,第11—15页。

机制在较长一段时间内都是不可能的。鉴于此,我国制定并实施了多元化的国际能源合作战略,采取双边与多边合作两种模式,国际合作能源不断深入。

1. 双边合作模式

在参与国际能源合作的早期阶段,我国重点关注双边合作,特别是具体能源项目。因为这能够更容易,更高效地产生业务成果。

我国已与近三十个对话伙伴国建立了 42 个双边能源合作机制,覆盖了世界上主要的能源消费国和生产国。主要目标是促进对能源和矿产资源政策的相互了解和信息交换。这些机制也促进了双边贸易和投资,加深了双方的经贸往来和互利合作。在大多数情况下,我国和对话伙伴国共同建立一个覆盖所有能源议题的对话机制,但是也会建立几个涉及不同能源子领域(如煤炭、石油和天然气、可再生能源和能源效率等)的对话机制。有时双方会协商在涵盖更高层次政治经济议题的机制下探讨能源问题,这些高级别机制可能提供与能源问题相关的"一揽子解决方案"。

2. 多边合作模式

随着与世界相互依存程度的不断加深、自己在全球能源领域地位的日益增长,我国政府意识到必须改变完全依靠双边合作的传统思维方式,需要用一种健全的多边合作模式来完善国际合作,从而较为稳定地融入世界。目前,我国与 26 个国际能源合作组织和国际会议机制进行合作,作为对双边合作模式的有效补充。

多边机制根据其功能和涉及议题领域主要分为两类。第一类是专业性国际能源组织,即致力于能源议题或子议题的多边机制。2016 年 9 月,我国主办了主题为"构建创新、活力、联动、包容的世界经济"的 G20 峰会。在能源领域,召开了 G20 能源部长会议和三次能源可持续发展工作组会议,希望借此机会从广阔视角解决关键的能源问题。第二类是综合性多边机制,议题广泛,兼顾全球能源治理。其组织形式不限于国际组织,还包括合作框架、合作平台、合作伙伴关系、合作论坛或者合作倡议等。

第七节 国家管理原则

一、国家管理原则的概念

伴随人类的社会活动,特别是经济活动,能源问题一直存在和发展。人类进入工业社会后,能源活动以经济属性为基本属性。因此,能源活动应该受市场机制的调整。但是,一方面,任凭自由市场机制发挥作用,会出现市场失灵的情形。另一方面,能源是生活之要,事关基本人权的实现;能源的勘探、开发、加工、生产、输送、配送和消费等活动影响生态环境;能源活动事关国家安全;而这些都不是自由市场机制所能解决的问题。正如美国学者泰坦伯格(Tom Tietenberg)所指出的:"尽管市场过去曾经在考虑后代人类方面有过明显的成功,但是,关于市场任凭其自身机制运转将会自动地考虑后代的断言是天真幼稚的。"[1]因此,能源活动属于需要国家进行管理的一项重要社会公共事务。

能源问题不仅是技术问题,也是重要的社会和经济问题,还是生态环境保护问题,这就

---

[1] Tom Tietenberg, *Environmental and Natural Resources Economics*, Addison Wesley, 2002, p.557.

决定了不能只用科学技术的方法去解决污染，还需要用经济的、法律的、行政的、综合的方法和措施，从其与社会经济发展的联系中全面解决能源问题。解决能源问题是一国政府的责任，不仅需要国与国之间广泛合作和国际组织采取行动以谋求共同的利益，而且要求各国必须授权适当的国家机关对能源事项进行规划、管理或监督，以期服务于国家安全、保障民生、生态环境以及经济健康发展。因此，能源管理成为了一项国家职能，国家管理成为能源法的一项基本原则。目前，世界上几乎没有不对能源活动进行管理的国家。

国家管理原则是指，国家负有管理能源活动和协调能源关系的责任，应该在国际层面上通过国际合作而采取共同行动，在国内层面上通过立法和政策制定而组织适当的国家机关对国家的能源活动进行规划、管理或者监督，从而使能源活动在符合国家安全、保障民生、生态环境和经济发展这四个方面政策法律的框架内进行。

可以将国家能源管理的概念表述为：根据国家安全、保障民生、生态环境和经济发展的目标，监管能源活动，制定与执行能源战略和政策，并且通过经济、法律等各种手段影响人类的能源活动，从而通过能源活动这一纽带，实现社会、经济与生态环境的协调发展。

由于能源问题的阶段性和不同国家具体情况的不同，特别是经济体制的差异，能源管理的范围或者力度也有所不同。能源管理和能源监管之间的关系，是包含与被包含的关系。一般而言，在市场经济条件下，能源管理更多采用以引导为主的间接调控手段的能源监管路径；在计划经济条件下，则更多采用以命令为主的直接干预手段为主的计划管理方法。

二、国家管理应该遵循的原则

能源管理是国家管理职能的重要组成部分。国家管理除了遵循国家管理的一般性原则外，根据能源管理的特点，还需要遵循下列四项具有一定特殊性的原则。

（一）综合性原则

能源活动具有广泛性和综合性的特点，这决定了能源的国家管理必须采取综合性措施，从管理体制、管理制度、管理措施和手段都需要贯彻综合性的要求。例如，在管理措施和手段方面，需要运用行政的、经济的、法律的、科学技术的、宣传教育的等多种形式。科学技术是所有手段的科学基础，经济和法律手段的综合运用则在能源管理中起着特别关键性的作用。

（二）区域性原则

能源问题的区域性特征明显，这决定了国家管理需要遵循区域性原则。特别是，我国幅员广大，地理环境情况复杂，各地区的人口密度、经济发展水平、生态环境状况、自然资源分布、管理水平、能源消费水平等都存在差别及至很大的差别。这一国情决定了我国的国家管理必须根据不同地区的不同情况，因地制宜地采取不同措施。

具体而言：(1)制定能源政策和标准时，要尽可能考虑地区之间的差异性。(2)对某些能源资源和生态环境的保护以及节能减排，需要考虑区域性原则。(3)适当下放权力，注意发挥地方有关能源管理机构的作用。

（三）预测性原则

国家对能源活动进行有效管理的前提条件，是掌握能源资源和能源消费的状况和变化趋势、对生态环境的影响。这就需要进行经常性的科学考察和调查评价，进而作出科学预测。也就是说，可靠的预测是进行科学的能源管理和决策的基础和前提。因此，考察、调查、监测、评价、情报收集、分析和交流,以及综合研究等一系列工作,是国家管理不可或缺的重要内容。

(四)规划和协调原则

大多数工业发达国家的能源管理经验表明,制定能源战略、规划和政策既是国家管理的重要内容,也是实行有效的国家管理的重要方式。全面的、综合的管理措施应该体现于能源战略、规划和政策之中。它们可以分为长远的和短期的,或者全国性和地方性的,或者综合性的和专项的,等等。

需要注意的是,国家管理不是一个单独的能源专门机构所能够单独完成的工作。国家管理的重要任务之一就是进行组织协调和监督,使不同部门、不同地区、不同行业能够分工协作、互相配合、各司其职,进而完成其各自职责范围内的能源管理工作。许多国家的能源管理体制都是基于这一原则而建立的。

思考题

1. 可持续发展原则在我国能源法中有何体现?有无不足?如有,是何不足,如何改进?
2. 为什么能源安全原则应该成为能源法的基本原则?
3. 能源法应该如何体现运用经济学理论和方法的原则?
4. 公众参与原则在我国能源法中有何体现?有无不足?如有,是何不足,如何改进?
5. 尊重主权和国际合作原则是如何在能源法中得到体现的?
6. 应该如何处理国家管理原则和尊重市场规律之间的关系?

拓展阅读

1. 1992年《里约宣言》。
2. 世界环境与发展委员会:《我们共同的未来》,王之佳等译,吉林人民出版社1997年版。
3. 〔美〕托马斯:《公共决策中的公民参与》,孙柏英等译,中国人民大学出版社2010年版。
4. Team of Specialists on Participation in Forestry, *Public Participation in Forestry in Europe and North America*, FAO, ECE, ILO, 2000.
5. Tom Tietenberg, *Environmental and Natural Resources Economics*, Addison Wesley, 2002.

第七章

能源法的基本制度

> 学习目标
>
> 通过本章的学习,学生可以掌握以下内容:
> 1. 能源法的基本制度的概念;
> 2. 能源战略和规划制度;
> 3. 能源激励制度;
> 4. 能源市场准入制度;
> 5. 能源价格监管制度;
> 6. 能源普遍服务制度;
> 7. 能源战略储备制度;
> 8. 能源应急制度。
>
> 关键概念
>
> 能源战略和规划制度　能源激励制度　能源市场准入制度　能源价格监管制度　能源普遍服务制度　能源储备制度　能源应急制度

第一节　能源法基本制度概述

一国法律体系或其部门法的一项具体法律制度,或者国际法的一项具体法律制度,是指由调整法律关系主体在某一相对具体的事宜或者问题相关活动中所产生的特定社会关系的一系列法律规则、规范及其运行机制所组成的相对独立和完整的规则体系和总体安排。

能源法的基本制度是相对于能源法的特别制度而言的。能源法的基本制度是指,按照能源法的基本理念和基本原则所确立的、通过能源立法所建立的、对于能源法律体系具有整体上的基础性支撑作用的法律制度。所谓基础性支撑作用,是指离开了它,能源法律体系将会出现重大缺陷,整体机能难以有效发挥作用。能源法的特别制度则是指,单项能源立法中为了实现单项能源法律的目标而建立的具有与单项能源法相应的、具有一定特殊性和针对性的法律制度。

由于能源法所调整的能源社会关系产生于能源活动的各个阶段和环节、范围广泛,而且

事关国家安全、保障民生、生态环境以及经济健康发展这四项具有根本性,但又时常发生冲突的广泛的国家目标或者政策,因此,能源法的基本制度中既有共通性的基本制度,也有一些虽然不是共通性的但是对能源法律体系的整体具有至关重要性的基本制度。特别是,将共通性的基本制度在能源法各项单行法中作出大量的重复规定,是不必要的。因此,许多国家通常在立法技术上将能源法的基本制度在能源基本法中予以确立并作出相对完备的规定,以体现能源法的基本理念和基本原则。

然而,由于我国目前缺乏一部能源基本法,能源法的基本制度并没有得到很好的建立,规定显得残缺不全。关于能源法有哪些基本制度,学者之间有着不同的看法或者观点。我们将能源战略和规划制度、能源激励制度、能源市场准入制度、能源价格监管制度、能源普遍服务制度、能源储备制度以及能源应急制度等作为能源法的七项基本制度进行讨论。①

第二节 能源战略和规划制度

战略和规划制度是环境保护、自然资源和能源领域中非常重要的制度。从功能上来讲,它是方向性、导向性的制度。能源战略、能源规划、能源法律和能源政策是国家应对能源问题的系列举措。将能源战略和规划作为正式制度列入能源法律制度体系之中,是赋予能源战略和规划以法律地位、加强能源战略和规划效力的通行做法。

世界主要国家都有明确的国家能源战略。例如,作为世界经济强国,也是能源生产和消费大国的俄罗斯,先后制定了 1995 年《俄罗斯 2010 年前能源战略的基本内容》、2003 年《俄罗斯 2020 年前能源战略》和 2009 年《俄罗斯 2030 年前能源战略》。美国则以多种方式出台了多项能源战略。近年来,政府的政策支持和企业的技术革新促进了美国国内能源领域的深刻变革。页岩革命给美国带来了巨大的经济和能源安全利益,很大程度上缓解了气候变化带来的挑战。为顺应这一趋势并继续应对能源安全和气候变化问题,2014 年 5 月,美国总统行政办公室发布《"全方位"能源战略——通向经济可持续增长之路》,旨在对美国能源战略进行重大调整。②

规划制度在国民经济社会的不少领域都是一项极为重要的制度。我国国民经济与社会发展的五年规划更是深入人心,成为国家发展的纲领性文件。在我国,能源规划还肩负着能源主管部门由传统审批为主向让权于市场的政府职能改革的重任,通过规划而不是审批来对能源事务进行管理。③ 然而,在实践中,"规划规划,墙上挂挂"的规划效力的严重虚位问题司空见惯。如何让能源规划在国家管理能源事务中发挥其应有的功能和作用,是构建能源

---

① 一般认为能源资源权属制度和能源法律责任制度也是能源法的基本制度。考虑到,①自然资源权属制度基本上完全涵盖了能源资源权属制度,而且在环境与资源保护法或者自然资源法教科书中和课程中有完整讨论,以及②环境与资源保护法教科书中和课程中的法律责任制度基本上可以适用于能源法,因此,本书对这两项制度不作介绍和讨论,以节约资源和能源。

② "全方位"能源战略核心内容有三项:促进经济增长并创造就业,提升能源安全,推广低碳能源技术并为清洁能源的未来奠定基础。具体来讲,该战略一方面力求通过促进更为环保的石油和天然气生产以顺应当前能源发展的趋势,另一方面积极鼓励可再生能源生产,提高能源利用效率,支持碳的捕捉、利用和收集。Executive Office of the President of the US, *The All-Of-The-Above Energy Strategy as a Path to Sustainable Economic Growth*, May 2014.

③ 例如,2016 年 6 月 6 日国家能源局发布《电力规划管理办法》;这是 2003 年再次启动"厂网分开"改革之后第一份由政府正式颁布的涉及电力规划管理的部门规章文件,体现了新一轮电改提出的"加强电力统筹规划"的要求,也是围绕电力市场建设、电力体制改革而颁布的系列文件。

法律体系时需要首先考虑的问题。

我国目前虽然没有制定和实施能源战略和规划的规范性法律文件作为依据，但是存在非规范性的法律文件依据。首先，"十五"以来经全国人大审查通过的国民经济与社会发展五年规划纲要中有涉及能源战略和规划的内容。其次，经国务院批准的有关机构或者部门的"三定"方案中有制定能源战略和规划的职责。例如，根据2003年《国家发展和改革委员会主要职责、内设机构和人员编制规定》，国家发改委负有能源战略和规划拟定的职责。根据2013年《国家能源局主要职责内设机构和人员编制规定》：（1）国家能源局负责拟订能源发展战略、规划和政策，其中的能源发展战略、重大规划和产业政策由国家发改委审定或审核后报国务院批准，它们都由国家能源局组织实施；（2）国家能源局负责拟订石油、天然气战略储备规划和石油、天然气战略储备设施项目，经国家发改委审核后，报国务院审批。

下面主要根据2007年《能源法（征求意见稿）》第三章及其他相关条款的规定，结合我国的能源战略和规划实践，对我国的能源战略和规划制度进行讨论。

一、能源战略制度

能源战略制度是指规定能源战略的法律地位，关于能源战略的确立、制定依据、编制、评估和修订等方面的法律规则、规范及其运行机制所组成的规则体系和总体安排。能源战略是一国就其能源部门未来一定时期（10—30年）内的战略目标、基本原则、主要任务、关键措施、行动方案或者指南以及保障措施等作出规划。

（1）能源战略的地位与内容。国家能源战略是筹划和指导国家能源可持续发展、保障能源安全的总体方略，是制定能源规划和能源政策的基本依据。内容上需要包括国家能源发展的战略思路、战略目标、战略布局、战略重点、战略措施、主要任务、保障措施等。

（2）能源战略的制定依据。国家能源战略的制定依据，是基本国策、国家发展战略、经济和社会发展需要及国内外能源发展趋势等。

（3）能源战略的编制、评估和修订。鉴于国家能源战略的重要性，它应该经由中央政府主管部门组织编制后，由全国人大常委会或者国务院批准后发布。国务院委托有关部门或机构负责国家能源战略的评估。国家能源战略的期限可以为20—30年，每5年评估并修订一次；必要时可以适时修订。

2014年以前，我国一直没有明确的能源战略，一些散乱的能源战略想法可见于国家有关文件和领导人的有关讲话之中。为了解决这一问题，国家能源局在2014年上半年研究和拟订了《能源发展战略行动计划（2014—2020年）》和《国家能源安全战略行动计划（2013—2020）》。同年4月18日，李克强总理主持召开新一届国家能源委员会首次会议，审议通过了《能源发展战略行动计划（2014—2020年）》，明确了"节约、清洁、安全"三大能源战略方针和"节能优先、绿色低碳、立足国内、创新驱动"四大能源发展战略。2014年6月7日，国务院办公厅印发了经国务院同意的《能源发展战略行动计划（2014—2020年）》。它被普遍认为是我国第一份正式的国家能源战略文件。6月13日，习近平总书记主持召开中央财经领导小组第6次会议，听取国家能源局关于能源安全战略的汇报并发表重要讲话，明确提出了我国能源安全发展的"四个革命、一个合作"战略思想。这一能源安全发展战略思想的核心是：推动能源消费革命，抑制不合理能源消费；推动能源供给革命，建立多元供应体系；推动能源技术革命，带动产业升级；推动能源体制革命，打通能源发展快车道；全方位加强国际合作，实现开放条件下能源安全。

根据《能源发展战略行动计划（2014—2020年）》和《国家能源安全战略行动计划（2013—2020）》，可以将我国2020年前的能源战略归纳为：以能源革命和国际合作推动能源发展转型，确保能源安全供应，转变能源发展方式，调整优化能源结构，创新能源体制机制，着力提高能源效率，严格控制能源消费过快增长，着力发展清洁能源，推进能源绿色发展，着力推动科技进步，切实提高能源产业核心竞争力，打造中国能源升级版。

战略方针与目标是：坚持"节约、清洁、安全"的战略方针，加快构建清洁、高效、安全、可持续的现代能源体系。重点实施节约优先战略、立足国内战略、绿色低碳战略和创新驱动战略四大战略。

主要任务包括：(1)增强能源自主保障能力。推进煤炭清洁高效开发利用，稳步提高国内石油产量，大力发展天然气，积极发展能源替代，加强储备应急能力建设。(2)推进能源消费革命。严格控制能源消费过快增长，着力实施能效提升计划，推动城乡用能方式变革。(3)优化能源结构。降低煤炭消费比重，提高天然气消费比重，安全发展核电，大力发展可再生能源。(4)拓展能源国际合作。(5)推进能源科技创新。明确能源科技创新战略方向和重点，抓好科技重大专项，依托重大工程带动自主创新，加快能源科技创新体系建设。

保障措施包括：(1)深化能源体制改革。完善现代能源市场体系，推进能源价格改革，深化重点领域和关键环节改革，健全能源法律法规，进一步转变政府职能，健全能源监管体系。(2)健全和完善能源政策。完善能源税费政策，完善能源投资和产业政策，完善能源消费政策。(3)做好组织实施。加强组织领导，细化任务落实，加强督促检查。

二、能源规划制度

能源规划是能源战略期内的阶段性目标、措施与手段，是政府或其有关部门对一定时期和范围内的能源发展目标和所计划采取的措施的总体安排。量化指标经常成为其典型表现形态及效力的必然要求。能源规划是能源战略的行动纲领或行政过程，是国家权力政治在政府工作中的集中表现。[①] 能源规划制度是指规定能源规划的法律地位，关于能源规划的种类、编制依据和内容、程序、衔接、评估、修订、实施和监督等方面的法律规则、规范及其运行机制所组成的规则体系和总体安排。

在实践中，由于能源种类、能源流程、中央和地方关系以及相关事务非常繁杂，各部门之间涉及能源事务的管理存在着一定的职能交叉，能源规划的体系究竟如何设置，世界上并没有一成不变的模式。在我国政府实务中，规划的编制和管理工作往往是依据工作惯例、内部文件等形式来进行。

（一）能源规划的种类

这里采用我国政府实务中通行的"三类两级"体系对能源规划制度进行阐述。"三类"是指能源综合（总体）规划、能源专项规划和能源区域规划。"两级"是指国家能源规划和地方能源规划。各类能源规划的规划期原则上应当与国民经济和社会发展五年规划纲要相一致，为5年。

能源综合（总体）规划是一个国家或地区对能源发展事项所进行的总体性综合规划。国

---

① 参见肖国兴：《论能源战略与能源规划的法律界定》，载《郑州大学学报（哲学社会科学版）》2009年第3期。

家能源规划和地方能源规划通常都是指能源综合(总体)规划。国家能源规划是实施国家能源战略的阶段性行动方案。地方能源规划是省级政府制定的适用于本地区能源发展战略的阶段性行动方案。我国五年一度的能源规划是从"十五"期间开始的。2001年出台的《我国"十五"能源发展重点专项规划》实际上是一部全国性的能源综合规划。由于是第一份能源领域的总体规划文件,它对规划的性质进行了说明:"十五"规划的重要组成部分,是落实加强能源基础设施建设、调整能源结构的重点专项规划,是指导"十五"期间能源发展的纲领性文件。

能源专项规划是指针对某一种能源和某项(领域)能源活动所编制的能源规划。例如,按照能源种类的不同,有煤炭、石油、天然气、煤层气、电力、核能、新能源和可再生能源等能源专项规划;按照能源专题的不同,有能源节约、能源替代、能源储备、能源科技、农村能源等能源专项规划。在我国的能源专项规划中,节能规划是做得最早的,在"八五"和"九五"期间就有不少部门、行业和地区的节能规划或者计划。

然而,在我国实践中,电力、石油、天然气等传统上具有垄断性质的能源行业专项规划的制定并不及时,可再生能源等有着强烈发展需求的能源行业专项规划制定得很细致。如"十一五"和"十二五"期间,我国电力规划一直处于缺位状态,给电力工业发展带来诸多不利后果。"十二五"期间,国务院、能源主管部门及科技部等相关部门发布了《煤炭工业发展"十二五"规划》《可再生能源发展"十二五"规划》《生物质能发展"十二五"规划》《太阳能发电发展"十二五"规划》《核电安全规划(2011—2020年)》《核电中长期发展规划(2011—2020年)》《能源科技"十二五"规划》《石化和化学工业"十二五"发展规划》《配电网建设改造行动计划(2015—2020年)》《节能减排"十二五"规划》《全国城镇燃气发展"十二五"规划》《节能与新能源汽车产业发展规划》《洁净煤技术科技发展"十二五"专项规划》《风力发电科技发展"十二五"专项规划》《太阳能发电科技发展"十二五"专项规划》等行业和专题的专项规划。

能源区域规划是根据能源发展需求,国家组织编制的所跨省级行政区域的能源综合(总体)规划和能源专项规划。我国制定的能源区域规划很少。中国煤炭工业发展研究中心和甘肃省发改委为推动陇东资源优势向经济优势转化,促进革命老区经济社会又快又好发展,编制并上报了《陇东能源基地开发规划》,于2014年1月29日得到国家能源局的正式批复。国家能源局《2016年能源工作指导意见》中提出:要切实加强战略规划引领,研究编制区域中长期发展规划;落实国家区域发展战略,编制实施《京津冀能源协同发展专项规划》和《丝绸之路经济带能源发展规划》,促进区域能源协调发展,研究长江经济带能源发展思路和重点区域能源中长期发展规划。

(二) 能源规划的编制依据和内容

能源规划的编制应该有所依据。不同种类和级别的能源规划,其编制依据会有所不同。例如,国家能源规划应当根据国民经济和社会发展规划、国家能源战略编制,并与土地利用、水资源、矿产资源、环境保护等相关规划相互协调。省级能源发展规划的编制应当与国民经济和社会发展规划配套。

在内容上,能源规划应当规定规划期内能源发展的指导思想、基本原则、发展目标和指标、阶段性任务、产业布局、重点项目、政策措施及其他重要事项。例如,根据国家能源局2016年《省级能源发展规划管理办法》,省级能源发展规划是指对一个省级行政区各类能源的发展思路、发展目标、建设布局、重点任务、重大项目、政策措施等进行统筹安排的综合性、总体性能源规划。

2001年发布的《我国"十五"能源发展重点专项规划》在内容上包括能源发展现状和未来形势的分析,"十五"期间发展战略和目标、发展重点以及政策措施;在保障能源安全的前提下,它把优化能源结构作为能源工作的重中之重,努力提高能源效率、保护生态环境,加快西部开发。2007年发布的《能源发展"十一五"规划》提出贯彻落实节约优先、立足国内、多元发展、保护环境,加强国际互利合作的能源战略,努力构筑稳定、经济、清洁的能源体系,以能源的可持续发展支持我国经济社会可持续发展。2013年发布的《能源发展"十二五"规划》提出的发展重点是:坚持节约优先;坚持立足国内;坚持多元发展;坚持保护环境;坚持深化改革;坚持科技创新;坚持国际合作;坚持改善民生。将出台的能源发展"十三五"规划预计将深入推进能源革命,着力推动能源生产利用方式变革,优化能源供给结构,提高能源利用效率,建设清洁低碳、安全高效的现代能源体系。

(三)能源规划的编制程序、衔接、评估和修订

国家能源规划应当由国务院能源主管部门组织编制,报国务院批准后公布并实施。国家能源规划应当在同期国民经济和社会发展五年规划纲要经全国人大批准后1年内编制完成。按照《省级能源发展规划管理办法》及现行国务院行政审批事项目录,省级能源规划需上报国家能源局审批,涉及全国布局、总量控制及跨省输送的区域能源规划也要报国家能源局审批。

国家能源规划应当统筹兼顾各行业、各地区的发展需要。能源专项规划应当符合能源综合规划;煤、电、油、气、新能源和可再生能源等能源品种之间要衔接平衡;地方能源规划和能源区域规划要服从国家能源规划。

能源规划制度应当规定能源规划的评估和修订问题。国家能源规划的评估和修订应当由国务院委托有关部门或者机构进行。国务院能源主管部门应当根据需要或者评估结果对国家能源规划适时修订,报国务院批准后公布并实施。

(四)能源规划的实施和监督

能源规划的实施效果是能源规划制度应当予以重点关注的问题。国务院有关部门及地方各级政府应当执行国家能源规划,对不符合国家能源规划的能源项目不得办理相关批准手续。国务院和省级政府建立能源规划监督制度,对国家能源规划的执行情况进行监督检查。能源规划中的每项指标都能实现任务分解,都能明确责任单位,都有具体时间进度,能进行目标责任考核,防止规划和执行"两张皮",保证各项指标实现。

第三节 能源激励制度

市场经济条件下,决定能源活动导向的基础机制是市场规律。运用经济学理论建立符合市场规律的、能够促进能源产业可持续发展的能源激励制度,是能源法学的关键任务,是衡量一国能源法律体系或者一项国际能源条约法律制度是否健全的主要指标。

激励(incentive)是界定经济学核心思想的五大概念之一。美国经济学家格里高利·曼昆将"人对激励作出回应"视为经济学的十大原理之一,认为"激励在经济学研究中具有中心作用";斯蒂文·兰德斯博格甚至提出,可以将整个经济领域简单归纳为"人对激励作出回

应,其他的都只是说明"。① 由此可见激励对经济人的行为以及对社会整个经济活动的巨大影响。因此,在能源法律体系中构建科学合理的能源激励制度是一种内在的必然要求。

一、能源激励制度概述

能源激励制度是指关于通过激励的措施、方法和手段,倡导、鼓励和推动能源法律关系的主体实施对能源产业可持续发展有利的能源相关行为(积极性能源行为),反对、限制或者禁止实施不利的能源相关行为(消极性能源行为)的法律规则、规范和机制所形成的制度体系。

对于"人对激励作出回应"这一经济学原理,曼昆是这样阐释的:"激励是引起一个人作出行为的某种东西,诸如惩罚或者奖励的预期。因为理性人通过比较成本与收益而作出决策,所以他们对激励作出回应。"② 也就是说,当成本或者收益变动时,经济人会改变他们的行为。因此,从经济学的角度来看,一个经济人在实施某一能源相关行为时,往往会对自己实施该行为的预期成本与该行为所可能产生的预期收益进行比较。当"积极性能源行为的收益≥行为的成本"时,该经济人往往会作出实施积极性能源行为的选择;当"违法成本≥违法收益"时,该经济人往往不会作出实施该违法行为的选择;在"违法成本＜违法收益"时,该经济人才会作出实施该违法行为的选择。

根据所激励的能源行为的性质,可以将激励措施分为积极导向性激励措施和反消极导向性激励措施。倡导、鼓励和推动能源法律关系的主体实施积极性能源行为的激励措施是积极导向性激励措施;反对、限制或者禁止能源法律关系的主体实施消极性能源行为的激励措施是反消极导向性激励措施。

根据激励的表现形态,可以将激励措施分为物质性激励措施、精神性激励措施以及物质—精神结合性激励措施。

根据是否向激励对象直接给予激励,可以将激励措施分为直接激励措施和间接激励措施。

二、主要能源激励措施

尽管激励措施有多种多样,但是对它们的采纳和运用必须考虑成本—收益分析方法。本部分介绍一些主要的能源激励措施,包括政府投资措施、财政税收措施、购买补贴措施、信贷支持措施、价格激励措施、完善和创建能源市场措施、表彰奖励措施和罚没激励措施等。

(一) 政府投资措施

政府投资措施是指政府为了便利市场主体从事积极性能源行为,在相关领域通过直接投资或者公—私合作投资的路径,建设相关基础设施,如投资修建铁路、公路、道路、能源传输管线等。

(二) 财政税收措施

财政税收措施是指政府对生产能源商品和提供能源服务、生产能耗商品和提供能源耗服务的市场主体,为倡导、鼓励和推动其实施积极性能源行为,通过财政补贴、税收减免和抵

---

① See N. Gregory Mankiw, *Principles of Economics* (6th ed.), South-Western Cengage Learning, 2012, p.7.
② Ibid.

扣等使用财政收入或者减少财政收入的措施,降低其成本支出、减少其税收负担、增加其收入。

我国《节约能源法》第 66 条规定:"国家运用财税……政策,支持推广电力需求侧管理、合同能源管理、节能自愿协议等节能办法。"《清洁生产促进法》第 7 条第 1 款规定:"国务院应当制定有利于实施清洁生产的财政税收政策。"根据《可再生能源法》第 24 条的规定,国家财政设立可再生能源发展基金,用于支持可再生能源项目;基金的资金来源包括国家财政年度安排的专项资金和依法征收的可再生能源电价附加收入等。该法第 26 条规定:"国家对列入可再生能源产业发展指导目录的项目给予税收优惠。"

(三)绿色购买补贴措施

绿色采购买补贴措施是指政府通过向购买绿色商品或者服务的单位或者个人提供财政补贴,间接地倡导、鼓励和推动市场主体实施积极性能源行为。

与财政税收措施相比,绿色购买补贴措施更符合市场规律,能够促进生产能源商品和提供能源服务、生产能耗商品和提供能源耗服务的市场主体展开有效竞争,使商品和服务的购买者享受惠益。同时,也克服了财政税收措施中存在的计划分配资源、行贿受贿、效率低下、数据造假等弊端。

我国《清洁生产促进法》第 16 条第 2 款规定:"各级人民政府应当通过宣传、教育等措施,鼓励公众购买和使用节能、节水、废物再生利用等有利于环境与资源保护的产品。"

(四)信贷支持措施

信贷支持措施是指对生产能源商品和提供能源服务、生产能耗商品和提供能源耗服务的市场主体提供优惠投资和生产经营方面的优惠贷款,向购买绿色商品或者服务的单位或者个人优惠消费贷款,从而倡导、鼓励和推动市场主体从事积极性能源行为。

我国《可再生能源法》第 25 条规定:"对列入国家可再生能源产业发展指导目录、符合信贷条件的可再生能源开发利用项目,金融机构可以提供有财政贴息的优惠贷款。"《循环经济促进法》第 45 条第 2、3 款规定:"对符合国家产业政策的节能、节水、节地、节材、资源综合利用等项目,金融机构应当给予优先贷款等信贷支持,并积极提供配套金融服务。对生产、进口、销售或者使用列入淘汰名录的技术、工艺、设备、材料或者产品的企业,金融机构不得提供任何形式的授信支持。"

(五)价格激励措施

价格激励措施是指运用价格及定价机制,通过能源商品和能源服务的价格,影响能源商品和能源服务的使用者和消费者的能源消费方式,提高能源使用效率,降低单位 GDP 能耗,节约能源。

市场主体是否愿意对能源商品或者能源服务进行循环、综合和高效的利用,是否愿意开发利用新能源以及采用节能减排环保的设备和工艺,在很大程度上取决于能源商品或者能源服务的价格。因为价格影响和决定着成本,进而影响生产经营活动的利润。

政府对能源产品和能源服务的定价进行直接或间接的监管或者控制是必要的。但是,监管或者控制应该符合市场规律,一方面要体现市场供求关系,另一方面要促进节能和提高能效。然而,长期以来,我国由于担心能源价格的上涨会对某些产业造成成本压力,可能不利于经济发展和民生,就采取政府直接定价或指导定价的方式刻意压低能源产品和能源服务的价格。其结果是,一方面,企业和消费者缺少节约和高效利用能源的意识,以致能源浪费和利用效率低下的现象严重。另一方面,较低的能源成本优势又会导致某些产业或者企业盲目扩张,造成产能过剩,从而又造成进一步浪费,而且在宏观层面上加剧了我国能源问题。

可喜的是,我国政府已经意识到了这一点,着手进行有关改革。我国近些年来能源相关政策法律开始体现价格激励措施,但是具体规则的制定和实施却颇为艰难。例如,《节约能源法》第66条规定:"国家实行有利于节能的价格政策,引导用能单位和个人节能。国家运用财税、价格等政策,支持推广电力需求侧管理、合同能源管理、节能自愿协议等节能办法。国家实行峰谷分时电价、季节性电价、可中断负荷电价制度,鼓励电力用户合理调整用电负荷;对钢铁、有色金属、建材、化工和其他主要耗能行业的企业,分淘汰、限制、允许和鼓励类实行差别电价政策。"《循环经济促进法》第46条规定:"国家实行有利于资源节约和合理利用的价格政策,引导单位和个人节约和合理使用水、电、气等资源性产品。国务院和省、自治区、直辖市人民政府的价格主管部门应当按照国家产业政策,对资源高消耗行业中的限制类项目,实行限制性的价格政策。对利用余热、余压、煤层气以及煤矸石、煤泥、垃圾等低热值燃料的并网发电项目,价格主管部门按照有利于资源综合利用的原则确定其上网电价。"

(六) 完善和创建能源市场措施

经济学假设认为,不存在成本的交易是最有效率的交易。然而,这是很不现实的假设。科斯指出:"为了进行市场交易,有必要发现谁希望进行交易,有必要告诉人们交易的愿望和方式,以及通过讨价还价的谈判缔结契约,督促契约条款的严格履行,等等。这些工作常常是成本很高的,而任何一定比率的成本都足以使许多在无需成本的定价制度中可以进行的交易化为泡影。"[1]因此,为了推动能源市场的交易活动,通过降低交易成本来完善和创建市场就成为不少能源大国助推能源产业可持续发展、提高能源效率和提高节能减排的重要激励举措。

市场交易成本主要有信息成本,讨价还价的成本以及监督和执行合同的成本这三类。对于需要培育或者发展的能源及相关市场,基于互联网和大数据的技术支撑,政府可以通过下列完善和创建市场的措施进行激励:(1) 建立相关信息平台,降低市场主体了解市场趋势和寻找交易对方的信息成本。这是针对非政府创设的商品或者服务,已有的、相对成熟的市场而言的。(2) 建立相关交易平台,降低市场主体的信息成本,并提供可靠的交易保障机制以降低其监督和执行合同的成本。这是针对非政府创设的商品或者服务,有发展成为市场或者刚刚起步的、不(太)成熟的市场而言的。(3) 创设商品或者服务,并建立相关交易平台。这是针对不可能通过自由市场自发出现的商品或者服务、由政府通过法律拟制的商品或者服务而言的。碳排放就是政府创设商品或者服务,并建立相关交易平台作为交易市场的事例。

我国《清洁生产促进法》第10条规定:国务院和省级政府的"经济贸易、环境保护、计划、科学技术、农业等有关行政主管部门,都要组织和支持建立清洁生产信息系统和技术咨询服务体系,向社会提供有关清洁生产方法和技术、可再生利用的废物供求以及清洁生产政策方面的信息和服务"。我国的政府部门涉企信息统一归集和公示系统,对于降低市场主体了解市场趋势和寻找交易对方的信息成本、监督和执行合同的成本都具有巨大的作用。

---

[1] R. H. Coase, "The Problem of Social Cost", *Journal of Law & Economics*, 1960, Vol. 3 (1960), pp. 1—44.

(七) 表彰奖励措施

表彰奖励是指政府或其工作部门、企事业单位和社会团体，对在能源领域作出显著贡献或者取得实在成绩的单位和个人，给予的物质性的或者非物质性的表彰性奖励，以激励和促使受表彰者以及其他单位和个人今后更加积极地为能源事业作出贡献的措施。物质性奖励包括奖金、奖品等物质形式的奖励。需要注意的是，物质性奖励通常并不考虑补偿受奖励者的相关成本支出，其性质更多是以物质奖励形式体现的精神性奖励。非物质性奖励又可以分为荣誉性奖励和职位性奖两大类。荣誉性奖励，又称精神性奖励，主要有授予奖状、称号、记功、口头表扬等形式；职位性奖励主要是职位晋升等。

对先进单位或者个人予以表彰奖励，是我国社会主义制度的重要传统，是一种非常普遍的激励性措施。目前，我国一些能源及相关法律中都有关于表彰奖励措施的规定，其实施基础较为牢固，发展也初具规模。例如，《循环经济促进法》第48条规定："县级以上人民政府及其有关部门应当对在循环经济管理、科学技术研究、产品开发、示范和推广工作中作出显著成绩的单位和个人给予表彰和奖励。企业事业单位应当对在循环经济发展中作出突出贡献的集体和个人给予表彰和奖励。"《清洁生产促进法》第30条规定："国家建立清洁生产表彰奖励制度。对在清洁生产工作中作出显著成绩的单位和个人，由人民政府给予表彰和奖励。"

(八) 罚没激励措施

罚没是执法机关对实施违反能源法律行为的单位或者个人，根据违法行为的事实和情节，按照法律规定的程序，所作出的以罚款以及没收非法收入（或所得）或者实施违法行为的工具设施为惩罚形式的制裁措施。它是反对、限制或者禁止能源法律关系的主体实施消极性能源行为的反消极导向性激励措施。

需要注意的是，只有科学地确定法定成本、有效地增大受处罚概率、辩证认识法定成本与受罚概率之间的关系，才能使"违法成本＞违法收益"，促成"违法成本＞守法成本"的经济环境，从而促使经济人选择作出守法行为而不是违法行为。在确定能源违法行为的法定成本方面，必须考虑违法行为对公共能源物品本身造成的损害和处罚的功能。在增大受处罚概率应该考虑违法行为线索、执法人员数量和素质、执法程序要求、查处技术和设备水平、执法意愿、外部监督这六项因素的影响。在认识法定成本与受罚概率之间的关系方面，需要考虑它们之间的变量关系和社会关系。[①]

第四节　能源市场准入制度

一、能源市场准入制度概述

市场准入制度是指一国为了本国国家安全、人民生活、生态环境和经济发展的需要，就市场主体可以进入哪些领域或其哪些部分的市场进行投资和经营等市场行为，哪些商品或者服务可以进入哪些领域或其哪些部分的市场进行营销和销售等市场行为，以及相应市场主体需要具有哪些实体条件、经由哪些程序，才可以开展经营活动、进行市场行为的一系列

---

① 参见胡德胜：《论我国环境违法行为责任追究机制的完善》，载《甘肃政法学院学报》2016年第2期。

法律规则和规范以及相应运行机制所组成的相对独立和完整的规则体系和总体安排。

根据适用的市场主体对象是否外资，可以将市场准入制度分为外资市场准入制度和一般市场准入制度。外资市场准入制度适用于境外投资者在东道国的投资经营行为，是针对外商投资准入的特别管理措施。符合市场准入条件的外资，经过批准或者备案后，有权按照一般市场准入制度的规定，进入东道国的有关市场。

根据是明确准入的清单还是规定禁止或者限制的清单，可以将市场准入制度分为市场准入法定/许可制度以及市场准入负面清单制度。根据前者，只有法律明确规定可以进入或者限制进入的市场，市场主体才能进入，绝大多数情况下需要取得相应的政府批准或者许可。根据后者，对于禁止准入事项，市场主体不得进入，政府不予审批、不核准、不办理有关手续；对限制准入事项，或经由市场主体提出申请，政府依法依规作出是否予以准入的决定，或由市场主体依照政府规定的准入条件和准入方式合规进入，一般情况下需要取得相应的政府批准或者许可；对市场准入负面清单以外的行业、领域、业务等，符合相关实体条件的各类市场主体皆可依法平等进入。

根据适用的对象是投资和经营行为还是商品，可以将市场准入制度分为投资经营行为市场准入制度和商品市场准入制度。

明确、清晰、规范的市场准入制度，特别是市场准入负面清单制度，是发挥市场在资源配置中的基础性作用的重要基础，更好发挥政府作用的内在要求，构建开放型经济体制的必要措施。这是因为，第一，它可以赋予市场主体更多的主动权，有利于落实市场主体自主权和激发市场活力，有利于形成各类市场主体依法平等使用生产要素、公开公平公正参与竞争的市场环境，有利于形成统一开放、竞争有序的现代市场体系，将为发挥市场在资源配置中的基础性作用提供更大空间。第二，明确政府发挥作用的职责边界，有利于进一步深化行政审批制度改革，大幅收缩政府审批范围、创新政府监管方式，促进投资贸易便利化，不断提高行政管理的效率和效能，有利于促进政府运用法治思维和法治方式加强市场监管，推进市场监管制度化、规范化、程序化，从根本上促进政府职能转变。第三，它有利于加快建立与国际通行规则接轨的现代市场体系，有利于营造法治化的营商环境，促进国际国内要素有序自由流动、资源高效配置、市场深度融合，不断提升国际竞争力，是以开放促改革、建设更高水平市场经济体制的有效途径。

能源市场准入制度是指一国为了本国国家安全、能源安全、生活用能、生态环境和经济发展的需要，就市场主体可以进入能源领域中的哪些市场进行投资和经营等市场行为，哪些能源商品或者耗能源商品可以进入哪些领域或其哪些部分的市场进行营销和销售等市场行为，以及相应市场主体需要具有哪些实体条件、经由哪些程序，才可以开展经营活动、进行市场行为的一系列法律规则和规范以及相应运行机制所组成的相对独立和完整的规则体系和总体安排。

市场准入制度的分类和作用，适用于能源市场准入制度。

二、我国的能源市场准入制度

我国目前正在进行市场准入制度改革，向着以市场准入负面清单制度为主体的市场准入制度方向行进。2015年10月2日，国务院印发《关于实行市场准入负面清单制度的意见》，并制定《关于开展市场准入负面清单制度改革试点的工作方案》，决定对于市场主体的投资经营行为准入制度,按照先行先试、逐步推开的原则,实行市场准入负面清单制度。从2015年12月1日至2017年12月31日,在部分地区(天津、上海、福建和广东)试行市场准入负面清单制度,积累经验、逐步完善,探索形成全国统一的市场准入负面清单及相应的体制机制,从2018年起正式实行全国统一的市场准入负面清单制度。因此,对于投资经营行为市场准入制度,我国目前是市场准入法定/许可制度和市场准入负面清单制度同时存在,2018年起将正式实行全国统一的市场准入负面清单制度。在能源领域也是如此。

(一) 能源相关投资经营行为的市场准入制度

能源相关投资经营行为的市场准入制度包括两类:一是直接能源类,涉及能源资源勘探和开发、能源产品生产、能源管输(传输)和配送、能源商品或者服务的营销和销售。二是间接能源类,涉及使用能源作为主要原料的投资经营行为、生产用能商品的生产经营行为。

2016年3月2日,国家发改委和商务部印发了《关于印发市场准入负面清单草案(试点版)的通知》。《市场准入负面清单草案(试点版)》列出了与上述两类能源相关投资经营行为有关的负面清单(禁止类和限制类)。

(二) 能源相关的商品市场准入制度

能源相关的商品市场准入制度是一国政府为了节能和提高能源利用效率,依法限制某些用能产品进入销售市场、要求某些或者某类单位只有购买节能产品或者能效高的商品。我国的政府绿色采购制度就属于能源相关的商品市场准入制度。

我国《清洁生产促进法》第16条第1款规定:"各级人民政府应当优先采购节能、节水、废物再生利用等有利于环境与资源保护的产品。"

第五节　能源价格监管制度

一、能源价格监管制度概述

市场经济条件下的能源价格监管制度是指,政府为了预防或者纠正因能源商品或者服务价格导致的市场失灵情形发生,制定和实施的了解和分析能源市场价格形势、引导能源价格、规范垄断能源价格、监督能源价格法律实施情况并查处能源价格违法行为的一系列法律规则和规范及其运行机制所组成的相对独立和完整的规则体系和总体安排。

市场经济条件下,能源商品和服务的价格应该由正常的市场供求关系决定,并具有一定的相对稳定性;但是,在经过市场竞争而形成垄断或者存在自然垄断的情形下,政府需要对垄断情形下的价格形成进行规制,防止垄断者制定不合理的价格、损害消费者秩序或者扰乱市场秩序。

比较完善的能源价格监管制度应该包括以下四个方面:

(1) 能源市场价格监测和分析。政府应该对市场上的能源商品或者服务价格(特别是完全经由市场供求关系决定的价格)进行监测,分析价格趋势,发现是否存在价格不稳定的情况或者可能。

(2) 能源价格宏观调控决策。针对在能源市场价格监测和分析过程中发现的问题,以及根据宏观产业发展政策导向,制定宏观性的能源价格调控决策。在发生较大价格波动时,可以通过运用国家能源储备来影响经由市场形成的价格。除非发生巨大价格的波动,原则上不直接对经由市场形成的价格进行政府定价或者管制定价的直接干预。

(3) 对垄断情形下能源定价方法进行规制。对于自然垄断的输送和配送环节的以过网费形式表现的能源服务价格,政府应该模拟市场供求而规制价格形成机制,实施以"合理成本+合理利润"的定价和审核机制。在治理路径上,应该注重公开、透明、公众参与,确保成本的合理性,行政程序的简洁性。对于经由市场形成的或者其他原因形成的非自然垄断能源市场,只要不直接涉及国家安全,政府就应该打破垄断,经由市场没有垄断情形下的能源价格。

(4) 监督能源价格法律实施情况并查处能源价格违法行为。政府利用各种合法手段(特别是大数据)对能源价格法律的实施情况进行监督,查处能源价格违法行为,维护能源市场秩序,保护消费者利益。

二、我国的能源价格管理实践与监管制度构建方向

(一) 我国的能源价格管理实践①

目前,我国能源商品和服务领域的市场化程度低下、垄断程度较高、政府直接干预过多。经由市场供求关系形成的能源商品和服务价格不多,范围小、环节少。有关部门不尊重市场经济规律或者不考虑市场运行机制,对大量能源生产者和服务提供者的大量能源商品和能源服务进行实质上的分类、分段等直接定价,存在同品同质不同价的情况,总体上相当混乱。例如,从电价结构上看,目前我国对农业、居民、大工业和一般工商业实行不同电价的做法。对规模水电、风电、太阳能发电、潮汐能发电分别实行实质上的政府定价,而且对不同时段建设的实行不同的定价。由于输配不分以及输配不分电网企业对于电力生产商来说是唯一的购买者、对电力终端用户来说是唯一的销售者,垄断和垄断定价情况严重,而政府又对上网电价进行直接定价或者干预,造成了上网电价的"一厂一价"甚至"一机一价"的复杂问题。再如,在城市管道燃气供应领域,拥有城市燃气的管道公司是对于燃气生产商/供应商来说是唯一的购买者、对电力终端用户来说是唯一的销售者,垄断和垄断定价情况也十分严重,上游能源企业与中游能源企业之间利润配置很多情况下并不受市场供求关系调控。

虽然政府从本世纪初就布置以"管住中间、放开两头"为方向的能源商品和服务市场化改革,但是进展十分缓慢。以电力商品和服务市场为例,早在2002年2月10日国务院就在《关于电力体制改革方案的通知》中提出了"十五"期间"政企分开、厂网分开、主辅分离、输配分开和竞价上网"五项电力改革任务,提出包括独立配售电企业在内的符合条件的用电大户直接向发电企业购电。但是,2014年年底才提出在深圳实行输配电价改革和严格成本监审,降低电网企业输配电费用,经2015年和2016年试点范围扩大,目前才覆盖全国18个省级电网和1个区域电网。而2015年全国电力直接交易量也仅4300kWh。仅这些改革进展,就核减电网企业不相关资产和不合理成本210亿元、可降低销售电价的部分约80亿元,2015年电力直接交易量可减少用电企业成本215亿元。由此可见,拥有或者控制自然垄断的输送或者配送环节的企业的垄断利润是多么巨大,是多么严重地扭曲了能源市场、多么巨大地损害了能源终端用户和消费者的利益。

---

① 本部分中的数据主要来源于朱剑红:《电价改革 向"硬骨头"中的"硬骨头"开刀》,载《人民日报》2016年8月16日第1—2版。

(二) 我国能源价格监管制度的构建方向

市场经济规律告诫人们：能源市场上的能源商品或者服务价格应该基于市场供求关系而形成，自然垄断环节或者因直接的国家安全原则需要垄断环节的价格也应该模拟市场供求而规制价格形成机制；同一能源商品或者服务的多种价格会人为地造成该能源市场的复杂化，乃至造成该能源商品或者服务出现多个市场。以"管住中间、放开两头"为方向的能源商品和服务市场化改革，要求我国进行革命性的能源价格管理体制改革，构建基于市场的能源价格监管制度。

首先，应该取消对能源生产者或者供应者（主要是进口商）能源商品的政府定价管理模式，让市场供求关系决定能源商品价格。对于符合产业导向的能源企业（例如，新能源或者可再生能源生产企业）需要扶持或者补贴的，应该通过其他方式进行，而不宜通过规定其能源商品价格的方式实施。

其次，建立并不断健全能源价格监管制度。一要科学，应该基于市场供求关系和价格规律而构建。二要内容全面，应该涵盖能源市场价格监测和分析、能源价格宏观调控决策、对垄断情形下能源定价方法进行基于模拟市场的规制以及监督能源价格法律实施情况并查处能源价格违法行为等方面。三是监管措施要多样化，应该基于"互联网＋"进行包括大数据、云计算在内的多种合法手段，构建监管电子政务平台。

第六节　能源普遍服务制度

一、能源普遍服务制度概述

能源是生活之要、生产之基。生活之要，意味着每个个人或其家庭为了生活用能的需要，享有获得能源的基本权利。生产之基则意味着每个生产经营者为了生产经营活动的需要，应该享有通过市场渠道获得能源的权利。在市场经济条件下，如果在让每个人或其家庭、每个生产经营者获得能源的同时，能源商品或者能源服务的供应者也能够获得利润，后者是非常愿意供应能源商品或者提供能源服务的。这就是美国电话电报公司的总裁威尔（Theodore Vail）在1907年首次提出"普遍服务"并于次年打出"一套网络，一种政策，普遍服务"的广告词以谋求垄断经营地位的动因。然而在许多基于网输供应商品或者服务的领域，由于受用户的分布区域、位置、支付能力或者消费水平等能力的影响，相应商品或者服务的经营者往往受边际成本的影响而不会亏损向用户数量少的区域供应商品或者服务；能源领域就属于这类领域。为了保障民生或者促进经济发展，许多国家在事关民生以及支撑性经济领域进行国家干预，实施普遍服务制度。

就保障生活之要的能源普遍服务制度而言，是指为了保障个人或其家庭为了生活用能的需要，国家制定的一系列法律规则和规范、构建的一套运行机制所组成的相对独立和完整的规则体系和总体安排；它通过为能源商品或者能源服务企业设定法律义务、向它们或者用能户提供财政税收支持以及进行监管等措施，让个人或其家庭能够以负担得起的价格获得可靠的、可持续的能源商品或者服务。

目前，许多国家将能源普遍服务的总体目标确定为："提供价格合理的可靠能源，满足那些用不上能源或用不起能源的公民的用能需求。"[①]例如,法国 2000 年《电力公共服务现代化和发展法》第 1 条规定:电力公共事业应当在符合公共利益的原则下,保障全国的电力供应,满足每个人的获得电力供应的权利。2013 年《反贫困法令》规定,符合条件的贫困个人或家庭有权利向地方政府申请保障其能源供应,享受福利电费和煤气费。法国政府 2015 年与法国电力公司签订了《公共服务合同》,规定后者负有提供电力普遍服务的义务;同时,政府通过普遍服务基金对能源商品或者服务供应者因提供普遍服务而产生的成本损失进行补偿。

美国在 1981 年制定了《低收入家庭能源资助法》,并在 2005 年《能源政策法》中进行了修改。后者大幅度提高了低收入家庭过冬所需能源的年度资助金额,开展低收入社区节能示范项目。

日本《电气事业法》规定,电力供应商在没有正当理由的情况下,对在其经营范围内的用户的供电需求不得拒绝。该法还规定了成本主义、公正报酬和对用户公平三条电价确定原则来保障电力公平的价值需求的实现。

英国 2000 年《温暖家庭和节约能源法》是针对"燃料贫困"问题而进行的立法。该法规定:如果某人生活在以合理的费用仍不能使其住所处于温暖状态的低收入家庭,则他处于"燃料贫困"状态;政府应当在 2015 年前消除"燃料贫困"。根据 2010 年《能源法》专章"减少燃料贫困计划",政府可以要求天然气或者电力供应企业向"燃料贫困"家庭提供支持。2011 年《温暖家庭费用折扣条例》引入了强制社会价格支持制度,要求天然气或者电力供应商向符合条件的弱势消费者就其能源账单提供资助。2011 年《能源法》通过"绿色新政"计划,帮助居民改善其住宅的能源效率,减少个人或家庭的能源费用,并将改造费用纳入到家庭能源费用中分期偿还,从而帮助低收入弱势群体。2013 年《能源法》第 144 条规定了消费者能源救济指令的作出事宜,第 145 条对 2000 年《温暖家庭和节约能源法》进行了修改,以更好地解决个人和家庭的燃料贫困问题。

2014 年《二十国集团能源合作原则》的原则一是"确保人人能够获得负担得起的和可靠的能源"。2016 年 9 月《二十国集团领导人杭州峰会公报》承诺"提高负担得起、可靠、清洁、可持续、现代化的能源服务的普遍可及性,特别是减少普及电力的障碍"。

联合国 2015 年 9 月通过的《变革我们的世界:2030 年可持续发展议程》中,将"确保人人获得负担得起的、可靠和可持续的现代能源"列为可持续发展目标之七,提出"到 2030 年,确保人人都能获得负担得起的、可靠的现代能源服务"。

二、我国的能源普遍服务及制度构建方向

(一)我国的能源普遍服务实践

能源普遍服务这一概念对于中国是舶来品,相对较新。但是,就能源普遍服务的目标和内容来说,有些对中国来说则实践已久。这里以电力供应为例予以说明。在 1993 年底全国有 28 个无电县、1.2 亿无电人口。为了解决偏远、贫困地区供电难问题,1994 年国家计委、电力工业部等部委共同提出建设"电力扶贫共富工程";1995 年《电力法》第 8 条规定国家对农村及偏远地区的供电采取扶持政策,为此,政府对这些低收入地区或者高成本地区的用电采取一定的政策倾斜与补贴;1998 年开始实行"两改一同价""户户通电工程"等。2006 年

[①] 苏苗罕:《能源普遍服务的法理与制度研究》,载《法治研究》2007 年第 10 期。

"十一五"规划要求"加强城乡电网建设和改造,完善城乡配电网络,扩大供电范围,确保供电安全"。到2007年底,全国合计共有22个省实现了"户户通电",几乎所有省的行政村通电率都已达到99%以上,共消灭了1.1亿无电人口。这在一定程度上体现了能源普遍服务的思想和内容。然而,这并不是市场经济下的、真正意义上的能源普遍服务。这是因为,第一,当时的电价是由国家和地方政府综合考虑计划经济体制下的生产成本与当地的物价以及生活水平按照农业、工业、商业和生活用电分别制定的,基本上没有体现市场规律。第二,电力企业,特别是电力输配企业,是垂直一体化的垄断经营的电力企业。存在的主要弊端有四个①:(1)垄断经营的电力企业占有绝对的信息优势地位,很容易造成投机行为的发生,增加了政府的成本。(2)政府以交叉补贴的方式对高成本地区进行补贴,它与以电力成本为基础的补贴机制相比,缺乏促使电力产业向高成本地区进行投资的有效激励。(3)将基于电力生产成本而形成的电能本身的价格与电力输送和配送基于输配成本而形成的输配服务价格,不适当地混合在一起,形成了说不清道不明的糊涂电价。(4)不同的电价形成了多个不同的电力供应市场,割裂了市场的有机统一。

(二)我国能源普遍服务制度的构建方向

早在"十一五"期间,国家就提出了能源领域向市场化发展、打破垄断的改革思路,但是实际上并没有真正进行。"十二五"规划提出:实行输配分开,积极推进电价改革,完善输配电价形成机制,改革销售电价分类结构;进一步完善成品油价格形成机制,积极推进市场化改革。理顺天然气与可替代能源比价关系。"十三五"规划提出:面向社会资本扩大市场准入,加快开放电力、石油、天然气、市政公用等行业的竞争性业务;减少政府对价格形成的干预,放开电力、石油、天然气、市政公用等领域竞争性环节价格。

2007年《能源法(征求意见稿)》就能源普遍服务制度作出了原则性但是缺乏可操作性规定。它关于能源普遍服务制度的主要内容包括:(1)国家建立和完善能源普遍服务机制,保障公民获得基本的能源供应与服务(第7条)。(2)从事民用燃气、热力和电力等供应业务的企业承担能源普遍服务义务,接受能源主管部门和有关部门及社会公众监督(第50条第1款)。(3)国家建立能源普遍服务补偿机制,对因承担普遍服务义务造成亏损的企业给予合理补偿或者政策优惠(第50条第2款)。(4)国务院能源主管部门会同有关部门依法对具有自然垄断特征的电力、石油、燃气等能源输送管网的公平开放、普遍服务、消费者权益保护等实行专业性监管(第53条)。(5)承担能源普遍服务义务的能源企业停业、歇业或者无法履行义务的,应当报原业务准入审批机构审批或者备案(第51条);未经批准,擅自停业、歇业或者停止按法定条件履行普遍服务义务的,依法承担法律责任(第128条)。

随着能源领域市场化改革的深入进行,在输配企业都不能作为能源商品的买方或者卖方、能源商品的供方和需方直接交易、输配分开的市场条件下,我国的能源普遍服务制度的构建应该包括如下四个方面。

第一,区分能源商品供应和能源输配管网服务提供这两个市场,分别构建相应的符合市场规律的能源普遍服务机制。

第二,在能源输配管网服务领域:(1)建立能源输配管网服务行业准入和退出制度。(2)为能源输配管网服务企业设立提供能源普遍服务的法律义务。由于能源输配管网服务

---

① 关于前两个弊端,参见夏青:《能源普遍服务及其在中国的制度设计》,华东政法大学2015年硕士学位论文。

是自然垄断领域,义务内容应该包括向输配管网服务区域内的所有个人或者家庭提供非歧视的、持续的和价格上负担得起的接入服务,不限制其对能源商品供应商的选择权。(3)对因履行该义务而发生亏损的能源输配管网服务部分,向能源输配管网服务企业给予合理补偿或者政策优惠。

第三,在能源商品供应领域:(1)建立能源商品供应行业准入和退出制度。(2)为能源商品供应企业设立提供能源普遍服务的法律义务。义务内容应该包括向所有个人或其家庭提供非歧视的、持续的、市场价格的能源商品。(3)对于因市场能源价格过高和/或贫困、收入低下而负担不起的个人或其家庭,对其基本需求额度内的能源消费量,由国家按照一定的补贴标准,经由能源商品供应企业进行补贴。

第四,建立能源普遍服务提供的监督机制。确保能源普遍服务目标的实现和补贴的正确发放,维护能源市场的有机统一。

第七节 能源储备制度

能源储备是指一国为了保障能源供应安全,运用国家财政、市场运作或者两者结合的方式,对某一(些)种类的能源实施购买、储存和维护,并在符合法定条件时进行释放,从而维持能源供应稳定、确保能源供应不中断的活动。能源储备制度是指调整能源储备相关活动中所产生的能源社会关系的一系列法律规则、规范及其运行机制所组成的相对独立和完整的规则体系和总体安排。

能源储备制度侧重于事先的能源供应风险防范,积极地应对可能出现的能源短缺,保障能源供应安全。[①] 建立能源储备制度是世界上主要能源消费国家(特别是市场经济发达国家)的通常做法。由于能源储备不仅耗资巨大,而且对于能源市场和能源安全也有着非常重要的影响,所以,在建立能源储备之前需要通过立法将需要储备的能源种类、储备模式和管理体制等问题作出明确规定。从实施能源储备制度的多数国家经验看,一般都在能源综合立法或者能源基本法中对能源储备制度作出一般性规定,在调整某种类能源的立法中则详细规定该类能源的储备制度。

一、能源储备的类型

(一)能源资源储备和能源产品储备

根据所储备的是能源资源还是能源产品,可以将能源储备分为能源资源储备和能源产品储备。

1. 能源资源储备

1923年美国总统哈丁颁布行政令,将阿拉斯加州北部一块确信富藏石油资源的地区设立为美国海军的紧急石油供应储备,建立了国家石油资源储备基地,从而开创了国家矿产资源储备的先例。美国1976年《海军石油储备产品法》用制定法对此予以确立,扩大了石油资源储备地区的范围,将管理职权赋予内政部。

能源资源储备包括石油、天然气、铀以及特殊和稀有煤种等能源资源的储备。能源资源

[①] 参见张勇:《能源基本法研究》,法律出版社2011年版,第189页。

储备制度一直都存在于我国的资源管理实践中。纳入到能源储备框架中的资源储备特指能源资源(如煤炭资源、石油资源、天然气资源等)的储备。

2. 能源产品储备

能源产品储备是指对能源产品(如原油、成品油、天然气、铀产品等)进行储备,保障能源供应安全以及国家能源安全。能源产品储备起源于石油储备。石油储备制度的建立基于经济学家凯恩斯 20 世纪 30 年代提出的"初级产品平准储备"思想。这一思想一开始并没有发展成为一套完整的制度体系。① 在 20 世纪 70 年代以来的石油危机冲击之下,石油储备制度逐渐成熟和完善。这与西方国家建立石油储备和制定石油储备立法是分不开的。例如,美国的《能源政策与保护法》和《战略石油储备动用规则》、日本的《石油储备法》和《石油公团法》、德国的《石油及石油制品储备法》、法国的《关于工业石油储备库存结构的第 58—1106 号法》等。从国际范围来看,能源产品储备目前最常见的能源品种是原油和成品油。

(二) 政府能源储备和企业义务能源储备

由于所需资金量巨大,能源储备一般都需要采取多种出资方式。在世界范围内,常见的出资方式有政府出资、企业出资以及政府和企业出资相结合这三种出资方式。

政府能源储备是指政府直接投资运营或政府出资委托企业开展的能源储备,收储、动用、轮换等都实行国家统一管理,所储备能源的所有权属于国家。企业义务能源储备是指由能源生产和消费企业根据法律的要求而承担的社会责任储备,又称企业能源储备,一般实行最低库存管理。企业储备的能源所有权属于出资的企业,但在遇到法定储备动用的情形时,企业储备要无条件服从国家的要求,将所储备的能源投入市场或听从其他安排。

需要注意的是,不能将政府出资而委托能源企业进行的政府储备视为企业储备。对政府储备和企业储备进行区分的关键,是看由谁出资。

知识介绍

石油储备的品种、目标和模式

从世界范围来看,储备的石油品种可以是石油资源、未经加工的原油,也可以是成品油。其中,成品油包括汽油、柴油、航空煤油等。原油储备的优点是储存成本低,可随时炼制成所需要的油品;成品油储备的优点是在紧急状况下可以迅速投放,避开了炼制风险。在实践中,国际能源署成员国储备的石油中,约 2/3 属于原油,1/3 属于成品油。

一国往往根据国民经济和社会发展需要以及国家能源发展规划,结合一定时期内的国家财政状况和石油储备能力,制定国家石油储备总体发展目标和阶段性目标。国家保持国家石油储备规模与石油消费总量相适应。西方国家的石油储备规模基本是依据国际能源署和《国际能源计划协议》确定的标准:石油进口国的石油储备规模应当相当于上年度 90 日的

---

① 石油储备的实践最早出现于 20 世纪初的法国。法国 1925 年《石油法》明确规定:所有进口原油、石油副产品和渣油的批发商都要取得贸易工业部发放的许可证,许可证持有者有义务建立相当于最近 12 个月消费量 1/4 的储备。参见国际计委综合司研究小组:《国家石油储备问题研究——中国石油储备的基本设想》,载《经济研究参考》2002 年第 3 期。

石油净进口量。

在实践中,石油储备可以分为政府石油储备、企业石油储备和中介机构石油储备三种类型。石油储备模式是指对这三种类型石油储备的选择。欧美等国的石油储备经验表明,纯粹的政府石油储备、企业石油储备或者是中介机构石油储备都不多见,一般都是互相结合,出于各种原因会有所倚重。不同的模式不仅关系到储备的主体选择,也关系到资金的来源问题。政府储备完全由中央政府出资建设和维护,石油储备的所有权归中央政府。美国的国家战略石油储备、日本的国家石油储备均属于这种储备模式。企业储备则是相对于政府储备而言,由企业承担的、除维持正常生产经营周转所需库存之外应保有的义务储存量,由企业进行投资,石油储备的所有权归企业。中介储备模式的成功范例见于德国,是指由相关企业共同出资组建单独的机构(德国称为石油储备联盟)专门负责石油储备事宜,资金来自会员缴纳的会费。

二、我国的能源储备制度

我国早已进行能源储备建设。2003 年 4 月 25 日国务院办公厅《国家发展和改革委员会主要职责、内设机构和人员编制规定的通知》中,国家发改委的主要职责包括管理石油国家储备,具体工作由其内设机构能源局(国家石油储备办公室)承担。2008 年,根据第十届全国人民代表大会第一次会议批准的国务院机构改革方案和《国务院关于机构设置的通知》,国家发改委管理国家石油储备的职责划给新设立的国家能源局。2008 年 12 月,经国务院批复、国土资源部发布了《全国矿产资源规划(2008—2015 年)》。①它明确规定:我国实施矿产资源储备,推进建立石油、特殊煤种和稀缺煤种、铀、铜、铬、锰、钨、稀土等重点矿种的矿产资源储备;建立完善矿产资源战略储备的管理机构和运行机制,形成国家重要矿产地与矿产品相结合、政府与企业合理分工的战略储备体系。国务院办公厅 2013 年 6 月 9 日《国家能源局主要职责内设机构和人员编制规定》规定:国家能源局拟订石油、天然气战略储备规划和石油、天然气战略储备设施项目,提出国家石油、天然气战略储备收储、动用建议,经国家发改委审核后,报国务院审批;国家能源局内设机构石油天然气司(国家石油储备办公室)具体承担国家石油、天然气储备管理工作,监督管理商业石油、天然气储备。

但是,法律上的能源储备制度在我国基本上并未建立。长期以来,我国能源储备的建设、管理一直以政策性文件作为依据,这些文件存在统一性、稳定性、权威性不足的问题。随着我国能源储备建设的不断推进,能源储备涉及的主体越来越多,产权关系、利益关系日益复杂化,需要建立完善的国家能源储备管理制度,对相关主体的权利义务、国家能源储备的监督管理等进行规范。为了完善国家能源储备管理体制,使国家能源储备的建设、管理、动用、监管有法可依、有章可循,保障国家能源储备建设和管理有序进行,需要尽快制定有关法律,正式建立能源储备制度。

根据我国 2014 年《能源发展战略行动计划(2014—2020 年)》和"十三五"规划,我国拟建立的能源储备制度是这样的能源储备体系:国家储备与企业储备相结合、战略储备与生产运

---

① 《全国矿产资源规划(2008—2015 年)》虽然到 2015 年为规划期,但是延期到了 2020 年。

行储备并举;产品、产能、产地储备相结合。它旨在服务于国家能源应急保障、能源安全保障能力的提高。

为了加强能源储备能力,我国在2014—2020年期间准备和已经采取的措施包括:(1)扩大石油储备规模。建成国家石油储备二期工程,启动三期工程,鼓励民间资本参与储备建设,建立企业义务储备,鼓励发展商业储备。(2)提高天然气储备能力。加快天然气储气库建设,鼓励发展企业商业储备,支持天然气生产企业参与调峰,提高储气规模和应急调峰能力。(3)建立煤炭稀缺品种资源储备。鼓励优质、稀缺煤炭资源进口,支持企业在缺煤地区和煤炭集散地建设中转储运设施,完善煤炭应急储备体系。目前,我国国家石油储备建设已经取得重要进展。到2016年年初,建成了舟山、镇海、大连、黄岛、独山子、兰州、天津以及黄岛国家石油储备洞库共8个国家石油储备基地;利用上述储备库及部分社会企业库容,共储备原油3197万吨。①

2016年5月,国家能源局公布《国家石油储备条例(征求意见稿)》,公开征求意见。征求意见稿共七章53条。第一章"总则"规定立法目的、适用范围、储备类型和品种、储备目标、主管部门职责等内容。第二章"政府储备"规定储备单位的职责、储备基地公司的职责、储备项目建设的原则、安全生产保障、储备资金来源等事项。第三章"企业义务储备"规定企业义务储备主体范围、储备规模、储备计入范围、采购、存储和轮换的管理等事项。第四章"国家石油储备动用"规定国家石油储备动用的条件、原则、有关单位的配合义务等内容。第五章"监督管理"规定相关部门的监督检查职责、检查措施、企业配合义务、经营考核、储备报告制度等内容。第六章"法律责任"规定对石油企业违反政府储备有关规定、企业义务储备有关规定的处罚措施。第七章"附则"对相关术语作出解释,规定既有石油企业达到储备规模要求的时限,以及与国家物资储备和企业商业储备的关系等内容。

第八节　能源应急制度

能源应急是能源法的一项基本制度。早期,学界和实务界都倾向于将它与能源储备制度放在一起,称为能源储备与应急制度,其中的应急制度往往是指能源储备的动用。然而,随着能源应急问题重要性的提升以及我国能源应急能力的加强,人们逐渐倾向于将能源储备制度与应急制度分开,将能源应急制度纳入国家应急框架体系之中。

一、能源应急制度概述

能源应急是指在发生能源突发事件时,为了应对能源供应严重短缺、供应中断、价格剧烈波动以及其他能源应急事件,维护基本能源供应和消费秩序,保障经济平稳运行,国家组织采取的临时性措施以及实施的相关活动。能源应急制度是指调整能源应急相关活动中所产生的能源社会关系的一系列法律规则、规范及其运行机制所组成的相对独立和完整的规则体系和总体安排。

能源应急的主要表现包括单品种或多品种能源的生产、进口或运输(传输)突然中断,由中断造成的大范围、长时间能源短缺(总量减少或品种断档),以及由此引发的能源市场价格

---

① 参见马琛:《国家石油储备建设取得重要进展》,载《中国能源报》2016年9月12日第14版。

剧烈波动等。其本质特征为较大区域终端能源供应消费受到实质性影响。能源应急可以由多方面原因引发或造成,能源生产、运输等环节发生的自然灾害、事故灾难等突发事件。能源应急的主要任务在于减少、消除突发事件对能源供给和消费带来的现实或潜在的损害。能源应急的目的具有公共性,首要目标是保障基本能源供给,是政府履行社会管理、公共服务责任,保障经济运行的需要。

我国2007年《能源法(征求意见稿)》规定,国家建立能源应急制度。2014年《能源发展战略行动计划(2014—2020年)》要求加强能源安全信息化保障和决策支持能力建设,逐步建立重点能源品种和能源通道应急指挥和综合管理系统,提升预测预警和防范应对水平。2007年《突发事件应对法》是我国专门规定应急制度的法律,形成了适用于突发事件的预防与应急准备、监测与预警、应急处置与救援、事后恢复与重建等一系列应对活动。我国能源应急制度应当依据《突发事件应对法》建立。

二、能源突发事件的分类

我国《突发事件应对法》第3条第1款规定,突发事件是指"突然发生,造成或者可能造成严重社会危害,需要采取应急处置措施予以应对的自然灾害、事故灾难、公共卫生事件和社会安全事件"。相对地,能源突发事件也应该分为自然灾害、事故灾难、公共卫生事件和社会安全事件四类。

(一)自然灾害

自然灾害包括水灾及山洪、地震、地质灾害等。例如,2008年我国南方地区冬季接连出现严重的低温雨雪天气过程,致使我国南方近二十个省(区、市)遭受历史罕见的冰冻灾害。这次冰冻灾害导致交通运输、能源供应、电力传输、农业及人民群众生活等方面一时间受到极为严重的影响。国家财政拨款、南方地区电网企业投入大量人力和物力抢修电力传输线路,保障电力供应畅通。

(二)事故灾难

能源生产、输运企业或设施的安全生产事故有可能造成大面积、长时间的能源供给中断,在一定条件下还可能引发恶性的环境污染事故和大规模人员中毒事件。例如,2003年12月23日,重庆市开县高桥镇罗家寨发生了特大井喷事故;这是新中国成立以来重庆历史上死亡人数最多,损失最重的一次特大安全事故。

(三)公共卫生事件

大范围突发性公共卫生事件可能造成能源传输受阻,生产组织混乱,进而引发局部地区能源供给量减少或者中断。例如,在2003年初非典期间,全国很多电力企业全力以赴抗非典、保供电,防止由于电力系统崩溃而引发社会恐慌和混乱。

(四)社会安全事件

重要能源生产设施、运输通道、管线、库罐遭到破坏或功能不能正常发挥,正常的能源供需秩序就会被扰乱。其他类型的重大事件,如国际贸易纠纷、航运线路中断、局部战争或地区武装冲突、严重经济危机及其引发的企业倒闭等等,都会在不同程度上造成能源风险。例如,2016年5月法国部分炼油厂与油库员工大规模罢工,致使法国出现油料短缺,政府不得不动用燃油战略储备。

二、能源应急事件分级

对突发事件进行分级是突发事件应对法的一项基础性制度,因为需要根据突发事件的级别而采取不同的应急措施,级别分类是采取不同应对措施的基础。我国《突发事件应对法》第3条第2款按照社会危害程度、影响范围等因素,将各类突发事件分为特别重大、重大、较大和一般共四级。

能源应急事件也应该实行分级管理。按照实际或者合理预计的可控性、严重程度、影响范围和持续时间,可以将能源应急事件分为特别重大、重大、较大和一般共四级。具体分级标准和相应预警级别应当由国务院或者其确定的主管部门制定。其中,特别重大的能源应急事件以及相应的预警由国务院认定。重大级别的由国务院能源主管部门会同有关部门认定,报国务院批准。较大级别的由省级政府认定,并报国务院能源主管部门备案。一般级别的由县级以上地方政府认定,并报省级政府批准。

三、能源应急准备

建立健全有效的突发事件预防和应急准备制度,是做好突发事件应急处置工作的基础。我国《突发事件应对法》从四个方面作了明确规定:(1)各级政府及其有关部门应当制定、适时修订应急预案,并严格予以执行。(2)各级政府应当建立或者确定综合性应急救援队伍。(3)组织开展应急知识的宣传普及活动和必要的应急演练。(4)各级政府应当保障突发事件应对工作所需经费。在能源领域,能源应急准备在制度建设上需要包括应急预案制度、预警制度、突发事件信息系统等。

(一)应急预案

国务院制定国家能源应急总体预案。国务院能源主管部门组织编制主要能源品种的专项应急预案,并报国务院批准。县级以上地方政府编制本行政区的能源应急总体预案。能源生产供应企业、重点用能单位以及人员密集场所等关系公共安全的单位,应当编制相应的能源应急预案。能源应急预案应当包括预防准备、预警监测、应急响应和善后恢复等内容。

(二)预警机制

预警机制不够健全往往是突发事件发生后得不到及时处置、人员财产损失比较严重的重要原因。为了解决这一问题,我国《突发事件应对法》第17条规定建立健全突发事件预警制度。按照突发事件发生的紧急程度、发展态势和可能造成的危害程度,将可以预警的自然灾害、事故灾难和公共卫生事件的预警级别分为一级、二级、三级和四级,分别用红色、橙色、黄色和蓝色标示;一级为最高级别。同时规定,县级以上地方政府应当根据有关法律、行政法规和国务院规定的权限和程序,发布相应级别的警报,决定并宣布有关地区进入预警期,同时向上一级政府报告,必要时可以越级上报,并向当地驻军和可能受到危害的毗邻或者相关地区的政府通报。

我国能源领域的预警工作开展得比较早。2008年1月,国务院办公厅发出《关于加强能源预测预警工作的意见》,明确要求抓紧建立健全统计制度、稳步推进能源预测预警信息系统建设、着力提高能源预测预警能力和水平、建立能源预测预警信息发布制度。根据2013年6月《国家能源局主要职责内设机构和人员编制规定》,国家能源局进一步加强了能源预测预警工作,提高国家能源安全保障能力。

（三）突发事件信息系统

处置非典的经验证明，早发现、早报告、早预警，是及时做好应急准备、有效处置突发事件、减少人员伤亡和财产损失的前提。我国《突发事件应对法》第 37 条规定：国务院建立全国统一的突发事件信息系统；县级以上地方各级政府应当建立或者确定本地区统一的突发事件信息系统，汇集、储存、分析、传输有关突发事件的信息，并与上级政府及其有关部门、下级政府及其有关部门、专业机构和监测网点的突发事件信息系统实现互联互通，加强跨部门、跨地区的信息交流与情报合作。

四、能源应急启动

当能源经济波动、能源突发性事件达到一定预警等级或需采取国际或地区能源合作协调行动时，国家能源主管部门应当报请国务院批准并宣布启动能源应急程序。能源应急程序启动后，各级政府及其他单位和个人必须予以配合，协调运作。

（一）应急处置

能源应急事件的处置实行统一领导、分级负责、分类实施、协同配合的原则。发生能源应急事件时，有关政府应当依法及时启动能源应急预案以及相关应急预案，实施应急处置措施。

（二）应急措施

在能源应急期间，各级政府应当根据维护能源供给秩序和保护公共利益的需要，按照必要、合理、适度的原则，在所辖行政区采取能源生产、运输、供应、储备紧急调度，价格干预、征收、征用能源资源和其他法律规定的应急措施。实施能源应急措施应当向社会公告。在局势稳定或好转时，能源应急措施应当及时予以中止或取消。当发生能源供应有可能持续紧张或即将中断时，国家可以采用下列应对措施：公共动员和宣传、限制需求、强制能源替代、启动能源生产紧急恢复系统、释放能源储备进行紧急生产以及动用能源储备等。

各级政府在采取能源应急措施的同时，应当制定维持重要国家机关、国防设施、救灾抢险指挥机构、交通通信枢纽、医疗急救等要害部门运转，保障居民生活以及必要社会生产活动的基本能源供应顺序。

（三）相关方义务

在能源应急期间，应急区域内所有单位和个人有执行政府能源应急指令和承担相关应急任务的义务，应急区域外的单位有提供支援的义务，因不可抗力或超出本身能力的除外。

能源生产供应单位有保障能源资源安全和能源生产运输设施设备功能完好的义务；用能单位有保障本单位重要耗能设施设备安全的义务。各级政府处置能源应急事件所发生的费用列入本级政府财政预算。

五、应急善后工作

有关政府或其相关主管部门应当及时退还因能源应急依法征收、征用的物资、设备和设施，并对损耗、消耗部分给予补偿；对承担能源应急任务的单位和个人，可以给予适当奖励或补偿。各级政府对能源应急期间遭受损失较大的地区、行业、社会群体以及低收入者，可以给予一次性补助或救济。

思考题

1. 能源战略和规划制度应该有哪些基本内容？为什么？
2. 能源激励制度应该有哪些基本内容？为什么？
3. 能源市场准入制度应该有哪些基本内容？为什么？
4. 能源价格监管制度应该有哪些基本内容？为什么？
5. 能源普遍服务制度应该有哪些基本内容？为什么？
6. 能源战略储备制度应该有哪些基本内容？为什么？
7. 能源应急制度应该有哪些基本内容？为什么？

拓展阅读

1. N. Gregory Mankiw, *Principles of Economics* (6th ed.), South-Western Cengage Learning, 2012.
2. R. H. Coase, "The Problem of Social Cost", *Journal of Law & Economics*, 1960, Vol. 3 (1960).
3. 张勇:《能源基本法研究》,法律出版社 2011 年版。
4. 肖国兴:《论能源战略与能源规划的法律界定》,载《郑州大学学报(哲学社会科学版)》2009 年第 3 期。
5. 苏苗罕:《能源普遍服务的法理与制度研究》,载《法治研究》2007 年第 10 期。
6. 胡德胜:《论我国环境违法行为责任追究机制的完善》,载《甘肃政法学院学报》2016 年第 2 期。

能源生产供应编

第八章　石油法
第九章　天然气法
第十章　煤炭法
第十一章　电力法总论
第十二章　水电法
第十三章　核电法

基于能源类别的能源生产和供应活动，本编讨论石油法、天然气法、煤炭法、电力法、水电法、核电法等能源法学的分支学科。

第八章

石　油　法

> ✍学习目标
> 通过本章的学习，学生可以掌握以下内容：
> 1. 石油法的概念和特征；
> 2. 石油法的调整对象和法律属性；
> 3. 世界石油法的立法模式及主要内容；
> 4. 我国石油法的主要制度。
>
> ✍关键概念
> 石油法　石油资源所有权　石油矿业权　许可证　石油合同

第一节　石油和石油产业

一、石油的概念与属性

（一）石油的概念

关于石油的概念，可以从不同角度予以理解。

从自然物的角度来说，石油是储藏于地下的一种矿物，化学成分上主要由碳、氢组成，也含有少量的氧、氮、硫。关于石油的形成机理，有生物沉积学说和石化油学说这两种学说。前者是主流学说，认为石油是古代海洋或湖泊中的生物经过漫长的演化形成，属于化石燃料；后者认为石油是由地壳内本身的碳生成，与生物无关。

从自然资源的角度来说，根据开采利用的技术和现状，作为石油资源的石油，主要有原油、油沙油和页岩油这三种石油资源。其中，原油是主要的石油资源。

从对石油资源进行开发而得到的初级产品来说，石油是指原油、油沙油和页岩油；人们也统称它们为原油（材料）。

从对开发出来的石油（材料）进行加工提炼而产生的可以用作能源的产品来说，石油是指成品油，包括汽油、柴油、煤油和燃料油等。

作为能源法调整对象的石油，通常包括石油资源、原油（材料）和成品油。

(二) 石油的属性

石油具有下列三种属性。

(1) 石油资源是不可再生的可耗竭资源。作为自然物的石油,其形成需要经历漫长的时期。相对于人类社会对石油资源的开发利用时间来说,石油资源是不可再生资源。

(2) 石油用途广泛。原油(材料)经过加工,一方面,生产出来的成品油是能源,其用途非常广泛而且重要,几乎为现代社会不可或缺。另一方面,还可以生产出5000多种其他化工原料,例如,合成橡胶、塑料以及化肥、农药等可由石油化工原料提供。

(3) 石油是一种商品。根据经济学原理,无论是石油资源,还是石油(材料),抑或成品油,都具有商品的基本属性。目前,石油是世界上最大宗的国际交易商品之一。

二、石油资源和石油消费的国际分布状况

(一) 石油资源的国际分布状况

世界石油资源非常丰富,储量巨大,但是分布不均。人们通常按照储量的可靠程度,对石油和天然气储量进行分级。然而,目前国际上的石油和天然气储量分级分类体系千差万别,总体上可以分为三大体系、五个层次。三大体系是指以美国、加拿大、澳大利亚、南非等矿业大国为代表的大国体系,以北欧工业相对发达和南美矿业相对富有国家为代表的小国体系,以俄罗斯和中国为代表的国家计划体系。五个层次是指与资源勘探开发有关的公司层次、行业协会层次、国家层次、国际层次和资本投资层次。无论是哪个体系和层次,其目的主要有两个:一是为正确量化而建立技术指标,二是为相互交流建立对应关系。大致上,人们按探明程度的高低,依次将石油和天然气储量分为探明储量、控制储量和预测储量三级;如无特别说明,储量通常是指探明储量。

瑞士银行2012年12月发布的全球石油储量报告显示,世界前10名国家是:沙特(362亿吨),加拿大(184亿吨),伊朗(181亿吨),伊拉克(157亿吨),科威特(138亿吨),阿联酋(126亿吨),委内瑞拉(109亿吨),俄罗斯(82亿吨),中国(60亿吨),利比亚(54亿吨)。[①]

中东地区的原油储量约占世界总储量的2/3,沙特阿拉伯、伊朗、伊拉克、科威特和阿联酋都是产油大国,卡塔尔是近年来石油产量增长最快的国家之一。非洲是近几年原油储量和石油产量增长最快的地区,其中尼日利亚是增长最快的国家。北美洲的加拿大、美国和墨西哥原油储量都很丰富,加拿大原油储量居世界第二位。2010年前后,因压裂技术和相关技术的不断进步和应用,使得页岩油资源得到大规模的商业开发,石油产量因而得到增长,引发了页岩革命,北美石油生产也成为全球石油供应增长的主力。中南美洲也是世界原油储量和石油产量增长较快的地区之一,是世界重要的石油生产和出口地区,委内瑞拉、巴西和厄瓜多尔是该地区原油储量最丰富的国家。其中委内瑞拉原油储量为109亿吨,居世界第七位。在亚太地区,东南亚国家中印尼和马来西亚是该地区最重要的产油国,越南也于2006年成为东南亚第三大石油生产国和出口国。在欧洲,俄罗斯原油储量为82亿吨,居世界第八位,挪威、英国、丹麦是西欧原油储量最丰富的三个国家。因解除长达四十年的原油出口禁令,加大成品油出口以及成为新的液化天然气出口国,美国在2015年从主要石油进口国成为重要的石油生产国和出口国,开始对油气行业和市场产生重大影响,将极大地改

[①] 参见佚名:《全球石油储量最新报告发布》,载《石油和化工设备》2013年第2期。

变全球油气供应格局;作为世界油气市场新的调节器,美国左右全球能源市场的能力显著提升,正在重塑着世界石油地缘政治格局。[1]

(二)石油消费的国际分布状况

在石油消费量方面,亚太地区近二十年来由于经济发展迅猛,石油消费量增长迅速;其中,中国和印度属于世界上石油消费增长最快的国家,美国、中国和日本分别是世界第一、二、三大石油消费国,但由于日本注重采用节能技术,石油消费增速缓慢。北美洲是经济发达地区,其石油消费量占世界的25.3%。欧洲是重要的石油消费集中地区,主要消费国有俄罗斯、德国、法国、意大利等,但是石油消费总量呈下降趋势。中东国家虽是富油地区,但其石油消费量并不高,仅占世界的9.1%;其中沙特阿拉伯是该地区最大的石油消费国。中南美洲石油消费量较少,占世界的7.1%;其中,巴西、委内瑞拉、阿根廷是中南美洲的三大石油消费国。经济最不发达的非洲地区石油消费量最少,而且增长不明显,乃至有时下降。[2]

三、石油产业

石油产业就是由石油勘探、开采、加工炼制、储运、供应和贸易活动等相互联系的行业组成的利益相关整体。需要注意的是,由于石油和天然气往往伴生,对这两种资源的勘探和开采活动时常同时进行。

(1)石油勘探。石油勘探是指为了查找石油资源,利用野外地质调查、地震勘探、地球化学勘探和放射性勘探等技术,了解地质状况,搞清地质结构和石油生成、聚集条件,评价石油聚集的有利锻造带,对构造成藏条件进行对比评价,以发现石油为目的进行钻探,在此基础上查明石油边界,确定含油状况的活动。

(2)石油开采。利用各种方法,将石油从储层采集到地面的过程。石油开采分为一、二、三次采油阶段。一次采油阶段,是利用油藏本身的天然能量开采原油阶段。二次采油阶段,是当油藏能量不断损耗,无法完全依靠天然能量采油时,由人工向油藏中注水或注气以补充或保持地层能量而增加采油量的方法。三次采油阶段,是向地层注入化学剂、气体溶液或化学能、生物能等能量,将一、二次未能采出的原油采出,提高最终采收率的阶段。

(3)石油加工炼制。将原油(材料)经常压蒸馏法、减压蒸馏法和裂化法、石油焦化、催化重整以及炼厂气加工、石油产品精制加工生产出各种石油制品的过程。炼制过程分为一次加工、二次加工、三次加工过程,产出汽油、喷气燃料、煤油、柴油、燃料油、润滑油、石油蜡、石油沥青、石油焦和各种石油化工原料。

(4)原油储运。是储存和运输行为的合称,包括油田集输,长距离输送管道、储存与装卸,炼油厂和石化厂的内部石油储运,城市输配系统,火车和汽车运输等环节。1865年10月,美国宾夕法尼亚州修建了最早的原油输送管道,管道输油工业从此开始逐渐形成。石油储运是连接产销环节的纽带。

(5)石油产品供应和贸易。包括向国内市场销售和向国际市场销售石油产品的活动。

石油产业链是指在一定区域内,围绕石油的勘探、开采、加工、利用、供应和贸易活动,所形成的在资源、技术、市场和经济等方面紧密联系、相互依存、共同促进石油产业衍生发展的

---

[1] 参见中国石油集团经济技术研究院:《2015年度国内外油气行业发展报告》。
[2] See BP, *BP Statistical Review of World Energy 2012*, June 2012.

企业群体或生态经济综合体。它涉及石油产业上游、中游和下游三大环节活动的经济实体。上游环节主要是石油勘探和开采业务,中游环节是石油储运业务,下游环节包括加工炼制、销售等业务。由于受自然垄断、投资风险、油价、市场、国际关系等多种因素的综合影响,容易造成自上而下的价值递增与实现过程受阻;一旦前面环节投入的价值量不能在后面得到实现,就会造成价值分布的严重不均。[①] 上游勘探和开采活动投资数额巨大,风险多,中游管道运输环节自然垄断属性很强,因而从企业的角度来说,一体化发展可以减少交易费用,从而实现经济效益最大化。目前,我国石油产业的上游只有中石油、中石化、中海油以及延长石油这四家国有石油公司,尤其是前三家公司是央企,具有勘探和开采的垄断权力,都是上下游一体化经营的垄断公司。

第二节 石油法概述

一、石油法的概念和特征

我国是世界第二大石油消费国,石油资源事关我国经济社会的可持续发展。但是,国内原油资源严重短缺、油田勘探开采效率低下、石油依赖进口的局面,要求我国抓紧研究、制定和实施可持续发展的国家石油资源战略,尽快包括制定《石油法》在内的建立、健全和完善石油法律体系的措施,让市场机制和政府监管共同协调地发挥作用,将石油勘探、开采、管输、炼制、储备、销售及相关社会关系纳入法治化轨道。

(一)石油法的概念

石油法的概念有广义与狭义之分。广义的石油法是指调整石油勘探、开采、加工炼制、储运、销售等及政府监管活动中发生的社会关系的法律规范的总称。狭义上的石油法仅指国家立法机关制定的、以单行法形式表现的、名称为《石油法》或类似名称的法律。本书在广义上讨论石油法。

(二)石油法的调整对象

法律都是以某种社会关系为其调整对象的。石油法以石油产业链中所产生的、以石油和石油管网服务为客体的社会关系为调整对象,包括横向的交易关系和纵向的国家管理关系。

横向的交易关系是以反映石油市场规律,以意思自治为核心构建的社会关系。它主要包括国家作为石油资源所有权人与石油矿业权人在石油资源勘探和开采环节所发生的民事关系,各类石油企业之间以及它们与其他企业或石油消费者之间以石油或石油管网服务为客体在投资运营、运输、销售等活动中发生的社会关系。这种关系的核心是在石油所有权明晰的前提下,调动石油资源勘探和开发者、石油产品生产者、经营者的积极性。

纵向的国家管理关系是国家作为社会事务的管理者,基于国家安全、保障民生、生态环境保护和经济发展的考虑,对石油产业和石油产业经营者进行综合调整、控制、管制或者监管过程中发生的管理关系。例如,国家对石油开采活动中的环境保护和对土地、草地、水等自然资源的保护和对地方利益的维护;对石油管道输送活动中的管道安全保护。

---

① 参见吕建中:《石油产业链上下游环节价值分布不均问题探讨》,载《中国石油大学学报(社会科学版)》2010年第3期。

(三) 石油法的属性和特征

1. 石油法的属性

石油的资源属性和能源属性共同决定了石油法具有下列属性。

(1) 矿产资源法属性。石油法是矿产资源法中的特别法。石油资源属于能源矿产。1986年《矿产资源法》(1996年修正)是我国现行矿产资源领域的基本法律,是事关石油资源勘探和开发活动的基本法。该法关于矿产资源国家所有权制度、矿业权审批制度、矿业权运行中的安全生产要求等确定了石油产业上游运行的基本规范。然而,石油的能源属性又决定了石油资源具有不同于其他多数矿产资源的特点。因此,在处理矿产资源法与石油法的关系时,应该按照一般法与特别法的关系予以处理。

(2) 能源法属性。石油法是能源法的分支。能源法调整能源管理关系和能源市场运行关系,既维护能源领域的市场经济发展又保障国家安全、民生福祉和生态环境安全。能源法律体系中既有基础性的法律、法规和规章,也有石油法、天然气法、煤炭法、电力法等能源单行法律、法规和规章。作为调整石油这一特殊能源相关活动中社会关系的石油法,必然需要与整个能源法律体系相协调,遵守能源法的目的、宗旨、基本原则和基本制度。

(3) 兼具公法与私法属性。这主要表现在三个方面。① 它调整石油产业链相关活动中私主体之间的社会关系,因而具有私法属性。例如,石油法调整的石油资源所有权、用益物权性质的石油矿业权都具有财产属性。石油产品的流转与交易是以各种契约形式完成的,更是体现了私主体的意思自治。② 国家对石油产业链中私主体的相关活动进行直接控制、管制或者间接监管,以避免或者解决市场失灵问题,这些控制或者监管的法律规范具有公法属性。例如,石油产业链企业之间的竞争结构和竞争秩序,石油勘探和开采中的环境保护和对土地、草地、水等自然资源的保护等都会受到政府干预。③ 国家采取的某些避免或者解决石油领域市场失灵问题的措施本身就兼具公法和私法属性。例如,国家对于根据政府与企业之间关于石油储备合同的约定,在企业履行义务时,给予其贷款、补贴或者税收减免方面的优惠。

(4) 兼有实体法和程序法属性。一方面,石油法关于石油企业、用户、消费者权利和义务的规定,以及政府对石油企业的管理或监管,总体上偏向于实体法属性。另一方面,石油法还对政府监管的程序、行使职权的方式和程序等作出了规定,又具有程序法的属性。

2. 石油法的特征

石油法具有以下三项特征。

(1) 技术性强。法律的边缘化发展使法律和技术的融合状态越来越明显,大量技术规范融入法律当中,形成了法律技术规范这样一种新的法律规范形式。这种规范使相关工艺和生产规程具有了强制执行的国家意志属性,其兼具技术性和法律性。石油法要保障的石油安全既包括供应安全,也包括生产安全。这就需要建立一个全方位、立体化的安全体系;其基本内核是技术因素。石油在勘探、开采、净化、运输到生产、贮运、输配、供应都必须有严格的安全措施、规章制度和操作程序,这些措施和制度本身具有很强的技术性。

(2) 综合性强。石油法的综合性体现在调整对象、调整方法的综合性上。石油法调整对象的综合性是指石油法的调整对象不仅包括石油运营关系,还包括石油监管关系。前者包括整个石油产业链不同经营主体间及石油经营主体和用户、消费者之间的关系,后者则包括国家对石油生产、储运、利用不同环节进行监管时与石油经营者、用户、消费者以及环境和社会之间发生的关系。调整对象的综合性要求调整方法的综合性,石油法中包括民事、行政、刑事各种调整方法和规范的综合使用。

(3) 国家干预性强。石油产业是涉及国家能源安全的重要能源产业,即使是市场经济发达国家,也不会在石油产业放弃国家干预。国家对石油的总供给与总需求、石油价格、石油产业促进、投资指导等方面实行宏观调控;对石油市场的准入、定价机制、管道建设、运营审批、对外合作审批、安全生产、产业技术标准、重要公共设施和重大项目等实行监管。

二、石油立法的目的

法律的立法目的不仅是为人们提供实体规则和程序规则,而且也体现并促进公平、自由、正义等价值。任何法律都有其立法价值,即立法者希望实现的目标。由于资源禀赋、法治环境、文化传统等方面的差异,不同国家的石油法立法目的不尽相同。例如,美国石油法的主要目的是保护环境、保障私权、限制垄断、鼓励和保护竞争,挪威石油法的主要目的是通过立法保护环境、维护国家石油资产利益和增加国家收入、确保石油天然气安全供给等。[①]不过,石油立法的核心目的大致上不外乎以下三个方面。

(一) 追求国内石油供应安全,保证经济顺利运行

石油是众多工业生产的原材料,带动众多产业的发展。虽然经济产业结构变化和环境治理工作会导致能源使用结构发生变化,但是在未来相当长一段时间内,石油仍将是支撑经济发展的主要能源。一般而言,如果不考虑生态环境保护变量,一个国家或地区的经济发展水平与其能源消费水平呈正相关性,经济增长速度同能源消费增长速度为正比例关系。世界石油消费也反应出这种趋势。经济增长迅猛的亚太地区的石油消费量居于世界第一,欧洲及北美地区的石油消费量也位居前列,而非洲的石油消费量则处于低水平。以我国为例,近些年来我国石油表观消费量平均增速约为 7.1%,2011—2013 年增速降至 4%—5% 左右;[②]2015 年对外依存度首次突破 60%。对经济高速发展的我国来说,经济增长的最大瓶颈是能源供应不足问题。对绝大多数国家,尤其是需要依赖石油进口的国家来说,追求国内石油供应安全是其石油立法的主要目的。例如,日本通过《石油公团法》支持日本公司在海外的石油勘探开发活动,为国内经济获取石油供给。

我国石油需求的不断增加,导致我国石油产业面临和亟待解决的最重要问题是石油的供应安全问题;即,以合理的价格获得充足可靠的供应,满足国内对原油和石油产品的需求。为了解决石油供需矛盾,一方面需要大力开发国内石油资源,实行节省石油措施,开发和利用替代能源;另一方面,需要开拓海外市场,与其他国家开展能源合作。保障石油供应安全也就成为我国石油立法的主要目的之一。

(二) 调整石油产业利益关系,确保行业稳定发展

任何行业都是利益的凝聚体,石油、电力、水等能源或公用事业都涉及特殊利益集团,利益关系更为复杂。利益关系的差异性和利益分配制度的不合理,往往是产生利益冲突的根源。石油资源地经济发展大多以石油为主,各方面的发展都与石油企业密不可分;然而,石油企业在给资源地带来一定经济利益的同时,也带来许多社会问题。石油企业和社会公众

---

① 参见孟雁北:《论我国〈石油天然气法〉的立法目的条款》,载《成人高教学刊》2010 年第 4 期。
② 参见陈其珏:《今年石油表观消费量同比增 5%》,载《上海证券报》2012 年 2 月 11 日第 3 版。

发生利益冲突,主要表现为前者凭借其垄断地位的单方不合理定价,损害公众利益。石油企业员工的高收入基本上都来自通过提供垄断价格的产品或服务而获取的超额利润。[①]例如,成品油市场的"易涨难跌"、国家对石油巨头的巨额补贴以及石油企业员工的高薪拉大了居民之间收入差距;石油开采活动造成的当地环境污染导致石油企业与资源地之间的利益冲突;石油企业与当地居民之间在自然环境、土地利用、作业区建设方面都存在着利益冲突;与当地政府在地方经济发展、税利分配、征地农民就业问题和后勤服务保障问题上都存在利益分歧。

石油产业中,还存在中央与地方政府之间的政治经济利益冲突、石油企业与中央政府等利益冲突。以燃油税改革为例,我国1998年前后提出燃油税改革,但是因各利益主体之间的利益分配问题,直到十年后才得以出台。

促进不同利益者之间协调一致、协调发展,是石油产业稳定发展的前提。石油立法可以发挥协调产业利益关系的作用。例如,美国德克萨斯州《石油天然气地热作业法》《石油天然气保护法》等法律对规范石油资源的开采活动、调整石油作业的各方面关系起到了良好的作用。

(三) 保护生态环境,维护公共安全

石油的勘探、开采、加工、提炼、运输和消费活动会不可避免地对生态环境问题产生不利影响。石油的勘探和开采活动会造成地表植被损坏、水土流失、地表塌陷。开采活动产生的钻井污泥、含油废水会降低土壤质量,渗入并污染地下水。油田大量抽采地下水会导致地下水位下降、地下漏斗面积增大等问题。石油挥发物会产生致癌物和温室效应。石油的勘探、开采、集输、炼制、贸易和消费过程有着各种安全隐患。总的来说,石油产业污染环节多、总量大、类型复杂,可能会发生严重危害后果。污染导致的生态环境恶化涉及主体多,损害面广,会严重影响公共安全和社会经济的可持续发展。因此,大多数国家的石油立法都包括生态环境保护和公共安全的法律。例如,英国制定了石油产业领域防治污染的单行法律1971年《防止石油污染法》。该法规定,除非能够证明泄油是第三方引起,石油公司要受到严厉处罚。为了避免对海域造成污染,1975年《海底管道法》规定,管道建设者需向政府保证有足够处理因管道泄油导致损害的资金等。1987年《石油法》对海上和陆上设施废弃作出了明确规定,要求石油公司对废弃的平台装置等,按国际标准予以废弃。

从20世纪90年代开始,石油产业逐渐向绿色化方向发展,许多国家提高了环境保护标准。例如,美国2005年《能源政策法》提高了汽车油耗标准;2007年11月耗资10亿美元启动了"海岸影响援助计划",以解决海岸油气勘探开发带来的不利环境影响。石油相关企业也越来越重视环保技术,国际大石油公司努力提高生产和产品的环保标准。我国石油立法也应该将保护环境和维护公共安全目标纳入其价值目标。

三、石油立法模式

石油产业是国民经济的支柱产业,法律是规范石油产业的有效手段之一。石油立法能够促进能源法律体系的完善,维护国家的石油资源合法权益,规范石油企业的安全生产经营活动,促进石油利用和环境保护的协调发展,服务于国家安全和保障民生。因此,几乎所有

---

① 参见陈健:《遏制特殊利益集团的基本路径分析》,载《广州大学学报(社会科学版)》2010年第5期。

国家都重视石油立法。总体上,世界上有三种主要的石油立法模式。

(一) 按领域分别立法模式

按领域分别立法模式的特点是针对石油产业某特定领域单独立法,一般见于法治较完善、市场化较成熟的西方发达国家(如美国、加拿大和英国)。这种模式主要侧重勘探开发、能源安全、能源效率、环境保护等上游领域。[①]

在美国,1920年《矿藏土地租赁法》和1987年《联邦陆地石油和天然气租赁改革法》调整陆上石油勘探和开发;1953年《水下土地法》和《外部大陆架土地法》调整海上石油勘探和开发;1990年《石油污染法》和《清洁空气法》等解决环境保护问题。

在英国,1934年《石油(生产)法》、1964年《大陆架法》和1998年《石油法》是关于陆上和海上石油勘探、开采许可制度的专门立法;石油税收适用1975年《石油税法》;安全、环境保护适用1971年《防止石油污染法》。

(二) 产业统一立法模式

产业统一立法模式的特点是整个石油产业适用一部基本法律,一般见于对石油产业以直接干预为的国家。例如,在委内瑞拉,2001年《石油法》统一规范了石油勘探、开发、销售以及相关的安全、环境保护等所有环节;[②]而且政府通过委内瑞拉国家石油公司(PDVSA)掌握全国的石油勘探与开发权利。巴西的1997年《石油法》、印尼的2001年《石油天然气法》也属于这种模式。从历史背景来看,这些国家的石油立法强调国家对石油的主权控制以及从石油中获得的收益,石油产业基本上完全由国家石油公司垄断。不过,随着全球化进程,采用这种模式的一些国家(如巴西和印尼)也逐步在向(国外)私人企业开放石油产业。

(三) 上下游分开立法模式

上下游分开立法模式的最大特点是石油产业上游和下游领域一般各有一部基本法律,多见于石油对外依存度较大的消费国,日本、韩国和印度采用的就是这种模式。

在日本,上游领域主要适用《石油天然气资源开发法》,该法规定石油和天然气资源的勘探开发许可审批程序活动;下游领域主要适用《石油产业法》,该法调整石油炼制、进口和销售等活动。此外,为保障国内石油供给,日本一方面制定了鼓励从国际市场获取石油的法律;例如,《石油公团法》规定日本石油公团代表政府指导和监控日本公司在海外的石油勘探开发活动,并提供经济援助和税收优惠。另一方面,加强国内立法,促进石油进口、运输、消费和储备等环节制度化,制定了《新能源特别措施法》《能源使用合理化的法律》和《石油储备法》等。

在印度,《1948年油田管理与开发法》调整上游领域的社会关系,规定油田管理和资源开发。下游领域则由《1934年石油法》规范石油炼制、进口、运输、储存等活动。

四、石油立法的主要内容

石油立法在形式上表现为立法机关制定的法律、法规和规章以及政府制定的能源政策,内容上包括石油资源所有权、石油矿业权管理、石油资源勘探和开采许可、石油产业监管、石油合同、消费者权益保护、法律责任等。下面介绍石油资源所有权制度、石油矿业权管理体

---

① 参见方忠于、朱英、石宝明:《国外石油立法(一)》,载《当代石油石化》2003年第10期。
② 参见蒋瑞雪:《委内瑞拉石油法及启示》,载《国土资源情报》2008年第5期。

制、石油勘探和开采许可、石油工作合同、石油产业监管以及石油储备等这六个方面的制度。

(一) 石油资源所有权制度

石油资源属于矿产资源。关于石油资源所有权,国际上存在五种主要基本制度:土地所有权附属制度、公有制度、发现者所有制度、没有所有权制度、不规定所有权但由国家(政府)控制的制度。土地所有权附属制度是指石油资源所有权附属于位于其上方土地的所有权的制度。公有制度是指石油资源所有权属于国家或者其所在地地方政府的制度。发现者所有权制度是指石油资源所有权属于石油资源的发现者的制度。无规定制度是指法律没有规定石油资源为何人所有的制度。一些国家只采用其中一种石油资源所有权制度,有些则存在两种或者两种以上的制度。特别是,许多国家规定了石油资源的公有制度或者国家所有权制度,例如英国、挪威、丹麦、伊朗、伊拉克、沙特、科威特、莫桑比克、尼日利亚、保加利亚、苏丹等国以及我国。[①]

在美国,根据联邦法律和州法律的规定,同时存在除公有制度以外的其他4种制度。对于陆上页岩油和油沙这两种石油资源的所有权,各州基本上都采用土地所有权附属制度。对于陆上传统的原油石油资源,既有土地所有权附属制度,也有发现者所有制度(受1872年《普通矿业法》调整的情形下),也有没有所有权制度。对于海上传统的原油石油资源,没有明确规定所有权,但是实际上国家所有的公有制度。

(二) 石油矿业权管理体制

矿业权是探矿权和采矿权的合称,性质上是矿产资源使用权。石油矿业权是矿业权在石油产业中的体现,是探矿权人和开采权人获得石油资源勘探和开采权利,实现石油资源所有者权益以及矿业权人权益的媒介。不同国家的矿业权管理体制不尽相同。2000年,俄罗斯在全国设置7个联邦区,自然资源部实行石油资源的三级(联邦—联邦区—主体)垂直统一管理。[②]美国实行联邦和州两个层次的管理体制,分别有自己的相关部门对石油资源勘探和开采的招标、许可证发放、勘探和开采活动等事宜进行管理和监督。在加拿大,各省境内的石油资源基本上归各省所有,其他范围内的则基本上归联邦所有,并根据各自的法律对石油资源的勘探和开采活动进行管理。

(三) 石油勘探和开采许可制度

石油许可制度,又称特许制度或租赁制度,是指国家或者石油资源所有权人允许石油企业对石油资源进行勘探或者开采的制度。在不同国家,许可、特许或者租赁的法律性质会有所不同,甚至在同一国家,也存在不同性质的许可、特许或者租赁。

对于公有的石油资源或者法律规定由政府负责管理的石油资源,政府可以通过行政许可制度或者行政特许制度,授权石油企业以勘探权或者开采权。这时,许可或者特许属于行政性授权。政府也可以通过特许合同、协议或者租赁合同的形式,赋予石油企业对石油资源进行勘探或者开采的权利,这时,特许或者租赁属于民事权利。例如,美国联邦政府对其拥有所有权或者管理权的石油资源,基本上都是通过石油资源租赁协议的形式,赋予石油企业

[①] 参见〔尼日利亚〕奥莫罗格贝、奥涅莫拉:《国家所有权制度下的石油和天然气财产权》,载〔英〕艾琳·麦克哈格等:《能源与自然资源中的财产和法律》,胡德胜等译,北京大学出版社2014年版。

[②] 参见冯连勇、王建良、刘申奥艺:《对有关国家油气矿权管理制度的思考》,载《国际石油经济》2012年第4期。

以勘探权或者开采权的。①

对于私有的石油资源,其所有权人往往是通过特许合同、协议或者租赁合同的形式,赋予石油企业对石油资源进行勘探或者开采的权利,这时,特许或者租赁属于民事权利。

许可制度是矿业权的原始取得方式,有些国家在勘探、开采和生产等各个阶段分别需要单独的许可证,有些则授予综合性许可证,授权许可证持有人从事各个阶段的石油业务。例如,如俄罗斯除了勘探许可证和生产许可证外,还有适用于包括勘探、评价和生产在内的全部业务的组合许可证。许可证包含的条款一般由标准条款和协议条款组成。协议条款由石油法律加以规定,通常包括许可区块的界定、勘探期或生产期及延期条件、作业方的指定、国家参与、各阶段投资额、开发计划和生产安排等。许可证的申请与授予是对石油资源权力分配的基础性架构,许可证制度用于界定勘探或者开采者以及作为管理者的政府的权力(利)和义务。②

(四) 石油工作合同制度③

石油工作合同制度是石油企业获得石油勘探权和开采权的主要方式之一。石油工作合同,也称石油合同,是外国石油企业与东道国政府或其国家石油公司签订的关于石油勘探和开采活动以及利益配置方面权利和义务关系的合同。石油合同的东道国一方是国家或者地区,既可以由政府或其机构代表,也可以由主要的国家石油公司代表。石油工作合同的类型主要有产品分成合同、风险服务合同、合作经营合同。产品分成合同是最常见的石油工作合同类型,1960年起源于印尼。

在产品分成合同中,外国石油公司负责投资、承担勘探和开采风险,而且往往负责合同区内的作业和管理,同时有权从合同区内生产的原油中分享一定数量或者比例作为对其投资和承担风险的回报或者补偿。实行产品分成合同制度的国家有印尼、尼日利亚、圣多美和普林西比、安哥拉、加蓬、刚果(布)、喀麦隆以及赤道几内亚。

在风险服务合同中,作为承包方的外国石油企业为勘探和生产提供全部风险资本;如果没有发现石油,合同就终止,任何一方都不承担责任;一旦有商业发现而且随后的开发形成石油生产,承包方就有权收回其资金(加利息)并以现金(而不是产品)收回额外的补偿金。它是产品分成合同的一个变种,在巴西、阿根廷和哥伦比亚有着广泛的应用。

在合作经营合同中,外国石油企业与东道国政府或其国家石油公司按照合作经营合同的约定而不是投资比例,来承担勘探和开采的风险、分享所产生的石油利益。它往往与其他合同类型(如产品分成合同)相结合,多用于油田开发项目。独联体国家使用较多,我国也有使用。

(五) 石油产业监管

在绝大多数国家,石油产业都属于政府进行严格监管的产业。为了确保石油产业的发展符合本国的能源战略和能源政策,一国政府都对其石油产业进行调节、规划、引导、控制和监督。下面介绍其中的现场监督检查制度、石油供需平衡制度和石油产业基金制度。

---

① 参见胡德胜编著:《美国能源法律与政策》,郑州大学出版社2010年版,第101—104页。
② 参见曲云鹏:《澳大利亚能源规制法律、政策及启示》,知识产权出版社2011年版,第49—50页。
③ 参见〔尼日利亚〕奥莫罗贝贝、奥涅莫拉:《国家所有权制度下的石油和天然气财产权》,载〔英〕艾琳·麦克哈格等:《能源与自然资源中的财产和法律》,胡德胜等译,北京大学出版社2014年版。

1. 现场监督检查制度

现场监督检查制度是指政府主管部门对石油作业者的各种地下或者地表作业活动进行监督检查的制度。例如，美国加利福尼亚州法律规定，加州油气监管局的监管任务之一就是对油田进行实地监察。监察员进行现场测试和监督的项目包括：(1) 井喷器的压力泄漏和性能测试；(2) 回注井套管的压力和漏失测试；(3) 封井时套管水泥栓和射孔深度；(4) 注入泥浆的重力和黏度；(5) 台阶状流量注入试井和各种套管压力测试等。①

2. 石油供需平衡制度

石油供需平衡制度是指政府在石油的需求量和供应量、石油的生产量和进出口量等重要事项上作出安排，以保证石油的安全、稳定和合理供应。为了实现目的，政府往往利用计划、税收等宏观经济政策引导石油产业发展，有时也向石油从业者直接下达命令，从而调整石油供应量与需求量，稳定一国的石油安全供给秩序。

3. 石油产业基金制度

石油基金制度产生于 20 世纪 70 年代的石油危机。它是指政府依法设立专项资金，专门用于促进石油产业发展的一种财政支持制度。虽然不同国家的石油基金法律制度不尽相同，但是石油基金管理的公开透明和功能的多元化、实现石油收益在利益相关者之间的公正分配却是其共同特征。② 国外的石油基金法律制度主要包括以下三个方面的内容：(1) 石油基金的来源。例如，挪威规定所有与石油活动有关的一部分收益均归入石油基金。(2) 石油基金类型。通常包括储蓄型石油基金和稳定型石油基金。挪威石油基金既是储蓄基金，又是稳定基金；俄罗斯则设立了石油稳定基金。(3) 石油基金管理制度。它主要解决石油基金的收支与政府预算管理之间的关系以及石油基金本身的投资管理问题。

（六）石油储备制度

石油储备制度是指以保障石油的不间断供给、维护国家能源安全为目的，国家或者企业依法储备一定数量的石油，用于应对因区域关系、战争等突发事件而引发的石油供应突然中断或减少等短期石油供应的异常现象。许多国家都建立了石油储备制度。例如，发达国家的英、美、日等，发展中国家的巴西、南非、印度等，它们的石油法中都包含石油储备的内容。尽管不同国家石油储备制度的具体内容存在差异，但是一般都包括下列内容：储备目标和储备计划、储备管理体制、石油储备的责任主体、规模与品种、资金来源、储备动用等。有的国家（如美国）采取单一的政府储备或代理储备机构储备，有的国家（如日本）则采取政府储备与企业储备相结合模式。

理论探讨

捕获规则在美国石油开采领域的适用与监管③

美国财产法上的捕获规则（the rule of capture）确立于纽约州最高法院的 1805 年皮尔

---

① 余秉森、蒋瑞雪：《保护油气资源 维护公共利益》，载《中国石油报》2014 年 2 月 11 日第 6 版。
② 郭堃、杨卫东：《石油基金法律制度国际经验及其启示》，载《华北电力大学学报（社会科学版）》2010 年第 2 期。
③ 主要参考资料胡德胜编著：《美国能源法律与政策》，郑州大学出版社 2010 年版，第 100—101 页。

逊诉波斯特(Pierson v. Post)①一案判决。该案案情是,波斯特在属于公地的荒原上发现了一只狐狸,追捕并射伤了它。皮尔逊在明知有人(波斯特)追捕这只狐狸的情况下,当着该人的面杀死并拿走了这只狐狸。波斯特以皮尔逊不法侵害自己的财产为由起诉皮尔逊,要求赔偿。但是,纽约州最高法院判决皮尔逊胜诉。法院指出:野生动物不属于任何人所有,这是一项一般法律原则;波斯特虽然对涉案狐狸实施了狩猎和追捕行为,但并没有实际占有它,因而不能对它拥有所有权。该案所确立的捕获规则的要义是,捕获者对其所捕获的无主物拥有所有权。

将捕获规则适用于石油开采时,是指在认定石油资源不属于任何人(没有所有权)的前提下,油井经营者可以开采另一土地所有者的土地下的原油,但是却不承担责任。这就是说,只要油井经营者不侵入他人土地,便有权利开采原油资源;原油资源一经开采,油井经营者便取得开采出来的原油的所有权。然而,各州对该规则的适用并不完全相同。例如,德克萨斯州采用了相邻权(correlative rights)规则,原油储油区地表土地的所有者有权获取公平的份额,而且不因采油对其他所有权者造成的损失而承担责任。在发现大型原油的20世纪初期,捕获规则然造成了资源浪费,产生了不当的经济后果。这是因为,油井经营者为了追求经济利益,会驱使对原油或者石油产品的过度消费。

在一段时间内,原油的生产超过市场需求,也超过了石油管道的输送能力和炼油厂将其加工成可销售产品的能力。通常,未被销售的原油在露天大坑中存放,很容易引起火灾和泄漏。一些油井也在其经济寿命完结之前被遗弃。在20世纪的前30年内,各州通过其石油和天然气保护法来解决这一浪费问题。各州试图通过联营(pooling)、规定开采率、限制油井间距和按比例限产等措施来达到影响一定时间内的原油产量和销售的目的。为了本州石油工业的持续发展,得克萨斯、路易斯安那和俄克拉荷马等原油生产州制定立法以保证向市场提供的原油量不对市场造成冲击,从而避免原油价格下跌到引起浪费的程度。

随着从20世纪60年代中期之后特别是1970年之后美国原油产量达到高峰和进口增加,所有州都开始允许以最大的开采能力开采原油。尽管如此,一些相关的法律还在继续有效。比如,大多数州规定在一定地域范围内的油井数量,通过限制油井间隔来保持井压力,以降低钻探成本。一些州还要求合营经营,要求不同的土地和利益所有者分担钻探成本和分享开采结果。还有一些州继续采用开采许可证制度并要求采尽已钻探油井中的原油。此外,各州沿用了"最大有效开采率规定"(maximum efficient rate regulation),以提高原油开采效率。同样,达到要求规定的开采率被普遍认为是避免浪费的最好办法。目前,开采率对需要在整个储油区加压的二次和三次开采计划至关重要。

第三节 我国石油法

自20世纪90年代起,我国就不断有专家提议制定《石油法》。但是由于诸多原因,《石油法》迄今未能出台。我国现行石油法律体系在形式上主要是以《矿产资源法》和《石油天然

---

① 3 Cai. R. 175, 2 Am. Dec. 264.

气管道保护法》为主体、以相关行政法规和部门规章为主补充而构建的。在内容上既有体现以石油勘探、开采、生产、加工、提炼、输送和交易关系为内容的法律规范,也有以反映政府干预石油产业为内容的法律规范。

一、我国石油法律体系

我国石油法律体系在内容上涉及一般能源法、矿产资源法、石油专门法以及环境保护法、公司法、反垄断法等其他相关法,以宪法、法律、法规和规章为主要表现形式。

（一）宪法

根据我国《宪法》第 9 条的规定:包括石油在内的矿藏资源属于国家所有,即全民所有;国家保障石油资源的合理利用,禁止任何组织或个人用任何手段侵占或破坏石油资源。第 26 条规定:"国家保护和改善生活环境和生态环境,防治污染和其他公害。"这些条款奠定了石油法法律体系的基础。

（二）一般能源法

一般能源法是指规定能源经济战略方针、能源开发利用规划、能源行业管理、能源价格、能源储备、能源合作、节约能源等内容的法律、法规和法规性文件、规章和规章性文件。它是能源产业的基础性法;如无特别规定,石油产业中的权利和义务关系也受其调整。但是,目前我国缺乏一部基础性的名称为"《能源法》"或者"《能源政策法》"的法律以及相应的配套法律和规章。《循环经济促进法》和《节约能源法》及其配套法规和规章作为一般能源法的组成部分,应该适用于石油产业。

（三）矿产资源法

1986 年《矿产资源法》(1996 年修改)确定矿产资源所有权、矿业权、矿业权管理体制、矿业监督、权利与义务等。其配套法规和部门规章有着十分重要的作用。1998 年制定、2014 年 7 月修改的 3 部行政法规《矿产资源勘察区块登记管理办法》《矿产资源开采登记管理办法》和《探矿权采矿权转让管理办法》,2002 年《地质资料管理条例》,2008 年《地质勘查资质管理条例》等为我国石油矿业权管理制度的建立提供了重要的法律保障。

（四）石油专门法

石油专门法律是指国家制定的专门关于石油产业的法律、法规和规章等。例如,2010 年《石油天然气管道保护法》、1982 年《对外合作开采海洋石油资源条例》(2013 年第 4 次修订)、1993 年《对外合作开采陆上石油资源条例》(2013 年第 4 次修订)、1989 年《开采海洋石油资源缴纳矿区使用费的规定》和《石油地震勘探损害补偿规定》、1990 年《中外合作开采陆上石油资源缴纳矿区使用费暂行规定》等法规和规章,涉及石油资源管理体制、石油矿权、对外合作、管理安全、地震补偿、税费、土地、环保等领域。[①]

（五）其他石油相关法

关于石油企业治理结构、石油产业与环境的关系、石油企业反垄断、石油企业安全生产等方面的其他石油相关法,分别见于公司法、环境保护法、反垄断法、安全生产法之中。此外,大陆架法、投资法、税法、规划法等也对石油产业的某一部分社会关系进行调整。

---

① 参见法宇:《石油法亟待破茧》,载《中国石油石化》2004 年第 3 期。

二、我国石油法的发展历史

我国石油法是伴随着我国石油产业的形成与发展,尤其是新中国成立后石油化工行业的发展,而逐渐形成的。

(一) 清末的石油立法

1907年清朝政府颁布《路矿章程》,虽前后修改3次,但并未实行。后定名为《大清矿务章程》,包括正章74条、附章73条。其主要内容包括:(1) 中央政府设农工商部,综理矿政;各省设矿政调查局之矿务议员,办理各项矿务,并可设矿务委员。(2) 矿质分三类,丙类包括所有的金属矿、石油、煤及硫和宝石。(3) 矿业权执照分为勘矿执照和开矿执照两种;前者对如何申请勘矿、勘矿界限作出了规定,后者对开矿界限、矿地面积界限及需用地面有纠葛应听官断等作出了规定。明确规定了如何办理,并规定矿业不得私自换卖与质押。(4) 矿界年租和矿税,即矿产的出井税。

(二) 民国时期的石油立法

1931年5月,民国政府颁布《矿业法》。该法分总则、矿业权、国有企业、小矿业、用地、矿税、矿业监督、罚则和附件共9章121条。此外还有《矿业法实施细则》《矿业登记规则》等行政规章。它们共同形成了民国时期的下列矿业法律制度。

(1) 矿产资源国家所有。与土地私有制度不同的是,《矿业法》第1条明确规定"矿均为国有,非依本法取得矿业权不得探测"。

(2) 矿业权主体。《矿业法》规定经营矿业的主体。一是国家直接经营。国民政府直接投资经营,或私人入股,并由国家开采。二是私人经营。国家可以出租国营矿业企业的探采矿权利,但是承租人以中国国民为限。

(3) 石油矿业权主体的政府统一规划管理。《矿业法》规定:① 石油归国营并由国家自行探采;② 国营矿业由农矿部管理;③ 矿业权登记制度。规定"凡国营之矿,应由农矿部划定矿区,设定国营矿业权,呈请行政院备案,并令交该矿区所在地主管官署登记"。④ 矿业权变更与移转和矿业权消灭管理。

民国政府的《矿业法》是一部内容较为完整的法律,适用于石油产业。它不仅明确了矿产资源所有权和矿业权两个基本权利的性质和归属,也规定了矿业权从产生到消灭的整个过程,还规定了矿业税费制度和矿权与相邻权的关系。[①]

(三) 新中国的石油立法

新中国的石油立法可以分为三个阶段。

1. 石油立法初创时期(1949—1954年)

新中国成立之初我国国内经济几近崩溃,1950年朝鲜战争爆发,美国对中国实行包括石油在内的全面禁运和封锁。面对复杂的国内国际形势,为了促进经济发展,政务院于1950年12月22日通过了《矿业暂行条例》,它是新中国的第一部矿业法规,适用于石油产业。《矿业暂行条例》规定了"全国矿藏,均为国有"等基本原则,对整理旧矿区、探采新矿区、探矿人及采矿人的责任作了具体规定。它的主要内容有六个方面:(1) 确立矿产资源国家所有

---

① 参见贺嘉:《我国石油法的现状及发展趋向述评》,载21世纪中国石油战略高级研讨会编:《21世纪中国石油天然气资源战略——中国石油论坛报告文集(第2辑)》,石油工业出版社2000年版。

的基本原则,对矿区探采期限和期满后申请展期作了规定。(2)矿业投资多元化,多种经济成分共存。对私营企业没有法律上的歧视,并且在条例中还鼓励公私合营、政府参股。(3)建立高度集中的矿业行政管理体制,分设主管部门。煤矿、石油矿、油页岩矿,由燃料工业部主管,其他矿由重工业部主管。办理许可证、转让、监督检查、违法行为处罚都由中央矿业主管部门负责。(4)确认探矿权、采矿权的申请、登记、发证制度。(5)有偿取得探矿权、采矿权的性质;限制探矿权、采矿权的非法转让和买卖矿产资源。(6)规定探矿或采矿人应尽力避免损害矿藏,或减低矿产收获率。

2. 石油立法空缺期(1955—1981年)

1959年起,大庆、胜利、大港、江汉、辽河、长庆等一大批油田相继发现并投入开发。与此同时,中国海洋石油事业于1957年于南海发端。在石油勘探开发事业不断向前发展的同时,我国也着力发展了炼油工业。[①]这一期间,我国石油石化行业虽然得到了极大发展,但是形成了计划经济体制下的大政策与小法律格局,石油立法处于空缺期。当时,实行的是高度集中的石油资源管理体制,所有权主体、矿业权主体两权合一,投资、经营以及主要消费主体的一体化,导致石油勘探、开采、储运、炼制和销售在国内完全不具有商业交易行为性质。

3. 石油立法的发展期(1982年至今)

1978年我国开始探索对外合作勘探开发海洋石油资源;1982年中国海洋石油总公司的建立,标志着我国海洋石油工业进入了一个全新的发展时期。1982年1月国务院颁布《对外合作开采海洋石油资源条例》,1986年《矿产资源法》出台,1988年《矿产资源勘察区块登记管理办法》《矿产资源开采登记管理办法》和《探矿权采矿权转让管理办法》颁布,1990、1993、1994又先后发布《石油及天然气勘察开采登记管理暂行办法》《对外合作开采陆上石油资源条例》和《矿产资源法实施细则》。2003年国土资源部颁布《探矿权采矿权招标拍卖挂牌管理办法(试行)》,2006年发布《关于进一步规范矿业权出让管理的通知》《探矿权采矿权转让管理办法》《矿业权出让转让管理暂行规定》和《探矿权采矿权评估管理暂行办法》。这些立法多以法规和规章形式出现,涉及石油资源管理、石油矿业权有偿取得、石油矿业权对外合作、环境保护等领域,巩固了我国石油产业的发展成果。

然而,由于认识上的局限性,这些法律、法规和规章存在以下不足:缺乏全局观念,对资源利用与环境保护协调发展重视不足;内容杂乱,分布零散,缺乏体系性;性质上更多体现了行政管理色彩,市场机制发挥作用严重不足;多数立法文件的法律位阶普遍较低,缺乏权威性。

三、我国石油法的主要制度

石油法以石油产业中所发生的社会关系为调整对象。适应深化市场经济改革的需要,石油法应该具有产业法、经济促进法、投资与贸易法的功能。据此,需要通过石油立法确立一些主要的石油制度。

(一)石油资源所有权制度

石油资源所有权制度是石油法的基础法律制度。我国《矿产资源法》第3条规定:"矿产资源属于国家所有,由国务院行使国家对矿产资源的所有权。地表或者地下的矿产资源的

---

① 参见乌力吉:《中国石油化学工业发展历程及其思考》,载《北京化工大学学报(社会科学版)》2003年第1期。

国家所有权,不因其所依附的土地的所有权或者使用权的不同而改变。"

这表明,我国实行石油资源国家所有权制度,国家对其管辖范围内的石油资源享有所有权,并由国务院代表国家行使。国土资源部作为地质矿产主管部门,具体代表国家进行统一管理。石油资源所有权制度是对石油资源享有全面支配的完全物权,是石油矿业权的成立基础。国家引入市场机制,通过招投标方式和协议方式设置矿业权,并通过向石油采矿权人征收矿产资源补偿费、资源税的办法,实现国家作为石油资源所有人的收益权。

(二)石油矿业权

石油矿业权在我国是一种相对较新的产权安排,包括石油资源的勘探权和采矿权。石油矿业权由石油勘探和开发企业根据一定的法律程序,从石油资源所有权人的代表者处取得。法律程序一般有直接规定、授权、招标和投标、拍卖、合同、许可等,是石油资源的一级市场活动。石油矿业权制度基本上划分了政府直接干预与市场机制在石油产业中的边界,政府对于石油产业在市场机制下的运行开始以政府间接干预为主的监管来履行其国家管理职能。

《矿产资源法》1996年修正后,国务院1998年的3部配套行政法规《矿产资源勘察区块登记管理办法》《矿产资源开采登记管理办法》和《探矿权采矿权转让管理办法》为我国石油矿业权管理制度的建立提供了法律保障。矿产资源法规定石油资源矿业权采取审批取得方式,这是国家作为石油资源所有者在所有权上设置用益物权的过程。目前,我国对内资企业实行的是申请授予许可证的方式,对外资采用的是工作合同制的方式。中石油、中石化、中海油以及延长石油这4大家国有石油公司垄断了石油资源的勘探权、开采权,形成了垄断的市场结构。

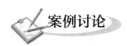
案例讨论

长庆油田石油矿业权遭受侵权案[①]

一、案件事实

1994年3月18日,咸阳同林石化采供公司(同林公司)与陕西安塞县石油开发总公司(开发总公司,后变为安塞县杏子川钻采公司(钻采公司))签订联合开采石油协议,联营成立同安石油开发公司,由同林公司出资,开发总公司提供土地、井位、政策优惠开发石油。在长庆油田第一采油厂矿权区域内开始钻井。

同年8月3日,同林公司的钻井施工被第一采油厂阻止。因为后者发现,前者竟然在自己依法登记的矿区划地盘推井场,立即采取措施制止,并迫使其撤离现场。1997年5月,同林公司将安塞县政府和第一采油厂起诉到延安市中院。后同林公司撤诉。事隔6年之后,同林公司于2002年10月又将钻采公司和第一采油厂诉讼至延安市中院,要求赔偿其打井所支出的162万元费用及利息。

---

① 摘编自台建林:《长庆油田对侵权油井不予补偿》,载《法制日报》2008年1月6日第11版。

二、四次法院判决

（一）延安市中院作出一审判决

2003年7月，延安市中院作出一审判决：钻采公司与同林公司签订的联合开采石油协议书无效；同林公司所打油井的井位及抽油设备归钻采公司所有；钻采公司赔偿同林公司打井各种经济损失140万余元；驳回同林公司的其他诉讼请求；第一采油厂在本案中不承担任何责任。

（二）陕西省高院二审判决

同林公司和钻采公司不服一审判决，向陕西省高院提出上诉。该院二审查明的事实与延安市中院一审基本一致，但是其2003年11月的判决是：第一采油厂接收同林公司所打的2口油井，并补偿同林公司"投资损失"140余万元。

该院如此判决的理由是：同林公司与开发总公司签订的联合开采石油协议书，违反了《矿产资源法》；第一采油厂属国有油田开采管理单位，同林公司进入其所属区域先后钻采油井，但因其疏于管理，未及时严格制止，致使同林公司开采成为既成事实，进而使同林公司投巨资钻探的油井无法收益；长庆油田采油一厂负有接收油井，并向同林公司补偿相应钻井费用的责任。

（三）陕西省高院再审判决

二审判决带给长庆油田的不仅是经济损失，而且关系到油田依法维护矿权、合理有序开采资源的合法行为为此后能否得到法律的切实保护。长庆油田申请陕西省高院启动再审程序。该院再审查明的事实与原审基本一致，2005年3月的判决结果也与二审基本一致，采油一厂仍然败诉。

该院判决的理由是："考虑到同安公司所打油井井位位于第一采油厂开采区域，且在同林公司打井过程中，第一采油厂未及时制止，致使该井被同林公司开采成为既成事实，使同林公司投巨资钻探的油井无法收益。根据公平原则，本案油井应由第一采油厂接收，由第一采油厂向同林公司补偿相应钻井费用"。

（四）最高法院再审判决

陕西省高院再审判决使长庆油田依法维护矿权的道路变得更加迷茫，同时也势必会助长侵权打井者有恃无恐，导致陕北石油开采秩序的进一步恶化。为了争取最高法院提审，长庆油田召开法律专家论证会，向国土资源部、国家发改委、国资委报告，利用新闻媒体进行舆论监督，从而引起社会的广泛关注。

最高法院于2006年6月裁定提审该案，并于2007年12月作出再审判决：撤销陕西省高院两份民事判决，撤销延安市中院民事判决；驳回咸阳同林采供公司对中国石油天然气股份有限公司第一采油厂的诉讼请求。

最高法院在判决书中指出："国家对矿产资源享有所有权，并对石油开采实行采矿许可证制度，任何单位和个人未经依法审批并获得采矿许可证，严禁从事石油开采业务，且不得进入他人已取得采矿权的企业矿区范围内采矿。"

它认定：(1) 1994年第一采油厂在发现同安公司非法开采石油的情况后，即进行口头警告，并向同安公司雇用的甘肃核工业部219钻井队发出书面"通牒"，并进一步采取了相关措施予以制止，使国有矿产资源不受侵犯，维护了国家利益，其行为符合法律规定。(2) 同林公司与安塞县联营成立的同安公司既未取得采矿许可证，又不具备石油开采资格，且越境侵入他人已经取得采矿权利的区域实施石油开采行为,是对第一采油厂合法采矿权利的侵犯,显属违法。(3)第一采油厂没有利用同安公司钻探的油井,且该油井已经废弃多年,不存在使用同安公司所打油井应予补偿的问题。同安公司所打油井井位属第一采油厂所有。

三、讨论问题

1. 同林公司和钻采公司是否存在侵权行为?如是,
2. 侵害的是谁的合法权利,是何种权利?
3. 陕西省高院2次判决理由的合理性。
4. 有人认为,同林公司所钻探的油井是对第一采油厂财产的添附。这种观点是否成立?为什么?

(三) 石油产业许可证制度

许可证制度是政府或其主管部门授权某一法律主体从事特定的生产经营活动而颁发的书面证明。它不仅是政府配置自然资源、监管市场活动的主要方式,也是私人权利形成和运作的主要根据。石油产业许可证制度是政府或其主管部门授权石油企业从事石油勘探、开采、加工、提炼、储运或者销售等生产经营活动的一种授权。它决定了石油产业中财产权形成和运作的主要方式,石油企业的诸多活动都要以石油产业许可证作为根据。

石油产业许可证制度是政府对石油产业进行管理的基本制度之一,由许可主体、受许可主体、许可程序、许可原则和条件、许可中止和撤销等内容构成。[①] 石油产业经营许可证包括矿产勘探开发许可证、炼制业许可证、储运许可证、成品油批发许可证、成品油零售许可证以及成品油和燃料油进口许可证等。

(四) 石油合同制度

我国在《对外合作开采海洋石油资源条例》中最早使用了"石油合同"形式。它综合使用了许可证、合作经营合同和产品分成合同这三种合同的一些内容。例如,它在第8条规定:中国海洋石油总公司通过订立石油合同与外国企业合作开采海洋石油资源,除法律、行政法规另有规定或者石油合同另有约定外,应当由石油合同中的外国企业一方(外国合同者)投资进行勘探,负责勘探作业并承担全部勘探风险;发现商业性油(气)田后,由外国合同者同中国海洋石油总公司双方投资合作开发,外国合同者负责开发作业和生产作业,直至中国海洋石油总公司按照石油合同规定在条件具备的情况下接替生产作业。外国合同者可以按照石油合同的规定,从生产的石油中回收其投资和费用,并取得报酬。外国石油公司自担勘探风险,不享有自然资源所有权,在产量分成之后获得份额;外国石油公司的投资从生产的石油中补偿,并取得预先规定比例的石油所有权和处分权。

我国陆上石油对外合作则主要采用产品分成模式合同。

(五) 石油特许税费制度

石油特许税费是国家实现石油资源收益的关键所在,也是对石油产业进行管理的重要手段。它调整国家与石油企业、资源地之间的利益分配关系,对促进我国石油资源的合理开发利用,维护石油产业和经济环境的可持续发展起到了重要作用。

---

① 参见肖乾刚、肖国兴编著:《能源法》,法律出版社1996年版,第139页。

我国现行的石油资源税费制度，主要包括探矿权、采矿权使用费与价款、矿区使用费、资源税、矿产资源补偿费、矿山地质环境治理恢复费用、石油特别收益金和地方特别征收的非税费用。例如，陕西省 2014 年 2 月前根据陕西省政府 2008 年《陕西省煤炭石油天然气资源开采水土流失补偿费征收使用管理办法》征收的水土流失补偿费，就是地方特别征收的非税费用。①

（六）石油战略储备制度

我国从 1993 年开始酝酿石油储备工作，2003 年中央政府正式批准实施，规划用 15 年时间分 3 期完成油库等硬件设施建设。我国的石油储备体系包括国家战略石油储备、地方石油储备、企业商业储备和中小型公司石油储备等四级。目前已经启动了国家储备和中石油、中石化的企业储备两级体系建设。但是，我国石油储备立法滞后，石油储备的法治化、制度化薄弱，制定单行的石油储备法律或者行政法规势在必行。国家能源局 2016 年 5 月公布了《国家石油储备条例（征求意见稿）》，表明国家正在抓紧制定关于石油储备的行政法规。

（七）石油管道法律制度

1989 年，国务院制定了《石油天然气管道保护条例》。它是我国关于油气管道保护的第一部法规，2001 年对该条例进行修订。2010 年，全国人大常委会制定了《石油天然气管道保护法》。

石油管道保护制度具体包括：石油管道建设制度、管道建成验收制度、管道三级保护体系制度、管道巡护制度、管道企业环境污染赔偿责任制度等。石油管道保护制度既保护了石油天然气管道安全，又有效衔接了管道规划、城乡规划和土地利用规划，还理顺了管道建设和其他工程建设项目的关系。

（八）石油作业安全制度

1992 年 11 月，全国人大常委会制定了《矿山安全法》，1996 年 10 月国务院发布了《矿山安全法实施条例》。2002 年 6 月全国人大常委会制定了《安全生产法》，并于 2014 年 8 月进行了修改。此外，国家安监局还制定了不少关于安全生产的规章和标准等。特别是，2010 年国家安监局颁布了部门规章《金属与非金属矿产资源地质勘探安全生产监督管理暂行规定》，事关石油资源的勘探和开采的安全生产活动。不少地方人大和政府也制定了根据本地情况实施《矿山安全法》和《安全生产法》的地方性法规和地方政府规章。

这些法律、法规和规章建立了作业者负责、政府监督、第三方检验的石油安全生产机制，确定了安全生产许可证制度，健全了安全生产制度和规程。

理论引申

石油法的国际发展趋势和我国石油法律制度的完善

一、石油法的国际发展趋势

（一）一定程度上或者领域内打破国家石油公司的垄断

在 20 世纪六七十年代石油资源国有化的浪潮中，广大发展中国家和少数发达国家的国家

---

① 2014 年 5 月国家发改委发布《关于水土保持补偿费收费标准（试行）》，迫使陕西省政府将涉及油气的包括水土流失补偿费、水土流失防治费在内的 11 个行政事业性收费和政府性基金列为"公布取消及违规设立"名录。

石油公司登上了世界石油舞台，例如，沙特阿拉伯国家石油公司、伊朗国家石油公司、委内瑞拉国家石油公司等。然而，20世纪八九十年代英国兴起私有化风潮以来，发达国家、发展中国家都开始引入市场机制，在一定程度上或者领域内打破国家石油公司的垄断地位，以求提高石油产业的活力。

（二）不断改革或者健全石油产业管理

石油产业事关国家经济命脉和国家安全，大多数国家都很重视根据石油产业的发展和国际能源变化，不断改革或者健全本国的石油产业管理，并通过法律明确规定相关机构的职责；即使奉行经济自由的美国也在不断完善对石油产业的国家管理。

（三）不断调整涉及石油的自然资源特许税费制度

为了促进石油产业的健康发展、保障本国石油供应、维护行业和社会利益平衡、减缓或者避免石油产业对生态环境的危害，产油国都建立了自己的石油税费制度。特别是，根据本国石油产业的发展阶段特点、国际能源形势以及生态环境保护的需要，不断调整涉及石油的自然资源特许税费制度。例如，委内瑞拉2001年《石油法》（2006年修订）规定：石油企业所得税从67%下调到了50%；任何矿层中开采出的石油，均缴纳总量的30%作为开采税；对于已授权使用但没有开采的矿区，每年按100个纳税单位/km2收取税金，并在第一个5年期内每年增加2%，其后每年增加5%；针对生产出并消费掉的石油衍生物，收取销售价格的10%作为税金。此外，该国还向石油企业收取一般消费税、石油企业暴利税等。

二、完善我国石油法律制度的思考

20世纪90年代起，我国就不断有专家提议制定《石油法》。但由于诸多原因，迄今为止都未能出台。《石油法》缺位是我国石油法律体系的一大缺陷。在新形势下，我国制定《石油法》至少需要注意以下两个问题。

（一）石油产业市场准入制度

我国石油产业基本上由中石油、中石化、中海油这三大上下游一体化的国有石油公司垄断经营。其中，中石油、中石化垄断了陆上石油资源，中海油垄断了海上石油资源。此外，无论是在原油供给环节、炼制环节、输送环节，还是在成品油流通环节，三大石油公司基本上垄断了石油产业整条产业链，以致现有民营石油产业主要集中于炼制、销售环节，并且油源依靠这三大公司，生存艰难。油价"跟涨不跟落"，消费者利益受损，石油供应安全难以保障，"油荒"几乎每年出现。即使是在2014年以来国际油价跌入新低的局势下，我国仍然出现大范围的"柴油荒"。

为了解决这种问题，一方面，我国强化了石油产业反垄断力度。除了管道运输外，石油产业勘探、开采、炼化、储存、销售以及进出口经营等多数环节不再具有自然垄断属性，我国石油产业体制改革，效法发达国家做法，也将采取除了允许在石油管输这一自然垄断环节继续保持垄断外，在石油产业可竞争环节中打破垄断、放开竞争的总体思路。另一方面，2013年以来，国家密集出台政策，大力推动油气管理体制改革进一步深化，支持民营资本进入不具有自然垄断属性的各个环节，打破三大公司垄断格局，逐渐形成以国有经济为主导的混合所有制模式。

石油产业立法应该规定严格的市场准入制度，对申请进入的公司、企业的规模、资产、技术条件等都作出明确规定，同时规定矿业权的取得应该基于物权合同，明确矿业权人的合法权利,允许矿业权流转。

(二)建立适合我国国情的石油监管体制

石油作为特殊商品,其管理涉及石油行业、石油市场、石油对外合作和石油外交等。这些领域都具有相当的专业性,需要政府的有效协调与管理,完善石油监管体制,维护石油市场的充分竞争、防止垄断、保护消费者的利益。政府的主要作用是为石油产业发展提供一个制度框架和政策环境,引导企业满足国家对石油资源、能源安全以及清洁安全的环境的需要。

因此,设立高级别的综合性的石油产业政府规制主体是完善政府石油产业管理的重要方面。我国目前石油产业采取了分散管理的模式,国家发改委、商务部、国家能源局、国土资源部等部门各管理石油产业的某一环节或者某块业务。在能源法制定过程中,有观点认为,我国将借鉴西方国家政监分离的成熟经验,在能源部下设相对独立的能源监管委员会,赋予其在能源领域独立的行政处罚权。作为能源产业分支之一的石油产业也需要符合这一发展趋势。

思考题

1. 简述世界上主要的石油立法模式。
2. 简述石油法的主要制度。
3. 我国在制定石油法时,应该如何协调其与矿产资源法的关系?

思考方向:石油法与矿产资源法之间的关系,涉及调整对象上的交叉性,石油法调整对象的特殊性,以及它们分别有哪些具体制度。

4. 我国在制定《石油法》时应该如何考虑国外石油法立法趋势?

拓展阅读

1. 李兴国:《新时期制定我国石油天然气法之思考》,载《西北农林科技大学学报(社会科学版)》2008年第6期。
2. 田国兴:《我国石油天然气法律制度完善研究》,载《湖北社会科学》2012年第3期。
3. 〔尼日利亚〕奥莫罗格贝、奥涅莫拉:《国家所有权制度下的石油和天然气财产权》,载〔英〕艾琳·麦克哈格等:《能源与自然资源中的财产和法律》,胡德胜等译,北京大学出版社2014年版。
4. 胡德胜编著:《美国能源法律与政策》,郑州大学出版社2010年版,第五章第二节和第九章。

第九章

天 然 气 法

> ✍学习目标
> 通过本章的学习,学生可以掌握以下内容:
> 1. 天然气法的概念、特征和调整对象;
> 2. 美国、欧盟、英国和德国的天然气立法;
> 3. 我国天然气法的主要制度。
>
> ✍关键概念
> 天然气 许可证模式 规则模式

第一节 天然气和天然气产业

一、天然气的概念和特征

(一) 天然气的概念和种类

关于天然气的概念,可以从不同角度予以理解。

从自然物的角度来说,天然气是储藏于地下的一种矿物,其主要成分是甲烷为主的烷烃,少量的乙烷、丙烷、丁烷、硫化氢、二氧化碳、氮和水气,以及微量的惰性气体(如氦和氩)等。①它一般是由数百万年前的动植物或者微生物的尸体形成。

从自然资源的角度来说,根据开采利用的技术和现状,作为天然气资源的天然气,主要有常规天然气(包括石油伴生天然气、独生天然气)、煤层气和页岩气等三种天然气资源。其中,在许多国家,常规天然气是主要的天然气资源。此外,分布于深海沉积物或陆域永久冻土之中,由天然气与水在高压低温条件下形成的类冰状的结晶物质天然气水合物(又称"可燃冰")可能成为未来重要的天然气资源。

从对开发出来的天然气资源或者其他能源资源进行加工提炼而产生的可以用作能源的产品来说,天然气是指成品天然气,包括天然气、煤层气和煤制气等。

---

① 参见王毓俊:《勘探》,中国石化出版社 2006 年版,第 2—3 页。

作为能源法调整对象的天然气,通常包括天然气资源以及天然气、煤层气、煤制气和液化天然气等成品天然气。

关于天然气资源的种类,根据是否具有独立存在状态,可将天然气分为伴生气和非伴生气两种。前者伴随原油、原煤而生;后者则在地层中独立存在。

按照利用时的状态,可将天然气分为气态和液态两种。前者主要包括压缩天然气(CNG)和管道天然气(PNG);后者则主要体现为液化天然气(LNG),是天然气从气井开采出来之后,经净化、除杂质后在低温下液化的产物,其燃烧产物基本不含硫化物和氮氧化物。目前,天然气的使用在许多国家都呈高速增长态势,已经成为石油之后的热门能源。

(二) 天然气的特点

天然气具有以下三个优点:

(1) 属于清洁能源。天然气燃烧后产生的二氧化碳仅为煤炭的40%左右,产生的二氧化硫也很少,也不产生废渣和废水。用它取代煤炭和石油,会大大减少温室气体和粉尘的排放量,减缓酸雨和地球温室效应,利于保护生态环境。

(2) 用途广泛。天然气不仅可作为能源用于生活、生产、交通和服务燃料以及用于发电,而且可用来制作化肥、合成纤维、合成橡胶和塑料,是近千种化工产品的理想原料。

(3) 利用的经济效率较高。天然气作为动力和冶金工业的燃料时,基建费用低,容易实现自动化和提高管理效率。相比绝大部分燃煤机组30%左右的发电效率,天然气联合循环的发电效率高达60%;如果采用功热联产技术,发电效率可达80%以上。天然气的总体经济效益和社会效益远远大于煤炭和其他燃料。[1]

尽管具有上述优点,但是天然气也具有一些缺点。例如,天然气及其处理过程中的产品(蒸汽与空气组成的混合气体)爆炸极限范围较宽,爆炸下限值较低,爆炸危险性也较大;含硫天然气的脱硫脱碳处理过程不仅可能发生火灾、爆炸,还可能释放有毒物质。

总体上,天然气是一种优质、高效、清洁的低碳能源。加快天然气产业发展,提高天然气在一次能源消费中的比重,对于调整能源结构、提高人民生活水平、促进节能减排、应对气候变化都具有重要的战略意义。天然气与煤炭、石油一起被称为世界一次能源的三大支柱。

二、天然气资源状况

世界天然气资源非常丰富,但分布不均。据英国石油公司数据,2012年世界天然气储量为187万亿m^3,产量为33639亿m^3。从地理分布来看,天然气资源分布极不均衡。中东、欧洲和欧亚大陆的合计储量超过全球的70%,而非洲和亚太地区天然气资源相对贫乏。随着科技的进步、勘探的深入,世界天然气剩余可采储量呈现逐年上升趋势,2000年以后的增长更加快速,年均增长率达到3.06%。[2] 天然气产量也在相应地不断增加。得益于页岩气产量的增长,美国天然气产量增长最快,对全球天然气生产和市场供应格局产生了重大影响。[3] 与此同时,天然气需求迅速增长,预计2030年在能源结构中的比例将达23%,取代煤

---

[1] 陆佳亮:《中国天然气工业发展形势和发展建议》,载《天然气工业》2009年第1期。
[2] 郑得文等:《国内外天然气资源现状与发展趋势》,载《天然气工业》2008年第1期。
[3] Desheng Hu, Shengqing Xu, "Opportunity, challenges and policy choices for China on the development of shale gas", *Energy Policy*, Vol. 60 (2013), pp. 21—26.

炭而成为第二大一次能源。[①]美国、俄罗斯、中国的天然气消费量位居世界前3位。

亚洲的日本、韩国、中国和印度都是天然气进口大国,西欧和中欧的许多国家严重依赖进口天然气。中东的海湾国家、欧洲的俄罗斯、挪威和英国、北美的加拿大、南美的委内瑞拉和玻利维亚,以及大洋洲的澳大利亚都是天然气出口大国。近年来,美国也在放松天然气出口管制,增加天然气出口。

三、天然气产业

(一)天然气产业概述[②]

天然气产业的生产供应周期包括钻探气井,开发和开采(天然气和石油),采集天然气,对采集后的天然气进行处理,销售给管道公司或者天然气收集公司,销售给终端用户。参与者主要有生产商、管道(运输)商、当地分销公司(也被称为当地公用设施公司)和终端用户四类。世界范围内,天然气产业在很大程度上不是一种垂直一体化的产业。生产商和勘探商通常是姊妹公司,但是也有一些公司同时开展勘探和生产活动,不多的生产商也是管道公司的关联公司。

从第二次世界大战结束到20世纪60年代以及2000年至今是天然气产业发展的两个黄金时期。第一个时期促使天然气产业发展的因素主要包括储量丰富而且价格适中,长距离输送和储存技术的提高,需求的增加,定价合理而且适用。第二个时期促进天然气发展的关键和主要因素是水力压裂和水平井技术的突破。它导致了页岩气开发的适商性,促成了页岩气革命。

(二)我国的天然气产业

我国天然气资源包括常规天然气资源、煤层气资源和页岩气资源,总体上资源丰富、发展潜力较大。常规天然气地质资源量为52万亿 m^3,最终可采资源量约32万亿 m^3,截至2010年底,累计探明地质储量9.13万亿 m^3,剩余技术可采储量3.78万亿 m^3。煤层气资源方面,埋深2km以浅煤层气地质资源量约36.8万亿 m^3、可采资源量约10.8万亿 m^3,截至2010年底,煤层气探明地质储量2734亿 m^3。页岩气资源也比较丰富。据初步预测,页岩气可采资源量为25万亿 m^3,与常规天然气资源相当。鄂尔多斯盆地、四川盆地、塔里木盆地和南海海域是我国四大天然气产区,合计探明剩余技术可采储量和产量分别约占全国常规天然气资源的78%和73%。[③]

"十二五"期间,我国天然气产业发展形势喜人。资源储量方面,新增常规天然气探明地质储量3.5万亿 m^3(技术可采储量约1.9万亿 m^3),新增煤层气探明地质储量1万亿 m^3。国内产量方面,2015年国产天然气供应能力达到1760亿 m^3 左右,其中,常规天然气约1385亿 m^3,煤制天然气约150—180亿 m^3,煤层气地面开发生产约160亿 m^3。页岩气发展目标方面,2015年探明页岩气地质储量6000亿 m^3,可采储量2000亿 m^3,页岩气产量65亿 m^3。基本完成全国页岩气资源潜力调查与评价,攻克页岩气勘探开发关键技术。进口量方面,2015年进口天然气量约935亿 m^3。基础设施能力建设方面,新建天然气管道(含支线)

---

① 参见江怀友等:《世界天然气资源现状与展望》,载《中国能源》2009年第3期。
② 参见胡德胜编著:《美国能源法律与政策》,郑州大学出版社2010年版,第101—104页。
③ 参见国家发改委:《天然气发展"十二五"规划》,2012年10月22日。

4.4万km,新增干线管输能力约1500亿m³/年;新增储气库工作气量约220亿m³,约占2015年天然气消费总量的9%;城市应急和调峰储气能力达到15亿m³。已经初步形成了以西气东输、川气东送、陕京线和沿海主干道为大动脉,连接四大进口战略通道、主要生产区、消费区和储气库的全国主干管网,形成了多气源供应、多方式调峰、平稳安全的供气格局。用气普及率方面,2015年城市和县城天然气用气人口数量约达到2.5亿,约占总人口的18%。

第二节 天然气法概述

一、天然气法的概念和特征

(一)天然气法的概念

天然气法的概念有广义与狭义之分。广义的天然气法是指调整人们在天然气的勘探、开采、储运、对外合作、销售、配送等及政府监管活动中所产生的社会关系的法律规范的总称。狭义上的天然气法仅指国家立法机关制定的、以单行法形式表现的、名称为《天然气法》或类似名称的法律。本书在广义上讨论天然气法。

(二)天然气法的调整对象

法律都是以某种社会关系为其调整对象的。天然气法以天然气产业链中所产生的、以天然气和天然气管网服务为客体的社会关系为调整对象,包括横向的交易关系和纵向的国家管理关系。

横向的交易关系是以反映天然气市场规律,以意思自治为核心构建的社会关系。它主要包括国家作为天然气资源所有权人与天然气矿业权人在天然气资源勘探和开采环节所发生的民事关系,各类天然气企业之间以及它们与其他企业或天然气消费者之间以天然气或天然气管网服务为客体在投资运营、运输、销售等活动中发生的社会关系。这种关系的核心是在天然气所有权明晰的前提下,调动天然气资源勘探和开发者、天然气产品生产者、经营者的积极性。

纵向的国家管理关系是国家作为社会事务的管理者,基于国家安全、保障民生、生态环境保护和经济发展的考虑,对天然气产业和天然气产业经营者进行综合调整、控制、管制或者监管过程中发生的管理关系。例如,国家对天然气开采活动中的环境保护和对土地、草地、水等自然资源的保护和对地方利益的维护,对天然气管道输送和配送活动中的管道安全保护。

(三)天然气法的属性和特征

1. 天然气法的属性

天然气的资源属性和能源属性决定了天然气法具有下列属性。

(1)矿产资源法属性。天然气法是矿产资源法中的特别法。天然气资源属于能源矿产。1986年《矿产资源法》(1996年修正)是我国现行矿产资源领域的基本法律,是事关天然气资源勘探和开发活动的基本法。该法关于矿产资源国家所有权制度、矿业权审批制度、矿业权运行中的安全生产要求等确定了天然气产业上游运行的基本规范。然而,天然气的能源属性又决定了天然气资源具有不同于其他多数矿产资源的特点。因此,在处理矿产资源法与天然气法的关系时,应该按照一般法与特别法的关系予以处理。

(2) 能源法属性。天然气法是能源法的分支。能源法调整能源管理关系和能源市场运行关系,既维护能源领域的市场经济发展又保障国家安全、民生福祉和生态环境安全。能源法律体系中既有基础性的法律、法规和规章,也有石油法、天然气法、煤炭法、电力法等能源单行法律、法规和规章。作为调整天然气这一特殊能源相关活动中社会关系的天然气法,必然需要与整个能源法律体系相协调,遵守能源法的目的、宗旨、基本原则和基本制度。

(3) 兼具公法与私法属性。这主要表现在三个方面:① 它调整天然气产业链相关活动中私主体之间的社会关系,因而具有私法属性。例如,天然气法调整的天然气资源所有权、用益物权性质的天然气矿业权都具有财产属性。天然气产品的流转与交易是以各种契约形式完成的,更是体现了私主体的意思自治。② 国家对天然气产业链中私主体的相关活动进行直接控制、管制或者间接监管,以避免或者解决市场失灵问题,这些控制或者监管的法律规范具有公法属性。例如,天然气产业链企业之间的竞争结构和竞争秩序,天然气开采中的环境保护和对土地、草地、水等自然资源的保护等都会受到政府干预。③ 国家采取的某些避免或者解决天然气领域市场失灵问题的措施本身就兼具公法和私法属性。例如,国家对于根据政府与企业之间关于天然气储备合同的约定,在企业履行义务时,给予其贷款、补贴或者税收减免方面的优惠。

(4) 兼有实体法和程序法属性。一方面,天然气法关于天然气企业、用户和消费者权利和义务的规定,以及政府对天然气企业的管理或监管,总体上偏向于实体法属性。另一方面,天然气法还对政府监管的程序、行使职权的方式和程序等作出了规定,又具有程序法的属性。

2. 天然气法的特征

天然气法具有以下三个特征:

(1) 技术性强。法律的边缘化发展使法律和技术的融合状态越来越明显,大量技术规范融入法律当中,形成了法律技术规范这样一种新的法律规范形式。这种规范使相关工艺和生产规程具有了强制执行的国家意志属性,其兼具技术性和法律性。天然气法要保障的天然气安全既包括供应安全,还包括生产安全。这就需要建立一个全方位、立体化的安全体系;其基本内核是技术因素。天然气在勘探、开采、净化、运输到燃气的生产、贮运、输配、装瓶、供气都必须有严格的安全措施、规章制度和操作程序,这些措施和制度本身具很强的技术性。

(2) 综合性强。天然气法的综合性体现调整对象、调整方法的综合性。天然气法调整对象的综合性是指天然气法的调整对象不仅包括天然气运营关系,还包括天然气监管关系。前者包括整个天然气产业链不同经营主体间及天然气经营主体和用户、消费者之间的关系,后者则包括国家对天然气生产、储运、利用不同环节进行监管时与天然气经营者、用户、消费者以及环境和社会之间发生的关系。调整对象的综合性要求调整方法的综合性,天然气法中包括民事、行政、刑事各种调整方法和规范的综合使用。

(3) 国家干预性强。天然气产业是涉及国家能源安全的重要能源产业,即使是市场经济发达国家,也不会在天然气产业放弃国家干预。国家对天然气的总供给与总需求、天然气价格、天然气产业促进、投资指导等方面实行宏观调控;对天然气市场的准入、定价机制、管道建设、运营审批、对外合作审批、安全生产、产业技术标准、重要公共设施和重大项目等实行监管。

二、天然气立法的主要目的

法律不仅在于为社会提供外在的行为规范,还应在于创设一种实现某一(些)价值目标的环境。我国天然气产业长期单纯或者主要依靠行政手段进行管理。随着法治理念的不断深入和改革的继续深化,这种管理方式已不适应各方面发展的需要。从国际经验看,多数国家都通过立法来规范天然气产业的企业行为,界定政府相关管理或者监管职能,促进天然气市场竞争,保护消费者利益。一般而言,天然气立法主要有以下三项核心目的。

(一)保障天然气供应安全

天然气供应安全是许多国家能源安全的组成部分。它是指基于国内生产和从国际市场购买以获得充足的天然气来满足国内需求,向国内用户和消费者提供持续、可靠、价格合理的天然气供应。20世纪70年代以来,天然气占世界能源消费总量的比例呈上升趋势:1973年为总量4667百万吨油当量(Mtoe)的14%,2013年达总量9301Mtoe的15.1%。[1] 天然气在我国能源消费结构中的比例也是越来越大。我国是世界天然气消费大国,天然气对外依存度逐年提升,2015年,我国天然气消费量为1910亿m^3,国内产量为1318亿m^3,进口量为624亿m^3,对外依存度升至32.7%。[2]天然气供应已成为我国经济结构调整的瓶颈,也是影响民生的重大问题。

(二)建立和维护天然气市场竞争机制

我国天然气产业的政府管理、产业统筹发展、价格形成、产品分配、法律体系等方面都还存在着不能适应市场体制要求的问题。[3] 我国天然气产业发展方向应该是建立和维护天然气产业市场竞争机制,提高天然气产业化、市场化水平。系统的天然气立法是实现上述目标的重要保障。我国近几年连续出现的气荒现象反映了现有资源配置制度的低效性。不能反映市场供求关系的价格形成机制,上游市场几乎没有竞争,对进口权不合理的严格控制,导致大量民营资本无法进入天然气市场。天然气立法的目的之一应该是建立开放的、多元主体能够充分竞争的产业结构,促进天然气产业的发展。在天然气产业链中,除长输管线因其自然垄断属性较强而不宜放开竞争外,其他环节都可以,也应该引入市场竞争,实现投资主体多元化。对于管道输送业务,也可以通过合理的拆分方式,使管道公司以合适的方式脱离油气公司,对第三方承担无歧视准入义务,建成全国联网的输气管网。这样,就可以促进全国性天然气市场的形成。

(三)不断调整天然气产业利益关系,促进产业稳定发展

天然气产业是重要能源产业,科技的发展及其应用极大地影响着天然气资源勘探和开采活动及其对生态环境和其他自然资源的影响,进而影响着天然气产业各种各类的众多参与主体的利益。发端于北美的页岩革命就是有力例证之一。为了适应变化的或者变化着的科技发展及其应用,天然气立法需要不断调整众多参与主体之间的利益关系,促进天然气产业的健康和稳定发展。

---

[1] See IEA, *Key World Energy Statistics 2015*, IEA, 2015, p. 28.
[2] 参见中国石油集团经济技术研究院:《2015年度国内外油气行业发展报告》。
[3] 参见周志斌:《天然气市场配置及补偿机制研究》,科学出版社2011年版,第175—176页。

三、国外天然气立法

我国目前还没有制定调整天然气产业的综合性和基础性法律。在未来制定时,我国需要研究并借鉴其他国家和地区的天然气立法。下面介绍市场经济发达国家和地区的美国、欧盟、英国和德国的天然气立法。

(一) 美国天然气立法[①]

尽管可以将美国天然气产业追溯到早期的私人企业通过煤气化制作燃气,但作为产业则形成于罗斯福新政实施后的20世纪30年代,相关法律和政策经过了不同发展时期。

根据1938年《天然气法》第1条(b)款的规定,联邦政府对天然气产业监管的管辖权限于三个方面:(1)涉及州际贸易的天然气运输;(2)采购的天然气的州际转售;以及,(3)从事此类运输或销售的天然气公司。这一规定的要旨是:联邦政府对天然气的州际(主要是管道)运输和销售拥有管辖权,但是不涉及当地的生产商;州监管机构对天然气零售拥有管辖权。多数生产商利用监管不全的漏洞,其井口价(即在气田对管道公司收取的价格)并不包括在州际销售价格之中,而是由天然气管道公司转移给终端用户。其结果是,过高的井口价能够很容易抵消用户可以享受的其他价格保护,从而损害了消费者的利益。

为了避免损害消费者利益的市场失灵情形的发生,美国最高法院先是在1947年"州际天然气公司诉联邦电力署"一案[②]判决中授权联邦电力署监管天然气生产商与其关联的管道公司的价格,后又于1954年"菲利普斯石油公司诉威斯康星州"一案[③]判决中将联邦电力署的管辖权限扩展到包括生产商在内的价格。起初,联邦电力署通过裁定的方式制定区域性价格。[④]后来则将根据《行政程序法》进行的定价裁定改变为通过修订定价规则来制定价格,不再针对某个生产商或者分销商单独举行听证会,而是由同一地区的所有生产商和分销商共同参与定价规则的修订。这样,联邦电力署对全国不同地区分别制定了天然气价格。分区和全国定价的基础是"按年份分类定价"(vintaging),即采用"新旧"价格的双轨价格体系。对1938年《天然气法》出台之前的"旧"的天然气采用历史成本定价,而对之后的"新"天然气则由市场自由定价。

但是,上述监管措施却造成了美国国内天然气短缺的结果。认真分析,可以发现:这是监管措施失当导致出现两类市场的必然结果。第一,这种价格双轨制和依据历史成本定价的直接结果是形成了州际和州内两类天然气市场。联邦监管的州际市场的天然气价格被压低,州内天然气按市场现价定价而且可以上浮。在这种人为的而且被扭曲的市场环境中,供应州际市场的生产商为了避免联邦监管,转移到更盈利的不受监管的州内市场,联邦调控的州际价格受到打压,这两类市场最终出现了价格差异,从而导致双重市场问题进一步恶化。其结果是,州际市场上的天然气价格受到监管政策的过度人为限制,那些天然气很大程度上不能自足的各州,由于难以从州际市场上获得体现全国性天然气供求关系价格的天然气,造成供应短缺。第二,联邦政府所监管的价格是基于历史成本的价格,而不是随市场价格变化

---

① 参见胡德胜:《美国20世纪天然气产业监管失败的教训》,载《国土资源情报》2016年第8期。
② *Interstate Natural Gas Co. v. FPC* (S. Ct. 1947).
③ *Philips Petroleum Co. v. State of Wisconsin* (S. Ct. 1954).
④ See *Permian Basin Area Rate Cases* (S. Ct. 1968); and, *Mobil Oil Corp. v. FPC* (S. Ct. 1974).

而浮动的价格。这就违反了市场供求关系决定价格的价值规律。监管导致的结果是,基本上不受监管的州内市场价格却接近于世界市场价格,并在这一时期高于受监管的州际市场的价格。由于商家的逐利本能,这种价格差异产生了多种影响和后果。最明显的是,州内市场的生产商拥有更多的资金来投资开发新的天然气资源。更为严重的是,州际天然气市场的生产商降低勘探费用,并且试图脱离受监管的州际市场而进入州内市场。然而,联邦立法就州际市场退出有严格规定,在没有获得联邦政府批准的情况下,专门为州际销售生产的天然气生产商不得退出州际市场;而且,联邦电力署不支持采用较为宽松的州际市场退出政策。[1]发展的结果是,价格差异扭曲了市场,造成了天然气的人为短缺。

为了解决一些州天然气市场的短缺问题,联邦和有关州监管机构对市场短缺的应对措施是,基于终端用户优先地位顺序而采取按比例限量供应。首先供应位于较高优先地位顺序的终端用户;其次,对于处于同一优先地位顺序的终端用户,则按照一定的比例进行供应,没有用户完全得不到供应。[2]学校、医院和小型居民用户具有最高的优先等级,受到影响的是能够更换燃料的大型工业用户。

然而,在东部沿海地区各州,天然气短缺却不断加剧。国会为此通过了1977年《天然气紧急法》,卡特总统据此宣布美国进入天然气紧急状态,联邦电力署获得以调出州州内天然气市场的价格向东部沿海地区调拨大量天然气的授权。但是,因监管措施造成的市场扭曲并没有消除。

1978年《天然气政策法》将天然气井口价格管制的办法确定下来,但是要求逐步取消对"新天然气"(1977年后开发的气井所生产的气)的井口价格管制,以促进新气源(包括非常规天然气)的勘探与开发。[3]由于竞争性的市场还未形成,这一举措导致了天然气的盲目生产,出现了20世纪80年代天然气的生产过剩。

为了促进天然气产业竞争,1985年联邦能源监管委员会第436号法令取消了新天然气的井口价格管制,非强制性要求管道公司提供平等的公开准入服务,用户可以直接与生产者交易。1989年《天然气井口价格解控法》规定取消所有对天然气井口价格的控制,从1993年1月1日起,井口价实行市场定价,引入自由竞争;鼓励以市场的方式转让管输能力,要求管道公司及时披露天然气管输能力分配方面的信息。1992年联邦能源监管委员会第636号法令要求将管道公司的销售、输送和储存服务分离,所有的管道公司必须提供公开准入服务,用户可以自由选择供应商和管道输送公司;天然气销售商、地方配气公司和大型终端用户直接可以从生产者处购买天然气。

从美国天然气法的发展过程看,美国天然气产业立法经历了不同的时期,教训颇多。目前,其立法重点是逐渐降低进入和退出控制,扩大价格自由化范围,从而形成了新型监管,以求通过减少监管来加强竞争。[4]

---

[1] See *United Gas Pipe Line Co. v. McCombs* (S. Ct. 1979); and, *California v. Southland Royalty Co.* (S. Ct. 1978).
[2] See 49 F. P. C. 85 (1973); 49 F. P. C. 583 (1973).
[3] 参见周仲兵、董秀成、李君臣:《天然气价格管制的利与弊——美国经验及其启示》,载《天然气技术》2010年第4期。
[4] 参见胡德胜编著:《美国能源法律与政策》,郑州大学出版社2010年版,第181页。

(二) 欧盟天然气法[①]

20世纪80年代末以来,欧洲能源部门一直经历着许多根本性变化。继欧盟委员会1985年和1988年《关于内部能源市场的通讯》之后,变得明确的是,《欧共体条约》的一般规定也应该适用于能源部门。与以前的立场相反,成员国再也不能依赖这一理念:能源企业因提供一般利益服务,可以免于适用关于商品、服务、资本自由流通的规定以及竞争法的一般规定。基于这一新路径,欧盟委员会颁布了数套立法,促进把欧盟法律的一般理念应用到能源部门中。欧盟天然气政策法律的历史演进主要是围绕建立欧洲统一天然气市场、反对天然气产业垄断而进行的。

1990年欧盟委员会开始致力于欧盟内部天然气市场的建立。1998年欧盟制定了加快建立欧盟内部天然气市场进程的《天然气指令98/30/EC》,确立了天然气产业改革的目标,即,实现公平和开放的准入,形成一个竞争的天然气市场。指令要求各成员国设立独立的政府监管机构,建立适当和有效的监管、控制和透明机制,避免滥用垄断地位,损害消费者利益,并要求成员国中垂直一体化(指一家公司在生产、管输、配送、销售、储气环节同时经营两项或两项以上的业务)的天然气公司将各环节业务分开,以避免歧视、交叉补贴和阻碍竞争。法令规定各成员国在指令生效起的2年内完成本国法律、法规的修订。

2003年欧盟通过了第二个天然气指令《天然气指令03/55/EC》,要求:(1)各成员国按照建立天然气统一市场的规定调整各自的法律,在2004年7月之前向欧洲各国非居民用户开放天然气市场;(2)垂直一体化企业完成管输与营销业务的法律拆分,于2007年7月之前向所有用户全面开放天然气市场,最终实现消费者可以自由选择供气商的目标。

经欧盟委员会提议,欧盟议会2009年4月通过了第三次能源改革方案,要求就天然气管网业务进行拆分,防止管网业务垄断,保障市场公平竞争,保护消费者利益。成员国可以选择的拆分方案包括严格的所有权拆分、独立系统营运商和独立输送运营商共三种。严格所有权拆分意味着:在对供应企业行使控制权的同时,同一个人或一群人不能持有系统运营商中的任何权益或对其行使任何权利;这也适用于相反的情况。独立系统运营商是一家完全独立于垂直一体化企业的企业或实体,而且履行管网运营商的所有职能;为了确保这类运营商真正独立于垂直一体化企业而维持和行事,必须建立专门的监管机制。一家独立输送运营商允许输送系统运营商继续作为垂直一体化企业的一部分,但是它还提供了详细的规则,以确保其独立性,包括关于投资、日常经营、遵从、监事会和一项可能引起立法建议的专门修订条款。改革方案还要求成员国建立独立的监管机构,以确保输送和配送业务与其上游和下游业务之间的有效分离。

欧盟的天然气政策和立法对欧盟成员国的天然气立法具有强制性,它们相继修改本国法律以符合欧盟政策和立法。

(三) 英国天然气法

20世纪80年代中期以前,英国的天然气产业由国家通过英国天然气公司(British Gas)进行控制。1982年的《石油与天然气法》奠定了英国天然气产业自由化的法律基础。它取消了英国天然气公司从海上和陆上天然气生产者处购买天然气来供应全国天然气输配的优

[①] 参见〔西班牙〕德尔瓜伊、〔德〕屈内、〔荷〕罗根坎普:《欧盟能源部门的所有权拆分和财产权》,载〔英〕艾琳·麦克哈格等:《能源与自然资源中的财产和法律》,胡德胜等译,北京大学出版社2014年版。

先权,允许第三方利用英国天然气公司的天然气管道。但是,由于供气商数量很少,英国天然气产业仍然缺乏有效竞争。四年后,英国 1986 年《天然气法》出台,对英国天然气公司实行私有化改造,引入管网"第三方准入"制度,建立燃气监管办公室(Office of Gas Regulation)这一天然气产业管制机构。该办公室负责为天然气运输公司颁发营业执照,监管垄断,促进竞争性天然气市场的发展。

1989 年,《90∶10 条例》出台,要求英国天然气公司承诺:从 1989 年 6 月到 1991 年 5 月,在签订购气合同时,数额限定在英国大陆架任何新气田产气量 90% 以下,从而保证生产者能够留出至少 10% 的产气量余额,卖给独立的供应商或终端用户。1992 年,燃气监管办公室规定,大、中型用户拥有选择供气方并与供气商进行协商定价的权利。次年又要求英国天然气公司的管输和销售业务进行财务分离,确保管网的无歧视准入。1995 年《天然气法》的核心是确立许可证模式监管框架。它确立了新的营业执照体系,凡是符合资质要求的经营者都有权申请发放许可证。监管机构可以发放天然气输送管网经营、公用配送管网经营和供应商供气经营这三种许可证。

1999 年 6 月,英国政府将燃气监管办公室与电力产业的管制机构——电力监管办公室(Office of Electricity Regulation)——合并为英国天然气与电力市场办公室。2000 年《公用事业法》对 1986 年《天然气法》和 1995 年《天然气法》的有关内容进行了修改,修改并补充了天然气执照和天然气的执行标准,从而进一步完善了天然气产业立法。[①] 目前,英国的天然气市场已经基本发展成为完全竞争市场,井口价和终端用户价都由市场形成,实现了天然气供应商之间的竞争和"气与气"之间的竞争,用户可以自主选择天然气供应商,供应商有权平等利用高压天然气管道(长距离输送管道)和低压天然气管网(市镇配送管网)。英国的天然气产业比较成熟,天然气市场作用发挥较好,很大程度上取决于其天然气立法的日渐成熟和完善。

(四)德国天然气法

德国在 1935 年制定了《能源经济法》,其立法目的在于"尽可能安全和廉价地"组织能源供应,并授权有关部门负责能源的监管、市场准入、退出和投资控制。在该法框架内,德国境内逐渐形成并巩固了强大的能源单一垄断体制。

随着世界范围内 20 世纪八九十年代放松监管潮流的兴起,欧盟 1998 年《天然气指令 98/30/EC》出台,德国能源产业内出现了要求政府开放能源市场的强烈呼吁。在国内外因素的压力下,德国在 1998 年对《能源经济法》进行了修改。1998 年《能源经济法》明确将"保障提供最安全的、价格最优惠的以及与环境相和谐的能源"作为其立法目的。第 20 条规定,网络运营商负有保证非歧视地允许其他能源企业利用管道的义务。第 21 条规定,管网费应当在管网运营成本基础上确定。非歧视原则是该法的基本原则,它保障每个用户不受歧视地使用能源网络。这就打破了能源产业的传统垄断结构,引入了竞争机制。该法另一个重点是保障能源供应的安全,提出了公共能源供应的准入制度。

2005 年,为了实施欧盟 2003/54/EG 和 2003/55/EG 号指令,德国又对《能源经济法》进行了较大修改。根据 2005 年《能源经济法》,德国在全国范围内加强对能源市场的监管,将能源网络费用和接入条件从原来的自由协商和事后监管模式改变为政府事先管制模式,降

---

① 参见卫德佳:《石油天然气法律制度研究》,石油工业出版社 2010 年版,第 13—20 页。

低网络管道成本,拆分能源企业,营造无歧视的能源服务。联邦网络局监管能源市场,负责为能源企业制定最高限价,同时放宽对企业利润幅度的限制,允许企业通过降低成本来提高利润,以促进市场竞争。该法的实施使德国能源企业面临更大的价格与成本压力,能源市场的竞争将更加激烈。

四、天然气立法的主要内容

天然气立法的主要内容应该包括国家关于天然气产业发展的宏观调控方向,监管体制,天然气企业的权利义务,天然气输送、配送管理模式和运行机制,天然气价格和输送、配送管网费的确定原则和定价机制,天然气合同,管道建设和运营的审批、施工、维护、安全保障,对外合作的模式及领域,消费者权益保护,法律责任等。下面介绍天然气产业监管体制、产业从业主体资格、勘探和开采、输配和销售、储备以及国际天然气合作这六个方面。

(一)天然气产业监管体制

关于天然气产业的监管体制,天然气立法应该包括监管模式、监管机构和监管内容等三个主要方面。监管模式有事前、事中和事后等三种基本模式,一般需要根据监管的领域(例如,是上游、中游还是下游,是垄断还是非垄断等),结合本国国情和监管机构的能力予以确定。在市场经济国家,很少有只采取一种监管模式的。在监管机构设置及其监管权力(利)配置方面,有宏观管理机构和监管机构分设的(如美国),也有统一的(如中国);在大多数市场经济国家以及经济转型国家,监管机构都相对集中。在监管体制较为成熟的国家,如美国、加拿大等,一般分设能源主管部门和能源监管部门;能源主管部门主要进行宏观调控,而能源监管部门主要负责具体的监管行为。有些国家,特别是联邦制国家,还实行分级监管、相互协调的监管方式。在监管内容方面,主要包括油气资源、市场准入、价格调控、服务标准、信息以及质量、安全、环保等。一般而言,对非自然垄断领域应该放松监管,以事后和事中监管为主,监管的重点是确保公平竞争的市场环境,充分发挥市场的基础性配置作用;对于自然垄断领域,则需要强化政府的监管职能,以事前监管为主,于价格、市场准入和普遍服务等方面进行监管,在保证产业实现规模经济的同时,防止滥用垄断优势,以维护公众利益。

(二)天然气产业从业主体资格

天然气产业从业主体资格限制的松紧程度直接影响进入天然气市场的成本和难易程度,其设置合理与否对天然气产业发展具有重要影响。天然气产业的公共物品属性以及某些领域的垄断属性,决定了天然气产业从业主体资格的严格性。例如,我国天然气产业以许可证方式对天然气产业的从业主体资格设置了严格的准入条件;天然气产业许可证包括天然气勘探开采许可证、安全生产许可证、燃气管道生产许可证、危险化学品经营许可证、输送生产许可证、销售许可证等。目前,国际趋势是在生产和批发领域形成市场竞争的基本格局,在管道输送领域实施较为严格的或者严格的监管。一般而论,天然气上游勘探和开采领域实行有限度的竞争,中游输送和配送领域属于自然垄断经营,下游业务则允许符合准入条件的各类经营主体进行平等竞争。

(三)天然气勘探和开采

天然气勘探一般需要经过地质调查、地球物理勘探、钻探这三个步骤。开采阶段则可以分为钻井和采气这两道工序。从国家管理的角度来说,首先需要对天然气勘探与开采作出规划,并将之纳入社会经济发展整体规划之中,对天然气的勘探开采区域综合评价,对勘探资料的保护、保存和有偿使用等事项进行规范。需要注意将近期规划和长远规划相结合,正确处理好局部与整体的关系,合理布局、突出重点,以局部带动整体的发展。其次,应该制定天然气资源勘探与开采的具体制度。例如,矿业权取得和区块招标,矿业权申请人的资格、权利义务,政府的审批,矿业权的登记、取得与转让等。最后,还应该对天然气勘探和开采的具体要求作出规定,例如采气范围、用地、环保要求、供应和设计要求、天然气生产许可证的申请与取得条件、生产许可证的监管制度、天然气生产中的保护性开采、生产要求、用地补偿、气井的关闭或者报废、安全生产制度、劳动保护制度等方面。[1]

(四)天然气输配和销售

天然气输送和配送是联结天然气产业链中生产和消费的媒介,这一领域具有高成本沉淀性和网络经济性。它既涉及天然气技术规程,也涉及天然气政策法律规定。前者如输送管道施工技术要求、输送天然气的条件、安全保护、天然气管道设施的范围;后者如输送许可证的申请与取得、输送范围、输送生产许可证制度、输送收费、法律地位、监管机构、保护制度、管道企业的权利义务、用地权或地役权等。

在天然气销售方面,应该包括天然气生产企业的销售权、天然气销售企业的设立条件、天然气销售许可证制度、销售范围、安全生产、依法经营、商品气分配管理体制、商品气计划的制订和实施、供气质量规定、供气价格、供用气合同和城市燃气管理等。[2]

(五)天然气储备

天然气储备不仅可以保障国家能源供应安全、维护市场稳定、提高应对突发灾害的能力、保障民生,也可以在一定范围内平抑价格剧烈波动。天然气法应该对天然气储备体系的建立制定规划、指导建设、监督实施,对天然气储备分类、储备方式和储备规模、储备义务主体、储备体制、储备资金来源、储备资金的动用、储备选址、储备应急机制等作出规定。目前,主要天然气消费国都已建立起了天然气储备制度。例如,2016年4月美国地下天然气储气库存储量超过7万亿立方英尺。[3]俄罗斯是重要的天然气生产国和出口国,尽管其天然气资源十分丰富,但是也建起了24座地下储气库。我国天然气供给严重依赖进口,更有必要结合天然气产业发展,建立天然气国家储备制度和企业义务储备制度。

(六)国际天然气合作

近些年来,在气候变化政治推动下,世界天然气消费快速增加,天然气需求不断增长,天然气地缘政治越来越复杂,围绕天然气供需事宜所引发的国家间的斗争愈来愈激烈。开展天然气国际合作,已成为保障国家能源安全、维护天然气市场秩序的必然选择。

天然气资源东道国与外国合作主体通常采用某种形式的协议进行国际天然气合作。合作方式可以分为许可制和合同制。许可制表现为租让、许可证、租赁等形式,合同制则主要表现为产品分成合同、服务合同和复合合同(也称混合合同)等形式。大多数国家都同时采用多种方式。天然气法中需要规定外国资本的性质和范围、外资所有权的保护、外商投资企业的法定形式及经营范围、外国投资期限、外国投资企业组织形式及股份要求、外国投资的

---

[1] 参见黄振中、赵秋雁、谭柏平:《中国能源法学》,法律出版社2009年版,第234页。
[2] 参见卫德佳:《天然气立法的两个基本点》,载《中国石油石化》2007年第22期。
[3] See US EIA, "Underground natural gas storage by all operators", http//www.eia.doe.gov (2016-07-01).

税收优惠、经营管理、天然气产品的所有权和销售权、资料所有权、参股、勘探开采等生产费用的偿付、收益分配。①

第三节　我国天然气法律制度

一、我国天然气法立法现状

天然气是关涉经济发展、国计民生的重要支柱产业。但是总的来说,目前我国天然气法律体系尚不完善。首先,我国关于天然气勘探、开采、生产、输送、配送、销售以及涉及土地、环保等方面法律规范主要散见于以行政法规和部门规章为主的政策法律文件之中,缺乏一部统一的、总揽全局的《天然气法》,这与天然气产业在整个国民经济中的重要地位严重不相称。其次,在天然气产业,由于以大量的政策性文件来弥补法律空白,缺乏透明度和稳定性,导致执法的随意性,难以适应市场经济发展的需要。

我国天然气法可以分为适用于天然气的一般能源法律,以及关于天然气产业的专门法律。前者的内容包括天然气矿业权的取得、特许税费构成、矿业权管理体制、生态环境保护、矿地关系等基本问题。对于天然气产业上游以及远距离运输领域,我国采取油气合并立法的模式。后者基本上是按上、中、下游领域分别制定法律。例如,上游领域的1998年《矿产资源勘查区块登记管理办法》(2014年修改),中游领域的2010年《石油天然气管道保护法》,下游领域的2010年《城镇燃气管理条例》(2016年修改)。此外,还有适用于天然气领域的安全和安全生产法律,例如,2002年《安全生产法》、2004年《安全生产许可证条例》(2014年二次修改)和2011年《危险化学品安全管理条例》(2013年修改)等。

我国天然气产业已进入快速发展时期,制定符合我国国情和天然气产业发展规律的天然气专门立法是有效促进天然气资源合理开发和利用,培育天然气市场的客观和迫切要求。特别是,我国现行天然气政策法律的计划经济烙印仍然存在,政企不分以及企业产权不清的现象仍然存在。天然气产业的改革应该向市场导向的方向转变,只有政企分开,让天然气企业真正做到自主经营、自负盈亏,才能充分调动它们的积极性,提高效率,增强市场活力。

根据中共中央和国务院的部署以及"十三五"规划纲要,我国正在对天然气产业进行市场化改革,新的政策、法律、法规和规章会不断出台。

二、我国天然气法的主要制度

促进和保障天然气产业的稳健发展,需要依据我国国情、借鉴市场经济发达国家的成功经验和吸取其教训,建立并不断健全和完善我国天然气法律体系,建立一些基本制度。下面介绍我国的天然气资源国家所有、定价机制、市场准入、管道安全、利用政策以及对外合作等方面的制度。

(一) 天然气资源国家所有制度

《矿产资源法》第3条规定,我国矿产资源的所有权属于国家,由国务院行使国家对矿产资源的所有权。据此,天然气资源所有者为国家,国家通过设置矿业权、取得矿业权收益实

---

① 孙仁金、陈焕龙、吕佳桃:《印度尼西亚石油天然气开发管理与对外合作》,载《国际经济合作》2008年第8期。

现其所有者权益。当前,国家所有者权益通过天然气资源的有偿使用来实现,具体包括收取矿产资源补偿费、资源税、采矿权使用费、探矿权使用费、探矿权价款、采矿权价款等税费。

在维护矿产资源国家所有权制度的前提下,天然气公司依法享有矿业权,取得勘探开采天然气的权利。与石油相同,我国天然气资源的勘探开采实行国家一级审批登记制度,国内石油公司获取勘探开采许可证,必须经国土资源部审批并颁发勘探许可证和采矿许可证。

(二) 天然气定价机制

能源价格改革已被我国列为全面深化改革的重大问题之一,而天然气价格改革是能源价格改革的重要环节。天然气价格一般包括出厂价(井口价+净化费)、管输费、城市门站价和终端用户价等。总体上,许多国家的天然气产业都经历了从垄断经营到市场化经营领域不断扩大的发展过程。相应地,天然气定价机制存在政府直接定价、法律规定定价方法、市场定价等定价机制。在政府实行严格管制的情形下,天然气价格一般采用成本加成方法或按价值原则(最终用户的天然气价格与可替代能源价格相当的原则)核定。世界范围内,天然气定价机制的趋势是,除了天然气管输价格由国家严格管制外,其他环节的经营者享有自主定价权利。

2005年以前,我国天然气定价机制是政府定价。2005年,天然气价格市场化改革启幕,国家发改委决定将天然气出厂价统一改为实行政府指导价。2011年,部分地区试行价格联动,两广试行"市场净回值法"。这一模式在2013年推广到全国非居民用气领域,居民用气则开始逐步推行阶梯气价。2014年、2015年国家发改委又两次推出价改措施,非居民存量气和增量气真正完成并轨。2015年11月的价改措施又将最高门站价格管理放宽为基准门站价格管理。

按照中共中央国务院2015年《关于推进价格机制改革的若干意见》,到2017年,竞争性领域和环节价格基本放开。国家发改委明确表示,"十三五"时期要逐步放开天然气气源和销售价格,实现政府只监管自然垄断的管网输配气价格。2016年10月9日国家发改委印发《天然气管道运输价格管理办法(试行)》和《天然气管道运输定价成本监审办法(试行)》,对跨省级行政区输气管道运输价格的制定和调整行为,尝试进行符合市场规律的管理改革。但是,如果缺乏对省级行政区内短途输气管道、海底管道和城镇燃气配气管网在开放准入和管网价格方面的市场化监管,以及,特别是,如果不实施管网业务独立,就不会有真正的、符合市场规律的天然气市场存在。

(三) 天然气市场准入制度

科学而清晰的天然气市场准入制度有利于打破垄断,建设竞争性市场,并借以约束政府行政权力行使,规范天然气产业秩序。因此,天然气市场准入是政府监管的重要领域。目前在常规天然气准入方面,中石油、中石化、中海油三家央企大国有石油公司以及延长石油一家地方国有石油公司垄断上游勘探开发领域;这4家公司在天然气生产、运输和销售领域实行一体化经营。在非常规天然气放松市场准入方面,国家还通过招投标等方式向数量不多的其他企业(包括有民间资本投资的企业)颁发有勘探和开采方向的许可。例如,河南省煤层气开发利用有限公司、中国华电集团公司、国家开发投资公司、湖南华晟能源投资发展有限公司、中煤地质工程总公司、神华地质勘查有限责任公司、重庆页岩气勘探开发有限责任公司等。

我国天然气市场准入方面存在的主要问题是:(1) 市场准入审批标准或者缺位、或者模糊;(2)市场(特别是上游)准入缺乏公开、透明的准入规则和准入程序;(3)与煤炭资源伴生的煤层气这一天然气资源的矿业权被不科学地分开。前两者导致不能为所有市场参与者提供公平竞争的机会,后者则违背了科学规律、导致了两种矿业权的冲突、造成了资源浪费。

(四)天然气管道安全制度

我国现行天然气管道安全制度的法律基础是 2010 年《石油天然气管道保护法》。在该法施行之前的法律根据是 1989 年《石油天然气管道保护条例》(2001 年进行了修订)。该法确立了较为完整的天然气管道安全制度。我国天然气管道安全制度主要包括以下三个方面的内容:

(1)天然气管道安全监管机构。国家发改委负责全国管道设施保护的监督管理工作,管道设施沿线地方各级政府,应当加强对管道设施保护工作的组织领导,采取有效措施,保证管道设施安全,查处危害管道设施安全的行为。

(2)管道企业责任。管道企业具有维护管道安全的主要责任。管道企业应当建立、健全管道巡护制度,配备专门人员对管道线路进行日常巡护。管道巡护人员发现危害管道安全的情形或者隐患,应当按照规定及时处理和报告。管道企业应当定期对管道进行检测、维修,确保其处于良好状态;对管道安全风险较大的区段和场所应当进行重点监测,采取有效措施防止管道事故的发生。对不符合安全使用条件的管道,管道企业应当及时更新、改造或者停止使用。

(3)管道安全长效机制。要妥善处理经济建设、城市发展、生态保护保护和管道保护之间的矛盾,使管道规划与土地规划、城乡规划等相协调。国务院能源主管部门组织编制全国管道发展规划时应当征求国务院有关部门以及有关省级政府的意见;同时全国管道发展规划应当符合国家能源规划,并与土地利用总体规划、城乡规划以及矿产资源、环境保护、水利、铁路、公路、航道、港口、电信等规划相协调。在管道建设、巡护、检测、抢修过程中,注意维护管道沿线土地或者设施的所有权人或者使用权人的合法权益,保护人民生命财产和生态环境。

(五)天然气利用政策制度

天然气利用制度包括:通过整体考虑全国天然气利用的方向和领域,优化配置国内外资源;明确天然气利用优先顺序,有序发展天然气市场,以达到优化能源结构、发展低碳经济、促进节能减排、提高人民生活质量,统筹国内外两种资源、两个市场,提高天然气在一次能源消费结构中的比重,优化天然气消费结构,促进节约使用的目的。

为了鼓励、引导和规范天然气下游领域,我国制定有天然气利用政策。国家发改委于 2012 年 10 月 14 日发布修改后的《天然气利用政策》,其内容主要包括基本原则和政策目标、天然气利用领域和顺序、保障措施、政策适用有关规定以及其他等五部分。它适用于我国境内所有利用天然气(包括国产天然气、页岩气、煤层气(煤矿瓦斯)、煤制气、进口管道天然气和液化天然气)的活动。

根据不同用气特点,该政策文件把天然气用户分为城市燃气、工业燃料、天然气发电、天然气化工和其他用户。它将天然气利用顺序分为优先类、允许类、限制类和禁止类。其中,大部分城市燃气用户被列入优先类。工业燃料、大部分天然气发电、天然气化工被列入允许类。限制类包括:已建的合成氨厂以天然气为原料的扩建项目、合成氨厂煤改气项目;以甲烷为原料,一次产品包括乙炔、氯甲烷等小宗碳一化工项目;新建以天然气为原料的氮肥项目等天然气化工。禁止以天然气为原料生产甲醇及甲醇生产下游产品装置；禁止以天然气代煤制甲醇项目等。

该政策文件提出了保障措施，要求国家发改委和国家能源局要做好供需平衡，各省级发改委、能源局制定利用规划。同时要求：天然气利用优先顺序加强需求侧管理，优化用气结构；发展高效利用项目，高效节约用气；国家通过政策引导和市场机制，安全稳定保供；合理调控价格、完善价格机制。

（六）天然气对外合作制度

天然气对外合作是能源对外合作的重点领域之一。我国天然气对外合作包括吸引外来投资和发展对外投资这两个方面。吸引外来投资方面，鼓励外资来华依法从事天然气勘探开发，保证国内天然气的稳定增长。积极发展对外投资方面，在我国与中亚、东南亚地区、俄罗斯和中东地区等的天然气合作过程中，坚持互利双赢的原则，从根本上保障国家能源安全。

天然气立法应规定对外合作的具体领域、外商投资方式、合作原则、合作模式、对外合作合同的审批、合作开采遵循的原则、纳税义务、利润分成、征收规定、外汇处理、地质资料接收、土地使用和争议解决制度。

思考题

1. 天然气法的特征是什么？
2. 天然气法的立法目的有哪些？
3. 我国天然气法的主要制度有哪些？
4. 根据以下材料，试分析天然气"气荒"现象：2013年冬天，西安、武汉等城市闹起了天然气的"气荒"。业界人士指出，计划和垄断主导的天然气供应机制是"气荒"的根源。

思考方向：从天然气市场准入和价格监管改革两个方面进行思考。

拓展阅读

1. 卫德佳：《石油天然气法律制度研究》，石油工业出版社2010年版。
2. 〔西班牙〕德尔瓜伊、〔德〕屈内、〔荷〕罗根坎普：《欧盟能源部门的所有权拆分和财产权》，载〔英〕艾琳·麦克哈格等：《能源与自然资源中的财产和法律》，胡德胜等译，北京大学出版社2014年版。
3. 沈陵：《国外天然气立法经验与借鉴》，载《天然气技术》2007年第6期。
4. 张淑英：《论天然气输配领域的自然垄断与监管》，载《西南石油大学学报（社会科学版）》2009年第4期。
5. 胡德胜：《美国20世纪天然气产业监管失败的教训》，载《国土资源情报》2016年第8期。

第十章

煤 炭 法

> **学习目标**
> 通过本章的学习,学生可以掌握以下内容:
> 1. 煤炭和煤炭产业;
> 2. 煤炭法的概念;
> 3. 我国煤炭立法的沿革和现状;
> 4. 《煤炭法》的主要制度。
>
> **关键概念**
> 煤炭产业　煤炭法　环境保护　我国煤炭法主要制度

第一节　煤炭和煤炭产业

一、煤炭概述

(一) 煤炭的概念

煤炭是约1—4亿年以前的古代植物(主要是森林)因地质变化以致长期埋藏于地下、经历复杂的生物化学和物理化学变化而逐渐形成的一种固体可燃性矿物。构成煤炭有机质的元素主要有碳、氢、氧、氮和硫等,另外还有极少量的磷、氟、氯和砷等元素。碳、氢、氧是煤炭有机质的主体,占95%以上。煤炭资源是化石能源,属于不可再生的能源资源。

(二) 煤炭的种类

根据成煤的原始物质和条件不同,自然界中的煤可分为腐植煤、残植煤和腐泥煤三大类。腐植煤是高等植物遗体在泥炭沼泽中,经成煤作用转变而成的煤。残植煤是高等植物遗体经残植化作用,孢子、花粉、角质层、树脂、树皮等稳定组分富集,经成煤作用转变成的煤。腐泥煤是由湖沼、泻湖或闭塞的浅海环境中的藻类植物及浮游生物在还原环境下经腐解转变而成的煤。

根据燃烧特点和热值等因素,人们通常将煤炭分为烟煤、无烟煤、次烟煤和褐煤四类。烟煤含碳量约75%—90%,不含游离的腐殖酸。燃烧时火焰长而多烟,多数具有粘结性、能结焦,挥发分产率①较低(10%—40%),热值约 6500—8900 千卡/千克(kcal/kg)。

无烟煤,俗称白煤或红煤,是煤化程度最大的煤。它固定碳含量高(一般在 90%以上),挥发分产率低(一般在 10%以下),密度大,硬度大,燃点高,燃烧时不冒烟。黑色坚硬,有金属光泽,热值约 6000—6500kcal/kg。

次烟煤是介于烟煤与褐煤之间的煤炭,热值介于 4616—6396kcal/kg 之间。主要用作发电用煤。

褐煤,又名柴煤,是一种介于泥炭与沥青煤之间的棕黑色、无光泽的低级煤,煤化程度最低。它的化学反应性强,在空气中容易风化,不易储存和运输,燃烧时严重污染空气。

(三)煤炭的分布和生产

煤炭是世界上分布最广阔的化石能源资源。世界煤炭查明储量(2015 年年底)按地区而言,主要集中在欧洲和欧亚(34.8%)、亚太(32.3%)以及北美(27.5%)。按国别来说,主要集中在美国(26.6%)、俄罗斯(17.6%)、中国(12.8%)、澳大利亚(8.6%)、印度(6.8%)、德国(4.5%)和南非(3.4%)。②

我国的煤炭储量丰富,人均占有量为世界平均水平的 67%。2014 年年底煤炭查明储量 15317 亿吨,排在美国、俄罗斯之后,居世界第 3 位。③我国煤炭资源分布广,主要分布在华北、西北地区,集中在昆仑山—秦岭—大别山以北的北方地区,以山西、陕西、内蒙古等省区的储量最为丰富。晋陕蒙(西)地区集中了我国约 60%的煤炭资源。我国第三次煤田预测资料显示,在现有查明储量中,烟煤约占 74%、无烟煤约占 12%、褐煤约占 14%。④

二、煤炭利用和煤炭产业

人类利用煤炭的历史十分悠久。煤炭催生了工业革命,是 18 世纪以来人类世界使用的主要能源之一。煤炭在全球能源消费结构中占据主导地位的煤炭时代直至 20 世纪 40 年代末。战后,随着较为清洁的、含能量更高的石油的发现和开采以及石油产品成本的大幅度下降,从 20 世纪 60 年代开始,发达国家的石油消费量超过煤炭或者与煤炭持平,世界能源发展迈进了石油时代。20 世纪末以来,随着科学技术的发展,天然气勘探、开发和利用方兴未艾,清洁能源和替代能源日益发展,能源结构呈现多样化、追求清洁化。尽管如此,煤炭与石油和天然气一起,是当代社会的三种最主要能源。

(一)煤炭利用方式

目前,人类利用煤炭的方式主要有直接燃烧利用和加工后再利用这两种形式。直接燃烧利用就是对开采出来的煤炭,通过直接燃烧的方式利用煤炭的热能。碳和氢是煤炭燃烧过程中产生热量的元素,氧是助燃元素。

加工后再利用是指对开采出来的煤炭进行加工,取得以其他形式表现的二次能源,而后对二次能源进行利用。加工的方式主要有煤的气化、液化和干馏。煤的气化就是把煤转化为可燃性气体的过程。煤和水蒸气在高温下发生作用得到 CO、H_2、CH_4 等气体,这些气体

---

① 煤的挥发分是指将煤炭加热到一定温度时,有部分有机物和矿物质发生分解并逸出,其中逸出的气体(主要是 H_2、C_mH_n、CO、CO_2 等)产物。煤的挥发分产率是指煤炭在特定条件下受热时,挥发分的产率。
② See BP, *BP Statistical Review of World Energy 2016*, BP, 2016, pp.30—31.
③ 参见国土资源部:《2015 中国国土资源公报》,2016 年 4 月。
④ 参见靳晓明主编:《中国能源发展报告》,华中科技大学出版社 2011 年版,第 230 页。

可作为燃料或化工原料气。煤的液化就是把煤转化为液体燃料的过程。路径有两个：(1)在一定条件下,使煤和氢气作用,可以得到液体燃料,同时也可以获得作为副产品的化工原料。(2)对煤气化生成的 CO 和 H_2（水煤气）进行催化合成,得到液体燃料（例如,液态碳氢化合物和含氧有机化合物）。煤干馏是将煤隔绝空气加强热,使其发生复杂的变化,得到焦炭、煤焦油、焦炉气、粗氨水、粗苯等。从煤干馏得到的煤焦油中可以分离出苯、甲苯、二甲苯等有机化合物,同时,利用这些有机物可以制造染料、化肥、农药、洗涤剂、溶剂和多种合成材料。

（二）煤炭产业的环境影响

现有技术水平条件下的煤炭开采、加工和利用活动对生态环境的破坏和污染危害非常突出。煤炭开采活动的危害包括对土地及植被的破坏,外排煤矸石对土地、河流及大气的污染,对地下水资源的破坏和污染,排放甲烷及煤田火灾对大气的污染。

煤炭直接燃烧利用活动中,硫、磷、氟、氯和砷等是煤炭中的有害成分,绝大部分的硫被氧化成二氧化硫（SO_2）,随烟气排放,污染大气,危害动、植物生长及人类健康,腐蚀金属设备。SO_2 会引发呼吸系统疾病和导致酸雨。在全球由燃料燃烧所产生的 SO_2 排放中,约 60% 来自煤炭燃烧;氮氧化物（NO_x）排放中,约 15% 源于煤炭利用活动。[①]

（三）煤炭产业概况

世界煤炭储量丰富,产量从 1973 年的 3074 百万吨增长到 2014 年的 7925 百万吨。[②] 世界上煤炭储量丰富的国家,大多也是煤炭主要生产国。其中,中国 2015 年占世界煤炭产量的 47.7%,美国占 11.9%,印度占 7.4%,澳大利亚占 7.2%,印度尼西亚占 6.3%,俄罗斯占 4.8%,南非占 3.7%。世界煤炭消费量在一次能源供应总量的比例,平稳地居于约 24.5%—29% 之间。[③] 但是在西方发达国家,煤炭消费量占能源消费总量的比重总体上呈下降趋势。煤炭大国有中国、印度、美国、日本、南非、韩国和印度尼西亚,它们 2015 年的煤炭消费量分别占世界煤炭消费总量的 50%、10.6%、10.3%、3.1%、2.2%、2.2% 和 2.1%。[④]

我国煤炭生产量、进口量和消费量长期居世界第一位。2015 年,煤炭生产量 37.5 亿吨,进口量 2.04 亿吨,[⑤] 全年煤炭消费量 39.64 亿吨,占能源消费总量的比重为 64.0%。[⑥] 以煤炭为主体的能源消费结构,使我国面临着严峻的生态环境保护、气候变化和能源安全问题。我国煤炭工业存在的六个主要问题是[⑦]：(1)资源支撑难以为继。煤炭人均可采储量少,仅为世界平均水平的 2/3；开发规模大,储采比不足世界平均水平的 1/3；资源回采率低,部分大矿采肥丢瘦、小矿乱采滥挖,资源破坏浪费严重；开采成本高,远高于国际市场价格；消费量大,高达世界消费总量的 48%。(2)生产与消费布局矛盾加剧。东部煤炭资源日渐枯竭,产量萎缩；中部受资源与环境约束的矛盾加剧,煤炭净调入省增加；资源开发加速向生态环境脆弱的西部转移。北煤南运、西煤东调的压力增大,煤炭生产和运输成本上升。(3)整体

---

① See IEA, *World Energy Outlook Special Report 2016：Energy and Air Pollution*, IEA, 2016, p.13.
② See IEA, *Key World Energy Statistics 2015*, IEA, 2015, p.14.
③ Ibid., p.7.
④ BP, *BP Statistical Review of World Energy 2016*, BP, 2016, pp.30–31.
⑤ 参见国土资源部：《2015 中国国土资源公报》,2016 年 4 月。
⑥ 参见国家统计局：《2015 年国民经济和社会发展统计公报》,2016 年 2 月 29 日。
⑦ 参见主要参考资料国家发改委：《煤炭工业发展"十二五"规划》,2012 年 3 月 18 日。

生产力水平较低。采煤技术装备自动化、信息化、可靠性程度低,采煤机械化程度与先进产煤国家仍有较大差距。装备水平差、管理能力弱、职工素质低、作业环境差的小煤矿不少。生产效率远低于先进产煤国家水平。(4)安全生产形势依然严峻。煤矿地质条件复杂,瓦斯含量高,水害严重,开采难度大。占 1/3 产能的煤矿亟须生产安全技术改造,占 1/3 产能的煤矿需要逐步淘汰。重特大事故尚未得到有效遏制,煤矿安全生产问题突出。(5)煤炭开发利用对生态环境影响大。煤炭开采引发的水资源破坏、瓦斯排放、煤矸石堆存、地表沉陷等,对矿区生态环境破坏严重,恢复治理工作滞后。煤炭利用排放大量 CO_2 等有害气体,应对气候变化压力大。(6)行业管理不到位。行业管理职能分散、交叉重叠,行政效率低。资源开发秩序乱,大型整装煤田被不合理分割,不少企业炒卖矿业权,部分地区片面强调以转化项目为条件配置资源,一些大型煤炭企业资源接续困难。准入门槛低,一些不具备技术和管理实力的企业投资办矿,存在安全保障程度低等问题。

第二节 我国煤炭法概述

一、煤炭法的概念

对煤炭法可以从广义和狭义两种意义上予以理解。从狭义上讲,煤炭法是指标题为"煤炭法"或者类似名称的一部法律或者法典,在我国就是指 1996 年制定并经修改的《煤炭法》。从广义上讲,煤炭法则是指规范和调整煤炭勘探、开发、利用、节约保护、生产经营以及与其有关的生态环境保护、监督管理等活动中产生的社会关系的法律规范的总称。

二、我国煤炭立法的发展

新中国的煤炭立法进程大致可以分为 20 世纪和 21 世纪两个阶段。

(一)20 世纪(1949—1999 年)

新中国成立后,我国很长时期内都是通过政策来对煤炭行业发展的重大问题进行调整。虽然也制定过若干行政法规和规章,但是数量并不很多,早期的有政务院 1951 年《矿业暂行条例》、国务院 1956 年《矿产资源保护试行条例》等。

20 世纪 80 年代以后,随着改革开放以及有中国特色的社会主义市场经济体制和运行机制的逐步确立,国务院先后发布了一系列指令和规定。特别是,煤炭部主持起草的《煤炭法(草案)》经全国人大常委会审议和修改后,于 1996 年 8 月 29 日成为《煤炭法》。它既是我国能源资源领域的第一部法律,也是促进我国煤炭行业发展走上规范化、法制化轨道的里程碑。《煤炭法》的颁布实施,使国家对煤炭生产开发、经营管理等具有特殊性的重大问题有了专门立法,进一步促进了我国煤炭生产、经营活动的法制化和规范化,促进了煤炭资源的合理开发利用和保护。

在这一阶段,国务院先后制定了 1994 年《乡镇煤矿管理条例》、1994 年《煤炭生产许可证管理办法》、1998 年《矿产资源勘查区块登记管理办法》、1998 年《矿产资源开采登记管理办法》、1998 年《探矿权采矿权转让管理办法》、2000 年《煤矿安全监察条例》等行政法规。

这一阶段主要的部门规章有煤炭工业部 1994 年制定的《煤炭工业环境保护暂行管理办法》,1995 年制定的《乡镇煤矿管理条例实施办法》《煤炭生产许可证环境保护审查管理规定》和《煤炭生产许可证管理办法实施细则》,1997年制定的《开办煤矿企业审批办法》《煤炭行政执法证管理办法》《煤炭行政处罚办法》和《开办煤矿企业审批办法》,1998年制定的《生产矿井煤炭资源回采率暂行管理办法》。国家经贸委1998年单独或者与其他部门联合制定的《煤矸石综合利用管理办法》,国土资源部1999年单独或者与其他部门联合制定的《探矿权采矿权评估管理暂行办法》《探矿权采矿权使用费和价款管理办法》,国土资源部2000年《矿业权出让转让管理暂行规定》等。

一些地方人大或其常委会根据本行政区的实际情况,也制定了一些涉及煤炭方面的地方性法规,对行政法规和部门规章进行补充。例如,内蒙古自治区八届人大常委会1994年1月14日《内蒙古自治区地方煤矿管理条例》、甘肃省九届人大常委会1999年1月21日《甘肃省实施〈煤炭法〉办法》等。

这一时期我国煤炭立法的特点是:从政策为主,向政策、法律并重逐步过渡。《煤炭法》的制定是我国煤炭工业发展走上法制化轨道的里程碑,煤炭工业逐步走向法制化。有关煤炭法律、法规和规章的出台,改变了我国煤炭主要靠政策调整的状态,提升了能源法的地位和效力,改变了以行政性文件为主的指令性能源管理方式,为我国能源法学研究奠定了基础。

但是,由于我国经济体制在这一阶段处于转轨时期,对市场运作的模式和规律尚不清晰,煤炭立法具有深厚的计划经济色彩,缺乏对能源市场、竞争机制与规则、可操作的财税支持等方面的制度安排和规范。煤炭立法的不足主要表现为这四个方面:(1)实体内容不全,要求不高。例如,煤炭规划制度规定过于原则,可操作性不强,缺乏关于煤炭工业发展规划和矿区总体规划的规定。(2)相关行政许可制度不够健全,特别是开办煤矿企业的准入门槛太低。(3)煤炭资源综合利用和矿区生态环境保护方面的规范不仅很少,而且太过笼统。(4)对煤炭领域违法行为法律责任的规定不完整、不明确、处罚力度小。[①]

二、21世纪初至今

随着社会主义市场经济体制的逐步确立和不断完善,加入世界贸易组织,经济快速融入全球化进程中以及持续高速发展,我国对能源的需求急速增加。为了加强能源监管,节能降耗,保障能源安全,寻求可持续的替代能源(特别是大力发展可再生能源),关注化石能源特别是煤炭造成的严重环境污染以及我国面临的应对温室气体的巨大国际压力,我国这一阶段的能源立法急剧增加。

这一阶段,特别是2003年以后,我国煤炭工业以推进市场化改革、资源整合、安全整治、建设大基地和大集团为主,转变发展方式、构建新型煤炭工业体系,逐步发挥市场配置资源的基础性作用。主要表现在五个方面:(1)全面加强煤炭资源管理,推进矿业权制度改革,规范资源开发秩序。建立了资源有偿使用制度,实施采矿权探矿权有偿取得、提取煤炭"三金"(可持续发展基金、环境治理基金和转产基金)等。(2)加快资源整合步伐,推进大型煤炭基地和大型煤炭企业集团建设,煤炭企业公司制改造、上市融资和资产重组步伐加快,资源开发主体趋于多元化。实施企业职能和社会职能分离、主辅分离以及辅业改制,推进企业内部改革,完善法人治理结构和自我约束机制,企业管理不断加强。(3)全面开展瓦斯治理

[①] 肖国兴、叶荣泗主编:《中国能源法研究报告2008》,法律出版社2009年版,第83页。

第十章 煤炭法

和整顿关闭两个攻坚战,加快产业结构调整,促进煤炭安全生产形势好转。积极推进科技进步,逐步建立自主创新体系,一大批重大关键技术取得突破。(4) 大力发展与煤炭相关的产业,推进节能减排,发展循环经济。建设和谐矿区,关注矿工生活,全面提高企业素质。战胜自然灾害,努力确保煤炭安全供应。改革煤炭订货会制度,实施煤电价格联动。① (5) 逐步完善煤炭法规政策体系。国务院 2005 年 6 月《关于促进煤炭工业健康发展的若干意见》第六部分强调"制定和完善有关法律规章制度,构建煤炭工业法规政策调控体系"。国家能源局 2012 年《煤炭工业发展"十二五"规划》提出要"完善以《煤炭法》为主体的法律法规体系,加强煤炭及相关标准的制定和修订工作"。

这一阶段的煤炭行政法规和法规性文件主要有国务院 2005 年《关于预防煤矿生产安全事故的特别规定》和《关于促进煤炭工业健康发展的若干意见》,国务院办公厅 2005 年《关于煤矿负责人和生产经营管理人员下井带班指导意见的通知》和 2006 年《关于加强煤炭行业管理有关问题的意见》等。国务院 2013 年 7 月《关于废止和修改部分行政法规的决定》中,涉及部分与煤炭产业有关的行政法规的废止或者修改。例如,《煤炭生产许可证管理办法》被废止。

我国煤炭领域的部门规章和规章性文件很多,涵盖内容广泛。主要有 2003 年的国土资源部《探矿权、采矿权招标拍卖挂牌管理办法(试行)》、国家安监总局《煤矿安全监察行政处罚办法》和《煤矿安全生产基本条件规定》;2004 年的国家发改委《煤炭经营监管办法》、国家安监总局《煤矿企业安全生产许可证实施办法》和《安全生产培训管理办法》、国家发改委等部门《煤炭出口配额管理办法》;2005 年的国家发改委《煤炭经营监管办法》、国家安全生产监督管理局《国有煤矿瓦斯治理规定》和《国有煤矿瓦斯治理安全监察规定》、财政部和安监总局《煤矿企业安全生产风险抵押金管理暂行办法》;2006 年的国土资源部《关于加强矿产资源补偿费征收管理促进煤矿回采率提高的通知》和《关于加强煤炭和煤层气资源综合勘察开采管理的通知》、国家质监局《进出口煤炭检验管理办法》、国家质量监督检验检疫总局《进出口煤炭检验管理办法》;2007 年的国家发改委等《关于进一步加强煤炭合同履行监管工作的通知》、国家发改委《煤矿安全改造项目管理暂行办法》和《关于进一步加强煤炭管理工作的通知》、国家安监总局《〈生产安全事故报告和调查处理条例〉罚款处罚暂行规定》《煤矿安全改造项目管理暂行办法》和《热电联产和煤矸石综合利用发电项目建设管理暂行规定》、煤炭工业部《节约能源监测管理办法》、国家安监总局等《关于加强小煤矿安全基础管理的指导意见》;2008 年的国家安监总局《中国煤炭行业自律公约》;2009 年的《煤矿生产安全事故报告和调查处理规定》;2010 年的《煤矿作业场所职业危害防治规定(试行)》等。

我国煤炭资源分布广泛,不同地区的煤炭资源存在品质上的差异性,而且地理、生态和环境条件存在较大差异。因此,需要地方人大或其常委会、政府根据本地的实际情况,制定地方性法规和地方政府规章,对行政法规和部门规章进行补充。地方性法规,如陕西省九届人大常委会 2000 年 12 月 2 日《陕西省煤炭石油天然气开发环境保护条例》,天津市十三届人大常委会 2001 年 10 月 31 日《天津市矿产资源管理条例》,河南省十届人大常委会 2005 年 9 月 30 日《河南省煤炭条例》,山西省十届人大常委会 2006 年 9 月 28 日《大同市煤炭资源保护办法》等。地方政府规章,如《天津市矿产资源补偿费征收管理办法》(2003 年 8 月 16

---

① 靳晓明主编:《中国能源发展报告》,华中科技大学出版社 2011 年版,第 249 页。

日)、《郑州市煤炭管理办法》(2005年12月30日)、《吉林省矿山生态环境恢复治理备用金管理办法》(2006年7月17日)、《内蒙古自治区矿产资源有偿使用管理办法(试行)》(2007年3月29日)、《安徽煤矿安全生产联合执法实施办法》(2007年9月21日)、《淄博市煤炭清洁利用监督管理办法》(2014年7月8日)、《山东省矿山地质环境治理恢复保证金管理暂行办法》(2015年9月10日)等。

根据所调整的内容,可以将煤炭领域的法规和规章大体上分为六类:煤炭资源管理类、煤炭生产管理类、煤炭经营和市场管理类、煤矿安全监管监察类、煤矿职工权益保护类以及矿区保护和环境保护类。

煤炭标准。在我国,煤炭方面的标准主要有国家标准、行业标准和地方标准。例如《中国煤炭分类及评价方法》《煤矿企业建设与生产基本标准》《煤矿企业工程建设标准》《煤矿企业生产操作技术标准》《煤矿安全规程》《煤炭工业污染物排放标准》等。[①]

也有一些司法解释涉及煤炭产业。例如,最高法院2003年5月16日《关于审理非法采矿、破坏性采矿刑事案件具体应用法律若干问题的解释》。

此外,国家的能源政策和规划文件也在一些程度上对煤炭产业具有影响。例如,国务院新闻办公室白皮书1996年《中国的环境保护》、2003年《中国的矿产资源政策》、2006年《中国的环境保护(1996—2005)》、2007年《中国的能源状况与政策》、2008年《中国应对气候变化的政策与行动》、2011年《中国应对气候变化的政策与行动》、2012年《中国的能源政策》、2016年《中国的核应急》等。国家安监总局2011年《煤矿安全生产"十二五"规划》、国家发改委2012年《煤炭工业发展"十二五"规划》、国土资源部2008年《全国矿产资源规划(2008—2015年)》等。

此外,我国还相继出台了不少与煤炭产业相关的法律,如《矿产资源法》《民法通则》《物权法》《招标投标法》《拍卖法》《规划法》《行政许可法》《安全生产法》《合同法》《环境保护法》《环境影响评价法》《清洁生产促进法》《循环经济促进法》《森林法》《大气污染防治法》《刑法》《可再生能源法》《节约能源法》《石油天然气管道保护法》等。

三、我国煤炭立法存在的问题

我国煤炭立法存在的主要问题包括以下四个方面。

第一,煤炭法律体系框架的内部系统性和条理性差,对外与其他部门法之间的衔接性较差。不少主要煤炭生产和消费国家(如美国、澳大利亚、印度、日本等)都十分重视煤炭立法,建立了比较完备的煤炭产业法律体系。从形式上看,虽然我国煤炭法律已经初步具备一定的法律体系框架,但是法制建设基础仍然十分薄弱,与国外发达国家完备的煤炭立法相比具有很大差距,缺乏对整个煤炭法体系相关立法的总体设计、规划和安排。

第二,多数法律文件的效力层次较低,相互之间冲突或者不一致情况多。我国煤炭法律体系中除了《煤炭法》《矿产资源法》等几部法律、几十部行政法规外,大量的法律文件表现为部门规章、地方性法规和地方政府规章。与《煤炭法》关系十分密切的《矿产资源法》在矿业权设置、矿业权市场及管理、小煤矿开采管理、矿山环境治理、矿山关闭善后、处罚手段和处罚力度等诸多方面已无法满足煤炭产业管理的实际需要,亟须修改。

[①] 黄振中、赵秋雁、谭柏平:《中国能源法学》,法律出版社2009年版,第244—245页。

第三，整个煤炭法律体系的内容滞后，存在不少法律空白，无法有效地调整和规范煤炭资源的可持续利用和煤炭安全生产。现行《煤炭法》虽然已经三次修订，但只是局部修改，仍存在很多缺陷。总体看，这部法律内容笼统、抽象，原则性强，可操作性差。因此，需要对它进行全面修改。

行政法规总体数量偏少、内容亟待修订，存在法律空白。缺位的行政法规包括《煤炭法实施条例》《煤炭生产开发规划编制和实施条例》《煤炭交易规则》《生产安全事故应急救援条例》《煤矿职工教育培训及从业资格证管理条例》《煤矿矿区保护条例》等。

缺位的部门规章包括《特殊和稀缺煤种开发和保护办法》《储量评估和登记管理办法》《煤炭资源回采率评价规则》《煤炭资源战略储备实施办法》《煤矿设计和建设规范办法》《煤炭价格补偿办法》《煤炭产品交易管理办法》《安全生产应急预案管理规定》《煤矿安全监察实施办法》《煤矿职工劳动保险和伤亡处理办法》《(煤矿)矿工从业资格制度暂行规定》《煤矿环境影响评价办法》《环境治理与退出保证金管理办法》等。[①]

第四，从煤炭法律制度的内容看，立法宗旨对于煤炭资源的不可再生性、能源资源安全、环境保护、可持续发展等理念关注不够，没有纳入煤炭法的立法宗旨。

第五，计划经济色彩较浓，战略规划缺乏，一些基本制度缺失。制定《煤炭法》时受亚洲金融危机和国内外市场变化影响，我国煤炭行业的计划经济色彩较浓，煤炭资源立法宗旨基本上在于解决煤炭资源的开发利用和保护，煤炭生产、经营活动的法制化和规范化以及促进和保障煤炭行业的发展问题。其结果是《煤炭法》缺乏从战略高度看待煤炭这种事关国家安全的能源。因此，煤炭立法需要或者应该：(1) 明确煤炭战略，细化煤炭规划制度，建立健全煤炭的储备制度和煤炭的节约和高效化利用制度等。(2) 将煤炭资源勘查规划、煤矿职工权益保护、煤炭开发利用的环境保护等重要问题设专章加以规定。(3) 科学界定矿业权的性质和内容，建立符合市场经济要求的矿业权流转制度，充分发挥矿业权的宏观调控作用，提高煤炭资源利用效率，促进煤炭行业可持续发展。(4) 理顺煤炭工业管理体制。分散、多头的管理体制已经不能适应煤炭市场化改革的需要，严重影响了监管部门的权威和效率。

第三节 我国《煤炭法》的主要内容

一、我国《煤炭法》概述

我国《煤炭法》于 1996 年 8 月 29 日由第八届全国人民代表大会常务委员会第 21 次会议通过。1996 年 12 月 1 日施行后，它历经了 3 次修改。2009 年 8 月 27 日第十一届全国人民代表大会常务委员会第 10 次会议通过的《关于修改部分法律的决定》对它进行了第一次修改。这次修改是为了维护法律之间的一致性而进行的技术上的修正，不涉及实质内容的修改。例如，将第 20 条中的"征用"修改为"征收"；将第 76 条中的"治安管理处罚条例"修改为"治安管理处罚法"；将第 78 条和第 79 条中的"依照刑法第×条的规定""比照刑法第×条的规定"修改为"依照刑法有关规定"。

2011 年 4 月 22 日第十一届全国人民代表大会常务委员会第 20 次会议通过的《关于修

---

① 叶荣泗等编：《中国能源法律体系研究》，中国电力出版社 2006 年版，第 71 页。

改〈煤炭法〉的决定》对它进行了第二次修改。仅对第44条进行了修改。将"煤矿企业必须为煤矿井下作业职工办理意外伤害保险,支付保险费"修改为"煤矿企业应当依法为职工参加工伤保险缴纳工伤保险费。鼓励企业为井下作业职工办理意外伤害保险,支付保险费。"

2013年6月29日第十二届全国人民代表大会常务委员会第3次会议通过的《关于修改〈文物保护法〉等十二部法律的决定》对它进行了第三次修改。主要是围绕取消煤炭生产许可证和煤炭经营许可证而进行了较大修改。对19条规定进行了删除、合并或者修改等处理。(1)将原《煤炭法》第22条"煤矿投入生产前,煤矿企业应当依照本法规定向煤炭管理部门申请领取煤炭生产许可证,由煤炭管理部门对其实际生产条件和安全条件进行审查,符合本法规定条件的,发给煤炭生产许可证。未取得煤炭生产许可证的,不得从事煤炭生产"修改为"煤矿投入生产前,煤矿企业应当依照有关安全生产的法律、行政法规的规定取得安全生产许可证。未取得安全生产许可证的,不得从事煤炭生产。"(2)删去第23条、第24条、第25条、第26条、第27条、第46条、第47条、第48条、第67条、第68条、第71条。(3)将第69条改为第59条,并将"吊销其煤炭生产许可证"修改为"责令停止生产"。(4)将第70条改为第60条,并删去"吊销其煤炭生产许可证"。

最新的这次修改主要特点是:取消了存续近二十年的煤炭生产许可证、煤炭经营许可证,简化了行政审批事项和过程,是政府行业管理走向科学化的重要标志。其意义在于:(1)使得有能力、有条件的企业可以从事煤炭经营,有助于更多的资本进入煤炭经营领域,从而有利于煤炭市场化程度的提高和煤企降低管理成本。(2)进一步提高了安全生产许可证的法律地位,将之前"未取得煤炭生产许可证的,不得从事煤炭生产"改为"未取得安全生产许可证的,不得从事煤炭生产"。

我国现行《煤炭法》共由8章组成:总则、煤炭生产开发规划与煤矿建设、煤炭生产与煤矿安全、煤炭经营、煤矿矿区保护、监督检查、法律责任以及附则。它主要建立了煤炭开发规划制度、办矿审批制度、煤炭资源保护与污染防治制度、安全生产与矿工权益保护制度、煤炭经营管理制度、矿区保护制度、煤炭监督管理制度等。

二、煤炭开发规划制度

煤炭开发规划是根据国家或地区的煤炭资源状况以及根据国民经济和社会发展的需要,对一定时期、一定地区的煤炭资源的开发、利用和保护活动的目标和行动进行的总体安排。

我国的煤炭开发规划是煤炭勘查开发规划,煤炭勘查开发规划具体包括煤炭勘查规划、煤炭生产开发规划、矿区总体规划和矿业权(探矿权、采矿权)设置方案。制定和实施煤炭开发规划可以增强煤炭资源开发工作的计划性,防止片面性,推动开发工作的全面、协调、健康发展;保障煤炭资源的合理开发利用,提高利用效率;作为国民经济和社会发展规划的重要组成部分参与综合平衡,发挥计划的指导作用和宏观调控作用;最终实现资源与经济社会和环境保护的协调发展。

煤炭开发规划制度是指有关调整煤炭资源规划活动的各种法律规范的总称,是通过立法确立的有关煤炭资源规划的编制、审批、实施以及监督检查管理活动的一系列法律规范的总称,是煤炭资源规划工作的制度化和法定化。

根据《煤炭法》第14—17条的规定,我国的煤炭开发规划包括国家煤炭资源勘查规划、国家煤炭生产开发规划和省级煤炭生产开发规划,要求煤矿建设项目应当符合煤炭生产开发规划和煤炭产业政策。国务院煤炭管理部门根据全国矿产资源勘查规划编制全国煤炭资源勘查规划,并根据全国矿产资源规划,编制和实施煤炭生产开发规划。省级煤炭管理部门根据全国矿产资源规划,组织编制和实施本地区煤炭生产开发规划,并报国务院煤炭管理部门备案。煤炭生产开发规划应当根据国民经济和社会发展的需要制定,并纳入国民经济和社会发展规划。

但是,该规定中对于煤炭生产开发规划规定仍然太原则,对煤炭相关规划间的关系以及煤炭生产开发规划与其他规划的关系规定过于简单,缺乏对违反规划行为的法律责任和制裁措施的规定,容易导致现有勘查和生产开发规划形同虚设。为此,2005年6月7日国务院《关于促进煤炭工业健康发展的若干意见》要求做好煤炭开发规划与资源管理的衔接、配合工作,促进煤炭资源的合理开发、科学布局。随后,2005年9月21日国家发改委办公厅、国土资源部办公厅《关于做好煤炭资源开发规划管理工作的通知》进一步明确了各种煤炭规划间的区别、相互关系以及与国民经济和社会发展规划的关系。它规定:"煤炭勘查开发规划包括煤炭勘查规划、煤炭生产开发规划、矿区总体规划和矿业权(探矿权、采矿权)设置方案。国民经济和社会发展规划是编制煤炭勘查开发规划的依据。""煤炭勘查规划确定煤炭资源勘查方向及工作区域。煤炭生产开发规划确定煤炭生产开发布局、煤矿建设规模和建设时序。矿区总体规划确定井田划分、煤矿井型和矿区内外部配套设施。矿业权设置方案确定探矿权、采矿权设置布局、规模及投放速度。煤炭资源勘查成果是编制矿区总体规划的重要依据,煤炭生产开发规划以矿区总体规划为基础,煤炭生产开发规划、矿区总体规划是编制矿业权设置方案的重要依据。"

以上规定弥补了《煤炭法》相关规定的缺陷。但是,鉴于煤炭开发规划的重要地位和作用,《煤炭法》应该进一步修订,确立科学合理的规划制度,厘清各种煤炭开发规划之间的关系以及与国民经济和社会发展规划及全国主体功能区规划的关系,完善规划体系,加强规划的法律权威,赋予规划强制执行的法律效力,明确规定规划变更必须履行与批准同样的程序,明确违反规划的法律责任和制裁措施。防止乱勘乱建、超能力生产等违法行为对煤炭资源的浪费和破坏。

三、办矿审批制度

《煤炭法》规定了开办煤矿企业的条件、申请程序;对于煤矿建设使用土地的办理、补偿安置以及对资源环境保护的相关规定。

该法第18条规定,开办煤矿企业应当具备如下六项条件:(1)有煤矿建设项目可行性研究报告或者开采方案;(2)有计划开采的矿区范围、开采范围和资源综合利用方案;(3)有开采所需的地质、测量、水文资料和其他资料;(4)有符合煤矿安全生产和环境保护要求的矿山设计;(5)有合理的煤矿矿井生产规模和与其相适应的资金、设备和技术人员;(6)法律、行政法规规定的其他条件。

上述煤矿开办条件的规定太原则,要求不高,造成煤炭开采市场准入门槛过低,许多资金不充足、技术设备和工艺落后、安全生产条件差、缺乏环保能力的单位和个人进入煤炭开采行业,使我国小煤矿数目偏多,导致了资源浪费和破坏严重。鉴于煤炭资源的重要性以及对煤炭开采技术要求的提高,再加之不合理开发很容易引发煤矿安全事故,对煤炭开采许可的要求条件应提高"准入门槛",对企业负责人的专业性和开采技术标准作严格细致的要求,作出更高标准的限制性规定。

四、煤炭资源保护与污染防治制度

(一)煤炭资源保护的规定

1. 煤炭资源开采方面

《煤炭法》第 28 条规定,国家对于国民经济具有重要价值的特殊煤种或者稀缺煤种,实行保护性开采。为了敦促对煤炭资源的节约性开采,法律一方面规定了企业对煤炭资源的开采要达到规定的回采率。另一方面规定了开采煤炭资源未达到国务院煤炭管理部门规定的煤炭资源回采率的"法律责任"。这就是,由煤炭管理部门责令限期改正;逾期仍达不到规定的回采率的,责令停止生产。

2. 煤炭资源保护方面

《煤炭法》第 5 条规定:"国家依法保护煤炭资源,禁止任何乱采、滥挖破坏煤炭资源的行为。"国家鼓励企业进行复采或者开采边角残煤和极薄煤(第 29 条第 3 款);发展煤炭洗选加工,综合开发利用煤层气、煤矸石、煤泥、石煤和泥炭(第 35 条第 32 款)。

(二)防治煤炭污染的规定

《煤炭法》第 11 条作出了原则规定:"开发利用煤炭资源,应当遵守有关环境保护的法律、法规,防治污染和其他公害,保护生态环境。"具体而言,主要内容是:

(1)"三同时"制度。煤矿建设项目"三同时"制度是指煤矿建设应当坚持煤炭开发与环境治理同步进行,煤矿建设项目的环境保护设施必须与主体工程同时设计、同时施工、同时验收、同时投入使用。

(2)土地修复义务。采矿者因开采煤炭压占土地或者造成地表土地塌陷、挖损,由其负责进行复垦,恢复到可供利用的状态;造成他人损失的,应当依法给予补偿。

(3)发展和推广洁净煤技术。国家采取措施取缔土法炼焦。禁止新建土法炼焦窑炉;现有的土法炼焦限期改造。

《煤炭法》虽然对煤炭资源保护和环境保护作出了一些规定,但是对煤炭开发利用中的生态环境保护问题、资源综合利用和产煤区生态环境保护方面的条文规定很少,太过原则,针对性和可操作性差,没有形成一套完善的制度。特别是,对各种浪费和破坏煤炭资源行为以及资源管理违法行为法律责任规定不明确。

煤炭属于不可再生的高耗竭性矿产资源,几乎所有的国家都明确规定煤炭资源的有偿使用原则。但是,我国《煤炭法》并未规定该原则,煤炭资源管理领域也并没有真正确立起煤炭资源有偿取得制度。我国现实中征收的资源税、矿产资源补偿费、探矿权使用费和采矿权使用费极不合理,缺乏激励机制。[①] 十八届三中全会改革方案已明确提出加快资源税改革。计征方式也由以往从量计征改为从价计征。从价计征最大的好处是能够真实反映煤炭价格的变动情况和稀缺程度,真正体现煤炭资源税与煤炭消耗之间的本质联系。

此外,煤炭燃烧对大气污染非常严重,特别是煤炭燃烧产生的 CO_2 是温室气体的主要来源。我国已超过美国成为世界第一大碳排放国,面临巨大的国际国内压力。《煤炭法》理应

[①] 胡德胜:《我国矿产资源税费制度的问题识别与改革建议》,载《法学评论》2011 年第 4 期。

顺应碳减排的国际大趋势,在第一章"总则"中增加走低碳发展之路,强化煤炭工业的节能、降耗、减污的可持续发展目标。

综上所述,为了全面加强煤炭开发和利用中的环境保护,推动煤炭资源节约、清洁与综合利用制度,完善煤炭资源有偿使用制度,努力实现煤炭资源的清洁化利用以及构建煤炭工业与环境和谐发展的局面,未来修改《煤炭法》时应该针对环境与煤炭资源保护专门设立一章。

五、安全生产与矿工权益保护制度

《煤炭法》第7条确立了安全第一的安全生产原则。它规定:煤矿企业必须坚持安全第一、预防为主的安全生产方针;建立健全安全生产的责任制度和群防群治制度;保障煤矿职工的安全健康是各级政府及其有关部门以及煤矿企业的责任;国家对煤矿井下作业的职工采取特殊保护措施。

2013年对《煤炭法》进行修改的一大亮点,是提高了安全生产许可证的法律地位。这表现在五个方面:第一,修改将原第22条"未取得煤炭生产许可证的,不得从事煤炭生产"修改为"未取得安全生产许可证的,不得从事煤炭生产"。这就提高了煤炭安全生产许可证的法律地位。第二,它对不同主体规定了相应的安全生产责任和要求。县级以上各级政府及其煤炭管理部门和其他有关部门对煤矿安全生产工作的监督管理。煤矿企业的安全生产管理,实行矿务长、矿长负责制。对煤矿企业的开采安全的要求,采矿作业不得擅自开采保安煤柱,不得采用可能危及相邻煤矿生产安全的决水、爆破、贯通巷道等危险方法。第三,"法律责任"中规定:擅自开采保安煤柱或者采用危及相邻煤矿生产安全的危险方法进行采矿作业的,由劳动行政主管部门会同煤炭管理部门责令停止作业;由煤炭管理部门没收违法所得,并处违法所得一倍以上五倍以下的罚款;构成犯罪的,由司法机关依法追究刑事责任;造成损失的,依法承担赔偿责任。第四,煤矿企业工会对企业行政方面拒不处理违章指挥、强令职工冒险作业或者生产过程中发现明显重大事故隐患,可能危及职工生命安全的情况,有权提出批评、检举和控告。第五,其他方面,要求煤炭企业对其职工进行安全生产教育和培训,为职工提供保障安全生产所需的劳动保护用品,依法为职工参加工伤保险缴纳工伤保险费,使用的设备、器材、火工产品和安全仪器必须符合国家标准或者行业标准,遵守安全生产规章制度。

然而,现实是目前我国煤炭安全事故爆发频率仍然很高,煤矿事故的死亡率远远超出了世界平均水平。与2005年相比,我国2010年煤矿事故死亡人数由5938人减少到2433人,下降59%;重特大事故起数由58起减少到24起,下降58.6%;煤矿百万吨死亡率由2.811下降到0.749,下降73%。尽管如此,我国与先进采煤国家相比差距还很大。"十一五"期间年均发生重特大事故86起,且呈波动起伏态势。非法违法生产经营建设行为仍然屡禁不止。尘肺病等职业病、职业中毒事件仍时有发生。[①]

因此,《煤炭法》应该:(1)进一步完善煤矿安全生产责任制,特别是要强化各级政府监管主体的责任;(2)增加安全生产投入资金保障、煤矿安全生产监督管理与企业生产经营之间的关系等有关条款;(3)增加煤矿矿用产品安全标志管理和行业认证制度、对煤田开发技

---

① 国家安监总局:《煤矿安全生产"十二五"规划》,2011年12月5日。

术和设备落后煤矿的技术整改奖惩措施以及安全生产质量标准化建设规定、煤矿安全事故隐患防治内容及煤矿事故应急救援制度、事故责任追究制等;(4)适时借鉴国外经验,制定煤炭专门安全性法律规范。

五、煤炭经营管理制度

《煤炭法》第49—51条规定:煤炭企业应当合法经营;减少中间环节,提倡有条件的煤矿企业直销,煤炭用户和煤炭销区的煤炭经营企业有权直接从煤矿企业购进煤炭;禁止行政机关违反国家规定擅自设立煤炭供应的中间环节和额外加收费用;车站、港口及其他运输企业不得利用其掌握的运力作为参与煤炭经营、谋取不当利益的手段。原国家经贸委发布了《煤炭经营管理办法》,国家发改委发布了《煤炭经营监管办法》。

我国煤炭经营管理制度的主要内容包括:(1)国务院物价行政主管部门会同国务院煤炭管理部门和有关部门对煤炭的销售价格进行监督管理。(2)煤炭的进出口依照国务院的规定,实行统一管理。(3)煤矿企业和煤炭经营企业供应用户的煤炭质量应当符合国家标准或者行业标准,质级相符,质价相符。给用户造成损失的,应当依法给予赔偿。(4)煤矿企业和煤炭经营企业在煤炭产品中掺杂、掺假,以次充好的,责令停止销售,没收违法所得,并处违法所得一倍以上五倍以下的罚款;构成犯罪的,由司法机关依法追究刑事责任。

六、矿区保护制度

矿区保护制度的主要内容包括:(1)不得损害煤矿矿区的电力、通讯、水源、交通及其他生产设施;(2)不得扰乱煤矿矿区的生产秩序和工作秩序;(3)未经煤矿企业同意,不得在煤矿企业依法取得土地使用权的有效期间内在该土地上种植、养殖、取土或者修建建筑物、构筑物;(4)未经煤矿企业同意,不得在煤矿采区范围内进行可能危及煤矿安全的作业;(5)在煤矿矿区范围内需要建设公用工程或者其他工程的,有关单位应当事先与煤矿企业协商并达成协议后,方可施工。

为了落实这一制度,《煤炭法》在"法律责任"一章中规定:(1)未经煤矿企业同意,在煤矿企业依法取得土地使用权的有效期间内在该土地上修建建筑物、构筑物的,由当地政府动员拆除;拒不拆除的,责令拆除。(2)未经煤矿企业同意,不得占用煤矿企业的铁路专用线、专用道路、专用航道、专用码头、电力专用线、专用供水管路。否则,由县级以上地方政府责令限期改正;逾期不改正的,强制清除,可以并处5万元以下的罚款;造成损失的,依法承担赔偿责任。(3)未经煤矿企业同意、未经批准或者未采取安全措施而在煤矿采区范围内进行危及煤矿安全作业的,由煤炭管理部门责令停止作业,可以并处5万元以下的罚款;造成损失的,依法承担赔偿责任。

法律关于矿区保护方面存在的主要问题是:规定得不够具体,可操作性差,法律责任规定不完善。

七、煤炭监督管理制度

煤炭监督管理制度是关于煤炭管理部门和有关部门依法对煤矿企业和煤炭经营企业执行煤炭法律、法规的情况进行监督检查的制度。其主要内容包括:(1)监督检查人员进行监督检查时,有权向煤矿企业、煤炭经营企业或者用户了解有关执行煤炭法律、法规的情况,查阅有关资料,并有权进入现场进行检查。(2)煤矿企业和煤炭经营企业违反煤炭法律、法规的行为,有权要求其依法改正。(3)煤炭管理部门和有关部门的监督检查人员进行监督检查时,应当出示证件。

《煤炭法》在"法律责任"一章规定了由公安机关依照治安管理处罚法的有关规定处罚以及由司法机关依法追究刑事责任的六种情形:(1)阻碍煤矿建设,致使煤矿建设不能正常进行的。(2)故意损坏煤矿矿区的电力、通讯、水源、交通的。(3)扰乱煤矿矿区秩序,致使生产、工作不能正常进行的。(4)拒绝、阻碍监督检查人员依法执行职务的。(5)煤矿企业的管理人员违章指挥、强令职工冒险作业,发生重大伤亡事故的。(6)煤矿企业的管理人员对煤矿事故隐患不采取措施予以消除,发生重大伤亡事故的。(7)煤炭管理部门和有关部门的工作人员玩忽职守、徇私舞弊、滥用职权的,依法给予行政处分;构成犯罪的,由司法机关依法追究刑事责任。

案例讨论

越界开采和无证开采

案情简介:

2009年3月,海南省文昌市国土环境资源局根据群众举报,在龙楼镇与昌洒镇交界处发现了非法开采锆钛砂矿的机组。经现场调查测量,该局认定是文昌东山矿业有限公司(下称东山公司)越界采矿。

经查,东山公司于2007年3月通过竞拍方式取得了文昌市昌洒镇白岭西锆钛砂矿区采矿权,并领取了采矿许可证。2007年11月,东山公司与龙楼镇全美经济社3个村民小组签订了890亩临时采矿用地合同;其中只有265亩位于其矿区范围内。2008年5月,东山公司开始安装机组进行采矿。现场调查发现:东山公司有8部机组采矿,其中有5部超越其矿区范围开采。

2009年3月26日,文昌市国土环境资源局向东山公司下达了责令停止违法行为通知书。3月30日,文昌市国土环境资源局对东山公司越界开采锆钛砂矿的违法行为进行立案查处。专家组鉴定,东山公司越界开采锆钛砂矿价值10.254万元。2009年6月23日,文昌市国土环境资源局对东山公司作出"责令退回本矿区范围内开采,没收非法所得10.254万元,并处罚款3.0762万元"的行政处罚。

探讨问题: 从性质、危害程度和处罚等方面分析越界开采和无证开采之间的关系。

思考题

1. 简述我国《煤炭法》的三次修改。
2. 我国现行《煤炭法》存在哪些主要问题?

思考方向:结合教材和自己查阅相关资料加以思考。

3. 我国煤炭法律体系存在哪些主要问题?

思考方向:结合教材从立法体系和法律规范体系两个方面进行考察。

拓展阅读

1. 李显冬:《矿业权法律实务问题及应对策略》,中国法制出版社 2012 年版。
2. 仲淑姮:《煤炭开发的环境成本研究》,冶金工业出版社 2012 年版。
3. 李瑞峰:《关于煤炭规划体制的思考》,载《煤炭工程》2011 年第 4 期。
4. 代海军:《从〈煤炭法〉修改看煤炭生产许可制度改革》,载《中国能源》2014 年第 36 期。

第十一章

电力法总论

> **学习目标**
> 通过本章的学习，学生可以掌握以下内容：
> 1. 电力法的概念、性质；
> 2. 我国电力立法概况；
> 3. 发达国家电力法情况；
> 4. 我国电力法的主要制度。
>
> **关键概念**
> 电力　电力产业　电力法　市场化改革　电力法主要制度

第一节　电力和电力产业

一、电力

电能（electrical energy）是指电所具有的能量。作为能量的一种形式，电能由其他形式的能量转化而来，是利用势能或者动能所生产的"电"这样一种新的能源。电力（electric power）是指电所产生的做功能力。在汉语中，人们一般将"电力"作为"电能"的同义词来使用。电力通常由发电机生产，也可以由电池等作为来源予以供应；在当代科技条件下，人们可以将电力生产（发电）和电池合并而设计和生产成一种单一的整套产品（例如，光伏、太阳能电池）。传统上，电力通常由发电企业生产，通过电网的输送或者配送，供应给电力消费者（电力用户）。当代，一些电力用户可以自己生产并消费电力而无需通过电网，例如，单位和个人可以利用太阳能、风能等发电或者电池设备生产电力，供自己使用。

电力是现代社会的主要能源，人类几乎离不开电力。电力是二次能源，不属于自然资源。英国科学家法拉第（Michael Faraday）在19世纪20年代至30年代早期发现了发电的基本原理并发明了发电机和电动机，为电力产业的形成和发展提供了科技条件。

发电是以一次能源作为原材料生产电力的过程。除光伏发电外，就电力生产的核心物理原理而言，无论作为动力来源的能源是什么，都是相同的。其过程一般分为五个步骤：

(1) 产生热量；(2) 加热水；(3) 水流或者水蒸气推动水轮机或者汽轮机，产生机械能；(4) 汽轮机或者水轮机的机械能推动发电机的转子发电，产生电能；(5) 通过输变电路将电能输送给电力用户。[①]光伏发电是利用光伏效应，采用光—电直接转换方式，将太阳辐射能直接转换成电能，它的基本装置是光伏电池。

根据发电所消耗转化的一次能源的不同，可以将电力分为水电、火电、核电、风电、地热电、潮汐电、太阳能电等。电力具有输送安全、经济，使用方便、高效和清洁等特点，得到了广泛使用。世界范围内，电力在二次能源中的比重超过50%，在一些发达国家中的比重更高。电力已经成为当代社会最主要、最基本的二次能源，是社会现代化的基石。

二、电力产业

电力产业一般是指生产、供应电力的产业部门，以电力和供电服务为商品。广义的电力产业还包括生产和建设用于生产电力、供应电力的设备和设施的产业部门。本书所讨论的电力产业基本上是一般意义上的。

从电力生产到用户消费电力，有一个过程，从而形成了电力产业链。它通常被界定为生产（发电）、输送（输电）、配送（配电）和销售（售电）这四个环节。电力的生产过程是使用一次能源来生产电力，是发电环节，涉及的市场主体主要是发电厂。输电环节是将电力通过输电系统输送到配电地点，输电系统往往是由变压器和输电线路所组成的一个规模巨大的物理网络，涉及的市场主体主要有负责输电网络运行安全的调度中心以及作为网络设施经营者的电网企业。配电环节是将已经输送到配电地点的电力，通过配电系统送给终端用户。配电系统是规模相对较小的物理网络，它先用变压器将从电网中接收的高压电流转换成中压或者低压电流输送给用户，属于城镇的基础设施；涉及的市场主体主要是负责配电网络运行与安全的供电公司等。[②]售电环节是电力供应商（批发商和零售商）将电力出售给终端用户的过程，涉及的市场主体包括电力供应商和终端用户，通常由前者负责联系输电或者配电事宜并承担相关费用。这一过程可用图11-1示意。

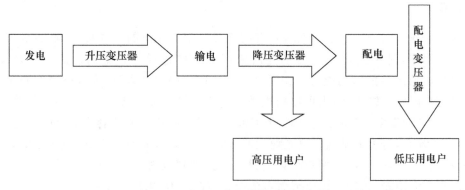

图11-1　电力生产→消费过程示意图

由于电力的生产和消费之间需要实现实时平衡，因此，还需要电力调度这一必不可少的

---

① 参见胡德胜编著：《美国能源法律与政策》，郑州大学出版社2010年版，第107页。
② 参见魏琼：《电力监管权力的配置研究》，西南政法大学2014年学位论文，第51页。

环节和过程,以确保电网(电力输送和配送网络)的安全可靠和稳定运行。在国外的一些电力市场实践中,通常存在有电力批发商和零售商;电力批发商从电力生产商处购买电力或者进口电力,而电力零售商主要从电力批发商处购买电力,偶尔也从电力生产商处购买电力或者进口电力。

理论上,除了电力调度环节以外,发电、售电、输电和配电等环节都可以有众多的市场主体,而且电力生产商和批发商可以经由电网直接向用电户销售电力,从而形成市场竞争。但是,为了避免资源浪费,输电和配电环节通常仅由一个或者几个市场主体经营,从而形成了自然垄断。

实践中,一个国家在电力生产到消费的所有环节还是部分环节、哪些环节实行市场运行或者模拟市场运行,取决于许多因素和考量。为了建立统一的电力生产和供应市场,欧盟、美国等市场经济发达国家或地区的趋势和政策法律导向是尽可能放开理论上可以放开的所有环节,对于自然垄断环节则实行不同形式的严格监管。

(一)电力产业的特点

电力产业具有下列五个特点:

(1)国民经济先行发展的基础产业。电力产业是关系国计民生的基础产业,是一国经济发展战略中优先发展的重点产业。作为一种先进的生产力和基础产业,电力产业对促进国民经济的发展和社会进步起到了重要作用。

(2)关联性强。在目前的科技条件下,电力还不能大规模储存。这就决定了电力的生产、输送、配送和消费需要通过电网同步完成,也就是说,电力的生产和消费必须保持瞬时平衡,否则将引起频率和电压波动,导致设备损坏乃至(大面积)电力供应中断。正是由于这一特点,长期以来,电力系统的管理模式主要采取垂直一体化的垄断经营模式,旨在保障电力系统的安全和稳定运行。但是,可以预见,一旦电力大规模储存科技取得突破性进展,电力产业的这种关联性将会降低。

(3)规模性较强。经济学理论认为,当平均成本随着产品和服务的生产(提供)或者销售的数量的增加而降低时,就存在规模经济效应。电力产业的规模经济特征明显。例如,煤电生产的发电装机容量越大,其煤耗率就越低,发电成本也就越低;电网规模越大,其可靠性越强,网损越低,输电成本也就越低。

(4)技术和资本同时密集。一方面,由于电力生产、输送、配送和消费的实时性以及电力无法大规模储存,为了确保电力生产、输送、配送和消费的平衡和稳定,必须采用大量的自动化技术设备。另一方面,电力设施的建设、生产设备的运行、电力设备的维护表现出建设周期长、建设规模大、资金投入密集等特点。因此,电力产业成为技术和资本同时密集的产业。

(5)公共事业性。当代社会,电力既是各产业的基本动力源泉,也几乎是每个人和家庭生活所必需的产品。因此,电力产业成为国民经济中有普遍影响的基础产业,具有公共事业性。

(二)电力商品

作为商品,电力具有实时平衡性、无形性、供求波动性和同质化的特性。

1. 实时平衡性

电力从发电厂生产到用户消费必须同步完成。由于还没有达到产业应用的、经济上可行的大规模储存电力的方法,因此,同一输配电网内电力供需必须保持瞬时平衡,任何背离都将引起频率和电压波动、导致设备破坏甚至整个系统瓦解。

2. 无形性

电力商品本身是无形的、抽象的,但是既非不可感知、也非不存在,只不过其存在的形态是无形的。它以电网为载体,其性能只有借助仪器、仪表、电器等工具反映出来,在供销过程中的测量与核算依赖于测量设备和仪器。[①]

3. 供求波动性

电力需求随时间、季节和各种偶然性因素波动很大。为了满足用户在高峰时段的用电需求,发电厂的装机容量和输配电网的输送容量都必须大于电力用户的最大负荷。这样,在用户用电的低谷时段,会出现电力设备闲置的问题。

4. 同质化

商品或者服务的同质化是指在一定地域范围内同类中不同品牌的商品或者服务在性能、外观甚至营销手段上雷同以至逐渐趋同的现象。电力的实时性、无形性和供求波动性决定了电力商品必然具有很强的同质化特征。在同质化的情形下,某种商品或者服务很容易被其他厂商的同类商品或者服务替代,顾客的主要购买依据是价格。

三、我国的电力产业

(一)我国电力产业的发展

我国电力工业始于1882年,已有130多年的历史。期间,我国的电力产业无不与当时的历史背景密切相关。自1949年新中国成立以来,基于电力产业生产关系的重大调整事件,可以将我国电力产业的发展划分为四个阶段。

1. 高度集中的计划经济时期(新中国成立至20世纪80年代初期)

新中国成立之初,我国发电装机容量仅有184.86万kW,年发电量仅43.10亿kWh。与社会主义计划经济相匹配,这一时期,我国电力产业处于国家高度集中的计划经济控制之下。在计划经济体制下,电力工业发展指标通过国家指令性计划下达,但是管理水平低下、决策失误连绵不断。体制造成的电力建设资金短缺和技术水平低下,导致电力供需矛盾突出,全国范围内缺电问题严重。

电力工业在这一时期的主要特点是"政企合一,国有国营"。电力行业由中央和地方政府共同管控。大区层面建立了华北、东北等电业管理局,作为中央电力管理部门的派出单位行使区域电力管理职能。1958年前后我国确定了按省建制,由省级行政区成立电管局,作为省级政府的电力主管部门,对本行政区电力发展运营实施管理。地市层面成立地市电业局、郊区供电分局。

2. 改革探索期(20世纪80年代中期至90年代)

1978年改革开放后,我国电力工业的发展速度根本无法满足其他产业快速增长的用电要求,缺电问题更为严重。在这一背景下,为了解决电力建设资金短缺和电力供应不足问题,国务院1985年5月发布了《关于鼓励集资办电和实行多种电价的暂行规定》。此后又采取一些举措,激发社会多种力量参与办电的积极性。

[①] 参见许智敏:《关于我国电力市场营销中消费者社会福利现状的分析和解决对策研究》,载《经济师》2013年第2期。

另一重要改革举措是在电力行业尝试政企分开。1987年,国务院提出了"政企分开、省为实体、联合电网、统一调度、集资办电"的电力改革与发展20字方针。1988年开始,国家以华东电业管理局作为试点单位开始改革。这次探索性改革一定程度上调动了中央、地方、企业、个人、外商投资办电的积极性,形成了电力工业多元化投资办电的局面。国家电力公司于1997年1月17日成立,与电力工业部两套牌子、两个班子运行。前者负责国有电力资产经营,后者负责电力工业行政管理。1998年,电力工业部被撤销,其管理职能移交给了国家经贸委。电力工业开启了政企分开、公司化运作的新模式。

通过这些措施,发电市场引入了新的投资和经营主体,稍微改变了计划经济时代国家"独家办电"的局面,在很小程度上开放了发电市场,也使严重供不应求的电力供需矛盾基本上得以缓解。1997年实现了电力供需基本平衡。国家统计局数据显示,到"九五"规划结束的2000年底,全国发电装机容量达到31932万kW,当年发电量达到13556亿kWh,220kV及以上输电线路1614万km。

3. 市场化改革尝试时期(2000年至2014年)

2002年2月10日,国务院印发《关于电力体制改革方案的通知》(国发[2002]5号),提出了"政企分开、厂网分开、主辅分离、输配分开和竞价上网"五项电力改革任务。它标志着我国电力行业试图进入以市场化为导向的改革时期。

同年12月29日,按发电、电网等业务,将国家电力公司拆分和重组为五大发电集团(华能、大唐、国电、华电和中电投)、两大电网公司(国家电网和南方电网)、四大辅业公司以及国家开发投资公司、神华集团、中国核电集团、中广核集团、华润电力等中央发电企业,它们都由国资委直接管理。电网方面,国家电网公司经营区域覆盖26个省级行政区,覆盖国土陆地面积的88%以上,供电服务人口超过11亿人。南方电网公司的经营范围为云南、贵州、广西、广东和海南这5个省级行政区。

这一时期,发电市场进一步对外资、民资和地方资金开放后,逐渐活跃,出现了发电主体多元化、初步形成竞争格局。但是,鉴于我国电力产业发电、输电、配电和售电四个环节仍然存在着比较严重的纵向一体化垄断的格局,因此,电力行业在非自然垄断的环节引入竞争、打破垄断应该成为改革的目标。

2003年3月20日,国家电监会挂牌成立。这一电力行业专门监管机构的出现,标志着我国电力产业尝试进入专业化监管。国家电监会2005年7月24日公布《电力市场监管办法(试行)》,开始履行电力监管和行政执法职能。后又于2005年10月13日公布了《电力市场监管办法》,进一步规范电力市场监管。在2013年国务院机构改革中,撤销了国家电监会,将国家能源局和电监会的职责整合,组建了现在的国家能源局。

4. 市场化改革深入时期(2015年以来)

经过市场化改革尝试时期15年的发展,2014年我国发电装机容量达到13.6亿kW,发电量达到5.5万亿kWh,电网220kV及以上线路回路长度达到57.2万km,220kV及以上变电容量达到30.3亿kVA,电网规模和发电能力位列世界第一。但是,电力体制虽然已经不是传统的计划经济体制,不过也没有形成真正的市场经济体制。存在的主要问题有五个:市场交易机制缺失,资源利用效率不高;价格关系没有理顺,市场化定价机制尚未完全形成;政府职能转变不到位,各类规划协调机制不完善;发展机制不健全,新能源和可再生能源开发利用面临困难;立法修法工作相对滞后,制约电力市场化和健康发展。

在这一背景下,为了贯彻落实全面深化改革,进一步深化电力市场化改革,解决制约电力产业科学发展的突出矛盾和深层次问题,推动结构调整和产业升级,促进电力产业又好又快发展,中共中央、国务院2015年3月15日《关于进一步深化电力体制改革的若干意见》出台,标志着新一轮电力市场化改革的起步。这次改革的总体目标是:建立健全电力行业"有法可依、政企分开、主体规范、交易公平、价格合理、监管有效"的市场体制,努力降低电力成本、理顺价格形成机制,逐步打破垄断、有序放开竞争性业务,实现供应多元化,调整产业结构、提升技术水平、控制能源消费总量,提高能源利用效率、提高安全可靠性,促进公平竞争、促进节能环保。

这次改革的重点和路径是:在进一步完善政企分开、厂网分开、主辅分开的基础上,按照管住中间、放开两头的体制架构,有序放开输配以外的竞争性环节电价,有序向社会资本放开配售电业务,有序放开公益性和调节性以外的发用电计划;推进交易机构相对独立,规范运行;继续深化对区域电网建设和适合我国国情的输配体制研究;进一步强化政府监管,进一步强化电力统筹规划,进一步强化电力安全高效运行和可靠供应。基本原则是:安全可靠,市场化改革,保障民生,节能减排,科学监管。

根据中共中央和国务院的部署以及"十三五"规划纲要,我国正在对电力产业进行市场化改革,新的政策、法律、法规和规章会不断出台。

第二节 电力法概述

一、电力法的概念和性质

(一) 电力法的概念和调整对象

我国电力产业的市场化改革到目前仍然是"硬骨头中的硬骨头"。这表明电力产业在我国仍然处于由计划经济向市场经济的转型阶段。相应地,人们对电力法的概念有着不同的理解。在我国,广义的电力法是指调整电力建设、生产、供应、使用和电业管理关系的法律规范的总称;狭义的电力法是指调整由电网企业作为社会关系主体的一方与平等主体之间的电力买卖、输送、配送和供电服务关系以及与作为管理者(监管者)的政府之间的行政管理关系的法律规范的总称。在西方市场经济发达国家,电力法一般规范电力的进口、出口、批发、零售、供应、输送、配送、供电服务活动,政府的管理和监管活动,电网安全和电力调度活动,以及某些特殊的电力生产(如水电、核电等)活动。

由于电力生产中水电和核电生产的特殊性,本书将分别在随后的水电法、核电法两章中予以讨论。

广义电力法的调整对象包括:

(1) 电力经营许可关系。电力企业经过政府许可取得电业经营权的关系。

(2) 电力生产与供应关系。不同电力企业在电力生产、输配送和销售过程中的关系,电力销售企业和消费者之间的电力供应与使用关系。

(3) 电力及电力设施保护与管理关系。电力设施是电能生产、输送、供应的载体,是重要的社会公用设施,电力实施安全保护是保障供用电安全和维护社会公共安全的重要内容。政府在对电力及电力设施进行管理的同时,也需要对电力及电力设施以保护。

(4) 电力项目建设的投资关系。政府保护及管理各类投资主体在电力事业中的投资关系。

(二) 电力法的性质

电力法具有双重属性。一方面具有公法属性，表现为其调整政府和电力企业、第三人之间的管理与被管理的关系，这种关系是一种不平等的行政监督管理关系；另一方面具有私法属性，表现为其调整电力生产、经营、消费过程中不同民事主体之间的关系，这种关系是一种平等的民事法律关系。

三、国外电力法

相对于其他绝大多数产业来说，电力产业自其产生130多年来都是容易产生垄断或者自然垄断很强的产业，也容易而且经常发生市场失灵的情形。在市场经济条件下，政府对电力产业进行监管是其应有职责。但是，如何在市场运行和政府监管之间实现一种合理的平衡，既有利于市场的自由和充分竞争、提高经济效率，又能够有效地避免或者纠正市场失灵、保障民生和国家有关安全，对于任何国家来说都是一个难题。不过，有的国家(有时)做得比较好，有的国家(有时)则效果不佳。本部分介绍美国、英国和日本的电力法。希望这些介绍有助于开阔视野和鉴别优劣。

(一) 美国电力法

尽管美国是普通法系国家，但是其电力法的主体在形式上却是成文法。于性质上，美国电力法的主体是市场监管法。

1900—1932年期间，美国电力产业发展很快，装机容量和发电量每年平均增长约12%。1920年《联邦电力法》以水电站为监管对象，标志着联邦政府对电力行业开始进行监管。当时，电力产业的绝大多数由主要进行州际商业活动的控股公司管理。例如，在1924年，74.6%的发电设施由控股公司拥有。由于不少控股公司滥用市场垄断地位，1935年《公用设施控股公司法》授权当时的联邦电力署监管电力的跨州销售和输电价格。①

20世纪70年代是能源市场的动荡年代，能源价格飞涨、供应紧缩、核电衰败。1978年《国家能源法》目的在于消除对进口石油的依赖，促进煤炭使用，提高能源利用效率，改革公用设施定价，促进能源节约，鼓励为采用替代能源生产的电力建立新的市场，重建扭曲的天然气市场。②组成该法的5部法律中，事关电力的主要是1978年《公用设施管制政策法》。它要求联邦政府通过贷款、税收优惠、简化审批程序等扶持小型水电站的发展，支持独立发电商开发热电联产，支持作为大的电力公司的替代电源的"合格发电设施"(单机不超过8万kW的小机组)发电；要求电力公用设施购买由非公用设施发电设施生产的电力。

然而，开放输电系统的使用需要解决如何对电力输送系统的资本投资进行补偿问题。具体而言，监管者需要完成两项工作：制定开放电力输送系统使用的办法，解决由传统监管机制形成的成本问题。可以说，电力的远距离输送和搁置成本问题需要州和联邦监管者通过新的监管措施予以解决。1992年《能源政策法》部分地解决了上述两个问题。只进行电力批发销售的公司被称为"豁免的批发发电商"，享受《公用设施控股公司法》对这类公司的

---

① 参见〔美〕约瑟夫·P.托梅因、理查德·D.卡达希：《美国能源法》，万少廷译，法律出版社2008年版，第221页。
② 参见胡德胜编著：《美国能源法律与政策》，郑州大学出版社2010年版，第66页。

限制豁免,从而催生了一个更具竞争性的、不受监管的电力批发市场。该法一方面授权联邦能源监管委员会要求拥有电力输送系统的公用设施企业为批发的电力提供输送服务,另一方面,还以公众利益为标准,授权该委员会要求拥有电力输送系统的公用设施企业在批发电力商的请求下,为后者提供远距离电力输送服务。[①] 1996 年 4 月 24 日,联邦能源监管委员会先后通过第 888 号令和第 889 号令来实施 1992《能源政策法》。

第 888 号令包括《开放利用公用设施企业非歧视性输送服务,促进批发领域竞争》和《公用设施企业和输送企业标准成本回收》2 份文件。它承认电力输送服务是自然垄断,但是禁止借助这一垄断力量阻止合法竞争者进入上游的发电市场或者下游的终端用户市场。为了保障消费者享有竞争价格发电的好处,它要求州际电力公司利用其输送线路作为承运人为其他电力公司提供输送服务。[②] 为此,它要求公用设施企业实施功能拆分(functional un-bundling):(1) 在给其他使用者提供服务时必须按照自己使用输送服务的相同价格条件;(2) 依法分别列明电力批发、输电服务和辅助服务[③]的价格和条件。

第 889 号令《开放实时信息系统和行为标准》要求建立名称为"开放实时信息系统"(Open Same-time Information System)的电子信息系统。通过这一系统,所有输电用户可以获得输送容量、价格和其他必需的基本信息;同时它还标准化了这类信息的格式和申报。该令要求公用设施企业遵守规定的行为标准,从而杜绝输电系统所有者向其关联的发电和电力销售业务提供优惠服务。

电力输送系统的非歧视性开放,一方面使得不同的发电商能够向更多的用户销售电力,提供了建立健康和竞争的电力批发市场的前提条件。另一方面,开放输电系统每年可以为电力用户节省巨额费用,有助于该产业的技术进步。[④]

1999 年美国联邦能源监管委员会颁布 2000 号法令《区域输电组织》。它规定了非营利性的独立电网运营商(Independent System Operator)和营利性的独立输电公司(Independent Transmission Company)这两种区域输电组织形式。它旨在通过与发电商的实际机构相分离或成立新的法人实体来建立区域输电组织,进一步加快电力产业的结构重整、区域间协调和开放输电系统。理论上讲,有关区域输电组织的法令具有实际意义,因为竞争性市场要求开放输电系统。到 21 世纪初,活跃的电力交易网络已经围绕这些区域输电组织建立起来。

2001 年 11 月 21 日,联邦能源监管员会发布名称为《电力市场结构和设计》的法令,更详细规定区域输电组织需要提供的服务,建议加强州监管者的参与、就区域输电组织组建事宜进行成本效益分析,制订包括费用和互联协议在内的标准市场设计。名称为《标准市场设计》的法令专门规定了互联协议。2002 年 7 月 31 日,联邦能源监管委员会发布《标准市场设计:制订规则的通知》。该通知与 888 号和 2000 号令一起,共同构成了统一的全国电力批发市场的监管机制,成为组建美国全国电力市场的基础。

美国联邦能源监管委员会 2007 年第 890 号法令和 2008 年第 719 号法令,要求全国的

[①] 参见胡德胜编著:《美国能源法律与政策》,郑州大学出版社 2010 年版,第 142 页。
[②] See Joseph D. Kearney, Thomas W. Merrill, "The great transformation of regulated industries law", *Columbia Law Review*, Vol. 10 (1998), pp.1323—1408.
[③] 辅助服务是指电网运行调度和其他影响电网稳定性的服务,主要是提供无功功率服务。
[④] 参见胡德胜编著:《美国能源法律与政策》,郑州大学出版社 2010 年版,第 143 页。

独立系统运营商(包括相关输电组织)对其调节和作业程序进行修订,从而允许储能进入批发能源市场。2011年和2013年又先后颁布第755号和第784号法令,要求独立系统运营商采用不同的方法,使频率调节和其他辅助服务获得报酬,这些政策非常有助于采用更新的包括储电技术在内的储能技术。

(二)英国电力法

由于第二次世界大战期间经济遭受重大损失,战后的英国出现了严重的经济危机和能源危机。凯恩斯主义的影响、加之工党的执政,英国加大了政府对社会经济的干预乃至控制力度。1947年成立的中央电力局形成了国家对电力市场的垄断。在保守党执政期间的1989年,英国制定了适用于英格兰和威尔士的《电力法》,以求在电力产业引入竞争。该法的实施使英国成为世界上电力供应效率最高的国家之一。

1. 1989年《电力法》

1989年《电力法》的主要内容是:

(1)拆分纵向一体化的电力产业。将发电和输电统一经营的中央发电局分割成3家发电公司和1家输电公司;目的是发电和输电环节由不同的企业承担,在发电环节引入竞争机制。

(2)在输电环节成立国家电网公司。国家电网公司拥有所有的高压输电系统和调度中心。国家电网实行开放,包括对上游的各发电公司、对下游的配电公司以及直接大用户开放。任何超过10MW的发电机,只要符合国家电网公司的接入标准,就被允许进入电网。国家电网具有输电功能和调度功能,但是不具有交易功能。[①]

(3)开放供电市场。让发电公司和供电公司之间、供电公司和供电公司之间进行竞争。具体做法是,从1990年到1999年分三批开放用户选择供电商购电,到1999年有2200万用户可以自由地选择供电商。

(4)将14家地区电力局转化成公用电力供应公司(Public Electricity Supply Companies),负责当地电力配送。公用电力供应公司作为配电公司从事配电和售电业务,在国家电网公司中拥有同样的股份,但是没有影响国家电网的权利。

从1990年开始运行的电力库(Pool)在交易模式中处于中心地位。设立电力库的目的是建立这样一个电力现货交易市场:持有发电许可证的电厂通过电力库进行交易,电力库承担单一购买的义务;供电公司、批发商、零售商必须通过电力库来购买电力。国家电网作为高压输电网的唯一所有者和运营者,承担独立系统操作员的职责,负责发电机组的择优排序和调度,使得发电和负荷在合理的价格之下达到供求平衡,并组织各种输电所需的辅助服务。[②]

英国电价管理模式是根据电力业务环节的不同开放程度实行分类管理。上网电价通过竞争形成,由国家电网的电力库负责;国家电网对输电费用实行单独计费;销售电价是由电网购电成本加上电网输电费用。在每一种电价的形成环节,英国均采用价格上限法。

1992年,英国对电网输配电价格实行价格上限监管模式,采用全网统一定价。其实质

[①] See David B. Spence, Robert Prentice, "The Transformation of American Energy Markets and the Problem of Market Power", *Boston College Law Review*, Vol. 53 (2012), pp.131—202.

[②] 参见井志忠:《从垄断到竞争——日美欧电力市场化改革的比较研究》,商务印书馆2009年版,第194页。

是将全网的网损和设备投资的固定成本等输电成本平均化。这一方式的采用,在改革的前10年间,以配电价格为例,降幅高达27%—34%。①

2. 2000年《公用设施法》

2000年《公用设施法》(Utilities Act)终结了英国按地域供电的历史。根据该法,配电方面,9个持有配电许可证的配电商负责运营12个配电区域;售电方面,所有持有售电许可证的企业都可以销售电力,售电商可以利用其他配电商的电网在任何地区售电。所有供电商都拥有向所有用户供电的相同法律地位。②

新交易制度的实施,使英国进入了新电力交易规则时期(New Electricity Trading Arrangement)。根据新规则:(1)受监管的输电价格足以补偿电网的投资和维护成本,但是不包括买卖双方平衡电力交易所产生的成本;(2)取消电力库强制成员制度,引入严格的投标制度,吸收需求侧参与;(3)采用根据投标付款的定价方法,引入一个新的平衡机制。③新交易制度的目标是引入需求侧参与市场定价,促进供应侧的公平竞争,进一步降低市场势力的影响,降低电力市场批发价格,保证当前和长期电力供应的安全与稳定。④

3. 2004年《能源法》

2004年《能源法》(Energy Law),为在英国建立一个统一的竞争性电力批发市场以及英国电力交易和传输机制(British Electricity Trading and Transmission Arrangements)提供了基本法律框架。该法的主要内容包括:(1)将电网的功能进一步拆分,将电网资产的所有者功能和电网调度功能进一步分离;(2)建立一个全国统一的电力调度机构,统一负责电力调度分配和系统平衡;(3)实行电网互联(electricity interconnector)。

在英国电力交易和传输机制下,系统营运商通过在平衡市场购买电量平衡服务和实时电力平衡辅助服务来完成电力平衡的调节,相关费用每年预算约5亿英镑(预算由英国国家电网公司以及天然气与电力市场办公室共同制定,该费用最终从用户的电费中收取)。(1)输配电价方面,由于取消了原来输电收费体系中包含的交叉补贴,使得输电定价能更加准确地反映输电成本。(2)为了提高系统运营商的调度和管理水平,如果它根据短期负荷预测在平衡市场上选择最有利的机组或者负荷参与系统平衡,每年用于购买服务的剩余费用按照一定的比例(例如25%)反馈给它作为奖励,其他费用在下一年度平均返还给平衡市场参与者。反之,超出预算部分由它承担25%,其他部分由平衡市场参与者分摊。(3)某一发电商或售电商最后电价的计算公式为:双边合同确定的电价+[(系统运营商平衡市场的预算费用-实际费用)×75%]÷经由系统营运商的总销售电量×该发电商或售电商的销售电量。⑤

(三)日本电力法

1. 1995年第一次修改《电力公用设施产业法》

在1995年改革之前,日本电力产业市场由10家私人所有、地区性的纵向一体化的电力公司支配,日本的电力价格是经济合作组织国家中最高的,所以其电力监管改革的目标是使

---

① 参见严泽民:《中国电力价格规制改革研究》,辽宁大学2011年学位论文,第74页。
② 参见井志忠:《从垄断到竞争——日美欧电力市场化改革的比较研究》,商务印书馆2009年版,第217页。
③ 参见朱敏:《英国第三次电力工业改革——BETTA实施》,载《现代电力》2005年第3期。
④ 参见林伯强、黄光晓:《能源金融》,清华大学出版社2011年版,第228页。
⑤ 参见文安等:《英国电力市场的价格机制分析》,载《南方电网技术》2015年第1期。

日本电力价格到2001年和国际水平保持一致。改革的路径是在发电和零售供应部分引入有限竞争；法律依据主要是1995年对《电力公用设施产业法》进行的第一次修改以及国际贸易和产业省相关条例。

在电力发展产业结构、设施协调和收费监管方面，国际贸易和产业省扮演了中心角色。修改前的《电力公用设施产业法》对电力产业划分了三种主要类型的业务类别，即，一般电力设施供应业务、批发电力设施供应业务和特殊电力设施供应业务。国际贸易和产业省负责对这些业务颁布许可证。如果一般电力设施供应业务希望在它的服务区域之外供应电力，需要得到国际贸易和产业省的同意。

《电力公用设施法》1995年修改的内容主要涉及四个方面：(1)为了使独立电力生产商能够向本地域以外的电力公司售电，要求本地域的电力公司接受独立发电厂趸售委托申请，并将内容公开。(2)引入批发招标制度，发电和批发供应环节对独立电力生产商开放。主要是通过提出最高限价的招标制度，降低发电成本。(3)成立新型电力供应者，它不需要通过纵向一体化企业的服务向消费者供应电力。(4)要求地区电力公司允许独立电力生产商、批发公司和其他地区电力公司使用其输电线路，对价是支付过网费。简而言之，《电力公用设施法》修改的关键部分是独立电力生产商进入电力市场规则的变化，也就是独立发电商出售电力给公共设施的规则变化，即，不再要求独立电力生产商从国际贸易和产业省获得进入发电业务的许可。

《电力公用设施法》1995年修改调整了回报率的方式，允许轻微提高激励以求降低成本。这些激励被称之为"标尺竞争"。标尺评估涉及与电力设施企业的过去业绩以及与其他电力设施企业业绩的比较，在三种成本（发电，输送、转换和配送，综合）的基础上对每一种成本的范围进行评估。其方法是：(1)首先确定每一家电力设施企业在整个产业内成本的排名范围。(2)如果某一家的成本属于最低的1/3，则其成本被认为是最有效的，被允许收取与成本相等的收益；(3)如果某一家的成本排名在中间1/3的范围内，被允许收取其成本价值99%的收益；(4)那些成本排在最高1/3范围的，则其成本被认为是效率最低的，仅被允许取得其成本价值98%的收益，而且其排名被公开。日本这一阶段电价改革的主要目标是降低成本。从1998年9月起，日本电力监管改革的重点转向降低回报率，受监管的资本回报率被设定为4.4%，而改革前则是7.2%。[①]

2. 1999年第二次修改《电力公用设施法》

关于发电与送电分离，有"会计分离""法律分离""运行分离""所有权分离"等多种方式，目的在于建立一个所有发电企业都能够在相同条件下将送配电网作为共用基础设施进行利用的环境。此外，监管和公用设施纵向分割的结合可以用于反对输送接入方面的歧视。

日在《电力公用设施法》1999年第二次修改采用了会计分离方式。因为不要求公司结构发生很大变化、不产生私人财产所有权变化问题，会计分离方案可以相对较快地实施。但是，会计分离的成功实施，需要适当的监管，从而确保非歧视并反映成本价格。它要求监管者获得的会计信息必须可靠。因为只有这样，监管者才能够发现出现的反竞争或者歧视行为。

---

① 严泽民：《中国电力价格规制改革研究》，辽宁大学2011年学位论文，第82页。

《电力公用设施法》1999年第二次修改的主要内容有如下三个方面。

(1) 部分自由化。在电力零售自由化体制下,特定规模电力企业要向客户供电,必须借用电力公司的配送电网。这一过程中的费用及手续等往往使其与电力公司相比处于不利地位,从而损害电力自由化的宗旨。为了确保公平竞争,第二次修改制定了电力公司的配送部门与其他部门之间的信息隔离和会计分离规则,建立了对公正运行系统进行监督的电力系统利用协会这一中立机构。零售供应部分自由化意味着一定范围的消费者可以按照协商价格从当地公用设施处、其他公用设施处或者独立电力生产商处购买电力,进而意味着电力供应价格将不再由监管机构决定,而是由电力供应者和消费者协商确定,也这意味着这些消费者将享有选择供应者的权利。

(2) 输送和附属服务。根据第二次修改,接入输送和附属服务需要反映成本以及遵循非歧视收费规则,目的在于确保独立发电商可以与拥有输送和附属服务的公用设施的电力公司在终端用户方面进行竞争。在之前的日本电力系统中,纵向一体化公用设施企业不需要单独地对自己所使用的输送服务定价,而是仅需要对独立电力生产商和终端用户使用的输送服务定价,但是这种定价往往并不反应输送服务成本,使电力公司在下游竞争中处于有利地位。

(3) 电网环节竞争。涉及电网环节的修订内容主要针对发电市场中具有高比例份额的电力公司的送配电网公平开放程度。为特别高压用户供电的企业,除负责该地区供电的电力公司外,其余被称为电力生产和供应企业。根据第二次修改:(1) 特别高压用户(大的学校、医院、百货公司和其他等同消费者)有权自主选择电力公司,直接参与电力零售。这样,原本各地区独家供电的区域电力公司,要与独立发电厂、电力生产和供应企业、跨地区而来其他地区的电力公司进行竞争。(2) 允许纵向一体化电力公司向其服务区域范围外的其他纵向一体化电力公司供应电力。

在输送线路公开接入的过网服务方面,第二次修改要求电力设施公司:(1) 必须接受提供新进入者的过网申请;(2) 过网服务的规则应当保证公共利益和公平;(3) 预先披露与过网服务相关的信息;(4) 提供信息防火墙信息;(5) 非歧视性地运行调度控制。

关于中立性输送系统组织的规则和监管,其性质是由私人企业运营的自我管理的组织,必须维持中立性。为了维护输送和配送环节的公平和透明,中立输送系统组织制定了基本规则(如,互联设施的运行、接入和发展)、市场监管以及争端解决事宜。

第二次修改的改革实施到2003年,日本电力市场的30%开放竞争,市场结构具体表现为有五种类型公司存在:普通电力公用设施(电力动力公司)有10家公司;批发电力公用设施有2家公司;批发供应商有34家市政公用设施、20家合资公司以及许多独立电力生产商;特殊电力公用设施有2家公司;许多家自主发电商。其中,普通电力动力公司都是垂直的发电、输送和配送的私人一体化公司,在划定的区域内提供服务。在2001财年,它们生产了日本电力的72.3%,批发电力公用设施公司生产了6.5%,2家特殊电力设施运营公司的市场份额可以忽略不计;典型的自主发电商是炼钢厂、化学公司、石油冶炼、水泥生产和纸浆纸张公司等,生产了日本电力的14.3%。[1]

---

[1] See IEA, *Energy Policies of IEA Countries: Japan 2003 Review*.

3. 2003年第三次修改《电力公用设施法》

2003年2月,日本电力产业委员会提出了第三次修改《电力公用设施法》的建议,同年5月由国会通过。这次修改的主要内容涉及输送、系统接入和运行监管以及拆分。

在输送、系统接入和运行的监管方面:(1)建立会计拆分和信息防火墙,禁止在输送和其他功能之间的交叉补贴,并禁止歧视待遇,确保公用设施之间在成本分担和成本收回的公正。(2)通过建立输送资费监管提供促进效率的激励。(3)重新评估网络使用规则。(4)根据零售自由化的时间表,市场开放将被扩展到小型消费者。

关于拆分,这次修改要求:(1)输配送部分准备和公开涉及其批发和其他服务的财务收支声明。(2)普通电力动力公司的财务声明包括运营利润和损失收支的基本信息以及内部交易声明、固定资产声明、普通固定资产的分配清单、过网设施的花费清单和共同部分费用的分配清单各一份。(3)普通电力动力公司财务报表详细说明收入和花费涉及批发和其他服务依照预先规则。(4)普通电力动力公司公开不包括信息安全内容在内的所有财务报表。(5)对于普通电力动力公司,独立会计运用适当标准,对于其固定资产,分为主业和次主业准备和公开会计报告,按照电力公用设施会计监管。[①]

4. 2008年第四次电力体制改革

2008年的第四次电力改革,没有对《电力公用设施法》进行修改,只是在已有体制的基础上,采取监管措施,确保电力市场竞争的公正性和透明性。

没有对纵向一体化电力企业进行实际拆分是日本电力市场自由化改革的特点。从发电到零售的纵向一体化系统负有供应安全责任,它们的公用设施部分的财产权得到了维持。采用这种方式改革的原因是,在纵向一体化电力企业行为规范、政府监管运行良好的情况下,可以不采用结构性监管(如,实际拆分)。

第三节 我国电力法

一、我国电力法律体系

目前,我国已经形成以1995年《电力法》为核心和基础的电力法律框架体系,内容涵盖了电力建设、电力生产与电网管理、电力供应与使用、电价与电费、农村电力建设和农业用电、电力设施保护、监督检查、标准化管理以及相关法律责任等方面。我国电力法律体系在形式结构上主要由法律、法规和法规性文件、规章和规章性文件、电力相关司法解释以及电力行业规范组成。

(一)电力法律

全国人大常委会制定的与水电有关的法律主要有1995年《电力法》(2015年修改),2002年《水法(修订)》《安全生产法》《环境影响评价法》,2005年《可再生能源法》,2012年《清洁生产促进法》和2014年修订的《环境保护法》等。其中:

《电力法》于1995年12月28日由全国人大会常委会通过,于1996年4月1日起施行。后于2009年8月27日、2015年4月24日经全国人大常委会2次修正。《电力法》的制定

---

① See IEA, *Energy Policies of IEA Countries: Japan 2003 Review*.

和实施是我国电力法制建设的里程碑,标志着我国电力产业步入了法制化管理轨道。二十年来,《电力法》对保障和促进电力事业持续、快速、健康发展,保障电网安全稳定运行,满足国民经济和社会发展用电需求发挥了积极作用。

《可再生能源法》对于利用可再生能源发电进行了规定,国家实行可再生能源发电全额保障性收购制度。该法2005年2月28日由全国人大会常委会通过,于2006年1月1日起施行。后于2009年12月26日经全国人大会常委会2次修正。

(二) 电力法规

为了贯彻、落实和实施电力法律,国务院制定了一些行政法规和法规性文件。目前我国的电力行政法规主要有七部;它们是《电力供应与使用条例》《电网调度管理条例》《电力设施保护条例》《电力监管条例》《电力安全事故应急处置和调查处理条例》《大中型水利水电工程建设征地补偿和移民安置条例》和《核电厂核事故应急管理条例》。其中,前五部主要是狭义电力法意义上的。

《电力供应与使用条例》由国务院于1996年4月17日发布,主要规定电力供应与使用者的权利和义务。它旨在通过对电力供应与使用的管理,保障供电、用电双方的合法权益,维护供电、用电秩序,达到安全、经济、合理地供电和用电的立法宗旨。旨在推动取消和调整行政审批项目、价格改革和实施普遍性降费措施,2016年2月6日国务院出台《关于修改部分行政法规的决定》,对它的个别条文讲话进行了修改。

《电网调度管理条例》由国务院于1993年6月29日发布,主要规定电网调度系统、调度计划、调度规则、调度指令、并网等内容。它旨在通过对电网调度的管理,达到保障电网安全,保护用户利益的立法目标。

《电力设施保护条例》由国务院于1987年9月15日发布,1998年1月7日、2011年1月8日2次修正。它旨在通过对电力设施的保护,达到保障电力生产和建设的顺利进行,维护社会公共安全的立法目标。电力设施是已建或在建的电力设施,包括发电设施、变电设施和电力线路设施及其有关辅助设施。

《电力监管条例》由国务院于2005年2月15日发布,是我国第一部专门规范电力监管的行政法规,初步建构了我国电力监管制度。它主要规定电力监管机构、监管职责、监管措施等内容,提出电力监管的任务是维护电力市场秩序,依法保护电力投资者、经营者、使用者的合法权益和社会公共利益,保障电力系统安全稳定运行,促进电力事业健康发展。

《电力安全事故应急处置和调查处理条例》由国务院于2011年7月7日发布。它对电力安全事故应急处置的主要措施作了规定,明确了电力企业、电力调度机构、重要电力用户以及政府及其有关部门的责任和义务,为电力监管机构和电力企业及有关方面处置、处理电力安全事故提供了基本依据和法定准则。电力安全事故是指电力生产或者电网运行过程中发生的影响电力系统安全稳定运行或者影响电力正常供应的事故(包括热电厂发生的影响热力正常供应的事故)。

一些地方人大或其常委会根据本行政区的实际情况,也制定了一些水电方面的地方性法规,起到细化上位立法或者填补立法空白的作用。例如,1994年《吉林省地方水电管理条例》(2014年修正),2014年《四川省电力设施保护和供用电秩序维护条例》。

(三) 电力规章

为了贯彻、落实和实施电力法律和行政法规,国务院电力相关主管部门制定了一些部门规章和规章性文件。它在整个电力法律体系中具有重要作用。一方面,使电力法律和行政法规具有现实可操作性;另一方面,在某些领域填补了立法空白。[①]

规范电力市场方面的部门规章主要有 2003 年《电力市场技术支持系统功能规范》(试行)、2004 年《承装(修、试)电力设施许可证管理办法》、2005 年《电力业务许可证管理规定》和《电力市场运营基本规则》等。

规范电力供应与使用方面的部门规章主要有 1992 年《进网作业电工管理办法》、1994 年《电网调度管理条例实施办法》、1996 年《供用电监督管理办法》《供电营业区划分及管理办法》《用电检查管理办法》《居民用户家用电器损坏处理办法》和《供电营业规则》、2004 年《电力生产事故调查暂行规定》、2008 年《电力供需及电煤供应监测预警管理办法》等。

规范电力价格方面的部门规章主要有 2005 年《上网电价管理暂行办法》《输配电价管理暂行办法》和《销售电价管理暂行办法》、2007 年《跨区域输电价格审核暂行规定》等。

规范电力设施保护方面的部门规章主要有 1999 年《电力设施保护条例实施细则》(2011 年修改)等。

规范电力监管方面的部门规章主要有 2005 年《电力市场监管办法》和《电力监管信息公开办法》、2006 年《电力监管机构行政处罚程序规定》和《电力监管执法证管理办法》、2007 年《电力可靠性监督管理办法》和《电力监管报告编制发布规定》等。

规范电力争议解决方面的部门规章主要有 2005 年《电力争议调解暂行办法》、2006 年《电力并网互联争议处理规定》《电力监管机构举报处理规定》和《电力监管机构投诉处理规定》等。

其他方面的有 1996 年《电力工业环境保护管理办法》、1997 年《电力知识产权管理暂行规定》等。

一些省级政府根据本行政区的实际情况,也制定了一些水电方面的地方政府规章和规章性文件,起到细化上位立法或者填补立法空白的作用。例如,2000 年《福建省大中型水电站(水库)移民安置管理暂行办法》、2006 年《重庆市水电开发权出让管理办法》、2010 年《广东省小水电管理办法》。

(四) 电力行业规范

为了有效地指导电力工业的生产建设、促进电力工业技术进步,中国电力企业联合会组织制定了《电力行业标准制定管理细则》《电力行业标准复审管理办法》等多部行业规范。这些规范涵盖电力行业各个专业,对于促进和改善电力建设、生产、运行及管理,都具有重要作用。

二、我国电力法的主要制度

我国电力法的主要制度有电力发展规划制度、电力监管制度、电力业务许可证制度和电价定价制度。

(一) 电力发展规划制度

1. 电力发展规划制度的概念和规划制定原则

电力发展规划制度是指国家对电网、一个地区或者全国的电力结构进行系统、统一规

[①] 参见杨解君主编:《变革中的中国能源法制》,世界图书出版公司 2013 年版,第 123 页。

划,对于电力行业发展提供指导性依据,使全国电力协调、可持续发展的一项制度。[1]

我国《电力法》第 10 条规定,电力发展规划,应当体现合理利用能源、电源与电网配套发展、提高经济效益和有利于环境保护的原则。据此,制定电力发展规划应当遵循以下四项原则。

(1) 合理利用能源的原则。电力是通过转换煤炭、水、天然气、核能等一次能源而来的二次能源,但是一次能源中的煤炭、天然气等储量有限,应该提高可再生能源和清洁能源发电比重,改变电源结构。

(2) 电源与电网配套发展的原则。从电力系统的物理运行来看,电源和电网本质上是一体的,电网是实现电力生产到消费的纽带。因此,需要从整体上把握和协调电源规划和电网规划,防止电源规划工作与电网规划工作的脱节,防止发电资源和输电资源的浪费,确保电网建设和电源建设的协调同步发展。[2]

(3) 提高经济效益的原则。电力发展规划应该反映电力工业的长期供需关系,提高资源的配置效率,为电力项目的投资运行提供正确的经济信号,避免出现投资不足或者投资过度等资源浪费的情形。

(4) 有利于环境保护的原则。我国现阶段电力的一次能源来源仍以煤炭为主,而煤电生产产生大量的 SO_2、氮氧化物、一氧化碳(CO)、灰渣和烟尘等温室气体和有害物质。因此,电力发展规划应该逐步改变电源结构,减少煤炭发电的比重,保护环境。

2. 电力发展规划制度的主要内容

电力发展规划涉及与国民经济发展的协调,与能源政策、矿产资源、环境容量、交通运输等的协调,以及电力产业内部要素之间的协调(主要是电源建设和电网的协调)。[3]电力发展规划在内容上应该侧重于宏观层面的指导与需求预测,在形式上应该是更多的发布信息、预测未来、提出目标、制定政策,从而使市场竞争的参与者能够把握整个行业的发展方向。在实现手段上,电力发展规划应该提出有效的经济政策,并运用法律、税收、财务等手段及时调整,以促进规划目标的实现。[4]

(二) 电力监管制度

1. 电力监管的目标

电力监管的目标包括:

(1) 维护电力市场秩序。由监管机构来维护市场秩序,实质表明国家对于电力市场的干预态度,电力市场不是一个自由竞争的市场。

(2) 依法保护电力投资者、经营者、使用者的合法权益和社会公共利益。电力监管一方面要维护市场主体合法权益,另一方面要维护社会公共利益。

(3) 保障电力系统安全稳定运行。这是基于电力系统安全运行在国家经济中的重要地位而设置的目标。

---

[1] 参见胡孝红主编:《各国能源法新发展》,厦门大学出版社 2012 年版,第 208 页。
[2] 参见贺岭姿:《新型电力规划模式研究》,载《科技资讯》2014 年第 8 期。
[3] 同上。
[4] 参见胡孝红主编:《各国能源法新发展》,厦门大学出版社 2012 年版,第 208 页。

2. 电力监管的原则

电力监管的原则包括：

（1）合法原则。电力监管应当依法进行。

（2）公开、公正和效率原则。公开是指监管信息透明公开；公正是指电力监管机构能够公平地协调电力投资者、经营者和使用者的权益；效率是要求电力监管机构优化资源配置，有效实施监管活动。

3. 电力监管的范围

电力监管的范围包括：

（1）电力市场监管。包括对电力市场主体和电力调度交易机构的监管，对电力市场运营的监管。

（2）电力行业监管。包括电力的经济性监管、技术监管、环境监管等方面。[1]

（3）电力安全监管。包括对电力系统安全稳定运行的监管。

4、电力监管的措施

电力监管的措施主要有：

（1）要求电力企业、电力调度交易机构报送与监管事项相关的文件、资料；

（2）建立电力监管信息系统；

（3）责令电力企业、电力调度交易机构如实披露有关信息；

（4）进行现场检查；

（5）对并网和互联纠纷进行协调或裁决；

（6）对电力安全事故采取处置措施；

（7）行政处罚。

（三）电力业务许可证制度

1. 电力业务许可证制度的概念

电力业务许可证制度指电力监管机构根据法律的授权，对申请进入电力产业的市场主体进行审批、决定是否颁发许可证，继而通过变更、撤销许可证等进行持续性监管的一种制度。其目的在于从制度上保证政府对电力行业的有效控制，保障电力行业安全、稳定、有序运行和健康发展。在我国，国家能源局负责电力业务许可证的颁发和管理。

电力业务许可证制度是电力市场准入监管的重要方法和手段之一。在实行电力市场化改革的大多数国家，如英国、澳大利亚、加拿大等，普遍采用该制度。通过这一制度，一方面，政府可以在一定程度上维持对电力企业的调控力，保证电力业务经营者具有适当的组织形式以及充足的财力和必要的技术能力从事被许可的业务；另一方面，许可证往往明确规定企业从事被许可业务应当遵循的具体指标、条件或标准等，这就可以从制度上保证消费者获得优质的电力商品或者服务。[2]

实践中，为了加强进网作业电工的管理，规范电工进网作业许可行为，保障供电安全，根据《行政许可法》《电力供应与使用条例》等规定，在用户的受电装置或者送电装置上，从事电气安装、实验、检修、运行等作业的人员，必须取得电工进网作业许可证。在我国境内从事承

---

[1] 参见胡孝红主编：《各国能源法新发展》，厦门大学出版社2012年版，第210页。
[2] 参见郑佳宁：《能源市场准入法律制度的思维架构》，载《中国政法大学学报》2011年第4期。

装、承修、承试电力设施业务,也需要按照《承装(修、试)电力设施许可管理办法》的规定取得承装(修、试)电力设施许可证。不过,现行《电力法》规定的电力许可证只有电力业务许可证。

2. 电力业务许可证的类别和条件

(1) 电力业务许可证的类别。

2005年《电力业务许可证管理规定》第7条规定,电力业务许可证分为发电、输电、供电①三个类别。从事发电业务的,应当取得发电类电力业务许可证。从事输电业务的,应当取得输电类电力业务许可证。从事供电业务的,应当取得供电类电力业务许可证。从事两类以上电力业务的,应当分别取得两类以上电力业务许可证。

(2) 申请电力业务许可证的条件。

根据《电力业务许可证管理规定》第11条的规定,申请电力业务许可证的,应当具备下列基本条件:① 具有法人资格;② 具有与申请从事的电力业务相适应的财务能力;③ 生产运行负责人、技术负责人、安全负责人和财务负责人具有3年以上与申请从事的电力业务相适应的工作经历,具有中级以上专业技术任职资格或者岗位培训合格证书;④ 法律、法规规定的其他条件。

申请发电类电力业务许可证的,还应当具备的特殊条件包括:① 发电项目建设经有关主管部门审批或者核准;② 发电设施具备发电运行的能力;③ 发电项目符合环境保护的有关规定和要求。目前全国已有2万多家发电企业取得了发电类电力业务许可证。

申请输电类电力业务许可证的,还应当具备的特殊条件包括:① 输电项目建设经有关主管部门审批或者核准;② 具有与申请从事的输电业务相适应的输电网络;③ 输电项目按照有关规定通过竣工验收;④ 输电项目符合环境保护的有关规定和要求。

供电类电力业务许可证方面,《电力法》第25条规定,某一省级行政区内供电营业区的设立、变更,由供电企业提出申请,经省级政府电力管理部门会同同级有关部门审查批准后,由省级政府电力管理部门发给《供电营业许可证》。跨省级行政区的供电营业区的设立、变更,由国务院电力管理部门审查批准并发给《供电营业许可证》。供电营业机构持《供电营业许可证》向工商行政管理部门申请领取营业执照,方可营业。申请供电类电力业务许可证的,还应当具备的特殊条件包括:① 具有经有关主管部门批准的供电营业区;② 具有与申请从事供电业务相适应的供电网络和营业网点;③ 承诺履行电力社会普遍服务义务;④ 供电项目符合环境保护的有关规定和要求。

(四) 电价定价制度

1. 电价概述

(1) 电价的概念。

电价是指电力供应商向电力终端消费者所销售的电能商品的价格,是电力商品价值的货币表现形式。在垂直垄断一体化模式下,电价通常由政府制定或者严格监管,一般由成本加合理利润构成;在市场条件下,电价受到供求关系的影响,围绕着电力商品的价值上下波动。②

---

① 在我国,供电业务包括配电和售电业务。
② 参见谭忠富等:《我国电力产业价格链设计理论及方法》,经济管理出版社2008年版,第4页。

(2) 电价的特点。

虽然电力已经几乎成为现代生活和生产活动的基本需要,电力需求总量总体上不会发生大起大落,但是由于电力本身及其生产和消费同步完成的特点,电价具有如下四点特殊性。

第一,缺乏一定的需求弹性。用户一般不会因为低谷时段的电价低就会使用比原来更多的电能。在用电高峰时刻,由于电能是生活必需品,有些用户也不会因为电价的提高而减少必需的用电。这一特点是对终端电力用户缺乏储电设备或者设施时的情况而言的。如果低谷时段的低电价与储电设备或者设施及其运行成本所构成的电价能够低于用电高峰时段的高电价,终端电力用户会考虑购买低谷时段的电力,从而增加电价的需求弹性。

第二,电价随时间变化。电力生产成本随时间的变化而变化,促使电价也随时间变化而变化。如从售电侧看,在高峰用电时段,系统备用容量紧张,容易产生阻塞,可靠性降低,因此供电成本增大,电价上升;在用电低谷时段,则相反。

这一特点是对发电方、批发商、零售商或者终端电力用户缺乏储电设备或者设施时的情况而言的。如果储电设备或者设施及其运行成本具有经济性,它们会考虑购买并运行储电设备或者设施,从而缩小电价随时间变化的幅度。

第三,电价链需要联动。电价可以分解为发电上网电价、输电电价、配电电价和销售电价。从价格链的角度来看,它们是上下游的关系,上游价格变动必然引起下游价格波动。

第四,电价需要管制。由于电力几乎是生活的基本需求、为生产不可或缺,电力产业具有很强的规模经济性和网络经济性,世界各国都对电价进行不同程度的管制。

(3) 我国现行电价的类别。

首先,《电力法》规定的电价类别。《电力法》规定的电价类别有电力生产企业的上网电价、电网间的互供电价、电网销售电价。它规定:电价实行统一政策,统一定价原则,分级管理;制定电价应当合理补偿成本,合理确定收益,依法计入税金,坚持公平负担,促进电力建设。这些电价的确定方法和程序如下:

① 省级电网和省级电网内的上网电价,由电力生产企业和电网经营企业协商提出方案,报国务院物价行政主管部门核准。独立电网内的上网电价,由电力生产企业和电网经营企业协商提出方案,报有管理权的物价行政主管部门核准。地方投资的电力生产企业所生产的电力,属于在省内各地区形成独立电网的或者自发自用的,其电价可以由省政府管理。跨省级电网和独立电网之间、省级电网和独立电网之间的互供电价,由双方协商提出方案,报国务院物价行政主管部门或者其授权的部门核准。

② 独立电网与独立电网之间的互供电价,由双方协商提出方案,报有管理权的物价行政主管部门核准。

③ 跨省级电网和省级电网的销售电价,由电网经营企业提出方案,报国务院物价行政主管部门或者其授权的部门核准。独立电网的销售电价,由电网经营企业提出方案,报有管理权的物价行政主管部门核准。

其次,2003年《电价改革方案》规定的电价类别。2002年国务院印发了《关于印发电力体制改革方案的通知》。次年,国务院办公厅印发了《关于印发电价改革方案的通知》。为了推进电价改革的实施工作,促进电价机制的根本性转变,国家发改委会同有关部门制定了《上网电价管理暂行办法》《输配电价管理暂行办法》和《销售电价管理暂行办法》。这些文件将电价划分为上网电价、输配电价和销售电价,标志着我国尝试实行新的电价管理机制。

上网电价是指发电企业与购电方进行上网电能结算的价格。它由竞价上网电价和非竞价上网电价两种形式。后者由政府价格主管部门根据多种因素而核定。由于购电方几乎都是电网经营企业,竞价上网电价实际上非常少。

输配电价是指电网经营企业提供接入系统、联网、电能输送和销售服务的价格总称。它由政府制定,实行统一政策,分级管理。政府制定输配电价的原则是"合理成本、合理盈利、依法计税、公平负担"。

销售电价是指电网经营企业对终端用户销售电能的价格。它由政府定价,统一政策,分级管理。制定销售电价的原则是坚持公平负担,有效调节电力需求,兼顾公共政策目标,并建立与上网电价联动的机制。

后来,在发电环节实现了发电上网标杆价,在输配环节逐步核定了大部分省的输配电价,在销售环节相继出台差别电价和惩罚性电价、居民阶梯电价等政策。目前,我国电价形成机制仍然处于逐步完善之中。

(五) 我国的电价改革

1. 2015 年前我国的电价问题

前已介绍,关于电价类别及其制定或确定方法和程序,《电力法》的规定与后来改革和实践中执行的并不一致,或者说存在矛盾。总体上,目前,我国处于向电力市场过渡阶段,价格关系没有理顺,市场化定价机制尚未完全形成,电价管理仍以政府定价为主,电价调整往往滞后成本变化,难以及时并合理反映用电成本、市场供求状况、资源稀缺程度和环境保护支出。具体而言,我国的电价形成机制具有如下三个特点:

(1) 上网电价实行一厂一价政策。上网电价是指电力生产企业向输配电网输送电能的结算价格。由于采用个体成本加利润的上网电价形成机制,出现新老电厂发电成本不同、不同类型的发电成本不同的现象,出现了上网电价的"一厂一价",甚至"一机一价"的复杂局面。这一价格形成机制的缺点是,不利于发电厂降低成本和提高管理水平。

(2) 没有独立的输配电价形成机制。目前,我国的输配电价是通过销售电价和上网电价的价格差推算出来的。由于电网经营价格在电价中没有合理的价值体现,不能反映电网运行成本和利润。

(3) 销售电价按照国家制定的统一电价目录执行。目前,大致可分为大工业、商业、居民生活、非居民照明、非工业和普通工业、农业排灌、趸售(批发销售)七大类。销售电价形成机制存在的问题是:电价不是根据供电成本来制定,而是根据用户承受能力来制定。例如,从供电成本的角度来看,居民用户处于供电环节末端,电压等级最低负荷率低,供电成本较工商业用户高。但是,居民电价较工业电价低,一直是工商业用户长期补贴居民用电。简言之,各类用户之间存在交叉补贴现象,不能反映供求关系,用户对供电商没有选择权。[①]

2. 我国的电价改革方向

在 2015 年 3 月 15 日中共中央、国务院《关于进一步深化电力体制改革的意见》中,电价改革是电力体制改革的重要组成部分。2015 年 10 月中共中央、国务院《关于推进价格机制改革的若干意见》再次对包括电力价格在内的价格机制改革作出决策部署,提出将政府定价

---

① 参见谭忠富等:《我国电力产业价格链设计理论及方法》,经济管理出版社 2008 年版,第 16 页。

范围限定在重要公用事业、公益性服务和网络型自然垄断环节,到 2017 年底基本放开竞争性环节和竞争领域价格。

2015 年 11 月,国家发改委制定了《关于推进输配电价改革的实施意见》,作为指导输配电改革的配套文件。它将电价改革方向明确为如下三点:

(1) 单独核定输配电价。政府主要核定输配电价,并向社会公布,接受社会监督。输配电价逐步过渡到按"准许成本加合理收益"原则,分电压等级核定。用户或售电主体按照其接入的电网电压等级所对应的输配电价支付费用。

(2) 分步实现公益性以外的发售电价格由市场形成。参与电力市场交易的发电企业上网电价由用户或售电主体与发电企业通过协商、市场竞价等方式自主确定。参与电力市场交易的用户购电价格由市场交易价格、输配电价(含线损)、政府性基金三部分组成。其他没有参与直接交易和竞价交易的上网电量,以及居民、农业、重要公用事业和公益性服务用电,继续执行政府定价。

(3) 妥善处理电价交叉补贴。结合电价改革进程,配套改革不同种类电价之间的交叉补贴。过渡期间,由电网企业申报现有各类用户电价间交叉补贴数额,通过输配电价回收。

我国《电力法》的修改问题

随着电力科技的进步,电力体制改革的深入,电力市场化改革的推进,电力产业的不断发展,我国现行《电力法》的内容相对滞后,制约了电力市场化和健康发展。其他一些电力法律、法规和规章的规定也已经不能适应电力发展的客观需要。现行《电力法》面临着如下五个方面的重大修改。

(1) 构建和维护竞争性电力市场。现行《电力法》滞后,不能适应当前电力行业市场化的要求。由竞争性电力市场替代垂直一体化的电力行业模式是我国电力体制改革的目标,因此未来的《电力法》应该以构建和维护竞争性电力市场为价值目标。

(2) 可持续发展方面。我国电源结构已经发生了重大变化,形成了水电、核电、风电、太阳能等多元结构发展。未来电力事业发展需要体现节约、清洁、安全的价值取向,需要采取多种措施鼓励电力可持续发展和清洁能源的使用。可持续发展原则应作为未来《电力法》的基本原则。

(3) 电力投资主体多元化方面。市场主体的广泛参与,可以防止政府投资的盲目性和低效性,最大限度地满足未来用户的需求。这也是我国电力市场化改革的重要组成部分。从电力行业各领域来看,发电领域已经向民资开放,输电领域因涉及国家安全而由国家控制。目前的改革是在配电和售电领域引入多元化投资。2015 年《关于进一步深化电力体制改革的意见》规定:鼓励社会资本投资配电业务;按照有利于促进配电网建设发展和提高配电运营效率的要求,探索社会资本投资配电业务的有效途径;逐步向符合条件的市场主体放开增量配电投资业务,鼓励以混合所有制方式发展配电业务;鼓励社会资本投资成立售电主体,允许其从发电企业购买电量向用户销售。所以,鼓励和引导民间资本进入电力领域应该成为《电力法》修改的一项任务。

(4) 开放电网、公平接入方面。开放电网公平接入。分布式电源主要采用"自发自用、余量上网、电网调节"的运营模式,新能源和可再生能源发电需要解决好无歧视、无障碍上网问题。因此,修改后的《电力法》需要为分布式电源、新能源、可再生能源发展提供通道,规定电网企业承担公平开放、接入义务应该成为必然选择。

(5) 电力交易机构地位方面。在现行《电力法》框架下,电网企业由于承担输送、交易、调度等多种功能,形成了自然垄断。新一轮电力改革要将原来由电网企业承担的交易业务与其他业务分开,实现交易机构相对独立运行,打破电网垄断市场。因此,建立独立的电力交易机构势在必行。修改后的《电力法》需要明确电力交易机构的法律地位,规定其有关职责;例如,市场交易平台的建设、运营和管理,市场交易组织,提供结算依据和服务,汇总用户与发电企业自主签订的双边合同,市场主体的注册和相应管理,披露和发布市场信息等。

思考题

1. 简述我国电力法律体系。
2. 简述电力发展规划制度。
3. 简述不同的电网监管模式及其优劣。
4. 简述电力业务许可证制度。
5. 简述电价监管制度。
6. 试述我国《电力法》的修改问题。

拓展阅读

1. 胡德胜编著:《美国能源法律与政策》,郑州大学出版社2010年版,第八章第二节。
2. 井志忠:《从垄断到竞争——日美欧电力市场化改革的比较研究》,商务印书馆2009年版。
3. 贺岭姿:《新型电力规划模式研究》,载《科技资讯》2014年第8期。
4. 郑佳宁:《能源市场准入法律制度的思维架构》,载《中国政法大学学报》2011年第4期。

第十二章

水 电 法

> **学习目标**
> 通过本章的学习,学生可以掌握以下内容:
> 1. 水能资源,水电生产的优点和缺点;
> 2. 水电法的概念、属性和调整对象;
> 3. 我国的水电政策和水电立法概况;
> 4. 我国水电法的主要制度。
>
> **关键概念**
> 水能资源　水电生产　水电政策　水电法　水电法主要制度

第一节　水能资源和水电产业

一、水能资源概述

（一）水能资源的概念

水能资源,又称水力资源,是指以位能、动能、势能、压力能、热能等形式依存于水体的能量资源。广义的水能资源包括河流水能、潮汐水能、波浪能、海洋水能和水热能等资源;狭义的水能资源则仅指河流水能,即因河流(包括人工河流)的水流和落差而产生的水能资源。如无相反意思表示,本书在河流水能的意义上使用"水能"和"水能资源"这两个术语。

人类社会在生活生产活动中开发利用水能资源的历史非常久远。早期,人类仅将水能转化为机械能,如水车、水磨的使用。进入19世纪80年代,随着电的发现、发电机的发明和使用以及电力输送技术的发展,人类对水能的开发利用取得了巨大发展。其中,从开发利用的规模和比重上看,将水能转化为电力(水电生产)几乎成为人类开发利用水能资源的唯一形式;水能资源不仅因此通常被称为水电资源,而且其数量上的统计也根据发电能力而进行。这样,"水能资源"(water power resources)、"水力资源"(hydraulic power resources)、"水电资源"(hydroelectric power resources)常作为同义词而相互替代使用。

（二）水能资源的特征

水能资源具有以下四个特征:

(1) 蕴藏量巨大。全球可开发利用的水能资源量十分可观,理论蕴藏量约 39900 TWh[①],技术可开发量约 14600 TWh,经济可开发量约 8700 TWh。

(2) 可再生性。水能资源属于资源性的一次能源,但是在水资源的可再生能力之内可以随着自然界的水文循环而重复再生,可周而复始地供人类持续利用。人们常用"取之不尽,用之不竭"来生动描述水能资源的可再生性。

(3) 清洁性。首先,作为一次能源的水能资源,其本身是清洁的,没有污染。其次,对于水能资源进行利用的过程(水电生产、水磨、水车)几乎不产生污染物。最后,利用水能资源进行发电而生产出来的电这种二次能源也是清洁的。

(4) 地域性强。河流及其地理、水文等自然状况具有很强的地域特征,这决定了水能资源具有很强的地域性。从国内外情况来看,水能资源的分布存在着明显的地区差异。小部分地区水能资源的天然禀赋量远远超过平均水平,因而具有开发利用水能资源的天然优势,而大部分地区则由于干旱少雨或海拔落差较小而没有水能资源上的优势。

二、水电原理和水电生产的优缺点[②]

尽管人们对于世界上第一座水电站建于何时何地存在争议,但是世界上第一座产业化的水电站是 1882 年 9 月 30 日在美国威斯康星州艾伯尔顿附近的福克斯河上建成,水电产业由此诞生。

水电生产过程一般涉及三个步骤:水流推动水轮机,产生机械能;水轮机的机械能推动发电机的转子发电,产生电能;通过输变电路将电能输送给电力用户。

(一) 水电的基本原理

水资源具有多种功能或者价值,水能资源是其中之一。现代利用水能资源的最主要方式是建造和运行水电站进行电力生产。水电站,又称水电厂,是将水能转换为电能的综合工程设施,包括为此目的而兴建的一系列建筑物以及装设的各种相关设备。这些建筑物的综合体统称为水电站枢纽或水利枢纽。

水电站的水轮机基于水流驱动而发电。一般而言,水电站的主体通常包括挡水的水坝(挡水建筑物)、导水建筑物、发电机房以及将水流返回河床的导槽。对水电站可以进行多种分类。例如,可以分为如下三种类型:利用原有河床的径流式水电站和蓄水式水电站,以及不利用原有河床的引水式水电站。径流式水电站直接利用天然径流,因不建造水坝或者水坝很小而没有水库或者水库库容很小,对天然流量无调节能力或者调节能力很小,其发电能力受天然流量的影响很大。蓄水式水电站建造较大或者很大的水坝、有一定库容的水库,对天然径流具有一定的调节能力,其发电能力受天然流量的影响较小或者基本没有。对于坡降平缓的河段,利用人工水渠将水流引到较远的、能够与下游河床之间产生较陡坡降的地方,形成较大落差,并在那里修建的水电站是引水式水电站。任何水电站设计的核心部分都是水坝和发电机房。

抽水蓄能水电站,又称蓄能式水电站,是一种特殊的蓄水式水电站,它所开发利用的水能主要或者完全通过人工河流或者库坝工程的运行而产生。它的工作原理是:利用电力负

---

① TWh 是 terawatt-hours 的缩写,代表 10 亿 kWh。
② 主要参考资料胡德胜编著:《美国能源法律与政策》,郑州大学出版社 2010 年版,第 107—109 页。

荷低谷时的电能将水抽至上位水库,在电力负荷高峰期放水至下位水库并利用所产生的水能发电。它的主要功能包括:将电网负荷低时的多余电能,转变为电网高峰时期的高价值电能;调频、调相,稳定电力系统的周波和电压,作为事故备用;提高系统中火电站和核电站的效率;调节可再生能源资源(如水能、风能、太阳能、潮汐能等)所发电力的不稳定性。

一般情况下,水电站的发电量和水轮机获取的能量成正比,而水轮机获取的能量又取决于水的流速和流量。因此,水坝越高越宽,产生的能量就越大。于是,水坝有时会很大,以致形成一个很大的水库。除了发电外,水坝和水库还有其他许多用途,如灌溉、防洪、航运、娱乐、过木、过鱼等。

(二) 水电生产的优点

水电生产之所以具有很大的吸引力,主要在于它有下列五个方面的优点。

(1) 原材料极其丰富、价格极低而且稳定。水电生产的原料是可再生的水能资源。首先,水能资源蕴藏量巨大。理论上讲,根据当今技术水平,世界上的水能资源完全可以满足全球当前的用电需求。其次,水能资源是自然资源,自然流水是免费的,而且所有者或者政府的收费也极其低。因此,水力发电的成本远比化石燃料和核燃料发电的成本低。最后,水能资源的价格一般比较稳定,不因燃料价格和供应的变化而变动。

(2) 费效比高。首先,由于原材料水能资源丰富、价格极低而且稳定,水电生产的成本非常低,而收益却很高。其次,虽然水坝和发电设施需要很高的初次投入资本,但是成本属沉淀成本,而且水电的发电量由河流的来水量决定。再次,水电的运行和维护成本都很低,远远低于以煤炭、石油、天然气为燃料的火力发电。最后,水电生产过程基本上不需要消耗有形物质的原料、无废弃物需要处理,其生产成本和运行成本能够长期地维持在很低的水平。这些都决定了水电生产的费效比高,经济效益可观。

(3) 水电生产具有双重属性。水电生产是将水能资源这种自然能量转化为可控的电力产品的过程。因此,水电生产是将一次能源开发和二次能源生产同时完成的过程,兼具一次能源建设与二次能源建设的双重功能。

(4) 水电生产是清洁生产。首先,作为水电生产原材料的水能资源,不像火电那样燃烧化石燃料而产生大量的污染物,也不像核电那样在其燃料生产过程中产生污染以及存在核废料处理的环境问题。其次,大力发展水电,有利于应对气候变化。最后,水电生产的稳定性和相对可控性,在储电技术和设施还不先进的今天,有利于调节风电、太阳能发电的不稳定性和并网。

(5) 建有大坝的水电站能够调节洪峰。调节洪峰的功用能够产生许多效益。例如,消除或者减轻洪灾、涝灾和旱灾,增加航运能力和稳定性,等。

(三) 水电生产对生态环境的可能不利影响

尽管水电生产具有一些巨大的优点,但是也具有一些缺点,需要采取措施予以克服、减少或者降低。水电生产对生态环境的可能不利影响主要体现在以下两个方面。

(1) 影响河流依水生态环境。因水电开发而修建水坝(特别是大坝),一方面需要淹没部分土地,另一方面可能形成新的地理、气候、降雨条件,从而可能改变局部地区的生态环境。

(2) 影响动物生境。建设水坝会改变周边环境,而且水流的改变也会对鱼类和野生动物造成不利影响。首先,如果不采取相应措施,会影响水生生物特别是回游鱼类生境。其次,如果缺乏有效措施,会影响相关土地和非水生动物生境。

但是,如果通过前期规划和落实相关措施,可以将上述不利影响消除、减少或者降低。①

三、我国水能资源及其开发利用约束②

我国水能资源丰富,其中水能资源理论蕴藏量、技术可开发量和经济可开发量均居世界第一,开发潜力较大。根据2003年全国水能资源复查结果,我国水能资源理论蕴藏量6.94亿kW,相当于年发电量近6.03万亿kWh;其中,技术可开发量5.42亿kW,相当于年发电量2.47万亿kWh。随着经济社会发展、技术进步和勘察规划工作不断深入,我国水能资源技术可开发量和经济可开发量都将进一步增加。根据雅鲁藏布江下游河段现场考察和初步规划情况,目前我国水电技术可开发装机容量可增加到5.7亿kW。然而,就我国的水能资源开发现状及其未来发展来看,我国的水能资源开发面临的资源约束集中体现在水能资源天然禀赋的约束和水能资源开发的供需约束两个方面。

(一)水能资源天然禀赋的约束

第一,水能资源技术可开发年发电量和经济可开发年发电量占理论蕴藏年发电量的比例偏低。根据2003年全国电力普查统计,我国水能资源技术可开发年发电量仅为理论蕴藏年发电量的40.6%,而经济可开发年发电量更是仅为理论蕴藏年发电量的28.7%。截至2010年,按照发电量计算的水能资源开发程度(下同),我国只有27.7%,略高于约25%的世界平均开发程度,与法国、瑞士、西班牙、意大利、日本和美国等发达国家相比有较大差距,也低于巴拉圭的61%、埃及的54%和加拿大的50%。可见,我国是水能资源储量大国,但是就水能资源的贫富程度而言,我国的水能资源品质并不高,近60%的水能资源受技术制约而暂时无法开发。换言之,我国水能资源开发受技术的影响非常大,在目前水电技术水平和条件下,大量的水能资源无法得到开发。

第二,水能资源在地理空间上分布不均,且与水资源在地理空间上的分布不尽一致。前文谈到,水能资源是蕴藏于"水"这一资源中,因此水资源与水能资源之间存在很强的关联性。我国的水资源分布不均衡,表现为南方多、北方少,东部多、西部少,山区多、平原少的特征。同时,我国的水能资源分布也存在不均衡的问题,但其表现却与水资源分布不均衡的表现之间有较大偏差。具体而言,我国的水资源分布是东部和西南部多、中部和西北部少。但是,我国水能资源分布则是西部,尤其是西南部多,但东部、中部和东北部少。需要指出的是,尽管在东部、华南和东北地区我国水资源比较丰富,但由于地势平坦,海拔落差小,从而导致上述地区的水能资源量在全国水能资源总量中所占的比重要远远低于其水资源量在全国水资源总量中的比重。水能资源的分布受水资源分布、地形和海拔落差等因素的多重影响。由此,我国的水能资源在地理空间上存在很强的不均衡性。

第三,水能资源时间分布不均,导致较为严重的资源浪费。受气候的影响,我国的大多数河流年内、年际径流分布不均,夏季丰水期和冬季枯水期的水流量相差非常悬殊。特别是水量充沛的季节,为确保水电大坝的安全,往往需要开闸泄洪,以降低库容量,这也在一定程

---

① See Rafik Hirji, Richard Davis, *Environmental Flows in Water Resources Policies, Plans, and Projects: Findings and Recommendations*, World Bank, 2009.
② 参见王江:《我国水能资源开发中的问题及其政策法律破解》,载《西安交通大学学报(社会科学版)》2015年第6期。

度上会导致水能资源的浪费。

(二)水能资源开发的供需约束

我国水能资源的分布及其富贫程度与所在地区社会经济发展水平之间存在脱节,水能资源及其电力产品的消费需求与生产供给中存在"额外成本"。具体而言,按照技术可开发装机容量统计,我国经济相对落后的西部云、贵、川、渝、陕、甘、宁、青、新、藏、桂、蒙等 12 个省(自治区、直辖市)水能资源约占全国总量的 81.46%,特别是西南地区云、贵、川、渝、藏就占 66.70%;其次是中部的黑、吉、晋、豫、鄂、湘、皖、赣等 8 个省占 13.66%;而经济发达、用电负荷集中的东部辽、京、津、冀、鲁、苏、浙、沪、粤、闽、琼等 11 个省(直辖市)仅占 4.88%。由此可见,我国水能资源天然禀赋所在地与实际需求所在地之间存在很大的偏差,需要将水能资源转化为电力商品进行远距离输送,这样一来无疑将带来"额外成本",也在很大程度上拉低了我国水能资源开发的经济效益。

四、水电开发与水电产业

(一)世界的水电开发与水电产业[①]

水能资源属于可再生能源,水电生产技术成熟、运行稳定,水能资源和电力都是清洁能源。因而,水电生产是开发利用水能资源(清洁的可再生能源)来生产电力(清洁能源)的清洁生产活动,受到世界各国的高度重视。到 2015 年底,全球水电装机容量达 12.11 亿 kW (包括 1.45 亿 kW 抽水蓄能容量),年发电量超过 3600TWh,开发程度约为 25%;其中,欧洲、北美洲、南美洲、亚洲和非洲水电开发程度分别为 47%、38%、24%、17% 和 8%。目前,经济发达国家水能资源开发程度较高,如瑞士、法国高达 97%,西班牙、意大利高达 96%,日本达 84%,美国达 73%;它们的水能资源发展重点向已建水电站的更新改造进行转移。发展中国家水电开发程度普遍较低,如我国为 27.7%、巴西为 17.3%、印度为 11%。亚洲、非洲和南美洲是今后水电建设的重点地区;亚洲和南美洲的多数国家计划在本世纪 20 年代基本完成水电大规模开发任务;非洲国家虽然拥有丰富的水能资源并一直积极致力于水能资源开发,但是因资金、技术等条件限制,水电开发仍然面临诸多困难。特别是,一些发展中国家政局不稳,虽然急需发展水电,但是限于国力条件,推进相对缓慢。总体上看,今后 20 年内,水电开发仍具有较大开发潜力,优先水电开发仍是发展中国家能源建设的重要方向。

总结国外水能资源开发历程,可以发现以下三个特点:

(1)大力发展水电是发达国家发展初期的共同选择。电力建设优先选择水能资源开发,在水能资源开发到一定程度后转向大规模开发其他资源。究其原因,一方面水电综合成本低,大量的廉价电力能够对经济社会发展起到巨大推动作用;另一方面水电开发往往具有防洪、灌溉、供水、航运等综合功能,可以实现多目标利用,综合效益显著。

(2)流域梯级开发是一种高效合理的水电发展模式。统筹规划、统一管理、权责明确的流域梯级开发是水电发展的成功模式。这一模式要求:制定流域规划,确定流域开发任务和要求;重视综合利用,统筹兼顾发电、防洪、灌溉、供水、航运、养殖、旅游等需要;实行流域统一管理,成立职责明确的流域开发机构,统一负责流域梯级建设运行管理,实现综合利用效益最优。

---

① 主要参考文献:国家能源局:《水电发展"十二五"规划》,2012 年 7 月 7 日。

(3) 利益共享机制有利于多层次、多参与的共同发展。水电开发涉及的利益主体较多。建立水电开发利益共享机制,协调并保障好涉及流域开发各方的利益关系,是促进水电开发的重要成功经验之一。例如,瑞士和挪威等国通过优惠电价、免费电量、直供电等方式,吸引高载能产业投资,促进地方经济发展和当地居民就业。法国和美国等国在保障开发主体适当收益的基础上,通过返还部分利润给当地居民,保障当地居民共同享受水电开发成果。

(二) 我国的水电开发与水电产业

水电生产在我国能源发展中占有极其重要的地位,支撑着经济社会的可持续发展。进入 21 世纪后,我国水电进入加速发展时期。2004 年,以公伯峡 1 号机组投产为标志,我国水电装机容量突破 1 亿 kW,从而超过美国并成为世界水电第一大国。2010 年,以小湾 4 号机组投产为标志,我国水电装机已突破 2 亿 kW。到 2015 年底,我国水电装机容量达 3.2 亿 kW(包括 0.194 亿 kW 抽水蓄能容量),年发电量超过 1110TWh。目前,我国不但是世界水电装机第一大国,也是世界上水电在建规模最大、发展速度最快的国家,已经成为世界水电创新的中心。

从水电的生产和消费情况来看,《BP 世界能源统计年鉴(2015 年)》显示,2014 年,中国的水电消费量达到 240.8 百万吨油当量,占全球水电消费量 879 百万吨油当量的近 27.4%,保持世界第一水电生产和消费大国地位,是居世界第二的加拿大的 281%。

从水电装机规模的增长来看,"十二五"期间新增水电装机容量 10532 万 kW(包括抽水蓄能电站 732 万 kW)。到 2015 年底,全国水电装机容量占全国发电总装机容量(15.1 亿 kW)的 21.19%;2010 年全国水电发电量 1110TWh,占全国发电量(5600TWh)的 19.82%。

我国"十三五"规划纲要在"推动能源结构优化升级"部分要求"统筹水电开发与生态保护,坚持生态优先,以重要流域龙头水电站建设为重点,科学开发西南水电资源",并要求"大力扶持贫困地区农村水电开发"。加快水电发展是保障能源供应、调整能源结构,实现非化石能源发展目标的重要措施。总体来看,水电开发面临着建设任务紧迫、移民安置难度增加、生态环境保护要求提高以及体制机制障碍逐渐显现等新形势和新问题。

第二节 水电法概述

一、水电法的概念

水电法是指为了合理开发利用水能资源以及保护水资源和生态环境,国家制定或者认可的,并由国家强制力保证实施的、调整水能资源开发利用和水电设施运营活动中所产生的社会关系的法律规范的总称。水电法主要包括以下三方面的内容:

(1) 水能资源开发利用方面的法律规范。"什么是资源会随着时间或者社会环境而变化"[1],水资源的内涵和外延也是如此。生态文明理念下,应该基于水资源可再生能力界定水资源的范围,需要兼顾水量和水质,全面考虑、综合平衡水资源的各种作用和功能。[2] 就依存

---

[1] See J. A. Matthews, ed., *The Encyclopaedic Dictionary of Environmental Change*, Arnold Publication, 2001, p.536.

[2] 参见胡德胜:《最严格水资源管理制度视野下水资源概念探讨》,载《人民黄河》2015 年第 1 期。

于水体的水能资源而言,如何配置有关各方对于水能资源及其开发利用中的利益,确保水能资源的合理开发和高效利用是水法的必要内容。

(2) 水电设施建设、运营和保护方面的法律规范。在水能资源开发利用和水电生产过程中,水电设施及其运营发挥着核心作用。水电设施的运营必须遵循安全生产的法律规范。

(3) 水资源和生态环境保护方面的法律。水不仅是生产之要,更是生命之源和生态之基。对水资源之一部分的水能资源作为生产之要进行开发利用,必须在保障水人权以及保护生态环境的前提下进行。因而,对于水能资源开发利用活动中可能影响水资源的社会和生态属性的方面进行规范,也是水电法不可或缺的内容。

二、水电法的多重属性

水能资源依存于水体并是水资源的一部分,而水资源同时具有人权、生态和经济属性。这决定了规范水电生产活动的水电法需要具有多重属性。

首先,水电法属于能源法,是能源法律体系的组成部分。电已经基本上成为人类社会不可或缺的二次能源,于生活和生产活动都极其重要。水电在水能资源丰富的国家,是能源构成的重要组成部分。因此,水能资源的开发利用需要服务于国民经济和社会发展的大局,水电法也就具有了能源法属性。

其次,水电法属于自然资源法。水能资源是自然资源,规范其开发利用和保护活动的水电法应该符合自然资源法的基本原则、遵循自然资源法的基本制度。这样,水电法具有自然资源法属性。

再次,水电法具有生态法属性。一方面,作为一次能源的水能资源和作为二次能源的电力都是清洁能源,水电生产对于人类社会应对气候变化至关重要。另一方面,水电生产对生态环境具有影响,尽管这种影响是所有电力生产活动中最小的。因此,规范水电生产活动的水电法必然具有生态法属性。

最后,水电法与电力法关系密切,但是二者侧重点不同。水电法主要着力于水电生产环节,以调整水能资源开发利用和水电设施运营活动中所产生的社会关系为调整对象。电力法通常涵盖火电生产环节以及所有电力的输送、配送、销售、监管等环节,并以与之相关的社会关系为调整对象。

三、水电法的调整对象

法律的调整对象是一定的社会关系。水电法的调整对象是水电生产活动中产生的社会关系,可以分为三类:一是水能资源开发利用活动中产生的社会关系;二是水电设施建设、运营和保护活动中产生的社会关系;三是与前两类活动直接相关的水资源和生态环境保护活动中产生的社会关系。

这些社会关系的主体广泛,包括国家、地方政府、企业、单位和个人。其中,国家既是水能资源的所有权人,也是水电生产活动的监管者,还有可能直接从事具体的水电生产活动,因此,国家在水电生产活动中扮演多种角色,具有多重身份。市场经济条件下,企业和个人应该是水能资源开发利用的基本主体。一般而言,商业规模的水电生产是大规模的经济活动,需要大量的资金、物质和人力投入,因而,企业参与水能资源开发利用活动的条件要相对较好,机会也多。但是,随着水电生产政策的进一步放开以及分布式地开发利用水能资源科技的发展,鼓励个人参与水电生产是未来我国水电发展的趋势。特别是个人参与甚至主导的小型水电项目往往具有独特的优势。

此外,水电生产活动的收益(特别是财政收入)需要在国家、相关层级地方政府、地方社区(例如,村委会或居委会、村民小组)、居民个人之间进行分配[①],水资源和生态环境保护活动中有各种参与者,这就使得水电法所调整社会关系的主体的角色存在交错,导致社会关系更为复杂。

第三节 我国水电政策和立法

一、我国的水电政策

(一)我国水电政策文件的种类

在我国,政策和法律之间关系密切,具有辩证关系,特别是改革和转型时期,由于法律的缺位、法律规定的原则性强和操作性不强,中共中央政策文件以及国务院及其主管部门、地方各级政府及其主管部门的政策文件在很多情况下实际上发挥着调整社会关系的职能,水电生产领域也是如此。在中央层面,可以将水电政策文件分为以下三类:

(1)中共中央和国务院分别或者联合制定或者发布的涉及水电生产的政策文件。例如,2011年中央一号文件《中共中央国务院关于加快水利改革发展的决定》,国务院2013年1月《能源发展"十二五"规划》,等。

(2)经过全国人大或其常委会审议或者通过的涉及水电生产的政策文件。在经全国人大批准的国民经济和社会发展五年规划纲要中,有涉及水电生产的内容。例如,"十二五"规划纲要在"推进能源多元清洁发展"部分要求"在做好生态保护和移民安置的前提下积极发展水电,重点推进西南地区大型水电站建设,因地制宜开发中小河流水能资源,科学规划建设抽水蓄能电站",并要求"加强农村能源建设,继续加强……小水电代燃料工程建设"。"十三五"规划纲要要求:"统筹水电开发与生态保护,坚持生态优先,以重要流域龙头水电站建设为重点,科学开发西南水电资源";"大力扶持贫困地区农村水电开发。"

(3)国务院有关主管部门制定的涉及水电生产的政策文件。例如,国家发改委2012年7月《可再生能源发展"十二五"规划》、2014年11月《关于促进抽水蓄能电站健康有序发展有关问题的意见》、2015年3月《关于鼓励和引导社会资本参与重大水利工程建设运营的实施意见》、国家能源局2012年7月《水电发展"十二五"规划》,等。

二、我国的水电政策

根据"十二五"和"十三五"规划纲要以及国家《能源发展"十二五"规划》《可再生能源发展"十二五"规划》和《水电发展"十二五"规划》等政策文件的规定,可以用"积极发展水电"这一句话予以概括。具体而言:

---

① 参见〔澳〕康塔拉等:《自然资源开发的财政收入与地方可持续发展》,胡德胜译,载《西安交通大学学报(社会科学版)》2011年第1期。胡德胜:《西部自然资源开发与西部可持续发展关系刍论》,载《西安交通大学学报(社会科学版)》2012年第2期。

第一,水电发展应当服务于构建安全、稳定、经济、清洁的现代能源产业体系的大局,保障我国经济社会可持续发展。"构建安全、稳定、经济、清洁的现代能源产业体系"是我国能源政策的核心(《能源发展"十二五"规划》),发展水电在内的可再生能源是落实这一政策的重大战略举措(《可再生能源发展"十二五"规划》)。

第二,水电发展应当服务于我国的应对气候变化战略和能源结构优化,水电在我国总体能源结构和非化石能源结构中的比重应该保持稳定,并争取有所提高。《能源发展"十二五"规划》在基本原则中要求着力提高非化石能源比重,"加快优化能源生产和消费结构"。

第三,水电发展应当坚持科技创新,提高水电生产效能,避免或者减轻不利影响。《能源发展"十二五"规划》将"坚持科技创新"规定为一项基本原则。

第四,水电发展必须注重保障民生。"十三五"规划纲要要求"大力扶持贫困地区农村水电开发"。《能源发展"十二五"规划》将"坚持改善民生"规定为一项基本原则。

第五,水电发展必须注意生态环境保护,以低生态环境影响的路径进行。"十三五"规划纲要要求水电开发"坚持生态优先"。《能源发展"十二五"规划》将"坚持保护环境"规定为一项基本原则。

第六,水电发展必须适应市场经济的要求,符合市场经济规律。《能源发展"十二五"规划》提出要坚持市场经济改革方向,实施能源体制机制改革,加快构建能源市场体系、完善能源价格机制。

在上述政策下,我国水电发展有六大发展目标:水电建设平稳较快发展;生态保护取得重大进展;移民工作机制不断完善;科技装备水平明显提升;管理体制机制逐步健全;国际合作取得重大进展。

三、我国现行水电立法

我国水电立法起步较晚,也比较薄弱。但是,随着对水能资源认识的深入和全面,水电生产科技的发展,气候变化问题的日益严重,水电生产活动的不断增加,水电立法也逐步引起了全社会和政府的高度关注。2013年初的国务院机构改革将国家能源局、国家电监会的职责整合,重新组建国家能源局,由国家发改委代管。拥有新职责的国家能源局的成立,促进了我国水电立法。在国家发改委、国家能源局的主导下,与水能资源开发利用、水电工程建设、水电设施运营和管理、水资源和生态环境保护等相关的法律、法规和规章不断得到制定和实施,我国水电立法迎来了一个小高潮。就形式体系而言,我国水电法律体系在形式结构上主要由法律、法规和法规性文件、规章和规章性文件组成。

(一)水电法律

全国人大常委会制定的与水电有关的法律主要有2015年《电力法》,2002年《水法》《安全生产法》《环境影响评价法》,2005年《可再生能源法》,2012年《清洁生产促进法》和2014年修订的《环境保护法》等。

(二)水电法规

为了贯彻、落实和实施第(1)和(2)类水电政策文件以及水电法律,国务院制定了一些行政法规和法规性文件。例如,水能资源开发利用和水电监管方面的,有2006年《取水许可和水资源费征收管理条例》、1993年《电网调度管理条例》、1996年《电力供应与使用条例》、2005年《电力监管条例》等。水电工程建设方面的,有2006年《大中型水利水电工程建设征地补偿和移民安置条例》、2001年《长江三峡工程建设移民条例》等。水电设施运行和水电站大坝安全管理方面的,有1991年《水库大坝安全管理条例》、1996年《电力供应与使用条例》、1998年《电力设施保护条例》等。

一些地方人大或其常委会根据本行政区的实际情况,也制定了一些水电方面的地方性法规。例如,1996年1月广东省人大常委会《关于加快农村小水电建设的决议》;2010年7月辽宁省人大常委会修改通过的《辽宁省电力设施保护条例》,11月山东省人大常委会《山东省电力设施和电能保护条例》;2012年9月宁夏回族自治区人大常委会《宁夏回族自治区电力设施保护条例》;2014年5月四川省人大常委会《四川省电力设施保护和供用电秩序维护条例》,7月吉林省人大常委会修改通过的《吉林省地方水电管理条例》和山西省人大常委会《山西省电力设施保护条例》,11月天津市人大常委会《天津市电力设施保护条例》,等。

(三)水电规章

为了贯彻、落实和实施第(1)和(2)类水电政策文件以及水电法律和行政法规,国务院水电相关主管部门制定了一些部门规章和规章性文件。例如,综合性的,有国家发改委2016年2月《关于加强流域水电管理有关问题的通知》,国家能源局2011年5月《关于加强水电建设管理的通知》和同年7月《关于进一步做好抽水蓄能电站建设的通知》等。水能资源开发利用和水电监管方面的,有国家发改委2014年1月《关于完善水电上网电价形成机制的通知》,国家发改委、国家电监会和国家能源局2009年10月《关于规范电能交易价格管理等有关问题的通知》,电力工业部1994年《电网调度管理条例实施办法》等。水电工程建设方面的,有国土资源部、国家经贸委和水利部2001年11月《关于水利水电工程建设用地有关问题的通知》等。水电设施运行和水电站大坝安全管理方面的,有国家贸易委员会和公安部1999年3月修改的《电力设施保护条例实施细则》,国家发改委2015年2月《电力安全生产监管办法》、同年4月《水电站大坝运行安全监督管理规定》等。涉及生态环境保护方面的,有国家发改委和环保部2011年10月《河流水电规划报告及规划环境影响报告书审查暂行办法》等。

一些省级政府根据本行政区的实际情况,也制定了一些水电方面的地方政府规章和规章性文件。例如,重庆市政府2006年5月《重庆市水电开发权出让管理办法》,贵州省政府2007年4月《关于加强水能资源和水电开发利用管理的意见》,浙江省政府办公厅2008年11月《关于进一步加强水电资源开发管理工作的通知》,四川省政府2013年3月《四川省〈大中型水利水电工程建设征地补偿和移民安置条例〉实施办法》等。

四、我国现行水电立法的主要缺失

尽管水电立法在我国越来越受到重视,但是,就我国现行水电立法来看,还存在以下三个方面的缺失。

第一,专门立法缺乏且立法层级偏低。一方面,关于水电生产的专门立法缺乏。针对其他一些重要能源资源的开发利用,我国制定了专门法律,如《煤炭法》《石油法》等。但是,水电法却严重依赖于电力法,缺乏严格意义上的水电专门法律,水能资源的立法基本上处于空白。造成这一问题的原因主要有两个:一是对水能资源的认识还不够,对相关专门立法的重要性和紧迫性关注程度不足。二是对水电生产特殊性的认识不足。长期以来,水电仅仅被看做是电力生产的一种具体方式,认为水电生产中的社会关系与其他形式电力生产的社会关系没有什么区别,以致认为并无专门立法的必要。

另一方面,水电法律领域缺乏高层级立法。从总体上来看,我国水电方面的立法层级还比较低下。这主要表现在:(1)煤炭资源的开发利用和保护有全国人大常委会制定的《煤炭法》,但是水能资源的开发利用却缺乏高层级的立法。(2)在《电力法》《水法》和《可再生能源法》中均缺乏水能资源开发利用方面的内容。例如,《可再生能源法》第2条虽然将水能列入了可再生能源的范畴,但其第2款同时又规定"水力发电对本法的适用,由国务院能源主管部门规定,报国务院批准"。

第二,水电立法内容上严重缺失,形式上过于零散,没有形成体系。一方面,由于缺少水能资源开发利用方面的基本法,而且水电工程建设与水电站运营等方面的立法层级较低,导致水电法律不成体系。另一方面,现行水能资源开发利用方面的法律规范零散地分布于一些法律、法规和规章之中,形式上还显得非常散乱。

第四节 我国水电法的主要制度

我国水电法关于水电生产方面的主要制度有水电发展规划制度、水电工程建设管理制度、取水许可和水资源有偿使用制度、水电厂安全生产制度。

一、水电发展规划制度

水电发展规划制度是指根据国民经济和社会发展的需要,依据能源发展规划,对某一地域范围内未来一定时期的水电发展的预期目标、重点领域、实施方案和配套措施等所作出的总体安排。

水电发展规划通常具有时效性,是一定时期内水电发展的重要依据。随着水电发展目标的不断实现、国家能源政策的适时调整以及国民经济发展和社会发展对水电需求的变化,有时需要制定新的水电发展规划,或者对原有水电发展规划进行修改。

水电发展规划的制定应该具有科学基础。为此,必须考虑以下三项因素:(1)水电发展的自然条件和已有基础;(2)一定时期内国民经济和社会发展对能源(特别是水电)的需求;(3)水电科技和管理水平,特别是水电装备的科技水平。这些因素对于确保水电发展规划的科学性至关重要。

水电发展规划按地域范围可以分为国家水电发展规划、行政区域水电发展规划和流域水电发展规划等。

以国家能源局2012年《水电发展"十二五"规划》为例,国家水电发展规划在内容上通常包括水电发展规划的基础和背景(发展基础和发展形势)、指导方针和目标(指导思想、基本原则和发展目标)、重点任务(发展布局和重点领域)、规划实施(保障措施和实施机制)、投资估算和环境社会影响分析等。

2011年《河流水电规划报告及规划环境影响报告书审查暂行办法》就主要河流的水电规划事宜作出了规定。主要河流包括大型河流、跨国境河流和主要跨省界(含边界)河流。河流水电规划的编制必须按照水资源综合利用的要求,贯彻全面协调、统筹兼顾、保护生态、发挥综合效益的原则,促进人与自然和谐相处、经济社会可持续发展。在内容上,河流水电规划应当包括具体经济社会发展需要、工程技术条件、水库淹没与移民安置、生态环境影响、工程投资以及发电效益、综合利用效益、社会效益等,并综合比较各规划方案,全面分析水电规划实施的科学性、合理性、协调性和可行性。

二、水电工程建设管理制度

我国目前正处在水电建设高峰时期。为了促进水电产业健康和可持续发展,2016年《关于加强流域水电管理有关问题的通知》、2011年《关于加强水电建设管理的通知》和2011年《关于进一步做好抽水蓄能电站建设的通知》等就水电工程建设管理事宜作出了规定,初步建立了我国的水电工程建设管理制度。水电工程建设管理制度主要包括水电工程勘察设计制度,水电工程投资概算制度,水电工程安全鉴定与验收制度以及水电工程项目移民安置制度。

(一)水电工程勘察设计制度

水电工程勘察设计是指根据水电工程建设的要求,查明、分析和评价工程场地地质条件,分析论证技术、经济、资源和环境相关情况,确定工程设计方案,编制勘察设计文件的活动。为了加强水电工程勘察设计管理,规范勘察设计和设计变更行为,保证设计质量和工程安全,国家能源局2011年11月3日制定了《水电工程勘察设计管理办法》和《水电工程设计变更管理办法》。

关于水电工程建设的基本要求,《水电工程勘察设计管理办法》第4条规定,水电工程建设必须遵循"先勘察、后设计、再施工"的原则。水电工程勘察设计应当与社会经济发展水平相适应,做到安全可靠、技术先进、经济合理、资源节约和环境友好,实现水电开发的经济效益、社会效益和环境效益的统一。关于水电工程勘察设计的监管主体,该办法第7条规定:国家能源局负责水电工程勘察设计活动的监督管理,地方能源主管部门按规定权限负责和参与本行政区域内水电工程勘察设计活动的监督管理。关于水电工程勘察设计单位的职责,该办法从资质、职责、技术要求和勘察设计工作规程等方面作出了详细规定。关于水电工程建设勘察设计的监管方式,该办法规定通过发放等级资质、合同和制定技术标准等方式,进行监管。

《水电工程设计变更管理办法》就水电工程设计的变更和管理事宜作出了全面规定。

(二)水电工程投资概算制度

为加强水利工程造价管理,规范工程计价行为,合理确定和有效控制工程造价,提高投资效益,维护当事人的合法权益,确保水利工程建设质量,水利部1999年9月10日发布《水利工程造价管理暂行规定》。它规定,对水利建设项目从项目建议书、可行性研究报告、初步设计、施工准备、建设实施、生产准备、竣工验收、后评价等各阶段所对应的投资估算、设计概算、项目管理预算、标底价、合同价、工程竣工决算等工程造价文件的编制和执行,进行规范指导和监督管理。

为加强水电工程建设管理,规范概算调整工作,国家能源局2011年3月16日制定《水电工程概算调整管理办法(试行)》。它对水电工程投资概算调整的条件、申请材料和要求、工程调整概算报告的编制依据、工程调整概算报告的内容等进行了规范。

(三)水电工程安全鉴定和验收制度

水电工程验收是水电工程建设管理的重要环节,安全鉴定是验收工作的依据和前提。

1. 水电工程安全鉴定

原电力工业部在1998年制定了《水电建设工程安全鉴定规定》,对水电建设工程安全鉴定的基本要求、组织管理机构及其职责、建设期间安全鉴定与运行期间安全定期检查的衔接等问题进行了规范。

国家能源局在《关于加强水电建设管理的通知》中再次对水电工程的安全鉴定提出了明确要求:第一,建设单位要组织安排好安全鉴定和各项验收准备工作,各有关单位要据实提供工程安全鉴定和验收材料,严禁提供虚假资料。第二,安全鉴定单位要深入现场进行检查,不断改进安全鉴定的方法和手段。第三,建立安全鉴定机构动态管理和定期考核制度。对安全鉴定成果质量低劣以及在工作中玩忽职守、造成重大失误的,视情形给予警告或取消其鉴定资格。第四,验收单位要制定和完善相关验收管理办法,形成制度化、规范化的验收程序。

2. 水电工程验收

为了加强水电工程建设管理,规范验收工作,保障水电工程安全及上下游人民生命财产安全,国家能源局2015年制定了《水电工程验收管理办法》,对水电工程验收的类型、条件、依据、验收程序等问题进行了规范。

水电工程验收的类型包括阶段验收和竣工验收,其中,阶段验收分为工程截流验收、蓄水验收和水轮发电机组启动验收。截流验收和蓄水验收前应当进行建设征地移民安置专项验收。工程竣工验收在枢纽工程、建设征地移民安置、环境保护、水土保持、消防、劳动安全与工业卫生、工程决算和工程档案专项验收的基础上进行。

根据不同的验收类型,水电工程验收的条件也有所不同。例如,通过水电工程蓄水验收应当具备的基本条件包括:工程形象面貌满足水库蓄水要求;挡水、引水、泄水建筑物满足防洪度汛和工程安全要求;近坝区影响工程安全运行滑坡体、危岩体、崩塌堆积体等地质灾害已按设计要求进行处理;与蓄水有关的建筑物的内外部监测仪器、设备已按设计要求埋设和调试,并已测得初始值;需要进行水库地震监测的工程,其水库地震监测系统已投入运行,并取得本底值;已编制下闸蓄水施工组织设计,制定水库调度和度汛规划,以及蓄水期事故应急救援预案;安全鉴定单位已提交工程蓄水安全鉴定报告,并有可以下闸蓄水的明确结论;建设征地移民安置已通过专项验收,并有不影响工程蓄水的明确结论。

(四)水电工程建设项目的移民安置制度

移民工作是水电工程项目建设的最大难点之一。经过多年的实践探索,我国水电工程建设项目的移民安置制度不断完善。国务院1991年《大中型水利水电工程建设征地补偿和移民安置条例》和原电力工业部1998年《水电工程水库移民监理规定》的制定和实施,标志着我国初步建立了水电工程建设项目移民安置制度。

进入21世纪后,2006年《大中型水利水电工程建设征地补偿和移民安置条例》和2012年《水电发展"十二五"规划》等政策法律文件关于水电工程建设项目移民安置的规定和要求,体现了我国水电工程建设项目移民安置制度的不断完善。目前,"先移民后建设"的水电移民政策措施体系已经初步形成,正在逐步建立水电开发与移民群众、地方政府之间的利益共享机制。

关于水电工程项目完善移民政策,《水电发展"十二五"规划》提出:坚持以人为本、因地制宜,不断总结移民工作经验,创新移民工作思路,加强移民政策的研究和完善,结合社会主义新农村建设和城镇化的要求,制定和完善移民安置社会保障、城市化安置、先移民后建设等政策措施,积极探索和推广少土、无土多渠道安置移民方式,加强移民社会管理,研究制定地方和移民参与移民工作的新机制,强化移民工作监督管理,落实省级政府的移民工作责任。

《大中型水利水电工程建设征地补偿和移民安置条例》就移民安置的规划、征地补偿、移民安置的组织与实施、后续扶持、监督管理和法律责任等内容进行了详细的制度设计。例如,关于移民安置规划,它要求制定移民安置规划大纲并遵循大纲进行安置。关于征地补偿,它对补偿标准和补偿费计算方式等作出了规定。特别是,它还对征地后移民生活水平的保持问题作出了专门规定。其第22条规定,土地补偿费和安置补助费不能使需要安置的移民保持原有生活水平、需要提高标准的,由项目法人或者项目主管部门上报项目审批或者核准部门批准。

此外,水利部2015年制定了《水利水电工程移民安置监督评估规程》,对水利水电工程移民安置监督评估的规程作出了专门规定。

三、取水许可和水资源有偿使用制度

根据我国水法的规定,取水许可制度是指直接从江河、湖泊或者地下取用水资源的单位和个人向取水审批机关提出取水申请,经审查批准并获得取水许可证或者其他形式的批准文件后方可取水的制度。水资源有偿使用制度是指取水单位和个人依法缴纳水资源使用费的制度。

《取水许可和水资源费征收管理条例》第2条将水电站取水纳入了取水许可的范围。该条例对取水许可的管理机构,取水许可证的申领条件和批准程序,水资源费征收的标准、程序和使用等内容进行了规定。值得注意的是,该条例第20条关于不予批准许可申请的情形包括"可能对第三者或者社会公共利益产生重大损害的"情形。关于水资源费的征收标准,其第28条第3款规定:水资源费征收标准由省级政府价格主管部门会同同级财政部门、水行政主管部门制定,报本级政府批准,并报国务院价格主管部门、财政部和水利部备案;由流域管理机构审批取水的中央直属和跨省级行政区域水利工程的水资源费征收标准,由国务院价格主管部门会同财政部、水利部制定。

四、水电安全生产制度

安全是发展水电产业的基本要求。水电生产安全制度是指为了确保水电生产的安全,关于水电站大坝安全管理和水电设施安全运行的制度。

(一)水电站大坝安全管理制度

1987年9月原水利电力部发布《水电站大坝安全管理暂行办法》,要求先在水利电力部部属水电站实行,待积累经验后再广泛推行。三年半后,为了加强水电站大坝安全监督和管理,保障人民生命和财产安全,促进国民经济可持续发展,国务院1991年3月颁布《水库大坝安全管理条例》。此后,原国家电力工业部1997年制定《水电站大坝安全管理办法》和《水电站大坝安全监测工作管理规定》并废止《水电站大坝安全管理暂行办法》,原国家电监会2004年制定《水电站大坝运行安全管理规定》(基本取代《水电站大坝安全管理办法》)。2015年4月1日国家发改委发布《水电站大坝运行安全监督管理规定》并废止2004年《水电

站大坝运行安全管理规定》。随后,国家能源局于同年5月6日制定《水电站大坝安全注册登记监督管理办法》,对水电站大坝安全的注册登记和监督管理事宜进行了细化。经过多年的发展,我国初步形成了以管理责任制度、检查与评级制度、注册制度以及监督制度为主体的水电站大坝安全管理制度。

1. 水电站大坝安全管理责任制度

根据现行立法的规定,勘测和规划设计阶段的大坝安全由设计单位负责,工程建设中的大坝安全由项目法人负责,工程竣工验收后的大坝安全运行由电力企业负责。《水电站大坝运行安全监督管理规定》第4条规定了电力企业在水电站大坝安全运行管理方面的总体职责,即,遵守国家有关法律法规和标准规范,建立健全大坝运行安全组织体系和应急工作机制,加强大坝运行全过程安全管理,确保大坝运行安全。第二章"运行管理"详细规定了电力企业的责任。

2. 水电站大坝安全检查与评级制度

根据《水电站大坝运行安全监督管理规定》的规定,水电站大坝安全检查分为日常巡视检查、特殊情况下的详细检查、年度详查、定期检查和特种检查。其中,日常巡视检查、特殊情况下的详细检查以及年度详查由电力企业负责,定期检查和特种检查由国家能源局大坝安全监察中心(大坝中心)负责组织实施。水电站大坝安全等级分为正常坝、病坝和险坝三级。《水电站大坝运行安全监督管理规定》第21条详细规定了水电站大坝安全等级的评级标准。

3. 水电站大坝运行安全注册制度

《水电站大坝运行安全监督管理规定》第4章就安全注册登记事宜作出了强制性规定。(1)电力企业未在规定期限内申请办理安全注册登记的大坝,不得投入运行,其发电机组不得并网发电。(2)大坝中心具体受理大坝安全注册登记申请,组织注册现场检查并且提出注册检查意见,经国家能源局批准后向电力企业颁发大坝安全注册登记证。再次,大坝安全注册应当符合4项条件。[①](3)大坝安全注册等级分为甲、乙、丙三级,实行动态管理。甲级注册登记证有效期为5年,乙级、丙级注册登记证有效期为3年;注册事项发生变化或者大坝退役,电力企业应当及时办理注册变更或者注销手续。

4. 水电站大坝安全监管监督制度

根据《水电站大坝运行安全监督管理规定》第5章"监督管理"的规定,水电站大坝运行安全的监管机构是国家能源局及其派出机构,以及大坝中心。

国家能源局的监督职责包括:定期公布大坝安全注册登记和定期检查情况;会同其派出机构和大坝中心对大坝退役安全进行监督管理;依法组织或者参与大坝溃坝、库水漫坝等运行安全事故的调查处理。

国家能源局派出机构的监督职责包括:督促电力企业开展安全注册登记和定期检查工作;结合注册现场检查、定期检查等工作,对电力企业执行国家有关安全法律法规和标准规

---

① 《水电站大坝运行安全监督管理规定》第25条规定的4项条件是:"(一)依法取得核准(或者审批)手续;(二)新建大坝具有竣工安全鉴定报告及其专题报告,已运行大坝具有近期的定期检查报告和定期检查审查意见;(三)有完整的大坝勘测、设计、施工、监理资料和运行资料;(四)有职责明确的管理机构、符合岗位要求的专业运行人员、健全的大坝安全管理规章制度和操作规程。"

范的情况进行监督检查;对发现的违法违规行为依法处理;对发现重大安全隐患,责令电力企业及时整改;会同大坝中心对电力企业病坝治理、险坝除险加固等重大安全隐患治理和风险管控工作进行安全督查,督促电力企业按照要求开展相关工作;会同国家能源局和大坝中心对大坝退役安全进行监督管理;依法组织或者参与大坝溃坝、库水漫坝等运行安全事故的调查处理。

大坝中心的监督职责包括:对电力企业大坝安全监测、检查、维护、信息化建设及信息报送等工作进行监督、检查和指导;对大坝安全监测系统进行评价鉴定;对电力企业报送的大坝运行安全信息进行分析处理;对注册(备案)登记的大坝运行安全进行远程在线技术监督;会同国家能源局及其派出机构对大坝退役安全进行监督管理;依法组织或者参与大坝溃坝、库水漫坝等运行安全事故的调查处理。

(二)水电设施安全运行制度

水电设施的安全运行直接关系着水电生产的安全。为了保障水电设施的安全运行,既需要对其进行立法保护,禁止危害其安全运行的行为,还需要建立水情自动测报系统。关于水电设施的保护,1998年《电力设施保护条例》明确规定了水电设施的保护范围,关于电力设施保护的措施、禁止危害电力设施安全运行的行为、保障电力设施安全运行的奖励和惩罚措施等内容适用于水电设施。该条例第8条规定:水电站使用的水坝、水库、取水口、引水隧洞(含支洞口)、引水渠道、调压井(塔)、露天高压管道、厂房、尾水渠、厂房与大坝间的通信设施及其有关辅助设施,都属于发电设施和变电设施的保护范围。1996年《水电厂水情自动测报系统管理办法(试行)》从水电厂水情自动测报系统建设管理、运行管理、人员和奖惩措施等方面,制定了确保水电厂水情准确安全的制度,从而为水电设施的安全运行提供了技术保障。

水电建设对生物多样性影响与保护措施[①]

一、水电建设对生物多样性的影响

水电建设对生物多样性的影响主要有三个方面。(1)水库淹没的影响。第一,水库会淹没大片土地和(森林)植被,直接影响陆生动植物生境;直接不利影响包括觅食地的转移,栖息地的丧失,活动范围受限制。第二,水库淹没引起的局地气候变化或地下水位上升导致土地浸没、沼泽化、盐碱化、土壤水分和湿润程度的变化,其间接影响往往是潜在的和长期的。第三,淹没会对水生生物带来影响。水库抬高水位,淹没原有天然河道中的急流,改变河流水生生态系统,致使河流水生生态系统变为水库湖泊水生生态系统,从而破坏了水生生物生长、产卵、繁殖所必需的水文条件和生长环境。

(2)大坝阻隔的影响。大坝修建后,阻断了洄游性鱼类的洄游通道,直接影响其生长和繁殖,甚至对其生存带来(严重)威胁。

---

① 摘编自薛联芳、顾洪宾、李彭媛:《水电建设对生物多样性的影响与保护措施》,载《水电站设计》2007年第3期。

(3) 施工及移民安置的影响。水电工程施工期间,开挖、爆破、碎石、运输等作业和大量施工人员的进入,会破坏施工区附近的植被,干扰动物的栖息和觅食环境。特别是,我国生物资源十分丰富的水库周围地区往往是国家重点保护珍稀动、植物的栖息地。水库形成后,移民的生产开发和生活活动将对库区周围的陆生生物带来影响。

二、保护生物多样性的主要举措

为了保护水电站库区的生物多样性,需要采取一些举措。例如,(1) 重视生物多样性的法律保护。(2) 大力开展科学研究。需要在对工程影响区域内的生物资源调查的基础上,弄清资源的数量、分布、生长特点、栖息地和产卵环境等,识别、预测和评价工程可能带来的影响,从而在工程规划设计阶段提出减免不利影响、保护生物资源的对策措施,对物种有重大影响的必须开展专题研究。(3) 建立自然保护区。实践证明,建立自然保护区是保护珍稀水生动物的有效措施。自然保护区的主要任务包括:为保护对象提供较优越的自然生存环境,尽量避开人为的干扰,保护物种生息繁衍;定期观察记录保护区内珍稀水生动物的活动规律、种群数量变化情况;为研究珍稀物种提供试验基地。

思考题

1. 为什么需要积极发展水电?
2. 如何完善我国水电法?
3. 我国水电法的主要法律制度有哪些?
4. 如何从法律制度上平衡水电发展与生态环境保护之间的关系?

拓展阅读

1. 胡德胜编著:《美国能源法律与政策》,郑州大学出版社2010年版。
2. 徐国宾主编:《水电站》,水利水电出版社2012年版。
3. Rafik Hirji, Richard Davis, *Environmental Flows in Water Resources Policies, Plans, and Projects: Findings and Recommendations*, World Bank, 2009.

第十三章

核 电 法

> 学习目标
> 通过本章的学习,学生可以掌握以下内容:
> 1. 核电的概念与特征;
> 2. 国内外核电发展的概况;
> 3. 我国的核电政策与核电立法概况;
> 4. 核电与核安全的主要制度。
>
> 关键概念
> 核电　核电产业　核电安全　核电法　核电法主要制度

第一节　核电与核电产业

一、核电

(一) 核电的基本原理①

物理学研究成果表明,一切物质都是由原子构成的,原子又是由原子核和它周围的电子构成的。轻原子核的融合和重原子核的分裂都能释放出一定的(热量)能量,这种能量称为核能或者原子能。人类目前获取原子能的方式有裂变和聚变两种。由于受控的核聚变在技术和经济上都不可行,当今世界上所有商业核电站的反应堆采用的都是核裂变技术。

核电,又称核电生产,是指利用核能转化的热量所进行的电力生产活动,也就是把原子能作为一种热源,利用核反应释放的热量进行发电。可以将核电站看成是一个用核反应堆加热水并进行发电的、大型而且昂贵的生产线。核反应堆有压水和沸水两种类型,其工作机理相近。在压水型中,核反应堆加热压力水,经加热的压力水通过蒸汽发生器生产蒸汽,蒸汽推动汽轮机发电,做功后的乏汽排入环境。在沸水型中,加热的水直接产生蒸汽,该蒸汽在做功后返回并冷却反应堆,形成闭路系统。

---

① 主要参考资料:胡德胜编著:《美国能源法律与政策》,郑州大学出版社2010年版,第124页。

科学家最初设想,对反应堆的核燃料铀要进行循环利用:开采铀矿、加工铀、在反应堆中使用铀、将使用后的乏核燃料经再处理后进行继续利用。在这样的循环系统中,铀经再处理而生成钚,钚又可以作为快速"增殖"反应堆的燃料。快速增殖反应堆生产的核燃料要多于其消耗的核燃料。然而,钚是剧毒的,并具有已知的最长衰变期,因此,人们普遍担心钚的研究和开发。

核燃料生产和利用的不同阶段都涉及需要进行监管的安全和环境问题。核燃料的前端过程包括五个基本步骤。第一步是铀矿勘探和开采。第二步是将开采出来的铀加工成被称为"黄饼"的八氧化三铀(U_3O_8)。第三步是将黄饼转化成气体氟化铀,并进行提纯以降低不可裂变的 U238 的含量和提高可裂变的 U235 同位素的含量。第四步是将气体氟化铀冷却成铅笔橡皮头大小的固体颗粒。第五步是将该固体颗粒组装成可供核反应堆使用的核燃料棒。与前端过程相对应的,是核燃料的后端过程。它包括核设施的拆除、核电站的取消、应急计划、运输和乏核燃料的存储和处置。这些过程的每一步骤都应该处于政府监管之下。

(二)核电的特征

与化石能源相比,如果不考虑核原料的开发和生产过程、核废料的处理以及核电站的关闭事宜,核电清洁、经济、高效,具有很多优势。具体表现在以下三个方面:

1. 核电具有较高的费效比

核反应产生的能量惊人,少量的核原料就可以生产巨大的电能。根据科学测算,1 千克铀可供利用的热量相当于燃烧 2050 吨优质煤。与煤电相比,核电具有建成价比投资高和燃料成本低的特点。核电站所需的铀原料可以高度集中,容易运输。一般来说,燃料费用在核电总发电成本中只占较小比例,约为煤电燃料费用的 1/3。综合来看,核电的费效比非常高,是一种经济高效的发电活动。

2. 核电的安全性较强

核安全是核电发展的基本要求和生命线,是国家安全的重要组成部分。我国核安全的总目标是,建立并保持对放射性危害的有效防御,保护人员、社会和环境免受核辐射危害。[①]

自人类发展核电以来,全球发生过 3 次重大核事故,即,1979 年美国三哩岛核事故、1986 年前苏联切尔诺贝利核事故以及 2011 年日本福岛核电站事故。其中,前两者是人为事故,福岛核电站事故是由极端自然灾害引发。由此看来,核电的安全性较高。此外,通过对核事故的分析、经验教训总结及以此为基础开展的技术改进与技术创新,一直是核电发展的主线;通过技术创新,核电安全性在不断提升,会更有保障。

需要指出的是,我国核电在安全保障方面具备很好的基础和条件。我国核电堆型是在 20 世纪 80 年代技术基础上,经过大量优化改进而逐步发展起来的,在应对严重事故方面的措施相当严密;我国核电厂选址一直遵循最严格的规定和标准,运行和在建核电站所在的沿海地区发生强烈地震的概率很小。此外,我国大陆架与近海地形特点决定了受严重海啸威胁的可能性更小。

3. 核电所产生的污染少,是一种清洁的电力生产方式

核电生产的原料耗费很少,而且产生的废弃物非常少,因此不像化石燃料发电那样排放大量的污染物,造成严重的大气、土壤和水污染等问题。例如,化石燃料发电往往会产生大

---

① 参见刘华:《核安全是国家安全的重要组成部分》,载《中国环境报》2014 年 7 月 11 日第 2 版。

量以 CO_2 为主体的温室气体,加剧地球温室效应。而核电则几乎不会产生 CO_2。由此可见,核电是一种非常清洁的电力生产方式。

二、核电产业

(一) 世界核电产业概况

核电与水电、煤电一起构成了世界电力供应的三大支柱,在世界能源结构中具有十分重要的地位。出于环保、生态和能源安全等方面的考虑,不少国家将核电作为一种安全、清洁、低碳和可靠的能源。目前,30 多个国家或地区建有核电站。根据国际原子能机构《2014 年年度报告》显示,2014 年底全世界共有 438 座在运核反应堆、70 座在建核反应堆,在运反应堆核电装机容量达 3.762 亿 kW。在运核反应堆主要分布在北美的美国、加拿大、欧洲的法国、英国、俄罗斯和德国、亚洲的日本、中国、韩国和印度。其中,美国有 99 台、法国 58 台、日本 48 台、俄罗斯 34 台、韩国 23 台、印度 21 台、加拿大 19 台。核电约占全球总发电量的 15.5%;就国别而言,法国高达 76.9%,斯洛伐克 56.8%,匈牙利 53.6%,乌克兰 49.4%,韩国为 30.4%,美国为 19.5%,英国为 17.2%。2014 年,全球在建核电机组 68 台,装机容量约为 7069 万 kW,其中超过 70% 的在建核电机组集中在亚洲的中国、印度和欧洲的俄罗斯等国家。

2011 年 3 月日本福岛第一核电站发生严重核事故。受此次事故的影响,德国、瑞士、意大利和日本等少数国家核电计划发生重大退缩。但是,一些国家(例如中国,俄罗斯和印度)仍然计划大力发展核电。

(二) 我国核电产业概况

我国核电技术研发起步于 20 世纪 70 年代,核电建设始于 80 年代,90 年代初取得突破性进展。1981 年 11 月国务院批准自主设计和建设秦山核电站一期工程。秦山 30 万 kW 核电厂是我国自行设计、建造和营运的第一座原型核电厂。它于 1985 年 3 月破土动工,1991 年 12 月并网发电,1994 年 4 月投入商业运行。它的建成投产结束了我国大陆没有核电的历史,使我国成为继美、英、法、苏联、加拿大和瑞典之后世界上第 7 个能够自行设计和建造核电站的国家。

此后,我国相继开工建设了 4 个核电项目,即,秦山二期核电站项目、岭澳核电站项目、秦山三期核电站项目以及田湾核电站项目。国务院 2012 年 7 月《"十二五"国家战略性新兴产业发展规划》提出:"到 2015 年,掌握先进核电技术,提高成套装备制造能力,实现核电发展自主化;核电运行装机达到 4000 万 kW,包括三代在内的核电装备制造能力稳定在 1000 万 kW 以上。到 2020 年,形成具有国际竞争力的百万 kW 级核电先进技术开发、设计、装备制造能力。"2012 年 10 月 24 日,国务院常务会议再次讨论并通过了《核电安全规划(2011—2020 年)》和《核电中长期发展规划(2011—2020 年)》。根据规划,国务院对核电建设作出了"稳妥恢复正常建设"的决定,并明确指出"新建核电机组必须符合三代安全标准"这一准入门槛。2014 年 11 月国务院办公厅《能源发展战略行动计划》提出:到 2020 年,核电装机容量达到 5800 万 kW,在建容量达到 3000 万 kW 以上。

截至 2016 年 5 月,我国大陆运行的核电机组 30 台,总装机容量 2831 万 kW;在建的核电机组 24 台,总装机容量 2672 万 kW。其中,在建的核电机组数量排名世界第一,总机组数量位居世界第三。

与其他国家相比,我国发展核电的决心最为坚定,在全球核电开发进展缓慢的大背景下,我国核电产业的发展前景较为乐观。首先,我国传统能源供应紧张,环保压力大,发展核电等新能源的意愿最为急切。其次,我国目前核电发电量占比不到3%,远低于10.2%的世界平均水平,因而核电产业发展想象空间巨大。最后,技术上,总结日本福岛核电站事故的经验教训后,我国推出的自主研发的第三代核电技术、正在推出的第四代核电技术都属于世界核电技术领先水平,具有极高的安全保障。

第二节　我国核电政策和立法

一、核电法的概念

核电法是指调整核电生产活动中产生的社会关系的法律规范的总称。核电生产活动主要包括核电厂工程建设、核电设施与核电设备安全运营,核电技术的开发和利用,核电材料的运输、使用和储存,核废弃物的处置以及核辐射的防治等活动。

核电法基本上属于核事法(nuclear law)的一部分。2012年国际原子能机构核事和条法部部长沃夫拉姆·汤赫瑟(Wolfram Tonhauser)将核事法定义为:"对于从事与裂变材料和电离辐射以及暴露于辐射自然源相关活动的法人或者自然人,(国家)制定的、用于规范他们的行为的特殊法律规范的总称。"[1]

二、我国的核电政策

由国家发改委组织制定、2012年10月国务院常务会议通过的《核电安全规划(2011—2020年)》和《核电中长期发展规划(2011—2020年)》展现了我国当前的核电政策。它们对我国核电发展的重要意义、指导思想、方针和目标以及发展核电的技术路线、实施方案和保障措施等都进行了详细规划。

概括而言,我国的核电政策是:积极推进核电建设;统一核电发展技术路线,注重核电的安全性和经济性;坚持以我为主,中外合作,以市场换技术,引进国外先进技术,国内统一组织消化吸收,并再创新,实现先进压水堆核电站工程设计、设备制造、工程建设和运营管理的自主化;形成批量化建设我国品牌先进核电站的综合能力,提高核电所占比重,实现核电技术的跨越式发展,迎头赶上世界核电先进水平。

在核电发展战略方面,我国坚持发展百万kW级先进压水堆核电技术路线,目前按照热中子反应堆—快中子反应堆—受控核聚变堆"三步走"的步骤开展工作。

三、我国的核电立法

核能在民用领域的发展和应用迫切需要法律制度的规范与保障。1986年10月29日《民用核设施安全监督管理条例》的发布,标志着我国开始了核能利用法律制度建设。经过30年的发展,我国目前的核事法律体系在形式上主要由法律、法规、规章、国际公约构成,但

---

[1] Wolfram Tonhauser, *Introduction to Nuclear Law: the IAEA perspective* (August 3, 2012), http://www.jaif.or.jp/ja/wnu (2016-05-16).

是在内容上很不健全。作为核事法的核电法，同样相当薄弱。就形式体系而言，我国核电法律体系在结构上主要由法律、法规和法规性文件、规章和规章性文件以及国际条约组成。

（一）法律

我国至今既没有制定统领性的、冠以"《核能法》"或者"《原子能法》"的核事基本法律，也没有专门的调整核电生产活动的法律。在全国人大或其常委会制定的法律中，2003年《放射性污染防治法》是目前最直接事关核电的法律。该法分为总则、放射性污染防治的监督管理、核设施的放射性污染防治、核技术利用的放射性污染防治、放射性污染防治、放射性废物管理、法律责任以及附则共8章63条。对于核能开发和利用活动中放射性污染的防治，它规定了"预防为主、防治结合、严格管理和安全第一"的原则。

此外，其他法律中也有一些事关核电的规定。例如，2002年《清洁生产促进法》规定了对清洁能源的利用。1995年《电力法》第5条第2款规定："国家鼓励和支持利用可再生能源和清洁能源发电。"如果将核电列为清洁能源的生产活动，这两部法律就应该适用于核电。

（二）法规

目前，行政法规和法规性文件以及部门规章和规章性文件是我国核电立法的主体部分。就行政法规和法规性文件而言，目前主要有关于核电工程建设与核电项目管理方面的1986年《关于核电厂选址、设计、运行、质量保证四个安全规定的批复》（国函[1986]86号），关于核电设施运营与核安全设备方面的1986年《民用核设施安全监督管理条例》，关于核电技术开发和利用管理方面的1997年《核出口管制条例》和1998年《核两用品及相关技术出口管制条例》，关于核电材料运输、使用和存储方面的1987年《核材料管制条例》，以及关于核事故应急管理与处置方面的1993年《核电厂核事故应急管理条例》。

一些省级人大或其常委会制定的某些地方性法规，也有事关核电的规定。例如，2002年《浙江省核电厂辐射环境保护条例》，2014年《陕西省放射性污染防治条例》等。地方性法规作为法律、行政法规和部门规章的补充，对于核电在相关行政区域的发展，具有重要作用。

（三）规章和规章性文件

部门规章和规章性文件是我国核电立法的主体之一。事关核电的部门规章和规章性文件主要包括以下六个方面。

(1) 核电工程建设与核电项目管理方面。主要有1987年《核电厂安全许可证件的申请和颁发》，1991年《核电厂设计安全规定》《核电厂厂址选择安全规定》和《核电厂质量保证安全规定》，1995年《核电站建设项目前期工作审批程序的规定（试行）》和《对核电工程项目建议书内容深度及附件的要求（试行）》，1996年《核电厂工程建设项目初步可行性研究与可行性研究内容深度规定（试行）》，1997年《核电站常规岛工程施工企业资质管理的若干规定》，1999年《核电工程建设报告制度》，等等。

(2) 核电设施运营与核安全设备方面。主要有1991年《核电厂运行安全规定》，1992年《核设施放射卫生防护管理规定》，1997年《并网核电厂电力生产安全管理规定》，1999年《核电厂运行报告制度》，2005年《核电厂运行经验交流实施规则（试行）》《放射性同位素与射线装置放射防护条例》和《放射性同位素与射线装置安全和防护条例》，2006年《放射性同位素与射线装置安全许可管理办法》，2007年《民用核安全设备监督管理条例》《进口民用核安全设备监督管理规定》《民用核安全设备无损检验人员资格管理规定》和《民用核安全设备焊工焊接操作工资格管理规定》，等等。

(3) 核电技术开发和利用的管理方面。主要有 2000 年《核产品转运及过境运输审批管理办法(试行)》,2002 年《核进出口及对外核合作保障监督管理规定》,等等。

(4) 核电材料运输、使用和存储方面。主要有 1990 年《核材料管制条例实施细则》,2009 年《放射性物品运输安全管理条例》,等等。

(5) 核废弃物的运输管理与处置方面。主要有 1991 年《核电厂放射性废物管理安全规定》,2003 年《核反应堆乏燃料道路运输管理暂行规定》,等等。

(6) 核事故应急管理与处置方面。主要有 2001 年《核电厂核事故应急报告制度》,2002 年《核或核辐射应急的干预原则与干预水平》,2003 年《国际核事件分级和事件报告系统管理办法(试行)》《核电厂核事故应急培训规定》和《核电厂核事故应急演习管理规定》,2013 年《国家核应急预案》,等等。

一些省级政府制定的某些地方政府规章和规章性文件,也有事关核电的规定。例如,1996 年《广东省核电厂辐射环境保护管理规定》(后经多次修改),1997 年《河南省放射性废物管理办法》(经 2011、2012 年 2 次修订)。地方政府规章作为法律、行政法规和部门规章的补充,对于核电在相关行政区域的发展,具有重要作用。

(四) 国际条约

我国缔结或者参加了许多涉及核电的多边和双边国际条约。其中,多边条约主要有 1956 年《国际原子能机构规约》(1984 年 1 月 1 日接受),1968 年《不扩散核武器公约》(1992 年 3 月 9 日递交加入书),1986 年《及早通报核事故公约》和《核事故或辐射紧急情况援助公约》(1987 年 9 月 14 日核准它们),1987 年《南太平洋无核区条约》第二号和第三号议定书(1988 年 9 月 5 日批准),1994 年《核安全公约》(1996 年 3 月 1 日批准),1997 年《乏燃料管理安全和放射性废物管理安全联合公约》(2006 年 4 月 29 日批准),2005 年《制止核恐怖主义行为国际公约》(2010 年 8 月 28 日批准),2005 年《核材料实物保护公约(修订案)》(2008 年 10 月 28 日批准)等。这些多边条约大多集中于核能的军事应用管制,防止核武器扩散、制止核恐怖主义行为,但是同时也对核能和平应用于民事领域作出了一些规定。特别是,《核安全公约》《核材料实物保护公约》以及《乏燃料管理安全和放射性废物管理安全联合公约》对于我国核电的安全开发和利用具有重要意义。

在民用领域和平利用核能的双边条约方面,我国同德国(1984 年)、英国(1985 年)、美国(1985 年)、日本(1985 年)、俄罗斯(1996 年)、哈萨克斯坦(2010 年)、土耳其(2012 年)、沙特(2012 年)、加拿大(2012 年)等 30 多个国家签订了和平利用核能合作协定,开展包括核应急在内的合作与交流。此外,1990 年 6 月 22 日,我国与国际原子能机构签署了《技术援助协定》。

第三节 我国核电法的主要制度

经过 30 年的发展,我国核电立法经历了从无到有的过程,取得了一定进步,尽管离形成完备的核电法律体系还有很大距离。根据我国现行核电法律、法规和规章,我国核电的主要法律制度有核电规划制度、核许可制度、核电工程建设管理制度、核电安全制度、核材料和核废料管理制度,以及核事故应急管理制度。

一、核电规划制度

核电规划制度是指一国对核电未来发展的指导思想、方针和目标,核电发展的战略选择,核电发展规划的重点内容及其实施,以及落实规划所需要的保障政策与措施等方面所做的总体安排。

2012 年《核电安全规划(2011—2020 年)》和《核电中长期发展规划(2011—2020 年)》就是我国对核电规划制度的落实,它对我国核电发展具有重大作用。

二、核许可制度

核许可制度是指(拟)从事可能造成放射性污染活动的任何单位和个人,必须按照国家有关规定(事先)办理审批手续。核许可证制度可以分为核设施许可制度,核技术利用许可制度,核材料许可制度以及放射性固体废物贮存和处置许可制度。

(一) 核设施许可制度

《放射性污染防治法》第 18 和 19 条规定:核设施选址,应当进行科学论证,并按照国家有关规定办理审批手续;核设施营运单位在进行核设施建造、装料、运行、退役等活动前,必须按照国务院有关核设施安全监督管理的规定,申请领取核设施建造、运行许可证和办理装料、退役等审批手续;核设施营运单位领取有关许可证或者批准文件后,方可进行相应的建造、装料、运行、退役等活动。

(二) 核技术利用许可制度

《放射性污染防治法》第 28 条规定,生产、销售、使用放射性同位素和射线装置的单位,应当按照国务院有关放射性同位素与射线装置放射防护的规定申请领取许可证,办理登记手续;转让、进口放射性同位素和射线装置的单位以及装备有放射性同位素的仪表的单位,应当按照国务院有关放射性同位素与射线装置放射防护的规定办理有关手续。

(三) 核材料许可制度

《核材料管制条例》规定对核材料实行许可证制度;一切持有、使用、生产、储存、运输和处置管制目录中的核材料的部门和单位,都必须遵守核材料许可制度。根据该条例第 2 条的规定,受管制的核材料包括:铀—235,含铀—235 的材料和制品;铀—233,含铀—233 的材料和制品;钚—239,含钚—239 的材料和制品;氚,含氚的材料和制品;锂—6,含锂—6 的材料和制品;以及其他需要管制的核材料。

关于必须申请核材料许可证的情形,其第 9 条规定,持有核材料数量达到下列限额的单位,必须申请核材料许可证:累计的调入量或生产量大于或等于 0.01 有效公斤的铀、含铀材料和制品(以铀的有效千克量计);任何量的钚—239、含钚—239 的材料和制品;累计的调入量或生产量大于或等于 3.7×10^{13} 贝可(1000 居里)的氚、含氚材料和制品(以氚量计);累计的调入量或生产量大于或等于 1 千克的浓缩锂、含浓缩锂材料和制品(以锂—6 量计)。该条还规定,申请核材料许可证的单位必须提前 6 个月提交核材料许可证申请报告。已经持有核材料的单位,应在本实施细则颁布后 1 年内办完许可证手续。

关于核材料许可证的申请程序,其第 10 条规定:核材料许可证申请单位向核工业部提交许可证申请书以及申请单位的上级领导部门的审核批准文件;核工业部审查并上报国家核安全局或者国防科工委[①]核准;核工业部颁发核材料许可证。

《核材料管制条例实施细则》就核材料许可证的申请、审查、核准和颁发程序作出了细化规定。

(四)放射性固体废物贮存和处置许可制度

《放射性污染防治法》第46条明确规定:设立专门从事放射性固体废物贮存、处置的单位,必须经国务院环境保护行政主管部门审查批准,取得许可证;禁止未经许可或者不按照许可的有关规定从事贮存和处置放射性固体废物的活动;禁止将放射性固体废物提供或者委托给无许可证的单位贮存和处置。

三、核电工程建设管理制度

我国的核电工程建设管理制度主要由核电工程建设报告制度和"三同时"制度组成。

为了加强对在建核电工程项目的行业管理,及时、准确、全面地掌握在建核电工程的建设动态和有关信息,促进核电工程建设的顺利进展,原国防科工委于1999年颁布《核电工程建设报告制度》。它对核电工程建设中的报告种类、定期报告、事件报告、报告渠道等问题进行了规定。其中,针对定期报告,它规定了季度报告和年度报告两种形式,并分别对报告方式和时间以及报告内容作出了详细的规定。

核电工程必须遵循"三同时"制度。核电工程建设的"三同时"制度,是指与核设施相配套的放射性污染防治设施或者新建、改建、扩建放射工作场所的放射防护设施,必须与核电建设主体工程"同时设计""同时施工""同时投入使用"。《放射性污染防治法》第21条明确规定:与核设施相配套的放射性污染防治设施应当与主体工程同时设计、同时施工、同时投入使用;放射性污染防治设施应当与主体工程同时验收,验收合格的,主体工程方可投入生产或者使用。该法第30条还规定:新建、改建、扩建放射工作场所的放射防护设施,应当与核电主体工程同时设计、同时施工、同时投入使用;放射防护设施应当与核电项目主体工程同时验收,验收合格的,核电项目主体工程方可投入生产或者使用。此外,《核电厂放射性废物管理安全规定》规定,核电厂的设计应该使废物产生量减到最少。废物管理系统和设施的设计目标是保证核电厂运行中产生的所有放射性废物能安全地收集、处理、整备、贮存、运输和处置。

四、核电安全制度

"安全第一"是利用核能、发展核电的首要原则。我国也不例外。核电安全制度是指关于核电厂运行安全和核电设备安全的制度。

(一)核电厂运行安全

《核电厂运行安全规定》规定,核电厂的安全运行以核电厂的选址、设计、建造、调试、运行和管理都符合核安全要求为前提,主要涉及核电厂的管理、调试、运行和退役等方面的安全问题。核电厂运行安全的责任主体包括核电厂营运单位、核电厂主管部门以及国家核安

---

① 根据2008年3月15日全国人大通过的《关于国务院机构改革的决定》,不再保留国防科工委的机构设置。原国防科工委的核电管理职能划给国家能源局,其他职责都纳入工信部;工信部成立国家国防科技工业局,承办国家原子能机构的对外交流与合作、国际公约和协定的谈判和履约等有关工作,承担核工业的行业管理有关工作。

全部门。它还规定,为了保证核电厂的安全运行,国家核安全部门、主管部门和核电厂营运单位必须严格履行各自的职责并相互理解和相互尊重。

核电厂营运单位的主要职责是:贯彻"安全第一"的原则,对核电厂的安全运行负有全面责任;按照有关规定向国家核安全部门递交(或供其随时调用)质量保证大纲、运行限值和条件、有关偏离运行限值和条件的报告等文件和资料;为了保证核电厂运行符合设计要求,制定包括技术和管理两个方面的运行限值和条件;制定详细的试验大纲并在大纲中对其各部分的实施和报告责任作出明确规定;规定运行人员的资格要求,并按有关规定报送国家核安全部门;在运行开始之前,制定出详细的书面运行规程;在运行开始之前制定出为安全运行所必需的构筑物、系统和部件的定期维修、试验、检验和检查的大纲,大纲必须存档并便于国家核安全部门查阅;负责并安排涉及堆芯和燃料管理的全部活动,以保证燃料在反应堆内的安全使用及其在厂区转移和贮存期间的安全;制定辐射防护大纲,并必须通过监督、检查和监查对辐射防护大纲的正确实施及其目标的实现进行核实,并在需要时采取纠正措施;制定排出流的排放限值以及监测和控制这种排放的方法和规程等。

核电厂主管部门(核电厂运行管理机构)的主要职责是:对核电厂的安全运行负有领导责任;保证核电厂以安全的方式运行,特别是要符合运行限值和条件;能够适应执行直接影响核电厂安全运行的一切职能,并对履行此种职能的职责作明文规定,确保任何时候都保持为履行上述职能所需要的足够数量的合格人员;以书面形式明确规定运行人员的职责、权力和联络渠道,授予运行人员足够的权力以保证他们能有效地履行其职责,明文规定在导致停堆的异常事件或长期维修后重新启动反应堆的责任和权力;进行正常运行程序以外的活动时,编写包括所建议活动的内容和操作细节的专门程序,并由了解这些活动对安全的全部影响的人员认真地加以审查,按有关规定将涉及安全的专门程序报送国家核安全部门批准;定期审查核电厂的运行情况,并对已查明的问题采取适当的纠正措施;将安全有关的重大事件上报国家核安全部。根据需要,核电厂运行管理者可以邀请咨询组审查特殊的安全问题。

国家核安全部门的主要职责是:对核电厂的运行安全进行监督;按照核安全法规评价核电厂营运单位递交的各种文件和资料,颁发批准文件;执行核安全检查,审查核电厂的运行情况,以核实核电厂营运单位是否遵守运行限值和条件以及其他核安全要求;必要时,采取强制性措施,命令核电厂营运单位采取安全措施或停止危及安全的活动,包括令其修改和停堆等。

(二)核电设备安全

为了加强对民用核安全设备的监督管理,保证民用核设施的安全运行,预防核事故,保障工作人员和公众的健康,保护环境,促进核能事业的顺利发展,国务院于2007年7月颁布了《民用核安全设备监督管理条例》。它规定了民用核安全设备监督管理的责任主体,民用核安全设备标准,民用核安全设备设计、制造、安装和无损检验的许可,民用核安全设备的进出口等内容。关于民用核安全设备监督管理的责任主体,其第5条规定,民用核设施营运单位应当对在役的民用核安全设备进行检查、试验、检验和维修,并对民用核安全设备的使用和运行安全承担全面责任。它规定民用核安全设备标准体系由国家标准、行业标准和企业标准组成。关于民用核安全设备设计、制造、安装和无损检验,它规定了许可证制度,对申领许可证的条件和程序以及许可证的内容等作出了规定。

五、核材料和核废料管理制度

（一）核材料管理

《核材料管理条例》和《核材料管制条例实施细则》就核材料管理事宜作出了规定。

首先，国家对核材料实行许可证制度。详细讨论请见"核材料许可制度"部分。

其次，关于核材料的使用和运输，《核材料管理条例》第11条规定：(1)核材料许可证持有单位必须建立专职机构或指定专人负责保管核材料，严格交接手续，建立账目与报告制度，保证账物相符。(2)许可证持有单位必须建立核材料衡算制度和分析测量系统，应用批准的分析测量方法和标准，达到规定的衡算误差要求，保持核材料收支平衡。(3)运输核材料必须遵守国家的有关规定，核材料托运单位负责与有关部门制定运输保卫方案，落实保卫措施。运输部门、公安部门和其他有关部门应当密切配合，确保核材料运输途中安全。《核材料管制条例实施细则》就核材料账务管理制度作出了详细规定。

（二）核废料管理

《核电厂放射性废物管理安全规定》就核电厂生产过程中所产生的具有放射性的废物的安全管理、运输、处置等事宜作出了规定。它的内容包括核电厂放射性废物管理的目标和要求，核电厂放射性废物管理的主体及其职责，核电厂放射性废物管理系统的设计、运行、监督与监测，核电厂放射性废物的运输与处置，以及与乏燃料有关的废物、退役废物和意外事件产生废物的安全管理等。

核电厂放射性废物管理的总目标是，在考虑社会和经济因素的基础上，采用妥善的方式管理放射性废物，使人和环境不论现在和将来都免受任何不可接受的损害，并尽量减少后代的剂量负担。废物管理系统和设施的可接受性应当以辐射防护及环境保护的基本要求为判断的准则。在核电厂放射性废物管理中的辐射防护方面，应当遵循正当化、最优化和剂量限值体系三项基本原则。

核电厂营运单位和国家核安全部门是核电厂放射性废物管理的责任主体。核电厂营运单位的主要职责是：作出废物管理活动的安全分析；研究并向核安全部门提交排出流中放射性核素的预估量，以及监测和控制排放的方法和程序；向核安全部门提供放射性废物的操作、处理、整备、运输、贮存和处置等设施的选址、设计、建造、运行和关闭等文件，并证明这些文件符合有关法规要求；制定和修改运行与维修规程，培训运行和维修人员，使之胜任其职责；按照国家核安全部门的要求和批准的技术条件，运行废物管理系统；检查并保存所有废物管理活动的记录，按所要求的期限，向国家核安全部门定期提交报告；在发生事故或意外情况时，立即报告事故范围和性质，以及所采取的补救措施；保存所贮存、运输和处理的废物的清单，根据核安全部门的要求，提供此类资料；按照核安全部门的要求，保留流出物样品。

国家核安全部门的主要职责是：负责制定有关核电厂废物管理的法规、导则和标准；按照本规定的要求，评价核电厂营运单位提交的报告和计划；通过对放射性管理设施的设计、建造、运行以及对人员资格和记录的审查，评价该设施是否符合有关法规和标准；对不符合法规和标准要求的事项，要求采取补救和纠正措施。

关于核电厂放射性废物管理系统的设计、运行、监督与监测的目标、要求以及具体的流程等事宜，它规定：核电厂放射性废物管理系统的监督和监测的目标为给出有关放射性废物的来源、数量和特性的资料，并提供证明其符合法规要求所必需的资料；保证废物处理和整备系统的正确操作;控制放射性物质的排放;保证废物的包装符合贮存、运输和处置的要求;保证场内和场外人员的辐射防护;按核电厂主管部门和(或)有关监督部门的要求,从场址调查阶段起就应确定处置场在要求的时期内的特性。此外,还对核电厂放射性废物的厂内外运输、处置等作出了详细规定。

六、核事故应急管理制度

我国政府高度重视核应急,始终以对人民安全和社会安全高度负责的态度强化核应急管理。早在作出发展核电决策之时就同步部署了安排核应急工作。1986年切尔诺贝利核事故发生后,我国当年就开展了国家核应急工作。国家核事故应急委员会于1991年成立,负责统筹协调全国核事故应急准备和救援工作。1993年8月4日国务院颁布《核电厂核事故应急管理条例》,对核应急作出了基本规范。1997年第一部《国家核应急计划(预案)》发布,对核应急准备与响应作出了部署。2003年《放射性污染防治法》第26条规定,国家建立健全核事故应急制度。2013年6月30日,根据《突发事件应对法》《放射性污染防治法》《核电厂核事故应急管理条例》《放射性物品运输安全管理条例》《国家突发公共事件总体应急预案》和相关国际公约的规定,国务院办公厅修订了《国家核应急预案》。2015年《国家安全法(修订)》进一步强调加强核事故应急体系和应急能力建设。目前,我国已初步形成了以核电厂核事故应急管理机构及其职责、核电厂核事故应急计划、核事故应急响应和处置保障等为主要内容的核电厂核事故应急管理制度,核应急管理与准备工作的体系化、专业化、规范化、科学化水平全面提升。[①]

我国核应急的基本方针是:常备不懈、积极兼容,统一指挥、大力协同,保护公众、保护环境。基本原则是:统一领导、分级负责,条块结合、军地协同,快速反应、科学处置。措施是建设预案和法制、体制、机制(简称"一案三制"),通过法律制度保障、体制机制保障,建立健全国家核应急组织管理体系。

(一)核电厂核事故应急管理机构及其职责

根据《放射性污染防治法》《核电厂核事故应急管理条例》和《国家核应急预案》的规定,我国对核电厂核事故应急管理实行"统一领导,分工负责、协调应急"的体制,并逐步建立、健全了以国家核应急组织、省级核应急组织和核设施营运单位核应急组织为主的核电厂核事故的应急组织体系。

核设施主管部门、环境保护行政主管部门、卫生行政部门、公安部门以及其他有关部门,在本级政府的组织领导下,按照各自的职责依法做好核事故应急工作,中国人民解放军和中国人民武装警察部队按照国务院、中央军事委员会的有关规定在核事故应急中实施有效的支援。

核设施营运单位应当按照核设施的规模和性质制定核事故场内应急计划,做好应急准备;出现核事故应急状态时,核设施营运单位必须立即采取有效的应急措施控制事故,并向核设施主管部门和其他有关部门报告。

《国家核应急预案》规定:国家核应急组织以协调委员会的形式存在,下设专家委员会和联络员组,负责组织协调全国核事故应急准备和应急处置工作;省级核应急组织特指省级核

---

① 国务院新闻办公室:《中国的核应急》白皮书,2016年1月27日。

应急委员会,负责本行政区域核事故应急准备与应急处置工作,统一指挥本行政区域核事故场外应急响应行动;核设施营运单位的核应急组织是核应急指挥部,负责场内核应急准备与应急处置工作,统一指挥本单位的核应急响应行动,配合并协助完成场外核应急准备与响应工作,及时提出进入场外应急状态和采取场外应急防护措施的建议。

(二) 核电厂核事故应急计划

《核电厂核事故应急管理条例》对核电厂核事故应急计划的制订、内容以及应急演习与培训等作出了规定。其第 9 条规定,针对核电厂可能发生的核事故,核电厂的核事故应急机构、省级政府指定的部门和国务院指定的部门应当预先制订核事故应急计划。核事故应急计划包括场内核事故应急计划、场外核事故应急计划和国家核事故应急计划。第 13 条规定,场内和场外核事故应急计划都应当包括下列内容:核事故应急工作的基本任务,核事故应急响应组织及其职责,烟羽应急计划区和食入应急计划区的范围,干预水平和导出干预水平,核事故应急准备和应急响应的详细方案,应急设施、设备、器材和其他物资,核电厂核事故应急机构同省级政府指定的部门之间以及同其他有关方面相互配合、支援的事项及措施。

(三) 核电厂核事故应急响应和处置保障

关于核事故的应急响应,《国家核应急预案》从核事故应急响应的行动以及指挥和协调两方面进行了制度安排。它规定,核事故应急响应分为应急待命、厂房应急、厂区应急和厂外应急共 4 级。根据核事故的不同等级,采取包括事故缓解和控制、辐射监测和后果评价、人员放射性照射防护、去污洗消和医疗救治、出入通道和口岸控制、市场监管和调控、社会治安的维护、信息报告和发布,共 8 种类型的行动。

根据《核电厂核事故应急管理条例》和《国家核应急预案》的规定,核事故应急处置的保障包括物资保障、技术保障、队伍保障、资金保障、通信与运输保障以及培训和演习共六个方面。

核能风险全球治理机制的不足与补救①

在核能风险全球治理领域,各国在进行国内治理的基础上,在国际层面已经形成一定的合作协调。这主要表现在以下三个方面:一是在国际社会形成有关核能安全以及核能风险治理方面的国际公约,为各国在核能风险全球治理中的协调合作提供了基本的国际法框架。二是通过相关政府间国际组织的各种职能活动来实施和推进核能风险的全球治理。这方面最重要的国际组织就是国际原子能机构。该国际组织长期致力于核能风险治理的基础建设和指导服务,帮助或督促各国加强核能风险治理和相互之间的国际合作。三是核能利用的有关国家开展各种双边和多边活动,解决核能风险治理中的各种具体协调合作问题,例如两国之间就具体的核能活动通过双边谈判和协定开展核能安全信息的交换等。尽管国际社会已经形成了核能风险全球治理的一定体制基础和实践,但是随着核能开发利用的迅速发展,

---

① 摘编自赵洲:《国际法视野下核能风险的全球治理》,载《现代法学》2011 年第 4 期。

以及国内和国际环境中各种因素的变迁,核能风险治理方面的国际框架结构不能充分地适应与涵盖现实发展的需要,因而面临诸多挑战。

从确立和推进一种更强有力而且富有成效的治理机制的角度来分析,核能风险全球治理的现有体制尚存在以下缺陷与不足:一是核能安全方面的国际公约只是为缔约国确立了框架义务,没有确立明确具体而且有约束力的核能安全标准等方面的义务。二是对主权国家境内的核能设施的建设和运行方面的风险治理,无论是国际公约还是国际原子能机构均没有确立强制检查监督机制。三是在核能风险的全球治理方面,尚未形成合作预防和利益协调机制。四是核能风险的全球治理需要多元主体的积极参与和推进。五是核能风险的全球治理有赖于各国相关治理能力的培养和提升,而这种治理能力在很大程度上取决于资金、技术、经验等方面的相互帮助与共享。

面对核能风险全球治理的诸多缺陷与不足,需要进一步补充和完善核能风险全球治理机制的要素和内涵。为此,可从以下六个方面予以关注:

一是调整核能开发利用中的国家主权权利和治理责任之间的内在结构关系。鉴于核能风险的特殊危害性和治理上的特殊需要,有必要在不否认核能开发利用的主权权利的基础上,弱化和减少风险治理责任自由裁量的性质和范围,适当提升和强化核能风险治理的国内和国际责任的法律地位和效力,使之成为一种对本国人民和相关国家以及国际社会承担的具有强制约束力的国际法律责任,从而使核能开发利用的权利与风险治理责任形成适当的平衡关系。

二是确立并普遍实施统一而有约束力的核能安全国际规范。根据核能风险全球治理的需要和发展,为各国设定国内安全标准及相应的立法、司法、行政等措施的最低标准和要求。国际原子能机构在核能设施建设和运行方面制定的示范安全标准和指导原则应当被赋予强制约束力,主权国家基于其承担的风险治理责任有义务遵守适用。

三是应依托国际原子能机构等确立强制检查监督的国际机制。途径有两种,其一是修订调整《核安全公约》等国际公约的鼓励性质,将各国的核能风险治理责任确立为强制性的国际义务,并设立检查监督的条约机构。其二是通过强化国际原子能机构等国际组织的职能,赋予国际原子能机构在特定情形下依职权提起同行评审、咨询、指导等检查监督的职能权限。

四是国际社会应当形成核能风险治理方面的国际合作和利益协调机制。为此,需要对分散、孤立的风险治理上的程序和实质要素进行整合,以形成稳定的、国际认同的风险治理框架结构,并在2001年《关于预防危险活动的越境损害的序言草案和条款草案》的基础上,形成国际合作以预防应对核能风险及其损害方面明确具体的条约义务或习惯国际法义务。

五是强化多元主体在核能风险全球治理中的参与和作用。核能风险的全球治理需要多元主体的参与和推动,其所应实现的是多元利益的协调平衡,而这也有赖于多元主体的广泛参与和博弈。

六是建立对各国核能风险治理能力的培养和提升等保障机制。核能风险治理在很大程度上取决于资金、技术、经验以及国内治理体系的完善;同时,确立并普遍实施统一而有约束力的核能安全国际规范,以及以此为基础确立和实施核能风险治理方面的强制性国际监督又将对发展中国家构成沉重的负担。因此,在构建统一而有强制性的核能风险治理责任的同时,国际社会有必要形成对各国核能风险治理能力支持帮助的国际法义务和国际机制。

第十三章 核 电 法

在提供技术援助、技术转让,以及促进核技术发展的可接受性、可获得性和承受性方面,国际原子能机构可以、也应当发挥更大的作用。

思考题

1. 简述核电发展应当遵循的基本原则。
2. 核电厂核事故应急的程序有哪些?
3. 简述防控核电风险的法律制度。

案例应用

甲国某核电站因极强地震引发爆炸后,甲国政府依国内法批准将核电站含低浓度放射性物质的大量污水排入大海。乙国海域与甲国毗邻,均为《关于核损害的民事责任的维也纳公约》缔约国。下列哪一种说法是正确的?(2014 年司法考试题)

A. 甲国领土范围发生的事情属于甲国内政
B. 甲国排污应当得到国际海事组织的同意
C. 甲国对其排污行为负有国际法律责任,乙国可通过协商与甲国共同解决排污问题
D. 根据"污染者付费"原则,只能由致害方(该核电站所属电力公司)承担全部责任

拓展阅读

1. 陈维春:《法国核电法律制度对中国的启示》,载《中国能源》2007 年第 29 期。
2. 任德曦、胡泊:《关于我国核电安全、高效发展与经济发展相均衡的探讨》,载《中外能源》2013 年第 18 期。
3. 国务院新闻办公室:《中国的核应急》白皮书,2016 年 1 月 27 日。

节能减排编

第十四章　气候变化法
第十五章　节约能源法
第十六章　可再生能源法

主体上基于能源消费端调控的节能减排活动，本编讨论气候变化法、节约能源法、可再生能源法等能源法学的分支学科。

第十四章

气候变化法

> **学习目标**
> 通过本章的学习,学生可以掌握以下内容:
> 1. 气候变化科学与能源的关系;
> 2. 气候变化法的概念和基本原则;
> 3. 气候变化法的历史发展。
>
> **关键概念**
> 气候变化　温室气体　联合国气候变化框架公约　京都议定书　巴黎协定

第一节　气候变化科学与能源的关系

一、气候变化科学

由于受地球引力的作用,地球周围覆盖着一层厚厚的大气,它构成了我们赖以生存的大气圈。地球大约形成于45亿年前的冥古宙时期。当时地球炙热,大气是富含CO_2的岩石蒸汽。随着地球逐渐冷却,适宜生命的地球大气在38亿年前最终形成。尽管地球后来经历了极寒(新元古代时期)和极热(白垩纪时期)的天气,但其表面温度始终保持在适合生命生存的范围之内。

气候是一个不同于天气的概念。以时间尺度为标准,天气是指某一地区在某一时间点或某一较短时间内大气的综合状态和现象,如气温、湿度、风、云、降水等。而气候则是指在某一较长时段(通常以季、年等为计算单位)内大量天气过程的综合现象,不仅包括数年以来天气的总体变化,而且也包括某些年份可能出现的极端天气等状况。

地球气候变化可分为地质时期、历史时期和近代这三个气候变化阶段。地质时期的气候变化时间跨度最大,从距今22亿年前到1万年前,主要特点是冰期与间冰期交替出现。历史时期气候变化一般指约1万年前以来的气候。近代气候变化则指最近一、二百年有气象观测记录时期的气候。

气候变化是一个复杂而漫长的变化过程。1974年在瑞典斯德哥尔摩召开的气候物理基础和气候模拟国际会议上,第一次明确提出了气候系统的概念。会议的最后总结报告中指出:"在了解地球气候的形成和变化机制中,我们面对一个极其复杂的物理系统,这个系统不仅包含着我们比较熟悉的大气行为,而且还包含我们所了解不多的世界海洋、冰体和陆地表面各种各样的变化。除物理过程以外,还有复杂的化学、生物过程影响着气候,也影响着地球上人类和其他有生命的世界,这些过程在各种不同的时间和空间尺度上有着复杂的相互作用,并构成一个耦合的气候系统"。因此,一个完整的气候系统,不仅有来自太阳辐射的能源,而且也包括了大气圈、水圈、冰雪圈、陆地表面和生物圈等5个子系统;这些子系统内部以及各子系统之间的物理、化学乃至生物过程的相互作用,最终决定了气候的平均状态以及各种时间尺度下的气候变化。

二、气候变化的能源属性

随着对气候变化问题研究的不断深入,科学已充分证明了气候变化与能源系统有着密切的关联。这种关联性表现为两个方面:气候变化与能源物理系统的关联;气候变化与能源人为系统的关联。

(一)气候变化与能源物理系统的关联

从较为宽泛的科学视角而言,整个宇宙包括人类活动在内,都处于一个巨大的能量场之中。气候变化也概莫能外。下面介绍与气候变化有关的太阳辐射和火山运动这两项能源物理活动。

(1)太阳辐射。它是地球上气候形成的基本因素,也是大气系统中一切物理过程和物理现象(气候变化)形成的基本能源。如果从能量学的角度来看,太阳辐射是地球气候系统的终极能源。不同地区的气候差异及各地季节的交替,主要是由于太阳辐射在地球表面分布不均及其随时间变化的结果。同时由于太阳活动本身存在变化,例如太阳黑子的出现等,都会对气候变化产生巨大影响。

(2)火山运动。它是气候变化的自然突变能源。地球板块在运动过程中,由于相互挤压,岩浆沿地壳的裂缝向上喷发从而形成火山。火山爆发时,不但喷出大量熔岩、碎石,而且会喷出火山灰微粒以及大量气体。这些气体与大气中的水汽相结合形成一种液体状的浓硫酸盐滴,被称为气溶胶。火山灰及气溶胶可以散射太阳辐射,使地面接受到的太阳辐射减少,引起气温下降,这种火山活动引起的气候变化,又称为"阳伞效应"。气溶胶和火山灰进入大气层后,随着大气运动,不仅可以影响火山附近的气候,而且会对区域甚至全球气候变化带来影响。

此外,地球自转和环绕太阳转动轨道的变化也会引起气候较长时间尺度的变化,大气环流和洋流的变化则会对气候系统中热量重新分配具有重要作用。

(二)气候变化与能源人为系统的关联

2013年政府间气候变化专门委员会(Intergovernmental Panel on Climate Change, IPCC)第五次评估报告指出:全球气候变暖是一个不容争议的事实,特别是自20世纪50年代以来,观测到的绝大多数变化都是几十年甚至几千年来前所未有的。伴随着温室气体浓度的不断增加,大气和海洋变得更加温暖,许多雪山和冰川逐渐消融,海平面开始上升。最近三十年地球表面持续变暖,超过了自1850年以来任何相继的十年。而且较为可信的是,1983—2012年可能是过去1400年以来最温暖的30年。

而更为重要的是,该第五次评估报告的结果显示,近年来在地球的能量收支中,除了自然的物理化学过程是改变气候变化的驱动因素以外,人类的活动亦成为全球气候变化的主导因素。人类活动对气候的影响,一种是无意识的,即在人类活动中对气候产生的副作用;一种是为了某种目的,采取相应的措施,而有意识地改变气候条件。在现阶段,无意识的影响占据主要方面。它表现为在工农业生产中排放至大气中的温室气体,对森林和草原植被的破坏、海洋石油污染,以及城市的热岛效应。其中,温室气体排放成为人类改变气候的最主要的驱动因素。

从气候变化科学来看,大气中温室气体的增加可以起到促进温室效应的作用。温室效应是指,通过玻璃等透明物质,使太阳短波辐射进入房间,阻止地面长波辐射放射到空间,从而保持室内温暖或者增温的作用和现象。就地球气候系统而言,大气中存在的某些微量气体,如水汽、CO_2、氧化亚氮、甲烷等,能够起到类似于玻璃的作用。这些大气中的微量气体能够使太阳短波辐射的某些波段透过,到达地面,从而使近地面层变暖;又能使地面放射的长波辐射返回到地面,从而继续保持地面的温度。这种现象和作用被称为大气的温室效应,具有这种温室效应的微量气体被称为温室气体。

根据 IPCC 第五次评估报告,自 1750 年以来,人类活动导致温室气体中的 CO_2、氧化亚氮和甲烷的浓度显著增加。特别是在 1750—2011 年期间,来自化石燃料(煤、石油、天然气)的 CO_2 排放量高达 375 亿吨,占温室气体排放的大部分。如果这种温室气体继续排放的话,那么全球气温还将进一步升高,而它所带来的灾害将是不可逆转的。届时,气温的升高将使农作物无法生长,引起的海平面升高也将使地球上一些国家和城市消失,从而严重威胁人类的基本生存条件。

综上所述,气候变化与能源密切相关,特别是人类能源的利用方式将极大地影响未来的气候变化。因此,人类应对气候变化就需要在利用能源的种类和方式等方面进行积极变革,以期实现气候变化的稳定。然而,这种变革又是任何一个国家难以独立完成的,需要全世界各国共同努力,协同应对气候变化,减少因使用化石燃料等所产生的温室气体排放。

第二节 气候变化法的发展

气候变化法是随着人类对气候变化问题认识的深入而产生并不断发展的,经历了一个从科学到政治、从政治到法律的渐进的制度安排过程,而且仍处于继续深化之中。未来气候变化法的发展将是一个不仅涉及气候,而且涉及能源、社会以及经济等多方面发展的法律科学。

一、气候变化法的国际发展历程

从一定意义上讲,气候变化法是一个发端于国际社会的制度安排。正是建立在国际社会共同努力的基础上,气候变化法才呈现出不断深化发展的过程。具体表现在以下四点:

(一) 由科学问题转为政治和法律议题:《联合国气候变化框架公约》的建立

19 世纪初,法国物理学家傅立叶(Joseph Fourier)提出了一个看似简单而实则不然的问题:什么决定了一个像地球这样的星球的平均气温?自此,人类踏上了对气候变化问题研究的科学之路。1896 年,瑞典科学家阿列纽斯(Svandte Arrhenius)在研究冰河时代之谜时,通过计算得出这样一个结果:若大气中的 CO_2 含量增加一倍,就会导致地球温度升高 5—6℃。1938 年,英国工程师柯兰达(Gaye Stewart Gallenda)在英国皇家气象协会的会议上大胆地提出这样一个论断:是人类的工业、到处都在使用的矿物燃料所释放的上百万吨 CO_2,正在改变着地球的气候。

自 20 世纪 50 年代,随着一系列事件的发生,气候变化问题逐渐开始向政治议题靠拢。世界气象组织于 1951 年建立,后来成为联合国的一个专门机构,这为气候学研究提供了重要的组织和资金支持。随着环境问题进入人类的视线,人们从担心贫困转向了健康状况。1953 年伦敦严重的雾霾天气,使人们意识到大气污染对人类有着致命的危险性。1963 年美国科学家基林(Charles David Keeling)等人发表了一份报告,指出:地球中 CO_2 含量在不断增加着,它可能会导致下个世纪地球气温升高 4℃,而这将可能产生冰川融化、海平面上升等一系列严重后果。20 世纪 70 年代,印度、美国、俄罗斯以及非洲出现大面积干旱并引起了粮食歉收,饥荒问题再次引起公众对气候变化问题的关注。80 年代开始,不同的科学研究不断表明全球气候变暖正在成为人类社会最大的气候威胁。

在来自科学家、公众甚至官员要求建立一个全球性气候变化研究组织的呼声不断加强的压力下,世界气象组织和联合国环境署于 1988 年成立了 IPCC,负责联合世界各国的科学家对全球气候变化问题进行科学研究。1990 年 IPCC 第一次气候变化评估报告指出:温室气体是造成全球气温升高的主要原因;来自人类的排放对温室气体的增加产生了实质性影响,如果不加以控制,将导致更为严重的后果。1990 年,联合国大会通过第 45/212 号决议,成立气候变化框架公约政府间谈判委员会(INC/FCCC),具体负责《联合国气候变化框架公约》(下称《气候公约》)的谈判和制定工作,以期在 1992 年召开的联合国环境与发展大会上得以签署。

1992 年联合国环境与发展大会在巴西里约热内卢召开,6 月 4 日签署了具有历史性意义的《气候公约》。该公约旨在"将大气中温室气体的浓度稳定在防止气候系统受到危险的人为干扰的水平上",并且强调这一目标应当在尊重发达国家与发展中国家不同的历史责任和各自能力的基础上,在坚持"共同但有区别的责任"原则前提下实现。该公约于 1994 年 3 月 21 日生效,包括中国、美国在内的 195 个国家是其缔约国。至此,气候变化问题从科学研究问题转变为全球性的政治和法律议题。

(二) 由政治问题转为制度安排问题:《京都议定书》到《哥本哈根协议》

《气候公约》是世界上第一个全面控制 CO_2 等温室气体排放、应对全球气候变暖的国际公约,也是国际社会应对全球气候变化、进行国际合作的基本框架。《气候公约》生效后,每年召开一次缔约方大会。然而,由于它并没有规定每个国家的具体减排份额,制定一份具有法律拘束力的、能够规定各国具体减排分配的议定书就提到了联合国气候变化缔约方大会的法律议程。

《气候公约》第 3 次缔约方大会 1997 年在日本京都举行,通过了《京都议定书》,对 2012 年前主要发达国家减排温室气体的种类、减排时间表和额度等作出具体规定。[①] 然而,美国

[①] 《京都议定书》规定在 2008—2012 年期间,主要工业发达国家的温室气体排放量要在 1990 年的基础上平均减少 5.2%;其中,欧盟将 6 种温室气体排放削减 8%,美国 7%,日本 6%,加拿大 6%,东欧各国 5%—8%,新西兰、俄罗斯和乌克兰可将排放稳定在 1990 年水平上;允许爱尔兰、澳大利亚和挪威的排放量分别比 1990 年增加 10%、8% 和 1%。

布什政府2001年以"减少温室气体排放将会影响美国经济发展"和"发展中国家也应该承担减排和限排温室气体"为借口,拒绝批准《京都议定书》。这给全球温室气体减排蒙上了一层阴影。因为根据议定书的规定,只有在占全球温室气体排放量55%以上的至少55个国家的批准,该议定书才能生效。可喜的是,随着俄罗斯的批准,《京都议定书》在2005年2月16日生效,成为人类历史上首份限制温室气体排放的国际法律文件。

2007年《气候公约》第13次会议暨《京都议定书》第3次缔约方大会在印尼巴厘岛举行,着重讨论"后京都"问题:《京都议定书》第一个承诺期在2012年到期后如何进一步降低温室气体的排放。会议通过的"巴厘路线图"(Bali Roadmap)启动了加强《气候公约》和《京都议定书》全面实施的谈判进程,致力于在2009年底前完成第一承诺期2012年到期后全球应对气候变化新安排的谈判并签署有关协议。

2009年12月7日,联合国气候变化大会在丹麦首都哥本哈根召开,来自119个国家的领导人和国际组织的负责人出席了会议。会议的召开宣示了国际社会应对气候变化的希望和决心,也体现了各国加强国际合作、共同应对挑战的政治愿景。然而,各方在对2012年后温室气体的减排目标、对发展中国家的技术转让和资金支持以及发展中国家是否应当承担减排义务等方面存在严重分歧,会议几乎以失败而告终。经过马拉松式的艰难谈判,联合国气候变化大会在19日达成了不具法律约束力的《哥本哈根协议》。

(三)由制度安排问题转为重构制度问题:气候变化谈判德班平台的开启

《哥本哈根协议》未能解决2012年之后全球温室气体减排的具体承担义务问题。2010年在墨西哥坎昆召开的《气候公约》第16次缔约方大会通过了《坎昆协议》,进一步深化了"后京都"谈判以来的各项成果。但仍如《哥本哈根协议》一般,在关于《京都议定书》的命运、未来气候机制的法律形式和结构,以及发达国家与发展中国家不同待遇的性质和范围上仍没有得到根本性的解决。

2011年11月,《气候公约》第16次缔约方大会在南非德班召开,欧盟抛出了气候变化路线图,企图将中国、印度等发展中国家以及美国纳入到全球强制减排行列中。然而,美国始终坚持其自《京都议定书》以来的一贯拒绝立场,中国、印度等发展中国家则强调平等的可持续发展权以及不可动摇的"共同但有区别的责任"原则。在延迟了一天之后,会议达成了一系列的德班决议。其中,通过了《京都议定书》第二期的承诺安排:承诺从2013年1月1日起生效,到2017年或2020年12月31日结束;发达国家到2020年将温室气体排放总量在1990年的基础上减少25%—40%。由于加拿大、俄罗斯和日本明确表示不参加《京都议定书》第二期承诺以及美国一直拒绝承诺强制减排,《京都议定书》第二期承诺将主要由欧盟国家来完成。因此,德班平台的主要特点是单轨制模式。特别令人遗憾的是,在德班会议结束后的第二天,加拿大突然宣布退出《京都议定书》。这无疑给本来就屡弱的全球温室气体减排又蒙上了一层阴影。

(四)新的气候变化制度安排:《巴黎协定》

自2012年《气候公约》第16次缔约方大会(多哈会议)起,全球气候变化谈判在德班平台上进行。2013年11月《气候公约》第19次缔约方大会在波兰华沙召开,就进一步推动德班平台达成了决议,为下一步谈判沿着加强公约实施的正确方向不断前行奠定了政治基础。① 2014年11月《气候公约》第20次缔约方大会在智利利马召开,通过的《利马决议》为2015年新的气候变化制度安排提供了前期准备工作。

2015年11月,《气候公约》第21次缔约方大会在法国巴黎召开,经过15天的艰难谈判,于12月12日形成了《巴黎协定》。与之前的其他决议相比,《巴黎协定》具有法律拘束力,它不仅为2020年后全球温室气体减排奠定了重要的法律基础,而且也将所有国家纳入到减排行列。

二、中国与气候变化法

作为最大的发展中国家和温室气体排放大国,中国不仅积极地参与了联合国各项气候变化协议的制定工作,而且还是《气候变化框架公约》和《京都议定书》的缔约国,特别是先后于2016年4月22日、9月3日签署和批准了《巴黎协定》,并于批准当日交存了批准书,成为率先批准《巴黎协议》的国家之一。在气候变化政治的国际背景下,随着经济发展和环境问题的日益凸显,中国也开始积极制定和出台相关的气候变化立法。这主要表现在如下三个方面。

(一) 作为环境议题的应对气候变化

同其他国家一样,中国的气候变化问题与环境保护紧密联系在一起,而且同样经历了一个逐渐认识的发展过程。中国派代表团参加1972年斯德哥尔摩人类环境会议是中国环境保护工作的开端。1973年8月,第一次全国环境保护会议召开,通过了《关于保护和改善环境的若干规定》,它标志着国内环境保护工作拉开了序幕。1974年10月25日,国务院环境保护领导小组成立,开始制订环境保护规划与计划。1979年《环境保护法(试行)》颁布实施。② 1982年在城乡建设环境保护部下成立国家环保局,该局后来成为1984年国务院成立的环境保护委员会的主要执行单位,全面负责全国环境保护工作。

1988年IPCC成立之际,中国在IPCC的牵头单位是中国气象局。同年,撤销了城乡建设环境保护部,分别成立了建设部和国家环保总局;后者为国务院直属单位。同年起,中国开始积极参与IPCC的工作。1989年,中国组织实施了一项包括40个项目的气候变化研究计划,有大约20个部委和500多名专家参加。1990年,国务院环境保护委员会第18次会议通过了《中国关于全球环境问题的原则立场》,首次阐明中国在气候变化问题上的立场③,通过了建立气候变化协调小组的决定。同年10月,环境、科技和社科部门联合主办了一次为期3天的高层国际会议,围绕"90年代的中国与世界"这一主题进行研讨;这是中国围绕环境问题举办的第一个国际会议,气候变化是其中重要的议题之一。这次会议还促成了中国政府于1992年建立了中国环境与发展国际合作委员会,由时任国务院环境保护委员会主任宋健担任首届主席。直到今天,它都是中国重要的环境咨询机构。

---

① 国家发改委应对气候变化司:《联合国气候变化华沙会议主要成果文件汇编》,2013年12月。
② 《环境保护法(试行)》于1977年进入国家立法项目,历时2年时间完成。经过10年试行之后,全国人大常委会在此基础上于1989年通过《环境保护法》。
③ 该文件阐明了中国政府的如下立场:(1)气候变化对中国产生重要影响。(2)发达国家对造成全球气候变化负主要责任。(3)积极参与全球气候变化谈判。(4)CO_2排放限制应建立在保证发展中国家适度经济发展和合理的人均消耗基础上。(5)中国应在发展经济同时,提高能源效率、开发替代能源,尽量减少CO_2排放。但对削减CO_2排放指标不作任何具体承诺。(6)开展植树造林活动。参见广州市政府办公厅:《转发国务院环境保护委员会关于我国关于全球环境问题的原则立场的通知》,载《广州市政》1990年第12期。

1992年,中国派代表团参加了联合国环境与发展大会,签署了《气候公约》。一年后,中国成为世界上第一个根据《21世纪议程》制定本国21世纪议程的国家,积极促进了中国的可持续发展。1998年,国家环保局升格为国家环保总局,成为国务院组成部门,进一步加强了中国在气候变化问题上的工作与谈判。

(二) 作为发展议题的应对气候变化

1998年初,中国经历了一次大的国家机构调整;其中,气候变化协调小组被国家气候变化对策协调机构代替。新机构由17个部门单位组成,国家发展计划委是统筹协调单位。国家气候变化对策协调机构2001年开始组织《中华人民共和国气候变化初始国家信息通报》的编写工作,并于2004年底向《气候公约》第10次缔约方大会提交。2002年8月中国核准了《京都议定书》,并积极参与该议定书项下的清洁发展机制(Clean Development Mechanism,CDM)项目。[①] 2007年1月,中国成立了应对气候变化专门委员会,是为国家应对气候变化、出台政府决策而提供科学咨询的专门机构。同年,为了进一步加强气候变化的领导工作,国家应对气候变化领导小组取代国家气候变化对策协调机构,由国务院总理担任组长,全面负责国家应对气候变化的重大战略、方针和对策,协调解决应对气候变化工作中的重大问题;应对气候变化工作的办事机构设在国家发改委。[②]

正如胡锦涛同志2009年所言,"气候变化既是环境问题,更是发展问题"[③]。中国应对气候变化组织机构的变化反映了中国对气候变化问题的不断加深认识的过程。它不仅是对气候变化科学的认识,更是对中国现阶段国情的深入把握。改革开放为中国带来了经济的迅速发展,但能源消费量也增长迅速。1993年,中国成为石油净进口国;10年之后,中成为全球第二大石油进口国;2007年,中国能源消费总量已稳居全球第二。[④] 严峻的能源形势使中国的能源安全面临着极大考验,构建合理的能源对外依度存无疑将是中国未来一段时间内的紧迫任务。

能源资源的大规模开发和能源的大量利用是造成环境污染和气候变化的主要原因之一。世界和各国的发展历史和趋势都表明,人均CO_2排放量、商品能源消费量和经济发达水平具有明显正相关关系。随着经济的发展,中国能源消费和CO_2排放量必然会持续增长,减缓温室气体排放将对中国现有发展模式提出重大挑战。更难解决的是,中国是世界上少数几个以煤为主的国家,能源结构调整受资源结构的严重制约,造成中国以煤为主的能源资源和消费结构在未来相当长一段时期内将难以发生根本性改变,导致中国在降低单位能源的CO_2排放强度方面比其他国家面临更大困难。[⑤]

综上所述,既要发展经济、消除贫困、改善民生,又要积极应对气候变化,是中国面临的巨大挑战。如何在应对气候变化与发展之间寻找到合适的平衡点(区域),无疑是中国应对气候变化的关键所在。

---

① 清洁发展机制项目是《京都议定书》规定的一种国际合作减排机制,它是发达国家与发展中国家进行碳减排合作的主要机制。这一机制具有双重目的:一方面是帮助发展中国家实现可持续发展,并对《气候公约》的最终目标作出贡献,二是帮助发达国家以较低的成本实现部分温室气体减掩或者限排义务。
② 参见国务院新闻办公室:《中国应对气候变化的政策与行动》白皮书(2008年10月)第八部分"应对气候变化的体制机制建设"。
③ 胡锦涛:《携手应对气候变化挑战——在联合国气候变化峰会开幕式上的讲话》,2009年9月22日。
④ 参见国务院新闻办公室:《中国的能源状况与政策》白皮书,2007年12月。
⑤ 参见国家发改委:《中国应对气候变化国家方案》,2007年6月,第19—20页。

(三) 作为制度安排议题的应对气候变化

随着联合国气候变化谈判的不断深入,特别是德班平台的启动,构建一个新的并富有活力的全球应对气候变化机制成为工作重点。与此同时,随着中国应对气候变化进入一个新的发展阶段,制度安排议题也成为应对气候变化的重点领域。

2009年8月,全国人大常委会通过《关于积极应对气候变化的决议》。决议指出:把加强应对气候变化的相关立法作为形成和完善中国特色社会主义法律体系的一项重要任务,纳入立法工作议程;适时修改完善与应对气候变化、环境保护相关的法律,及时出台配套法规,并根据实际情况制定新的法律法规,为应对气候变化提供更加有力的法制保障。[①]

2008年以来,我国不断出台与应对气候变化有关的立法。例如《循环经济促进法》、修订后的《节约能源法》都在2008年实施。同年,国家发改委设立了应对气候变化司。该司的主要职责是:(1) 综合分析气候变化对经济社会发展的影响,组织拟订应对气候变化重大战略、规划和重大政策;(2) 牵头承担国家履行《气候公约》相关工作,会同有关方面牵头组织参加气候变化国际谈判工作;(3) 协调开展应对气候变化国际合作和能力建设;(4) 组织实施清洁发展机制工作;(5) 承担国家应对气候变化领导小组有关具体工作。毫无疑问,这一机构的设立,从一定程度上加强了中国在气候变化问题上的组织体制建设,促进了中国应对气候变化的制度安排。

2009年12月在哥本哈根气候变化大会刚刚结束之际,修订后的《可再生能源法》实施。2010年,全国人大常委会把《能源法》的制定和《大气污染防治法》的修改纳入立法工作计划,青海省政府颁布中国第一个有关气候变化的地方政府规章《青海省应对气候变化办法》,在国家应对气候变化领导小组框架内设立了协调联络办公室以加强部门间协调配合。2011年山西省政府出台《山西省应对气候变化办法》。

自2009年全国人大提出制定应对气候变化立法以来,中国气候变化立法设计工作从不同层面展开。2010年中国社会科学院与瑞士联邦国际合作与发展署启动了双边合作项目《中国气候变化应对法(社科院建议稿)》;2012年4月,该建议稿全文公布。2011年国家发改委委托中国政法大学组织开展中国应对气候变化立法研究,2012年该项目顺利结题。同年9月,受国家发改委气候变化司委托,中国政法大学和江苏省信息中心承担的"省级气候变化立法研究——以江苏省为例"项目启动。2012年12月,国家发改委批准了由中国清洁发展基金赠款项目资助的"湖北省气候变化立法研究";项目由武汉大学作为牵头单位,联合另外国内三家高校开展湖北省气候变化立法工作研究。四川省也正在开展气候变化立法工作。2013年11月中国《国家适应气候变化战略》公布,提出了中国适应气候变化的原则和指导方针。

毫无疑问,随着批准《巴黎协定》,中国应对气候变化的制度安排将进入一个全面深入发展的时期。如何制定出一部既具科学性又能适应国内经济建设和国际气候谈判的法律,正在成为中国未来应对气候变化工作的重点。

[①] 参见国家发改委:《中国应对气候变化的政策与行动——2009年度报告》,2009年11月。

第三节 气候变化法的原则和内容

作为一门新兴的法律学科,气候变化法学是法律与其他气候变化相关领域的交叉学科。尽管气候变化法目前仍处于快速演进之中,但是在法律地位、基本原则和某些具体制度上已形成了一些基本共识。这是我国在制定《气候变化法》时需要予以考虑的。

一、气候变化法的概念和法律体系

(一)气候变化法的概念

气候变化法是指调整人们在应对气候变化过程中所产生的社会关系的法律原则、规则和制度的总称。对之可从以下四个方面进行理解。

1. 气候变化法以应对气候变化过程中产生的社会关系为调整对象

气候发生变化主要是由自然和人为原因引起的。在应对气候变化方面,对自然原因引起的气候变化,人类基本上只能采取适应性举措。例如,人类随着气候变化进行的迁徙和对生存环境的适应改造。然而,对人为原因引起的气候变化,人类则应该采取减缓的策略和行动,例如对温室气体排放进行控制。

在一定程度上讲,自然原因引起的气候变化并不属于气候变化法的主要内容,因为自然性的气候变化是人类赖以生存的根本环境,其和谐变化、季节更替是一种常态。但是,人为因素造成的气候变化则是对大自然乃至气候正常变化的一种破坏,甚至有可能对人类生存带来不可逆转的重大威胁或者风险。因此,气候变化法主要是针对导致气候变化的人为因素、造成气候变化的异常状态。《气候公约》第1条第2款明确规定,它所调整的气候变化是"指除在类似时期内所观测的气候的自然变异之外,由于直接或间接的人类活动改变了地球大气的组成而造成的气候变化"。

然而,由于气候变化的复杂性,自然与人为原因引起的气候变化有时难以区分,例如过多的极端天气等气候变化。因此,气候变化法对应对这类气候变化中所产生的社会关系也予以调整。一方面,在对这种气候变化的成因没有科学界定之前,采取适应性的举措更为合理。另一方面,由于应对气候变化需要改变人类的行为方式,必然会引起社会关系的变化,气候变化法主要调整人们在应对气候变化过程中所产生的社会关系。通过法律的形式确定人们应对气候变化的权利与义务,通过奖惩的形式鼓励人们维护正常气候变化的行为或者禁止人为的对气候变化的干扰,促进社会和自然的和谐、稳定和可持续发展。

2. 气候变化法是一门交叉性的法律学科

气候变化法建立在气候变化科学的基础之上。其学科交叉的属性体现在以下两个方面。

首先,它是自然科学与社会科学的交叉,特别是与法律科学的交叉。关于气候变化问题的研究肇始于对气温变化原因的分析。然而,单纯地从气象学一个角度并不能圆满地解答气候变化成因的复杂性。于是,气候变化科学逐渐进入了地质学、大气物理学、地球物理学、海洋学等多个学科领域。正是鉴于此,联合国专门成立了IPCC,致力于对全球科学家关于气候变化的各种研究成果进行综合分析,以求得出科学结论。

关于气候变化的科学结论是人们制定科学的气候变化法的基础,但是气候变化法并不仅仅是气候变化科学的产物。因为应对气候变化与人类生存方式方法(特别是对人类传统能源利用方式方法)有着密切乃至重大影响。因此,气候变化法与气候政治、气候伦理、气候经济密切相关,在一定程度上是国际、国内气候政治的结果。在治理模式上,它还是气候经济学的主要支撑制度,反映了全球乃至本地区特有的气候伦理。所以,气候变化法是一门多种自然科学和社会科学共同作用下建立起来的部门法学。

其次,它是法学中各部门法学的交叉。例如,仅从字面含义来看,气候变化法似乎应是气象法的内容。然而,气象法主要是以发布气象预报、防御气象灾害、开发利用和保护气候资源而加以规范的法律制度。气象灾害的监测、防御是其最主要的内容,气象法并不能胜任气候变化法的主要目标。但是,气候变化法不仅将气象灾害作为其规制的对象,或者说气象灾害并不是气候变化法规制的主要内容,而仅是与气候变化法实施相配套的法律制度。

更广层面上看,气候变化法与环境法有着密切联系。气候变化在一定程度上是人类生存的基础环境。气候的适宜性和恶劣性都会对人类环境产生直接影响,或者说气候变化是造成人类生存环境变化的原因之一。环境法是以环境社会关系为其调整对象的,其实施必须建立在有害于环境的物质基础之上。然而,引起气候变化的温室气体并不是严格意义上的有害物质,例如温室气体中的 CO_2 并不全是污染物,只是由于过多或过少会引起气候变化的异常。如果彻底消除掉 CO_2,人类赖以生存的地球环境将不复存在。因此,环境法无法完全胜任气候变化法的基本任务。

从解决人为引起的气候变化角度来看,气候变化法与能源法的联系最为密切。众所周知,当前自然科学关于气候变化的研究,特别是对近 100 年来气温升高、气候变暖原因的分析,得出的结论是:工业革命以来,人为排放的温室气体(特别是 CO_2)是全球气候变暖的主要原因。这些温室气体的排放基本上来自人类对传统能源(煤炭、石油和天然气)的开发利用。如果要从根本上解决人为的气候变化成因,就需要人类减少和改造对传统能源的利用。这显然与能源法有着最为密切的关系。因此,从很大意义上,气候变化法是能源法的重要分支。

3. **气候变化法是关于气候财产权和公共物品相结合的制度安排**

随着人类社会的不断发展和进步,特别是工业文明带来的社会变革,大气这一自然资源从用之不竭变成了稀缺,而且它又具有公共物品的属性。

一方面,气候变化法创设了并调整着气候财产权。从自然科学的角度来看,温室气体是大气的组成部分,适量的温室气体有利于保持地球温度的均衡。然而,当温室气体排放过多时,就会造成气候变暖。因此,大气结构上存在着关于温室气体最高容量的限制。气候变化法的主要内容之一,便是根据大气对温室气体容量的有限性,创设了一种以温室气体容量的使用与收益为内容的财产权,即温室气体排放权或称碳排放权,以及围绕着碳排放权而展开的一系列的排放交易制度。

另一方面,气候变化法调整着大气这种气候公共物品。公共物品具有消费和使用上的非竞争性和非排他性。气候变化法创设了法律主体对于大气这种公共物品的财产权。为了避免市场自由运行而产生市场失灵问题,气候变化法将气候财产权与公共物品属性相结合,通过运用市场运行与政府管理相结合的手段来实现气候正义,保障人类公平而可持续地使用大气这一公共物品。

4. **气候变化法是国际法和国内法相结合的法律规范**

一个主体的影响气候变化的行为具有全球性的外部效应和经济上的外部性。因此,试图仅通过国内法来实现治理人为气候变暖的效果,是不切实际的,气候变化法需要具有较强的国际法属性。从历史演变中可以看出,应对气候变化的制度安排最早发端于国际社会的努力,正是联合国及其他国际组织的积极推动,才促成了《气候公约》的出台,产生了诸多指导全球应对气候变化的重要国际文件。

应对气候变化需要国家间的积极合作。任何一国,特别是温室气体排放大国,如果游离于国际气候法律制度之外,将无法满足全球应对气候变化的需要。因此,构建与国际气候变化相应的国内法是最终实现全球应对气候变化的国内法律制度保障。气候变化法只有发挥国际法与国内法相结合的特点,才能保障既满足全球应对气候变化的需要,又能适应本地区温室气体减排的特殊性。

(二)气候变化法律体系

气候变化法律体系应该包括三个基本部分,即,气候变化法的基本原则、减缓部分和适应部分。具体而言:

(1)基本原则是气候变化法的纲领性规范。它包括可持续发展原则、共同但有区别的责任和各自能力的原则、科学应对原则、减排与适用并重原则等。这些原则大多是针对应对气候变化而创设,其中有些是气候变化法特有的原则。通过实施这些原则,确保应对气候变化能建立在公平的基础之上。

(2)减缓部分。减缓气候变化的活动是气候变化法的主要内容,该部分主要涉及气候变化的减缓机制。不同减缓机制的适用往往会产生不同的效果。就国际角度而言,有清洁发展机制、排放交易机制等不同的减缓制度安排。

(3)适应部分。适应气候变化的活动是气候变化法中另一项主要内容,该部分包括基础设施、水资源、森林资源、草原、农业以及海洋等领域对气候变暖采取的适应措施。通过这些适应措施,能够有效地减少自然灾害的发生、抵御因气候变化造成的破坏性损失和负面影响。

此外,气候变化法还应该包括能力建设、社会参与、国际合作、科学研究以及监督与责任机制等规范。根据不同的性质,有些被纳入到气候变化法的基本原则之中,有些则包括在减缓和适应部分之内。

二、气候变化法的基本原则

气候变化法的基本原则是指由气候变化法所确立和认可的,反映其指导方针和目的的,对应对气候变化活动具有普遍性指导意义的基础性和根本性的准则。气候变化的基本原则应该包括可持续发展原、共同但有区别的责任和各自能力的原则、科学应对原则以及减排与适应并重原则四项原则。

(一)可持续发展原则

气候变化法的可持续发展原则是指,应对气候变化的行为或活动应按照可持续的方式进行和开展。《气候公约》第3条第4款规定:"各缔约方有权并且应当促进可持续发展。"

2. 对可持续发展的理解

世界环境与发展委员会1987年报告《我们共同的未来》这样定义可持续发展:"既满足当代人的需要,又不对后代人满足其需要的能力构成危害的发展。"随着社会经济的发展,不同的学者不断充实并从不同角度理解可持续发展。例如,荷兰著名国际法学家尼科·斯赫雷费提出了多元概念的可持续发展,认为可持续发展概念应该包括七项要素:可持续利用的自然资源、健全的宏观经济发展、环境保护、时间要素(暂时性、长久性与及时性)、公众参与和人权、善治以及一体化与相互联系。他指出:"可持续发展的概念经历了长期的发展历程,从持续利用自然资源的最初涵义,最终演变为倾向于以人为本且具有社会经济性质的概念。"[①]

2. 对气候变化法中可持续发展原则的理解

可持续发展原则已成为国际法的一项基本原则。[②] 2002年,国际法协会通过了《与可持续发展有关的国际法原则的新德里宣言》,提出关于可持续发展的七项国际法原则:各国确保可持续利用自然资源的义务、公平及消除贫困原则、共同但有区别的责任原则、预防原则及环境影响评价、公众参与、善治原则以及一体化与相互联系的原则。正如宣言中所宣称的,这七项原则的制定是为了"实现全人类获得适当生活水平的权利,同时适当顾及后代的需求和利益"。

然而,由于其内涵和外延的模糊性,不同的人从正反的角度都可以被认为是按照可持续发展原则采取了行为或活动。为了严格规范这一原则,《气候公约》第3条第4款规定了气候变化法中可持续发展的具体含义:"保护气候系统免遭人为变化的政策和措施应当适合每个缔约方的具体情况,并应当结合到国家的发展计划中去,同时考虑到经济发展对于采取措施应付气候变化是至关重要的。"

不难看出,《气候公约》所指的可持续发展,是指气候变化应在考虑每一国家的具体情况和经济发展的前提下开展应对措施,是对可持续发展的最初概念进行深化的一种表述方式。可以理解为,应对气候变化是始终围绕着发展主题开展的,是在各国经济均衡发展的前提下应对气候变化的,盲目的不顾经济发展水平而进行的应对气候变化是违反气候变化可持续发展根本理念的。当然,这也要求在保障经济发展的同时,要更多地促进经济与环境、与自然的和谐发展。气候变化法的规则制定和实施,需要做到经济发展与应对气候变化相结合,既促进经济发展又实现应对气候变化的目标。

在气候变化领域,中国始终坚持可持续发展原则。2007年《中国应对气候变化国家方案》中指出:中国不仅早在1994年就制定了可持续发展战略,而且将其作为经济社会发展的重要指导方针和战略目标;中国将继续根据国家可持续发展战略,积极应对气候变化问题。

(二) 共同但有区别的责任和各自能力的原则

气候变化法的共同但有区别的责任和各自能力的原则,是指应对气候变化是世界各国的共同责任,但是发达国家应承担更严格和更大的责任,各国应该根据自己的能力履行责任。

1. 共同但有区别的责任和各自能力的原则的发展

《气候公约》第3条第1款明确规定,"各缔约方应当在公平的基础上,并根据它们共同但有区别的责任和各自的能力,为人类当代和后代的利益保护气候系统。因此,发达国家缔约方应当率先对付气候变化及其不利影响。"从而在法律上第一次明确表述了共同但有区别

[①] 〔荷〕尼科·斯赫雷弗:《可持续发展在国际法中的演进:起源、涵义及地位》,汪习根、黄海滨译,社会科学文献出版社2010年版,第194页。

[②] 参见胡德胜:《可持续发展是国际法的一项基本原则》,载《郑州大学学报(哲学社会科学版)》2001年第2期。

的责任和各自能力的原则。然而,人们一开始强调和关注的是"共同但有区别的责任",术语上使用的是"共同但有区别的责任的原则"。

但是,《气候公约》只是一个框架性公约,没有规定如何来执行共同但有区别的责任原则,缺乏在具体层面上的操作性。如何实施这一原则,1987年《关于消耗臭氧层物质的蒙特利尔议定书》和1997年《京都议定书》都作出了较具可操作性的规定。特别是前者被认为是环境公约中履约最好的条约。

然而,总体上,发达国家与发展中国家在如何落实和细化"共同但有区别的责任的原则"方面,存在较大差异。其中核心分歧点是,是否需要以及如何考虑国家,特别是发展中国家承担和履行责任的能力。于是,"共同但有区别责任的原则"发展成为"共同但有区别的责任和各自能力的原则"。气候变化《巴黎协定》关于各国根据其能力而编制、通报并保持其拟实现的国家自主贡献并采取国内减缓措施的规定,就是这一原则的充分体现。

2. 对气候变化法中共同但有区别的责任和各自能力的原则的理解

共同但有区别的责任和各自能力的原则首先出现在《气候公约》中,应该是气候变化法中特有的原则。可从以下两个方面对这一原则进行理解:

(1) 它主要适用于国际法领域。从该原则的含义来看,它既强调了发达国家与发展中国家之间共同但有区别的责任,也注重和考虑不同国家之间履行责任的能力因素,适用于国家在应对气候变化时的责任分配。

(2) 中国始终坚持这一原则。2007年《中国应对气候变化国家方案》中明确规定,中国"遵循《气候公约》规定的'共同但有区别的责任'原则。根据这一原则,发达国家应带头减少温室气体排放,并向发展中国家提供资金和技术支持;发展经济、消除贫困是发展中国家压倒一切的首要任务,发展中国家履行公约义务的程度取决于发达国家在这些基本的承诺方面能否得到切实有效的执行"。因此,该原则是发展中国家与发达国家建立新的气候变化协议的基础,脱离了它将不利于全球应对气候变化行动和制度安排的达成。

(三) 科学应对原则

气候变化法的科学应对原则是指应对气候变化应该建立在科学的基础之上。《气候公约》序言写道:"认识到了解和应付气候变化所需的步骤只有基于有关的科学、技术和经济方面的考虑,并根据这些领域的新发现不断加以重新评价,才能在环境、社会和经济方面最为有效"。可从以下三个方面理解对科学应对原则:

(1) 应该按科学的整体性评估来应对气候变化。一方面,应对气候变化的法律规范必须建立在气候变化科学研究成果的基础之上,没有科学的依据将无法建立起科学的气候变化法。另一方面,应该从科学的整体性上,认识、理解和应用气候变化科学的研究成果,不能以偏概全。①这在《气候公约》《京都议定书》《巴厘路线图》《哥本哈根协议》和《巴黎协定》中均有所规定和体现。

(2) 科学上尚未确定的方面不应该影响气候变化的制度安排。在气候变化领域,科学是不断演进的过程,而不是静态的、一成不变的过程,存在一些尚不能确定的方面是正常的。但是,气候变化的结果却存在着不可逆转的重大损害的风险或者威胁;如不尽快采取行动,而是等到科学上能够充分证明之时再采取行动,产生的不利影响将是巨大的甚至是不可逆

---

① 参见〔美〕格雷克等:《气候变化和科学的整体性》,胡德胜译,载《西安交通大学学报(社会科学版)》2010年第4期。

转的。因此，根据环境法上的风险预防原则（谨慎原则），对于科学尚未完全确定证明的内容，不应该影响对气候变化采取相应的举措，特别是作出法律等相关制度的安排。为此，《气候公约》第3条第3款规定："当存在造成严重或不可逆转的损害的威胁时，不应当以科学上没有完全的确定性为理由推迟采取这类措施。"这项规定是将科学与风险预防原则相结合，实现预防或尽可能地减少引起气候变化的原因并缓解其不利影响。

(3) 对于科学上尚未确定的方面应该按科学进步的方式加以规定。由于对气候变化科学尚未确定的内容需要采取相应的措施，因而如何设计这些措施至关重要。对此，《气候公约》第3条第3款表达了这种认识，即，"考虑到应付气候变化的政策和措施应当讲求成本效益，确保以尽可能最低的费用获得全球效益"。这就要求气候变化的法律制度安排从科学进步的角度出发，不应该将现有的科学认识当做一成不变的理论来设计气候变化法，而是以科学发展的角度，不能单纯地考虑减少温室气体排放，而是要通过促进经济发展、实现能源变革的方面出发，实现减少温室气体排放和经济发展共同收益。

(四) 减排与适应并重原则

气候变化法的减排与适应并重原则是指，应对气候变化不仅要加强温室气体减排，还要加强人类活动与行为的适应性，从而实现减排与适应的相互协调，从根本上降低气候变化对人类生存环境造成的损害、威胁或者风险。对这一原则的理解，可从以下三个方面来看：

(1) 气候变化法应该采取减排与适应并重的路径。《气候公约》制定之初，温室气体减排与气候变化的适应被作为同等重要的两种举措。但是，随后的发展逐渐将重点放在了减排之上，《京都议定书》的出台就是证明。无疑，温室气体减排是稳定全球气温的关键因素，将重点放在减排之上具有更为直接的重大意义。然而，过分注重减排对经济和社会发展产生了重大或者实质性不利影响，一定程度上造成了新的不公，从而迫使国际社会加强了对适应措施的重视。2007年《巴厘路线图》建议："加强适应行动，除其他外，包括考虑……"2009年《哥本哈根协议》再次明确了适应的重要意义，指出："适应气候变化的不利效应和适应应对措施的潜在影响，这是所有国家面临的一项挑战。迫切需要加强关于适应的行动和国际合作，以确保执行《气候公约》，为此要扶持和支助执行相关适应行动。"2010年《坎昆协议》规定："适应必须与减排同样优先处理，需要适应的体制安排，以加强适应行动和支助。"2013年华沙会议最后文件对减排和适应以同样重要的地位。《巴黎协定》第2条规定，加强对气候变化威胁的全球应对措施，包括减少温室气体排放以控制气温、提高适应气候变化不利影响的能力以增强气候抗御力和温室气体低排放发展以及使资金流动符合温室气体低排放和气候适应型发展的路径。

(2) 适应是减排的有力补充和最终目标。一方面，温室气体减排是维持气候稳定的关键因素，但是减排过程具有长期性、会受各种因素的影响，而适应正是对减排的有力补充。特别是对于发展中国家而言，它们的排放量并不大，减排并不能为其国家带来更多的益处；相反，这些国家多以农牧业为主，适应气候变化对它们而言具有更为深远的意义。另一方面，适应应该是减排的最终目标。人类之所以能在不同的环境下生存，是因为其有着强有力的适应能力。减排的最终目的依然是要使人类能在更大的范围内去适应不断变化的气候。只有将减排建立在适应这一基础上，减排才是具有现实意义的。

(3) 中国始终坚持减排与适应并重的原则理念。早在1994年《中国21世纪议程》中，中国就提出了适应气候变化。2007年《中国应对气候变化国家方案》中明确提出，中国坚持减排与适用并重的原则,认为:"减缓和适应气候变化是应对气候变化挑战的两个有机组成部分。对于广大发展中国家来说,减缓全球气候变化是一项长期、艰巨的挑战,而适应气候变化则是一项现实、紧迫的任务。"

2011年"十二五"规划明确要求"在生产力布局、基础设施、重大项目规划设计和建设中,充分考虑气候变化因素。提高农业、林业、水资源等重点领域和沿海、生态脆弱地区适应气候变化水平"。2013年11月,中国政府出台了《国家适应气候变化战略》,提出"将适应气候变化的要求纳入我国经济社会发展的全过程,统筹并强化气候敏感脆弱领域、区域和人群的适应行动,全面提高全社会适应意识,提升适应能力,有效维护公共安全、产业安全、生态安全和人民生产生活安全"。2016年"十三五"规划明确表示:中国"坚持减缓与适应并重,主动控制碳排放,落实减排承诺,增强适应气候变化能力,深度参与全球气候治理,为应对全球气候变化作出贡献"。

三、气候变化法的主要内容

气候变化法的主要内容应当包括气候变化法总则、应对气候变化的权利与义务、气候变化的减缓与适应、气候变化的监管与责任等四个方面,而气候变化的减缓与适应应该是气候变化法的主体部分。

(一)气候变化的减缓

气候变化的减缓主要包括气候变化减缓的主要领域和温室气体减排的主要机制这两部分内容。

1. 气候变化减缓的主要领域

气候变化减缓的主要领域包括基于能源消费调整产业结构、优化能源结构、节能和提高能效、增加森林碳汇以及其他领域的排放控制等五个方面。

(1)基于能源消费调整产业结构。在三大产业中,第二产业排放温室气体较多,第一、第三产业较少。因此,应该着手调整产业结构,特别是调整第二产业的结构。具体包括:① 推动传统产业改造升级。加快对钢铁、冶金、石化、电力等行业的技术改造,降低能耗并提高资源综合利用水平,严格控制高耗能、高排放行业和产能过剩行业的项目,强化用地审查、节能评估和环境影响评价。② 促进和培育高新技术和战略性新兴产业发展。高技术产业、电子商务、信息产业等都是具有低排放的高新产业,应加大对这些产业的促进和培育。扶持节能环保、新一代信息技术、生物、高端装备制造、新能源、新材料、新能源汽车等战略性新兴产业。③ 大力发展服务业。提高其比重,提升其水平,推进其开放,提高其吸纳就业能力。④ 加快淘汰落后产能。根据行业特点,在钢铁、水泥、电解铝、平板玻璃、船舶等高耗能产业完善产能退出机制,规定更为严格的能耗和行业准入标准,制定排放标准,加大淘汰落后产能力度。

(2)优化能源结构。传统能源是温室气体排放的主要来源,能源结构的优化在于降低传统能源的使用,提高新能源的利用。具体包括:① 积极开展传统能源的清洁化利用。提高天然气等低碳化石能源的利用比重,降低煤炭等高碳化石能源的利用,对煤炭等传统能源开展清洁利用,加大碳捕获、利用和封存技术的商业化。② 积极扶持新能源的发展。积极发展水电、风能、太阳能、生物质能、地热能等新能源或者可再生能源,加强可再生能源的并网发电,稳步发展核电,加强智能电网等产业的发展。

(3) 节能和提高能效。节能和提高能源效率是降低温室气体的主要手段,具体包括：① 建立节能目标责任制。将节能目标进行细化,纳入到政府的考核内容,增强节能意识。② 实施重点节能改造工程。在重点节能改造项目、高效节能技术、产品产业化示范、重大合同能源管理、节能监察机构能力建设、建筑节能以及绿色照明等工程方面加大投资力度和鼓励措施。③ 建立能效标准和标识制度。提高终端用能产品能效水平,对家电、办公用品、工业设备、照明设备以及商用设备推行能效标识制度。④ 实施价格财税金融政策,建立节能激励机制。

(4) 增加森林碳汇。林木具有吸纳温室气体的功效,因此增加森林资源可以有效地减少温室气体。具体包括：① 加强森林的可持续经营,提高森林的质量和碳汇潜力。② 保护现有森林资源和碳储存,减少毁林。③ 植树造林,扩大森林面积。④ 开发林业产业,实现木材的高效循环利用。

(5) 其他领域的排放控制。具体包括：① 控制农业温室气体排放。推进清洁生产,减少温室气体排放,增加土壤碳储量。② 实施配方施肥,减少农田氧化亚氮排放。③ 开展保护性耕作,增加农田碳汇。④ 发展健康养殖,减少畜牧业甲烷排放。⑤ 积极促进农村沼气等废弃物资源化利用项目。⑥ 减缓草原退化等减排措施,加强温室气体排放的管理等。

2. 温室气体减排的主要机制

温室气体减排的机制主要有清洁发展机制和排放交易机制(Emission Trading Scheme, ETS)这两种类型。

(1) 清洁发展机制。它是指根据《京都议定书》建立的一种在发达国家与发展中国家之间进行温室气体减排合作的机制,通过发达国家在发展中国家开展温室气体减排项目,发展中国家获得可持续的先进技术和资金,发达国家则获得减排份额来履行京都机制下的减排义务。

根据《京都议定书》第12条的规定,清洁发展机制的主要内容为：① 目的是协助未列入附件一的缔约方实现可持续发展和有益于《气候公约》的最终目标,以及遵守第3条规定的其量化的限制和减少排放的承诺。[①] ② 未列入附件一的缔约方将获益于产生经证明的减少排放的项目活动。③ 附件一所列缔约方可以利用通过此种项目活动获得的经证明的减少排放,促进遵守《气候公约》缔约方大会确定的、依据议定书第3条规定的其量化的限制和减少排放的承诺之一部分。④ 置于《气候公约》缔约方大会的权力和指导之下,并由清洁发展机制的执行理事会监督。⑤ 所产生的减排量须经《气候公约》缔约方大会指定的经营实体根据以下各项作出证明：(a) 经每一有关缔约方批准的自愿参加；(b) 与减缓气候变化相关的实际的、可测算的和长期的效益；(c) 减少排放对于在没有进行经证明的项目活动的情况下产生的任何减少排放而言是额外的。⑥ 如有必要,清洁发展机制应协助安排经证明的项目活动的筹资。⑦ 作为议定书缔约方大会的《气候公约》缔约方大会,应在第一届会议上拟订方式和程序,以期通过对项目活动的独立审计和核查,确保透明度、效率和可靠性。⑧《气候公约》缔约方大会应当确保经证明的项目活动所产生的部分收益用于支付行政开支和协助特别易受气候变化不利影响的发展中国家缔约方支付适应费用。⑨ 对于清洁发

[①] 附件一的国家是指《气候公约》附件一所列的缔约方以及根据联合国气候变化会议随后修正的国家,或指根据《气候公约》第4条第2款(g)项作出通知的缔约方。附件一的国家绝大多数是发达国家,非附件一国家则为发展中国家。

展机制的参与,包括对上述第3款(a)项所指的活动及获得经证明的减少排放的参与,可包括私有和/或公有实体,并须遵守清洁发展机制执行理事会可能提出的任何指导。⑩ 在自2000年起至第一个承诺期开始这段时期内所获得的经证明的减少排放,可用以协助在第一个承诺期内的遵约。

自2004年第一个项目运行以来,已有近7000多个清洁发展机制项目申请登记。这些项目覆盖了水电、风电、生物质能、沼气、太阳能等可再生能源利用以及节能与能效等众多项目,有力地促进了全球温室气体减排,同时为发展中国家提供了可持续发展的技术和资金。中国是清洁发展机制的主要参加国,清洁发展机制有力地促进了中国温室气体减排和可再生能源的发展。

(2)排放交易机制。它又称欧盟排放交易机制(EU Emission Trading Scheme, EU ETS),是在限制温室气体排放总量的基础上,通过交易许可的方式进行排放的一种控制温室气体排放机制。它是欧盟实施的一种总量控制与交易的规则体系。

为了实现《京都议定书》项下2008—2012年较1990年温室气体减排8％的目标,欧盟2003年《欧盟温室气体排放交易指令》创设了这种排放交易制度。其制度安排是:在履行《京都议定书》减排义务的基础上,根据欧盟成员国各自历史排放、预期排放以及排放标准等因素的考虑,在欧盟内部达成《减排分享协议》,各成员国承担一定比例的温室气体减排份额,再由各成员国根据国家分配计划分配给各企业。一家企业通过技术升级、改造等手段,达到自身温室气体排放份额要求后,如有剩余的排放权,可以卖给未完成减排任务的其他企业。

欧盟排放交易机制在2005年开始运行。2005—2007年为试运行阶段,主要涉及能源行业、有色金属行业、建材行业和造纸行业的温室气体排放。2008—2012年是排放交易机制的正式运行阶段,扩大到欧盟境内的各个企业,并建立拍卖方式以弥补试运行阶段市场化低的弊端。2013年起,欧盟排放交易机制进入了第二阶段。

从运行情况来看,试运行阶段由于排放分配额过于宽松,几乎所有的企业都达到了排放要求。为了激励更多的减排,在正式运行阶段开始后,欧盟对排放交易机制进行了一些改革,主要是引进了拍卖方式。2013年第二阶段开始后,由于受到全球金融危机的影响,排放交易机制的完善与修改成为欧盟排放交易机制当前主要解决的问题。

欧盟排放交易机制是建立在以市场为基础的总量控制与交易规则之上,有利于通过市场措施来解决温室气体排放问题。作为全球最大的总量控制与交易机制,欧盟排放交易机制为国际和其他国家的温室气体减排制度安排提供了良好的示范作用。

(二)气候变化的适应

气候变化的适应是气候变化法中与减缓并重的内容。随着对气候变化科学认识的深入,对气候变化适应制度的安排日益成为越来越重要的内容。

1. 气候变化适应的主要内容

气候变化适应的主要内容包括基础设施、农业、水资源、海岸和海洋资源、森林和其他生态系统、人类健康以及旅游业等领域。

(1)气候变化的基础设施适应。包括:① 加强风险管理。建立起气候变化的风险评估与信息共享机制,制定灾害风险管理措施和应对方案。② 修订相关标准。根据气候条件的变化修订基础设施建设、运行调度和养护维修的技术标准。③ 完善灾害应急系统。建立和完善保障重大基础设施正常运行的灾害监测预警和应急系统。④ 规划城市建设系统。科学规划建设城市生命线系统和运行方式,根据适应的需要提高建设标准。

(2) 气候变化的农业适应。气候变化对农业安全的威胁,使得农业的气候变化适应具有更为重大的紧迫性。包括:① 加强农业生态建设。采取因地制宜的方式,促进传统农业向生态农业转变。② 加强农业监测力度,提高农业防灾、抗灾和减灾的能力。③ 加强农业基础设施建设,提高农业的气候变化应对能力。④ 调整农业种植结构,建设农业适应示范点。⑤ 研发推广适应气候变化的旱作节水农业技术。

(3) 气候变化的水资源适应。包括:① 加强水资源保护与水土流失治理。在全面规划的基础上将预防、保护、监督和修复相结合。② 加强水利基础设施建设,增强气候变化适应能力。③ 构建水资源配置格局,建立节水型社会,促进水资源可持续利用。④ 加强国家水资源管理信息系统建设。⑤ 将气候变化影响纳入水资源评价和规划范畴。

(4) 气候变化的海岸和海洋资源适应。包括:① 合理规划涉海开发活动,建设覆盖海岸带地区及海岛的气候变化影响评估系统。② 加强沿海生态修复和植被保护,实施海岛、海岸带及近海生态系统修复工程。③ 加强海洋灾害监测预警。建立健全海洋灾害应急预案体系和响应机制,全面提高沿海地区防御海洋灾害能力。

(5) 气候变化的森林和其他生态系统的适应。气候变暖对森林和其他生态系统的影响是巨大的。加强森林的适应性有助于保护森林和其他生态系统。包括:① 完善林业发展规划,促进森林资源的恢复和增长。② 加强森林经营管理,实施森林的可持续经营和提高森林的整体质量。③ 有效控制森林灾害,提高森林火灾防范能力,减少森林火灾发生,开展森林有害生物监测预警工作。④ 促进草原生态良性循环,加强生态保护和治理。

(6) 气候变化的人类健康适应。包括:① 完善卫生防疫体系建设,加强应用水和安全保障服务。② 开展监测评估和公共信息服务,建立和完善中国气候变化预警系统,强化对极端天气的监测网络。③ 加强应急系统建设,制定对低温雨雪冰冻、雾霾等极端天气气候事件的卫生应急预案。

(7) 气候变化的旅游业和其他产业适应。包括:① 维护产业安全,强化旅游、采矿、建筑、交通等安全事故防范,制订应急预案,建立应急救援机制。② 合理开发旅游资源,对新开发旅游资源进行保护,防止气候变化对旅游资源的破坏。③ 利用气候变化推动旅游产业发展。

2. 中国的气候变化适应行动

2013年中国发布《国家应对气候变化战略》,提出了中国应对气候变化的指导思想和原则、主要目标以及保障措施。

(1) 指导思想和原则。指导思想:大力推动生态文明建设,坚持以人为本,加强科技支撑,将适应气候变化的要求纳入我国经济社会发展的全过程,统筹并强化气候敏感脆弱领域、区域和人群的适应行动,全面提高全社会适应意识,提升适应能力,有效维护公共安全、产业安全、生态安全和生产生活安全。

具体原则:① 突出重点。在全面评估气候变化影响和损害的基础上,在战略规划制定和政策执行中充分考虑气候变化因素,重点针对脆弱领域、区域和人群开展适应行动。② 主动适应。坚持预防为主,加强监测预警,努力减少气候变化引起的各类损失,并充分利用有利因素,科学合理地开发利用气候资源,最大限度地趋利避害。③ 合理适应。基于不同区域的经济社会发展状况、技术条件和环境容量,充分考虑适应成本,采取合理的适应措施,坚持提高适应能力与经济社会发展同步,增强适应措施的针对性。④ 协同配合。全面统筹全局和局部、区域和局地以及远期和近期的适应工作,做好分类指导,加强部门之间、中央和地方之间的协调联动,优先采取具有减缓和适应协同效益的措施。⑤ 广泛参与。提高全民适应气候变化的意识,完善适应行动的社会参与机制。积极开展多渠道、多层次的国际合作,加强南南合作。

(2) 中国适应气候变化的主要目标。①适应能力显著增强。主要气候敏感脆弱领域、区域和人群的脆弱性明显降低;社会公众适应气候变化的意识明显提高,适应气候变化科学知识广泛普及,适应气候变化的培训和能力建设有效开展;气候变化基础研究、观测预测和影响评估水平明显提升,极端天气气候事件的监测预警能力和防灾能力得到加强。适应行动的资金得到有效保障,适应技术体系和技术标准初步建立并得到示范和推广。② 重点任务全面落实。基础设施相关标准初步修订完成,应对极端天气气候事件能力显著增强。农业、林业适应气候变化相关的指标任务得到实现,产业适应气候变化能力显著提高。森林、草原、湿地等生态系统得到有效保护,荒漠化和沙化土地得到有效治理。水资源合理配置与高效利用体系基本建成,城乡居民饮水安全得到全面保障。海岸带和相关海域的生态得到治理和修复。适应气候变化的健康保护知识和技能基本普及。③ 适应区域格局基本形成。根据适应气候变化的要求,结合全国主体功能区规划,在不同地区构建科学合理的城市化格局、农业发展格局和生态安全格局,使生产生活安全、农产品供给安全和生态安全得到切实保障。

(3) 中国适应气候变化的保障措施。①完善体制机制。健全适应气候变化的法律体系,把适应气候变化的各项任务纳入国民经济与社会发展规划,建立健全适应工作组织协调机制,研究制定适应能力评价综合指标体系,健全必要的管理体系和监督考核机制。② 加强能力建设。开展重点领域气候变化风险分析,建设多灾种综合监测、预报、预警工程,健全气候观测系统和预警系统,加强灾害应急处置能力建设,建立健全管理信息系统建设,加大科普教育和公众宣传。③ 加大财税和金融政策支持力度。发挥公共财政资金的引导作用,保证国家适应行动有可靠的资金来源,加大财政在适应能力建设、重大技术创新等方面的支持力度,推动气候金融市场建设,鼓励开发气候相关服务产品。④ 强化技术支撑。围绕国家重大战略需求,统筹现有资源和科技布局,加强适应气候变化领域相关研究机构建设,系统开展适应气候变化科学基础研究,鼓励适应技术研发与推广,加强行业与区域科研能力建设。⑤ 开展国际合作。加强适应气候变化国际合作,继续要求发达国家切实履行《气候公约》下的义务,向发展中国家提供开展适应行动所需要的资金、技术和能力建设,通过国际技术开发和转让机制,推动技术研发和自主创新,综合运用能力建设、联合研究与其他发展中国家开展"南南合作"。⑥ 做好组织实施。由国家发改委牵头负责适应战略实施的组织协调,国务院有关部门依据分工落实相关工作,编制本部门、本领域的适应气候变化方案,各省级行政区编制其适应气候变化方案并会同有关部门有效落实。

1. 谈谈你对气候变化法的交叉学科性质的理解。

2. 应该如何理解气候变化法中的可持续发展原则?

3. 共同但有区别的责任和各自能力的原则:发展,涵义及其在国际气候变化法律文件中的体现。

4. 减缓与适应在国际气候变化法的发展和在法律文件中的体现。

5. 气候变化法应该包括哪些内容?

拓展阅读

1. 1992年《联合国气候变化框架公约》。
2. 1997年《京都议定书》。
3. 2016年气候变化《巴黎协定》。
4. 〔荷〕尼科·斯赫雷弗:《可持续发展在国际法中的演进:起源、涵义及地位》,汪习根、黄海滨译,社会科学文献出版社2010年版。
5. 〔美〕格雷克等:《气候变化和科学的整体性》,胡德胜译,载《西安交通大学学报(社会科学版)》2010年第4期。
6. 国家发改委:《中国应对气候变化国家方案》,2007年6月。
7. 国务院新闻办公室:《中国应对气候变化的政策与行动》白皮书,2008年10月。
8. 国家发改委:《中国应对气候变化的政策与行动——2009年度报告》,2009年11月。

第十五章

节约能源法

> **学习目标**
> 通过本章的学习,学生可以掌握以下内容:
> 1. 节约能源以及节约能源法的概念;
> 2. 我国节约能源立法现状;
> 3. 《节约能源法》的主要制度。
>
> **关键概念**
> 节约能源　节约能源法　我国节约能源法主要制度

第一节　节约能源概述

一、节约能源的概念

"节约能源"(简称"节能")一词产生于20世纪70年代爆发的石油危机,其内涵和外延不断变化、丰富和发展。从节约石油到节约能源,人类对节能的认识经历了从狭义节能到广义节能、从单纯的节约和少用能源到包括提高能源效率在内的节能。1979年世界能源委员会对节能的定义是:采取技术上可行、经济上合理、环境和社会可接受的一切措施,来提高能源资源的利用效率。

我国2016年《节约能源法》第3条给节约能源下的定义是:"加强用能管理,采取技术上可行、经济上合理以及环境和社会可以承受的措施,从能源生产到消费的各个环节,降低消耗、减少损失和污染物排放、制止浪费,有效、合理地利用能源。"

从经济学的意义上讲,节约能源具有两个方面的相对效果,一是增加了能源供应数量,二是减少了污染物特别是温室气体的排放量。

加强用能管理是节能的基础性工作,其包括两个方面:(1)国家通过制定节能法律、法规、政策和标准,加强监督检查,督促用能单位加强用能管理,以节约能源;(2)企业依照法律规定并根据自身发展要求,通过制定并实施节能计划和节能技术措施,建立节能目标责任制,开展节能教育和岗位节能培训,加强能源计量管理和能源消费统计、能源利用状况分析,从而提高能源利用效率。

技术上可行是指符合现代科学技术要求和发展水平;经济上合理,是指经过经济可行性研究论证,节能资金投入与效益比合理;环境和社会可以承受,是指符合环境保护要求,节能措施安全、实用、可靠、经济,不超越社会承受能力。

节能应当体现在从能源生产到消费的各个环节,即应当在能源的生产、加工、转换、输送、储存、使用等各个环节,低消耗、减少损失和污染物排放,制止浪费。节能要达到的目的是有效、合理地利用能源,即在符合经济效益原则和环保要求的情况下,使用相同数量的能源,满足更大的社会需求。[①]

二、节约能源的重要性

（一）节约能源已成为人类可持续发展的必然选择

能源资源的有限性与人类欲望的无限性正在成为一对难以调和的矛盾。随着人口的增长以及人类对物质需求的不断提高,这一矛盾日益尖锐。自20世纪70年代两次石油危机以来,节能问题日益受到世界普遍关注。进入21世纪后,世界主体能源石油的价格迅速攀升、起伏跌宕,在可再生能源和新能源利用技术仍不成熟的情况下,过度开发利用化石能源产生的能源紧缺问题越来越引起全世界的关注,节能也因此被世界各国提升到了前所未有的战略高度,已成为人类实现可持续发展的必然选择。

（二）能源瓶颈严重威胁着我国经济发展

能源是人类生存和发展的重要物质基础。没有能源作为支撑,就没有经济发展和现代文明。作为发展中的大国,我国已进入工业化、城镇化加快发展的阶段,能源问题已成为关系经济发展、国家安全和民族根本利益的重大战略问题。

我国能源具有"多煤、贫油和少气"的特点,而能源消费总量近年来增长过快,能源的瓶颈作用已经凸显,严重威胁着我国经济的进一步发展。截至2012年,我国能源消费总量已达36.2亿吨标准煤,成为世界最大的能源生产国和消费国。但是,我国人均能源资源拥有量却在世界上还处于较低水平,仅为发达国家平均水平的1/3。我国单位GDP能耗却不仅远高于发达国家,也高于一些新兴工业化国家。能源密集型产业技术落后,第二产业特别是高耗能工业能源消耗比重过高,钢铁、有色、化工、建材四大高耗能行业用能占到全社会用能的40%左右,能源效率相对较低。[②] 随着经济社会发展和人民生活水平的提高,未来能源消费还将大幅增长,能源的瓶颈作用会不断加剧。

（三）我国主体能源对外依存度上升快,能源安全形势严峻

近年来,我国能源对外依存度上升较快,特别是对国际主体能源石油的对外依存度迅速上升。我国从1993年成为石油净进口国,石油对外依存度从本世纪初的32%上升至目前的57%。中国海关2014年2月发布数据显示,2013年全年我国累计进口原油2.82亿吨,同比攀升4.03%。根据《能源发展"十二五"规划》的目标,至2015年我国石油对外依存度控制在61%以内,2013年已接近"十二五"设置的底线。国际能源市场价格波动增加了保障国内能源供应难度,而且石油海上运输安全风险加大,跨境油气管道安全运行问题不容忽视,再加

---

① 安建主编:《中华人民共和国节约能源法释义》,法律出版社2007年版,第5—6页。
② 国务院新闻办公室:《中国的能源政策(2012)》白皮书,2012年10月24日。

上能源储备规模较小,应急能力相对较弱,能源安全形势严峻。

(四)节约资源是我国的基本国策,我国只能走节能优先的发展道路

节约与开发并举、把节约放在首位是我国的能源发展战略,也是我国能源发展必须长期坚持的基本原则和方针。早在 20 世纪 80 年代初,国家就提出了"开发与节约并举,把节约放在首位"的发展方针。国务院 1986 年发布了《节约能源管理暂行条例》;全国人大常委会 1997 年制定了《节约能源法》,2007 年和 2016 年对该法又先后进行了修订和修正。

"十一五"规划第一次把节约资源作为我国的基本国策。我国能源政策的基本内容是:坚持"节约优先、立足国内、多元发展、保护环境、科技创新、深化改革、国际合作、改善民生"的能源发展方针,推进能源生产和利用方式变革,构建安全、稳定、经济、清洁的现代能源产业体系,努力以能源的可持续发展支撑经济社会的可持续发展。节约优先,就是要实施能源消费总量和强度双控制,努力构建节能型生产消费体系,促进经济发展方式和生活消费模式转变,加快构建节能型国家和节约型社会。

国务院于 2006 年 8 月 6 日发布《关于加强节能工作的决定》。次年 6 月发布《节能减排综合性工作方案》,全面部署了工业、建筑、交通等重点领域节能工作。2007 年修订后的《节约能源法》首次以法律的形式明确了节约资源是我国的基本国策,开宗明义表明其立法目的就是"为了推动全社会节约能源,提高能源利用效率,保护和改善环境,促进经济社会全面协调可持续发展"。"十二五"规划提出:"坚持节约优先、立足国内、多元发展、保护环境、加强国际互利合作,调整优化能源结构,构建安全、稳定、经济、清洁的现代能源产业体系",到 2015 年单位 GDP 能源消耗比 2010 年降低 16%。2006—2011 年,万元 GDP 能耗累计下降 20.7%,实现节能 7.1 亿吨标准煤。实施锅炉改造、电机节能、建筑节能、绿色照明等一系列节能改造工程,主要高耗能产品的综合能耗与国际先进水平差距不断缩小,新建的有色、建材、石化等重点工业项目能源利用效率基本达到世界先进水平。淘汰落后小火电机组 8000 万 kW,每年可由此节约原煤 6000 多万吨。2011 年,全国火电供电煤耗较 2006 年降低 37 克标准煤/kWh,降幅达 10%。① 2011 年,国务院发布《"十二五"节能减排综合性工作方案》,提出"十二五"期间节能减排的主要目标和重点工作。"十三五"规划提出"建设清洁低碳、安全高效的现代能源体系",要求"着力推动能源生产利用方式变革","提高能源利用效率"。这意味着必须通过多种路径、采取多种措施,强化节能工作。

第二节 节约能源法概述

一、节约能源法的概念

节约能源法有广义和狭义之分。广义的节约能源法是指由国家制定或认可的并由国家强制力保证施行的、调整节约能源社会关系的一系列法律规范的总称。狭义的节约能源法是指一部以"节约能源法"或者类似名称命名的、由最高立法机关制定的法律;在我国,是指全国人大常委会 1997 年 11 月 1 日通过、自 1998 年 1 月 1 日起施行、后经 2007 年 10 月 28 日修订及 2016 年 7 月 2 日修正的《节约能源法》。

---

① 国务院新闻办公室:《中国的能源政策(2012)》白皮书,2012 年 10 月 24 日。

节约能源法除具有一般法律规范的共性特性外,还具有如下三个特点:(1) 调整对象具有特定性,即特定的节能社会关系;(2) 适用范围具有特殊性,仅适用于节能管理、节能技术改造等节能活动中;(3) 法律后果特定,节能法律规范对于违反节能法律规定应承担的法律后果作了明确规定。

节约能源法律制度是指为了实现节能法的目的和任务,根据节能法的基本原理和基本原则所制定的、调整特定节能社会关系时形成的法律制度。①

二、我国节约能源立法回顾

改革开放初期,我国仍然基本上是计划经济体制,节能工作多以行政指令的形式发布。国务院于 20 世纪 80 年代初先后发布了压缩烧油、节电、节油、节煤等五项节能指令。1986 年国务院发布《节约能源管理暂行条例》,第一次以行政法规的形式对节能工作进行全面规范。该条例旨在为贯彻国家对能源实行开发和节约并重的方针,合理利用能源,降低能源消耗,提高经济效益,保证国民经济持续、稳定、协调的发展,规定实行产品能耗定额管理,通过考核制度、节奖超罚等手段,将节能目标与计划分配物资结合起来。

随着市场经济框架的基本形成,迫切需要节能立法。全国人大常委会 1997 年 11 月通过了《节约能源法》,标志着国家第一次将节能上升到法律的高度。《节约能源法》立法目的明确提出要推进全社会节约能源,提高能源利用效率,保护环境,保障国民经济和社会的发展,满足人民生活需要。

国家经贸委 1999 年 3 月 10 日发布的《重点用能单位节能管理办法》是《节约能源法》最早的配套规章。其后,有关部委陆续制定了节电、节水、能源标准管理、节能产品认证管理、资源综合利用认定管理、民用建筑节能管理等规章以及铁路、交通行业实施《节约能源法》的细则。特别是,国家发改委和国家质量监督检验检疫总局 2004 年联合发布的《能源效率标识管理办法》,标志着我国开始实施强制性能源效率标识制度,也标志着节能产品市场的日益规范。2005 年首部《公共建筑节能设计标准》发布实施,进一步完善了民用建筑节能标准体系。

随着我国能源消费数量快速增长、强度增高、利用效率低下,经济发展与能源资源及环境的矛盾日趋尖锐,特别是"十一五"节能减排工作形势严峻,任务艰巨,迫切需要通过完善法律,加大对节能工作的推动力度。尤其是,需要扩展现行法律的调整范围,对建筑节能、交通运输节能和公共机构节能作出规定,对一些规定加以细化,并加大对违法行为的处罚力度;进一步增强法律的可操作性和约束力,进一步明确节能监管主体,理顺相关部门在节能监管中的职责,更好地运用市场机制和经济手段引导和推动合理用能;进一步明确有关政策措施,建立促进节能的激励与约束机制。因此,《节约能源法》由第十届全国人大常委会于 2007 年 10 月 28 日进行了修订,并自 2008 年 4 月 1 日起施行。2016 年 7 月再次修订。

2007 年修订《节约能源法》的主要内容是:

(1) 扩大了调整范围,设专节分别增加规定了建筑节能、交通运输节能和公共机构节能的内容。对于建筑节能和交通运输节能,具体规定了一些重要的节能制度和管理措施。例如,房地产开发企业在销售商品房时,应当明示能耗指标等信息;逐步实行供热分户计量、按

---

① 杨解君主编:《变革中的中国能源法制》,世界图书出版广东有限公司 2013 年版,第 230 页。

用热量计量收费制度;鼓励开发、生产、使用节能环保型汽车、摩托车、铁路机车车辆、船舶和其他交通运输工具,实行老旧交通运输工具的报废、更新制度,鼓励开发和推广应用交通运输工具使用的清洁燃料、石油替代燃料等。

在公共机构节能方面,明确了公共机构在节能方面的义务。例如,实行节能目标责任制、制定并实施政府机构能源消耗定额;加强本单位用能系统管理;必须优先采购列入节能政府采购清单中的产品、设备等。

(2) 健全了节能标准体系和监管制度。节能标准既是企业实施节能管理的基础,又是政府加强节能监管的依据。政府对节能工作的管理涉及很多方面,要把政府的节能监管建立在法制基础上,必须建立科学的节能标准体系。这次节能法修订,进一步明确要制定强制性的用能产品(设备)能效标准、高耗能产品单位能耗限额标准,健全了建筑节能标准、交通运输营运车船的燃料消耗限值标准等。以上述标准为基础,规定了更加严格的节能管理办法,如对不符合能效标准的用能产品(设备)实行淘汰制度;生产高耗能产品,如果能耗超过限额,必须限期治理;禁止销售和进口不符合能效标准的用能产品(设备)。不符合有关节能标准的建筑项目不准开工建设,对已开工建设的建筑项目要开展执行节能标准情况的检查,对已经建成但没有达到节能标准的建筑不得办理竣工验收手续。这些标准和管理办法的制订和完善,将有利于从源头上控制能源消耗,遏制重大浪费能源的行为,加快淘汰落后的高耗能产品和设备。[①]

(3) 设专章规定激励措施,加大了对节能的激励力度。为加强节能工作,新修订的法律增设了激励措施一章,明确国家实行促进节能的财政、税收、价格、信贷和政府采购政策。主要包括:中央和省级财政设立节能专项资金,鼓励多渠道筹集节能资金,支持节能技术研究开发、示范与推广以及重点节能工程的实施;对列入推广目录的节能技术和产品,实行税收优惠,并通过财政补贴或税收扶持政策,支持照明器具等的推广和使用;实行有利于节约资源的税收政策,健全能源矿产资源有偿使用制度,提高能源开采利用水平;运用税收等政策,鼓励进口先进的节能技术和设备,控制耗能高、污染重的产品的出口;推动和引导社会力量对节能的资金投入;实行峰谷电价、差别电价等有利于节能的价格等。

(4) 增加法律责任条款并强化法律责任,加大处罚力度。修订后的《节约能源法》的法律责任条款由原来的8条增加到19条,内容也大为扩充。内容扩充包括:建设、设计、施工、工程监理等单位违反建筑节能的有关标准;重点用能单位拒不落实整改要求或整改未达到要求、不按时报送能源利用状况报告或报告内容不实、不按规定设立能源管理岗位;瞒报、伪造、篡改能源统计资料或编造虚假能源统计数;未按规定配备、使用能源计量器具等方面的法律责任等。同时也加大了处罚力度。它规定固定资产投资项目建设单位开工建设不符合强制性节能标准的项目或者将该项目投入生产、使用的,由管理节能工作的部门责令停止建设或者停止生产、使用,限期改造;不能改造或者逾期不改造的生产性项目,由管理节能工作的部门报请本级政府按照国务院规定的权限责令关闭。还规定生产单位超过单位产品能耗限额标准用能且情节严重的,经限期治理逾期不治理或者没有达到治理要求的,可以由管理节能工作的部门提出意见,报请本级政府按照国务院规定的权限责令停业整顿或者关闭等。

2007年以来,国家加强了节能减排立法,除了大幅修订《节约能源法》外,还相继出台了

---

① 安建主编:《中华人民共和国节约能源法释义》,法律出版社2007年版,第181页。

《民用建筑节能条例》《公共机构节能条例》等大量法规和规章,初步形成了以《节约能源法》为核心,以《清洁生产促进法》《循环经济促进法》《环境影响评价法》等法律以及行政法规和各部门规章,地方性法规和地方政府规章为支撑,以《煤炭法》《电力法》《环境保护法》《大气污染防治法》《固体废物污染防治法》等相关法律及大量相关行政法规、规章为补充的节能减排法律体系。

三、我国节约能源法的渊源

节约能源法的渊源是指节约能源法律规范的表现形式,包括宪法、法律、法规和法规性文件、自治条例和单行条例、规章和规章性文件、国家标准,以及相关国际条约。

2007年《节约能源法》(2016年修正)是我国节能的专门性法律。包含有关节能内容的其他法律主要有《煤炭法》《电力法》《清洁生产促进法》《循环经济促进法》《建筑法》《可再生能源法》《全民所有制工业企业法》《促进科技成果转化法》《政府采购法》《农业法》《企业所得税法》《反垄断法》《农业机械化促进法》等。

关于节能的行政法规及行政法规性文件主要有《民用建筑节能条例》《公共机构节能条例》《工业产品生产许可证管理条例》《重点用能单位节能管理办法》《节约用电管理办法》《指导外商投资方向规定》《国务院办公厅关于严格禁止违规建设13.5万千瓦及以下火电机组的通知》《国务院办公厅关于进一步推进墙体材料革新和推广节能建筑的通知》《国务院关于做好建设节约型社会近期重点工作的通知》《国务院办公厅转发建设部等部门关于优先发展城市公共交通意见的通知》《国务院办公厅转发发展改革委等部门关于鼓励发展节能环保型小排量汽车意见的通知》《国务院关于加强节能工作的决定》《国务院关于"十一五"期间各地区单位生产总值能源消耗降低指标计划的批复》《国务院批转发展改革委、能源办关于加快关停小火电机组若干意见的通知》《中共中央办公厅、国务院办公厅关于进一步严格控制党政机关办公楼等楼堂馆所建设问题的通知》《国务院办公厅转发电力体制改革工作小组关于"十一五"深化电力体制改革实施意见的通知》《国务院办公厅关于严格执行公共建筑空调温度控制标准的通知》《国务院关于印发节能减排综合性工作方案的通知》《国务院办公厅关于建立政府强制采购节能产品制度的通知》《国务院办公厅关于转发发展改革委等部门节能发电调度办法(试行)的通知》等。

部门规章及部门规章性文件主要有《重点用能单位节能管理办法》《民用建筑节能管理规定》《能效标识管理办法》《建设领域推广应用新技术管理规定》《加强电力需求侧管理工作的指导意见》《固定资产投资项目节能评估和审查暂行办法》《关于节能技术服务中心工作的若干规定》《能源标准化管理办法》《关于加快风机、水泵节能改造的意见》《汽车行业标准化管理办法》《"中国绿色照明工程"实施方案》《电力节能检测中心管理办法》《技术改造贷款项目贴息资金管理办法》《铁路节能技术政策》《节约用电管理办法》《城市道路照明设施管理规定》《关于组织实施资源节约与环境保护重大示范工程的通知》《建设部建筑节能试点示范工程(小区)管理办法》《电力网电能损耗管理规定》《汽车产业发展政策》《节约能源—城市绿色照明示范工程》《节能中长期专项规划》《节能产品政府采购实施意见》《关于新建居住建筑严格执行节能设计标准的通知》《关于发展节能省地型住宅和公共建筑的指导意见》《关于进一步加强城市照明节电工作的通知》《关于加强政府机构节约资源工作的通知》《建设节约型交通指导意见》《关于防止高耗能行业重新盲目扩张的通知》《民用建筑工程节能质量监督管理办法》《关于加强固定资产投资项目节能评估和审查工作的通知》《关于加快推进产业结构调整遏制高耗能行业再度盲目扩张的紧急通知》《关于进一步加强交通行业节能减排工作的意见》《关于在交通行业开展节能示范活动的通知》《建设部关于落实〈国务院关于印发节能减排综合性工作方案的通知〉的实施方案》《关于改进和加强节能环保领域金融服务工作的指导意见》《关于印发煤炭工业节能减排工作意见的通知》《节能减排全民行动实施方案》《关于加快节能减排投资项目环境影响评价审批工作的通知》《关于加强节约能源工作的报告》《关于加强节能工作的决定》《关于印发节能减排综合性工作方案的通知》《节能减排综合性工作方案》《关于深入开展全民节能行动的通知》等。

绝大多数省级行政区的人大或其常委会、政府都制定了节约能源条例或者《节约能源法》实施办法,很多省级行政区还制定了建筑节能、公共机构节能方面的节能条例、办法。例如,山东、贵州、安徽、陕西、重庆、上海、深圳、乌鲁木齐等省市制定了建筑节能条例,湖北、河北、广东、湖南、南京、沈阳、上海等省市制定了民用建筑节能条例,吉林、山东、江苏、江西、黑龙江、海南、甘肃等省市制定了公共机构节能管理办法。

节能标准也是关于节能的规范性文件。例如,《公共建筑节能设计标准》(GB 50189-2005)、《营运客车燃料消耗量限值及测量方法》(JT 711-2008)和《营运货车燃料消耗量限值及测量方法》(JT 719-2008)等。

此外,我国法律还明确规定了国际条约和国际惯例的法律效力。有关我国同外国缔结的双边、多边条约及公约、协定等有关节约能源方面的规定,也是我国能源法律的重要渊源。有的虽然没有规定,但凡为大多数国家或地区承认和接受的与节约能源有关的国际惯例,也可以是我国能源法律的渊源。

综上所述,我国形式上已经形成了由宪法、法律、法规、规章、标准和国际条约组成的节能法体系框架。[①]

第三节 《节约能源法》的主要制度

2007年《节约能源法》分为总则、节能管理、合理使用与节约能源(分为一般规定、工业节能、建筑节能、交通运输节能、公共机构节能和重点用能单位节能6节)、节能技术进步、激励措施、法律责任以及附则7章,共有87条。

我国《节约能源法》规定的主要节能制度有节能规划制度,政府节能目标责任及考核评价制度,节能标准制度,固定资产投资项目节能评估和审查制度,产品、设备和生产工艺淘汰制度,能源效率标识管理制度,节能产品认证制度,重点领域节能管理制度,推动节能技术研究、开发和推广应用制度,以及节能激励措施制度。

一、节能规划制度

《节约能源法》第5条规定:各级政府应当将节能工作纳入国民经济和社会发展规划、年度计划,并组织编制和实施节能中长期专项规划、年度节能计划;每年要向同级人大或其常委会报告节能工作,接受后者的监督。

---

① 杨解君主编:《变革中的中国能源法制》,世界图书出版广东有限公司2013年版,第230页。

国民经济和社会发展规划是中央或地方政府制定的关于本行政区国民经济和社会发展的宏观性、战略性和长远性的计划,是确定国民经济和社会发展的总体战略、指导方针、主要任务、发展目标和主要政策措施的指导文件,而年度计划又是对年度经济社会各主要方面的工作所作的统筹部署和安排。节能是我国能源和经济发展战略的重要组成部分,应当将其纳入各级政府的国民经济和社会发展规划和年度计划,有利于从宏观上、战略上推进和保障节能工作的开展。

2004年国家发改委发布了《节能中长期专项规划》。它是改革开放以来我国制定和发布的第一个节能中长期专项规划,规定了2020年我国节能的具体目标,提出了在制定和实施发展战略、产业政策、财政、税收等政策中都要体现节能优先的原则。"十一五"规划将节能作为其重要篇章;"十二五"规划更是强化了我国节能减排的具体目标和任务,制定了节能减排约束性目标;"十三五"规划在第43章中用第一节"全面推动能源节约"专门论述节能,提出将"能源消费总量控制在50亿吨标准煤以内",并在其他有关章节中从各领域和各方面强调节能。将节能工作纳入国民经济和社会发展年度计划,有利于根据实际情况,从资金、技术、政策、行政和法律措施上具体落实节能工作,保障节能目标的完成。例如,2012年国务院发布《节能减排"十二五"规划》后,有关部委和省级政府发布相应的专项规划和地方规划,保证了节能任务的落实。

二、政府节能目标责任及考核评价制度

《节约能源法》第6条规定:国家实行节能目标责任制和节能考核评价制度,将节能目标完成情况作为对地方政府及其负责人考核评价的内容。省、自治区、直辖市人民政府每年向国务院报告节能目标责任的履行情况。

节能工作是各级政府的一项重要工作。《节约能源法》第7条第2款对国务院和省级政府节能工作的总体要求是:"加强节能工作,合理调整产业结构、企业结构、产品结构和能源消费结构,推动企业降低单位产值能耗和单位产品能耗,淘汰落后的生产能力,改进能源的开发、加工、转换、输送、储存和供应,提高能源利用效率。"

要确保节能目标的实现,规划的落实,必须建立节能目标责任制和节能考核评价制度,切实落实节能责任,加强对节能目标完成情况的监督和考核。根据国务院有关规定,现阶段节能目标责任制和节能考核评价制度的主要内容是:将国民经济和社会发展规划纲要确定的单位GDP能耗降低目标分解落实到各省级行政区,省级政府再将目标逐级分解落实到各市、县,一级抓一级,层层抓落实,实行严格的目标责任制;将能耗指标作为各地经济社会发展综合考核评价和年度考核的重要指标,将节能目标完成情况作为对地方政府负责人进行考核的重要内容。

作为节能目标责任制的重要内容,省级政府应当每年向国务院报告节能目标责任的履行情况,以利于国务院全面掌握各省级行政区能源利用状况,加强对各省级政府节能工作的监督和指导,保证节能目标的实现。报告的主要内容包括:本地区能源消费情况、能源利用状况、节能目标完成情况、节能法律、行政法规、政策、措施的实施情况等。

2007年国家发改委、国家统计局和环保总局分别会同有关部门制定了《单位GDP能耗统计指标体系实施方案》《单位GDP能耗监测体系实施方案》《单位GDP能耗考核体系实施方案》(下称"三个方案")和《主要污染物总量减排统计办法》《主要污染物总量减排监测办法》《主要污染物总量减排考核办法》(下称"三个办法")。《单位 GDP 能耗考核体系实施方案》进一步强化了政府和企业责任,分别针对各省级政府和千家重点耗能企业制定了量化的考核办法和具体的奖惩措施。《单位 GDP 能耗统计指标体系实施方案》和《单位 GDP 能耗监测体系实施方案》要求建立健全以全面调查、抽样调查、重点调查等各种调查方法相结合的能源统计调查体系,并在加强能耗各项指标统计的同时,对能耗指标的数据质量进行监测,确保各项能耗指标的真实、准确。主要污染物总量减排统计、监测与考核三个办法,明确了化学需氧量(COD)和 SO_2 减排量的具体核算方法,排放量的监测方式以及对省级政府完成"十一五"减排目标情况的考核办法。三个方案加上三个办法,构成了完整的节能减排统计、监测和考核三体系。[1]

三、节能标准制度

节能标准是节能工作的指针、尺度和指南。我国的节能标准分为强制性节能标准和推荐性节能标准两类。

《节约能源法》强化了节能标准制度。其第 13 条第 1、2 款要求:国务院标准化主管部门和国务院有关部门依法组织制定并适时修订有关节能的国家标准、行业标准,建立健全节能标准体系。国务院标准化主管部门会同国务院管理节能工作的部门和国务院有关部门制定强制性的用能产品、设备能源效率标准和生产过程中耗能高的产品的单位产品能耗限额标准。第 3 款规定国家鼓励企业制定严于国家标准、行业标准的企业节能标准;第 4 款规定,省、自治区、直辖市制定严于强制性国家标准、行业标准的地方节能标准,由省、自治区、直辖市人民政府报经国务院批准。

该法第 14 条对建筑节能标准的制定作出了专门规定。由国务院建设主管部门组织制定建筑节能的国家标准、行业标准,省级建设主管部门可以根据本地实际情况制定高于国家标准或者行业标准的地方建筑节能标准。

四、固定资产投资项目节能评估和审查制度

《节约能源法》第 15 条规定,我国实行固定资产投资项目节能评估和审查制度。对固定资产投资项目进行节能评估是指根据节能法律和标准,对固定资产投资项目的能源利用是否科学合理进行分析评估,并编制节能评估报告书、节能评估报告表(以下统称节能评估文件)或填写节能登记表的行为;节能审查是指根据节能法律和标准,对项目节能评估文件进行审查并形成审查意见,或对节能登记表进行登记备案的行为。

固定资产投资项目节能评估和审查制度是指,对于经审查和评估而被认定为不符合强制性节能标准的项目,依法负责项目审批或者核准的机关不得批准或者核准建设,建设单位不得开工建设,已经建成的不得投入生产、使用;否则,直接负责的主管人员和其他直接责任人员以及建设单位要依法承担相应的法律责任。

这一制度是为了确保从源头消除能源浪费,提高能源综合利用效率,优化能源结构,遏制高耗能行业过快增长,缓解我国能源供需矛盾。国家发改委《关于加强固定资产投资项目节能评估和审查工作的通知》和《固定资产投资项目节能评估和审查指南》,对如何进行节

---

[1] 蒙华:《我国节能减排目标责任制进入落实阶段》,载《中国建材报》2007 年 12 月 3 日第 1 版。

评估和审查,以及评估和审查的具体内容等作了进一步规定。

五、产品、设备和生产工艺淘汰制度

《节约能源法》第16条规定,我国对落后的耗能过高的用能产品、设备和生产工艺实行淘汰制度。它是指,对不符合有关法律规定,严重浪费资源、污染环境的落后工艺技术、用能设备及产品,由国务院有关主管部门按照一定的程序公布名录,要求在规定的期限内,停止生产、销售、进口和使用的法律制度。落后的耗能过高的用能产品、设备,是指其能耗超过国家按照一定时期的经济技术发展水平制定的能耗标准,并且已经有了先进的、经济的替代品,继续生产或使用该类产品、设备将导致能源严重浪费的用能产品和设备。淘汰的用能产品、设备、生产工艺的目录和具体实施办法,由国务院管理节能工作的部门会同其他有关部门制定。

根据国务院 2005 年《关于发布实施〈促进产业结构调整暂行规定〉的决定》,国家发改委颁布了《产业结构调整指导目录(2005 年本)》,对鼓励类、限制类和淘汰类产业作了明确规定。国家发改委后又会同其他有关部门进行了修订,形成了自 2011 年 6 月 1 日起施行的《产业结构调整指导目录(2011 年本)》。会同其他有关部门对《产业结构调整指导目录(2011 年本)》有关条目进行调整后,国家发改委 2013 年 2 月 16 日发布了《关于修改〈产业结构调整指导目录(2011 年本)〉有关条款的决定》,并同年自 5 月 1 日起施行。

根据《节约能源法》第 16 条第 2 款的规定,生产过程中耗能高的产品的生产单位,应当执行单位产品能耗限额标准。单位产品能耗限额标准,是指国务院标准化主管部门根据该法规定,会同管理节能工作的部门和其他有关部门制定的生产过程中耗能高的产品的单位产品能耗限额标准。生产过程中耗能高的产品的生产单位超过单位产品能耗限额标准用能的,由管理节能工作的部门按照国务院规定的权限责令限期治理。该法还规定,高耗能的特种设备应当按照国务院的规定实行节能审查和监管。高耗能的特种设备,是指涉及生命安全、危险性较大的锅炉、压力容器、压力管道、电梯、起重机械、客运索道、大型游乐设施等设备。

该法第 17 条规定:禁止生产、进口、销售国家明令淘汰或者不符合强制性能源效率标准的用能产品、设备;禁止使用国家明令淘汰的用能设备、生产工艺。

六、能源效率标识管理制度

能源效率标识是附在产品或产品最小包装上的一种信息标签,用于表示用能产品的能源效率等级等性能指标,为用户和消费者的购买决策提供必要的信息,以引导用户和消费者选择高效节能产品。所谓能源效率标识管理制度是指这样一种制度:(1)对列入国家能源效率标识管理产品目录的用能产品标注能源效率标识,生产者和进口商应当在产品包装物上或者说明书中予以说明,并按照规定报国务院产品质量监督部门和国务院管理节能工作的部门共同授权的机构备案;(2)生产者和进口商应当对其标注的能源效率标识及相关信息的准确性负责;(3)禁止销售应当标注而未标注能源效率标识的产品;(4)违者应当承担法律责任。

实行能源效率标识管理制度的目的,在于引导和帮助消费者选择高效节能产品,促进产品能效的提高和节能技术进步。根据《节约能源法》第 18 和 19 条的规定,我国对家用电器

等使用面广、耗能量大的用能产品,实行能源效率标识管理制度。实行能源效率标识管理的产品目录和实施办法,由国务院管理节能工作的部门会同产品质量监督部门制定并公布。

能源效率标识管理制度20世纪七八年代始于西方发达国家。我国的能源效率标识管理制度起步较晚。2004年8月,国家发改委和国家质检总局联合制定了《能源效率标识管理办法》;这标志着我国开始实施能源效率标识管理制度。国家发改委、质检总局和国家认监委联合制定并发布了《实行能源效率标识的产品目录(第1—8批)》《中国能源效率标识基本样式》《家用电冰箱能源效率标识实施规则》和《房间空气调节器能源效率标识实施规则》等部门规章和规章性文件。目前,我国实行能源效率标识管理的产品种类还比较少,能效强制实施的产品主要有显示器、液晶电视机、等离子电视机、电饭锅、电磁炉、家用洗衣机、电冰箱、储水式电热水器、节能灯、高压钠灯、打印机、复印机、电风扇等。

七、节能产品认证制度

节能产品认证制度是指:(1)用能产品的生产者、销售者根据自愿原则,按照国家有关节能产品认证的规定,向经国家认证认可监督管理部门认可的从事节能产品认证的机构提出节能产品认证申请,经认证合格后取得节能产品认证证书,可以在用能产品或者其包装物上使用节能产品认证证书;(2)禁止使用伪造的节能产品认证标志或者冒用节能产品认证标志,违者应当承担法律责任。《节约能源法》第20条规定我国实行节能产品认证制度。

八、重点领域节能管理制度

我国对重点领域加强节能管理。主要是就工业节能、建筑节能、交通运输节能、公共机构节能和重点用能单位节能作出了比较详细的规定。

(一)工业节能

工业节能方面的主要规定包括以下四个方面的内容:

(1)推进能源资源优化开发利用和合理配置。它要求国务院和省级政府:① 制定煤炭、石油、天然气、煤层气等主要能源资源总体开发方案;优化煤、油、气和水电资源的配置;统筹规划能源开发、运输、储存、加工、转换、燃料替代等,优化和调整用能结构,实现有效利用能源资源。② 推进煤炭坑口大容量群发电技术与大水电基地发电;在缺乏能源资源地区,积极发展安全堆型核电技术;在热负荷集中区域,推进热电联产、热、电、冷三联产发电;实施节能电力调度,推进大容量、远距离、经济型输配电;禁止电力系统新建燃油发电厂。③ 推进煤炭资源高效开采利用;发展煤炭大规模、集约化开采技术,提高回采率;鼓励、支持研发和推广煤化工、煤炭液化替代石油及洁净煤技术;关停回采率低与不具备安全采矿条件的小煤矿。

(2)推进有利于节能的行业结构调整,优化用能结构和企业布局。它要求国务院和省级政府:① 控制高能耗、高污染产业过快增长,加快淘汰落后产能,加大淘汰电力、钢铁、建材、电解铝、铁合金、电石、焦炭、煤炭、平板玻璃等行业落后产能的力度。② 完善促进行业结构调整的政策措施,积极推进能源结构调整,大力发展可再生能源和清洁能源。

(3)制定高耗能行业的节能技术政策,推动企业节能技术改造。《节约能源法》将电力、钢铁、有色金属、建材、石油加工、化工、煤炭等列举为我国目前的主要高耗能行业,要求国务院管理节能工作的部门会同其他有关部门要制定高耗能行业的节能技术政策。节能技术政策是一国为推动节能技术研究、开发、推广、应用而制定的纲领和措施。有了国家节能技术政策,才能引导和有效地推动企业的节能技术改造。《节约能源法》第 30 条要求国务院管理节能工作的部门会同其他有关部门制定主要耗能行业的节能技术政策,推动企业节能技术改造。

根据国家发改委和科技部联合发布的《中国节能技术政策大纲(2006 年)》的要求,工业产业节能技术规范包括六个方面:能源资源优化开发利用和配置技术,重点生产工艺节能技术,生产过程余热、余压、余能利用技术,高效节能设备,节能新技术,节能新材料等。主要耗能行业应当根据节能技术政策大纲的要求,推动本行业的节能技术改造。

(4) 鼓励工业企业采用高效节能设备和节能技术。高效节能设备主要是高效节能的电动机、风机、泵类等设备和高效节能的工业锅炉、窑炉。高效节能技术包括热电联产、余热余压利用、洁净煤、先进的用能监测和控制等技术。

《节约能源法》第 31 条规定,国家鼓励工业企业采用高效节能的设备和高效节能的技术。第 32 条要求电网企业按照国务院有关部门制定的节能发电调度管理的规定,安排清洁、高效和符合规定的热电联产、利用余热余压发电的机组以及其他符合资源综合利用规定的发电机组与电网并网运行,上网电价执行国家有关规定。第 33 条禁止新建不符合国家规定的燃煤、燃油发电机组和燃煤热电机组。

(二) 建筑节能

建筑节能的主要内容是实行建筑节能规划制度,建筑节能标准制度,建筑节能信息告知制度,公共建筑和公用设施节能制度,以及建筑供热计量收费制度。

(1) 建筑节能规划制度。《节约能源法》第 34 条规定:国务院建设主管部门负责全国建筑节能的监督管理工作。县级以上地方各级建设主管部门负责本行政区内建筑节能的监督管理工作。县级以上地方各级人民政府建设主管部门会同同级管理节能工作的部门编制本行政区域内的建筑节能规划。一个行政区内的建筑节能规划,应当以国家和上一级政府编制的国民经济和社会发展规划和节能专项规划为依据,并结合本行政区的特点进行编制。建筑节能规划不仅包括新建建筑节能计划,还应当包括既有建筑节能改造计划。

(2) 建筑节能标准制度。《节约能源法》第 35 条要求建筑工程的建设、设计、施工、监理单位遵守建筑节能标准。各级建设行政主管部门要加强对建筑节能标准执行情况的事前、事中和事后监督检查。对不符合建筑节能标准的建筑工程,建设主管部门不得批准开工建设;已经开工建设的,应当责令停止施工、限期改正;已经建成的,不得销售或者使用。建设主管部门应当加强对在建建筑工程执行建筑节能标准情况的监督检查。

建筑节能标准是规定建筑符合节能要求的基本技术准则。我国建筑节能标准分为国家标准、行业标准和地方标准。根据《标准化法》和《节约能源法》的规定:建筑节能的国家标准、行业标准由国务院建设主管部门组织制定;省级政府建设主管部门可以根据本地实际情况制定严于国家标准或行业标准的地方建筑节能标准,并报国务院标准化主管部门和国务院建设主管部门备案。

(3) 建筑节能信息告知制度。《节约能源法》第 35 条规定房地产开发企业对房屋购买人有节能信息的告知义务。该条要求房地产开发企业在销售房屋时,向购买人明示所售房屋采取的节能措施、保温工程保修期以及其他应该告知的信息,并在房屋买卖合同、质量保证书和使用说明书中载明,并对其真实性、准确性负责。

房屋的节能措施是指用于按节能标准设计建造的房屋的围护结构、供热采暖系统、空调制冷装置、通风与空调系统、照明系统等。保温工程是指将外墙外保温系统通过组合、组装、施工或安装固定在外墙外表面上所形成的建筑物实体,包括房屋外墙、外窗或阳台门玻璃窗、屋顶等的保温设计和施工。

(4) 公共建筑和公用设施节能制度。《节约能源法》第37条规定,使用空调采暖、制冷的公共建筑实行室内温度控制制度。除特殊用途外,夏季室内空调温度设置一般不得低于26℃,冬季室内空调温度设置一般不得高于20℃。第39条要求县级以上地方政府有关部门应当加强城市节约用电管理,严格控制公用设施和大型建筑物装饰性景观照明的能耗。这一规定有助于杜绝城市装饰性景观照明单纯追求高亮度、多色彩、大规模、超豪华,建设和配置不切合实际的、不科学的照明工程。

(5) 建筑供热计量收费制度。《节约能源法》第38条规定,国家采取措施,对实行集中供热的建筑分步骤实行供热分户计量、按照用热量收费的制度;对新建建筑或者既有建筑进行节能改造,应当按照规定安装用热计量装置、室内温度调控装置和供热系统调控装置。这表明我国对旧的供热费计算方式进行改革,逐步取消按面积计收供热费,推行按用热量分户计量收费办法。实行供热计量收费制度,是利用市场经济规律的调节手段,一方面提高了经济效益,另一方面又节约了能源,促进了集中供热的节能。

此外,我国还鼓励在新建建筑和既有建筑节能改造中使用新型墙体材料和其他节能建筑材料、节能设备,安装和使用太阳能等可再生能源利用系统。

(三) 交通运输节能

《节约能源法》第42条规定的交通运输节能工作的总体思路是:国务院及其有关部门指导、促进各种交通运输方式协调发展和有效衔接,优化交通运输结构,建设节能型综合交通运输体系。

国务院有关交通运输主管部门会同管理节能工作的部门分别制定相关领域的节能规划。国务院有关交通运输主管部门应当:(1) 加强交通运输组织管理,引导道路、水路、航空交通运输企业提高运输组织化程度和集约化水平,减少无效运输,提高能源利用效率;(2) 加强对交通运输营运车船燃料消耗检测的监督管理。

国务院有关部门制定交通运输营运车船的燃料消耗量限值标准;该标准是强制性国家标准,凡是不符合该标准的,不能用于营运。这一规定将从根本上推动我国交通运输营运车船燃料经济性的提高和交通运输营运车船制造技术的全面进步。

关于地方政府节能工作的要求是:应当优先发展公共交通,加大对公共交通的投入,完善公共交通服务体系,鼓励采用公共交通工具、非机动交通工具出行。国家鼓励开发、生产、使用节能环保型汽车、摩托车、铁路机车车辆、船舶和其他交通运输工具,实行老旧交通运输工具的报废、更新制度。

此外,我国鼓励开发和推广应用交通运输工具使用的清洁燃料、石油替代燃料。

(四) 公共机构节能

公共机构主要指全部或者部分使用财政性资金的国家机关、事业单位和团体组织。法律对公共机构节能提出的总要求是:厉行节约,杜绝浪费,带头使用节能产品、设备,提高能源利用效率。公共机构节能的主要内容是实行公共机构节能规划制度、能源消费管理制度、能源审计制度以及节能产品和设备采购制度。

(1) 公共机构节能规划制度。节能规划既包括新建工程项目规划、设计、施工、监理、竣工验收和运行管理等环节的节能计划,也包括既有建筑节能改造计划。《节约能源法》第48条要求国务院和县级以上地方各级政府管理机关事务工作的机构会同同级有关部门制定和组织实施本级公共机构节能规划。

(2) 机构能源消费管理制度。《节约能源法》第49条和第50条第1款规定:① 公共机构应当制定年度节能目标和实施方案,加强能源消费计量和监测管理,向本级政府管理机关事务工作的机构报送上年度的能源消费状况报告;② 国务院和县级以上地方各级政府管理机关事务工作的机构会同同级有关部门按照管理权限,制定本级公共机构的能源消耗定额,财政部门根据该定额制定能源消耗支出标准;③ 公共机构应当加强本单位用能系统管理,保证用能系统的运行符合国家相关标准。

为了推动公共机构节能,提高公共机构能源利用效率,发挥公共机构在全社会节能中的表率作用。我国建立了公共机构能源资源消耗统计制度,并将之纳入国家统计体系。国务院2008年8月颁布了《公共机构节能条例》。2011年8月《公共机构节能"十二五"规划》明确将建筑及其用能系统作为工作的重点领域。目前,全国已有26个省级行政区出台了公共机构节能管理办法,29个省级行政区出台了"十二五"公共机构节能专项规划;各地区出台能源审计、能耗定额、合理用能指南等标准及节水、节电、节油管理办法逾3000件。

(3) 公共机构能源审计制度。《节约能源法》第50条第2款要求公共机构按照规定进行能源审计,并根据能源审计结果采取提高能源利用效率的措施。公共机构能源审计是指公共机构委托能源审计机构,对其能源使用效率、消耗水平和能源利用经济效果进行考察,对用能物理过程和财务过程进行检验、核查和分析评价的活动。能源审计的内容主要包括:能源管理状况、用能概况及流程、能源计量及统计状况、能源消费指标计算分析、用能设备运行效率计算分析、节能量计算等。

(4) 节能产品和设备采购制度。《节约能源法》第51条规定:① 公共机构采购用能产品、设备,应当优先采购列入节能产品、设备政府采购名录中的产品、设备;② 禁止采购国家明令淘汰的用能产品、设备;③ 节能产品、设备政府采购名录由省级以上政府的政府采购监督管理部门会同同级有关部门制定并公布。

(五) 重点用能单位节能

在我国,重点用能单位是指钢铁、有色、煤炭、电力、化工等耗能行业,它们是我国的耗能大户。根据《节约能源法》第52条第2款的规定,重点用能单位是指年综合能源消费总量1万吨标准煤以上的用能单位以及其他有关部门或者省级政府管理节能工作的部门指定的年综合能源消费总量5千吨以上不满1万吨标准煤的用能单位。

重点用能单位节能的主要内容是实行能源利用状况报告审查制度和能源管理岗位制度。

(1) 能源利用状况报告审查制度。《节约能源法》第53条要求重点用能单位每年向管理节能工作的部门报送上年度的能源利用状况报告。报告内容应当包括能源消费情况、能源利用效率、节能目标完成情况和节能效益分析、节能措施等内容。第54条规定:① 管理节能工作的部门应当对重点用能单位报送的能源利用状况报告进行审查,检查核对报告中的各项内容,确定其是否真实、准确,并了解用能单位在能源消费、能源节约方面的有关情况。② 对于节能管理制度不健全、节能措施不落实、能源利用效率低的重点用能单位,管理节能工作的部门应当开展现场调查,组织实施用能设备能源效率检测,责令实施能源审计,并提出书面整改要求,限期整改。

(2) 能源管理岗位制度。为了确保重点用能单位落实各项节能措施,促进其抓好节能工作,《节约能源法》第 55 条要求重点用能单位要设立专门的能源管理岗位,负责本单位能源的管理工作。能源管理负责人必须从具有节能专业知识、实际经验以及中级以上技术职称的人员中聘任,并报管理节能工作的部门和有关部门备案。能源管理负责人应当接受节能培训,负责组织对本单位用能状况进行分析、评价,组织编写本单位能源利用状况报告,提出本单位节能工作的改进措施并组织实施。

九、推动节能技术研究、开发和推广应用制度

《节约能源法》第 4 章规定政府推动节能技术进步的制度措施主要包括:

(1) 发布节能技术政策大纲。国务院管理节能工作的部门会同国务院科技主管部门发布节能技术政策大纲,指导节能技术研究、开发和推广应用。

(2) 为节能技术研发提供资金支持。县级以上各级政府应当把节能技术研究开发作为政府科技投入的重点领域,支持科研单位和企业开展节能技术应用研究,制定节能标准,开发节能共性和关键技术,促进节能技术创新与成果转化。

(3) 制定并公布节能技术、节能产品的推广目录,实施重大节能科研项目、节能示范项目、重点节能工程。国务院管理节能工作的部门会同其他有关部门制定并公布节能技术、节能产品的推广目录,引导用能单位和个人使用先进的节能技术、节能产品。国务院管理节能工作的部门会同其他有关部门组织实施重大节能科研项目、节能示范项目、重点节能工程。

(4) 加强农业和农村节能技术进步,鼓励农村发展清洁能源。县级以上各级政府应当加强农业和农村节能工作,增加对农业和农村节能技术、节能产品推广应用的资金投入。农业、科技等有关主管部门应当支持、推广在农业生产、农产品加工储运等方面应用节能技术和节能产品,鼓励更新和淘汰高耗能的农业机械和渔业船舶。

国家鼓励、支持在农村大力发展沼气,推广生物质能、太阳能和风能等可再生能源利用技术,发展小型水力发电,推广节能型的农村住宅和炉灶等,鼓励利用非耕地种植能源植物,大力发展薪炭林等能源林。

十、节能激励措施制度

《节约能源法》第 5 章关于政府对节能活动激励措施的规定主要有以下三个方面:

(一) 节能财政专项资金支持

中央财政和省级地方财政安排节能专项资金,支持节能技术研究开发、节能技术和产品的示范与推广、重点节能工程的实施、节能宣传培训、信息服务和表彰奖励等。缺乏有效资金支持是制约我国节能活动发展的重要因素。政府安排节能专项资金,可以支持节能工作,并起到引导、动员全社会积极参与节能活动发展的作用。

(二) 税收优惠和财政补贴支持

(1) 对生产、使用列入《节约能源法》第 58 条规定的推广目录中需要支持的节能技术、节能产品,实行税收优惠等扶持政策。节能技术、节能产品的推广目录是国家在一定时期,根据全国节能规划制定的节能技术和节能产品的优先发展目录,其制定是以国家经济技术

条件为基础,体现了国家的节能政策,明确了对不同类型的节能技术和节能产品的政策。

(2) 财政补贴支持节能照明器具等节能产品的推广和使用。同样亮度的节能灯管价格与普通照明灯泡价格平均相差近 10 倍。据统计,我国年生产的节能灯有 10 多亿只,但在国内的销售量只有 3 亿只左右,而国内白炽灯的使用量却高达 30 亿只左右。如果用 10W 的节能灯取代亮度相近的 60W 的白炽灯,以全国推广使用 12 亿只、每只节能灯每天工作 4 个小时计算,每年可节省三峡大坝全年的发电量。①

(3) 实行有利于节能资源的税收政策。主要措施是逐步提高与能源活动有关的税费和环境保护标准、条件。长期以来,我国很多重要能源或者资源性产品的价格仍然实行政府定价或政府指导价。这些能源产品的价格既不反映价值和供求关系,也不反映环境污染和资源枯竭后的治理成本,这在很大程度上导致了我国的能源资源利用效率低下和浪费。对能够取得明显的经济效益和社会效益的节能投资项目实行加速折旧和所得税税收抵免的优惠政策,以鼓励企业对节能项目进行投资。

(4) 健全能源矿产资源有偿使用制度。能源矿产资源有偿使用制度,是指国家向使用能源矿产资源的单位和个人收取能源矿产资源使用费的制度。由于作为可再生资源的能源矿产资源具有基础性、战略性地位,而我国人均资源占有量十分有限,且利用效率很低,能源矿产资源价值与价格严重背离。国家为了实现能源矿产资源的可持续利用,促进能源矿产资源利用方式由粗放型向集约型转变,需要健全能源矿产资源有偿使用制度。

(5) 政府优先采购节能产品、设备。对取得节能产品认证证书的产品、设备优先列入节能产品、设备政府采购名录。政府采购是国家机关、事业单位和团体组织使用财政性资金,采购依法制定的集中采购目录以内的或者采购限额标准以上的货物、工程和服务的行为。节能产品、设备政府采购名录,是省级以上政府的政府采购监督管理部门会同同级有关部门从有关节能产品、设备中选取确定的。节能产品认证是指依据国家相关的节能产品认证标准和技术要求,按照产品质量认证规定与程序,经节能产品认证机构确认并通过颁布认证证书和节能标志,证明某一产品符合相应标准和节能要求的活动。

(6) 税收政策鼓励、控制进出口节能技术、设备、产品制度。国家运用税收等政策,鼓励先进节能技术、设备的进口,控制在生产过程中耗能高、污染重的产品的出口。这将进一步促进我国采用出口退税、加征出口关税、削减出口配额、将部分产品列入加工贸易禁止类目录等政策,降低企业对出口资源性产品的利润预期。对于通过改善对外贸易结构,发挥节能政策的导向作用提供了坚实的法律依据。通过降低进口关税等有关政策鼓励企业进口先进的节能技术、设备,提高企业进行节能技术改造的积极性,达到节能的目的。

(7) 国家推动和引导金融机构对节能项目的信贷支持。节能项目一般具有投资高、回收期长的特点。一方面,需要进行节能技术更新改造的企业缺乏足够的融资意愿和能力,节能资金无法保障;另一方面,大量技术成熟、经济效益和环境效益好的节能项目无法得到广泛实施。为了解决这一问题,《节约能源法》第 65 条规定,国家引导金融机构增加对节能项目的信贷支持,为符合条件的节能技术研究开发、节能产品生产以及节能技术改造等项目提供优惠贷款;例如,降低贷款利率、适当延长还款期限、降低节能项目贷款的准入门槛等。

为节约能源而进行节能技术改造都需要大量资金投入,仅靠政府是不够的,因而需要推

---

① 参见安建主编:《中华人民共和国节约能源法释义》,法律出版社 2007 年版,第 91 页。

动社会力量特别是企业投入节能资金。中央通过直接投资引导,带动地方政府以及企业的配套投资,从而带动整体经济发展的做法很成功;这将在节能领域大有可为。

(8) 鼓励和奖励用能单位和个人节能。《节约能源法》第66条规定,① 国家实行有利于节能的价格政策,引导用能单位和个人节能。② 国家运用财税、价格等政策,支持推广电力需求侧管理、合同能源管理、节能自愿协议等节能办法。③ 国家实行峰谷分时电价、季节性电价、可中断负荷电价制度,鼓励电力用户合理调整用电负荷;对钢铁、有色金属、建材、化工和其他主要耗能行业的企业,分淘汰、限制、允许和鼓励类,实行差别电价政策。这就意味政府要综合运用财税、价格手段推广在国外已行之有效的电力需求侧管理、合同能源管理、节能自愿协议等推动节能的有效办法,并实行有利于节能的电价制度,即峰谷分时电价、季节性电价、可中断负荷电价制度,以及对主要耗能行业企业实行差别电价制度。

(三) 表彰和奖励

《节约能源法》第67条规定,各级政府对在节能管理、节能科学技术研究和推广应用中有显著成绩以及检举严重浪费能源行为的单位和个人,给予表彰和奖励。

尽管我国在能源节约立法上取得一定进展,但是与建设资源节约型、环境友好型社会对能源节约立法的要求还有一定的差距。根据2010年全国人大常委会执法检查组的检查结果:节能法要求制定的重点用能单位节能管理办法、供热计量收费管理办法等尚未出台;交通运输、公共建筑等一些重点领域的节能工作缺乏系统的专门性配套法规的支持,大型公共建筑和国家机关办公建筑的能耗限额标准缺失;高耗能产品能耗限额强制性标准和终端用能产品能效标准需要进一步扩大范围,大部分工业用能设备没有能效标准,新能源和可再生能源技术和产品还没有完善的行业节能标准;节能标准的制定对现有技术水平迁就多,一些高耗能行业的准入门槛过低;地方节能立法大都是对《节约能源法》的重复或细化,缺乏适合地方特点的针对性。①

《节约能源法》规定的内容需要进一步细化,与节能对应的机构设置、资金保障、强制手段、财税激励措施、节能协议、技术和中介服务等必要的支撑条件薄弱,甚至缺位。而且,需要适应市场经济的要求,创新节能管理模式,建立市场调节、政府监管和社会参与相结合的节能新机制。

此外,能源法律体系以及能源节约法律体系亟待完善。作为统领全局的能源基本法缺位,节约能源法律体系还未健全,《节约石油法》等都还是空白。能效标准制定工作滞后,尚未颁布机动车燃油经济性标准,大部分工业用能源设备(产品)没有能效标准。节能政策缺乏完整性和系统性等。

思考题

1. 2007年修订后的《节约能源法》增加了哪些新的内容,有何特点?
2. 《节约能源法》规定了哪些主要制度?
3. 我国节约能源法律体系仍然存在哪些问题?

---

① 参见华建敏:《全国人民代表大会常务委员会执法检查组关于检查〈节约能源法〉实施情况的报告(2010年12月20日)》,载《全国人民代表大会常务委员会公报》2011年第1期。

思考方向:从立法体系和法律规范体系两个方面进行考察。

拓展阅读

1. 安建主编:《中华人民共和国节约能源法释义》,法律出版社 2007 年版。
2. 国务院新闻办公室:《中国的能源政策(2012)》白皮书,2012 年 10 月 24 日。
3. 华建敏:《全国人民代表大会常务委员会执法检查组关于检查〈节约能源法〉实施情况的报告(2010 年 12 月 20 日)》,载《全国人民代表大会常务委员会公报》2011 年第 1 期。

第十六章

可再生能源法

> **学习目标**
> 通过本章的学习,学生可以掌握以下内容:
> 1. 可再生能源的概念、基本特点;
> 2. 我国可再生能源利用和发展现状;
> 3. 我国可再生能源立法现状以及国外相关方面立法对我们的启示。
>
> **关键概念**
> 可再生能源 可再生能源立法体系 可再生能源法主要制度

第一节 可再生能源概述

一、可再生能源的概念与特点

面临常规能源利用形式所出现的问题及其呈现严重化趋势,需要有多种"新"的能源转换和利用形态、建立多源"新"的能源供应体系、创造"新"的能源交易机制,来解决人类文明的动力问题,减少污染排放,实现可持续的发展。① 规模化和商业化地开发利用可再生能源成为人类的重要选项。

可再生能源作为一个较为科学和明确的概念被提出,始于1981年8月联合国在内罗毕召开的新能源和可再生能源会议。它是与"不可再生能源"相对应的一个概念。可再生能源是可以从自然界源源不断地得到的能源,如太阳能、风能、水能等。不可再生能源是指一旦消耗就很难再生的能源,如煤、石油、天然气、核燃料等。由于大多数新能源是可再生能源,人们经常使用"新能源和可再生能源"这一表述。不过,严格来说,可再生能源并不等同于新能源,并不是新的能源利用形式。

在法学领域里,不同国家和地区的法规对可再生能源的定义方式以及对可再生能源的表述不尽相同。欧盟的可再生能源立法中,既用一般条款明确"可再生能源"的法律内涵,又

---

① 参见黄振中、赵秋雁、谭柏平:《中国能源法学》,法律出版社2009年版,第70页。

用列举式界定"可再生能源"外延的边界及其各个种概念的内涵。在欧盟部长理事会2001年制定的《关于在共同体内部市场推广使用可再生能源发电的指令》第2条第1项中将可再生能源定义为：可再生的非化石能源（即风能、太阳能、地热、潮汐、水电、生物质、垃圾燃气、污水处理工厂燃气和生物气）。生物质被进一步界定为"来自农业（包括果蔬和动物产品）、工业以及相关产业的产品、废物和剩余物的生物可降解部分，以及工业和市政废物的生物可降解部分"。有的采取列举式与排除式相结合的方式，如日本、德国等；有的采取穷举式与排除式相结合的方式，如澳大利亚在《可再生能源电力法》中规定了水能、风能、太阳能、生物能、地热能、潮汐能等10项能源形式作为该法律所界定的可再生能源具体形式。同时，该条还将来源于化石能源和化石能源废弃产品的能源等排除在可再生能源之外；还有的国家采取了列举式方式，例如英国、哥伦比亚、西班牙等。

我国《可再生能源法》规定："本法所称可再生能源，是指风能、太阳能、水能、生物质能、地热能、海洋能等非化石能源。水力发电对本法的适用，由国务院能源主管部门规定，报国务院批准。通过低效率炉灶直接燃烧方式利用秸秆、薪柴、粪便等，不适用于本法。"

可再生能源若想在今后的经济发展中取代常规能源的地位，需要具有如下特点或优点：

（1）经济上的合理性。可再生能源替代常规能源，必须经济上合理。如果不合理，这种能源替代则没有必要。可再生能源应该具有价格优势。

（2）功能上的等同性。可再生能源取代常规能源，必须能够起到常规能源的功能与作用。

（3）技术上的可行性。可再生能源替代常规能源，如果其技术仅仅停留在实验室阶段而不能形成产业，这种替代的设想也不能变成实践中的现实，替代仍不能实现。

（4）替代的价值性。一种能源替代另一种能源，必须具有某种目的，或者必须具有替代的意义和价值，即能够达到能源的可持续利用，解决能源短缺问题，符合节能、高效、环保的要求，否则这种替代也是没有必要的。

（5）可再生能源的超前性和不彻底性。可再生能源对于常规能源的替代，不是等原来的化石能源等耗尽了才来替代的。而且，每一次能源替代都不是完全彻底地对原来能源的替代，煤炭、石油等化石能源要彻底耗尽并退出能源舞台尚需时日，而新的能源此时已登上能源舞台。

二、相关概念的联系与区别

可再生能源与替代能源、低碳能源之间既有区别又有联系。

第一，应该把可再生能源与替代能源加以区别。可再生能源与替代能源，既有区别又有联系。可再生能源发展的背景是，人类过于依赖传统的化石能源，随着经济规模的迅速扩大，能源资源缺乏、结构不够合理、环境污染严重等问题日益突出。为了能够更广泛地利用可再生能源，国际社会产生了替代能源的概念，即以可再生能源替代化石能源。[①] 从能源发展趋势上讲，今后会逐步用可再生能源来替代不可再生能源。因此，可再生能源是不可再生能源的替代能源，其本身属于替代能源的范畴。

第二，区分可再生能源与低碳能源的概念十分必要。低碳能源是替代高碳能源的一种

[①] 肖江平、肖乾刚：《可再生能源的法律定义》，载《法学评论》2004年第2期。

能源类型,它是指二氧化碳等温室气体排放量低或者零排放的能源产品,主要包括核能和一部分可再生能源。气候变化问题已成为世界能源发展新的制约因素,也是世界石油危机后推动节能和替代能源发展的主要驱动因素。各国纷纷把核能、水能、风能、太阳能、生物质能等低碳和无碳能源作为今后发展的重点。可见,气候变化对能源发展影响加大,低碳和无碳能源成为新热点。用低碳能源代替高碳能源,是能源发展的必然趋势。

由低碳能源的定义可知,低碳能源与可再生能源之间既有交叉的部分,也有不同的地方;但是,它们都归属于替代能源的范畴。

三、可再生能源的主要类型及我国发展现状

可再生能源和新能源主要包括风能、太阳能、水能、生物质能、地热能、海洋能、氢能、核能、天然气水合物等。

(1) 风能。风能就是空气的动能,是指风所负载的能量。它利用风力机将风能转化为电能、热能、机械能等各种形式的能量,用于发电、提水、助航、制冷和致热等。风力发电是主要的开发利用方式。中国的风能总储量名列世界前茅,具有广阔的开发前景。风能是一种自然能源,由于风能大小的时段性特点以及其他不确定因素,其经济性和实用性由风力机的安装地点、方向、风速等多种因素综合决定。

(2) 太阳能。太阳能是太阳所负载的能量,它的计量一般以阳光照射到地面的辐射总量,包括太阳直接辐射和天空散热辐射的总和。太阳能的利用方式主要有光伏发电系统、太阳能聚热系统、被动式太阳房、太阳能热水系统、太阳能取暖和制冷等。太阳能资源丰富,是最具开发潜力的可再生能源之一。

(3) 水能。水能作为一种清洁能源,是重要的可再生能源。广义的水能资源包括河流水能、潮汐水能、波浪能、海流能等能量资源;狭义的水能指河流的水能资源。

(4) 生物质能。生物质是一种多样性的能源资源,它是人类最古老的资源。主要有作物的残余物,例如谷类的秸秆、稻壳、棕榈油、甘蔗渣、城市固体废弃物、森林废弃物,以及来自畜禽养殖场和工业处理过程中的有机废水。生物质能源的主要利用形式有:大型火电系统,例如直接燃烧生物质或与煤混燃产生蒸汽发电和供热;大型生物质气化发电系统;厌氧发酵供热发电系统;垃圾填埋气回收供热和发电系统;还有乙醇、生物柴油等生物油的生产。

(5) 地热能。地热能的能量来自地球内部的熔岩,并以热力形式存在。我们生活的地球是一个巨大的地热库,仅地下10km厚的一层,储热量就达$1.05×10^{26}$焦耳,相当于$9.95×10^{15}$吨标准煤所释放的热量。地热能在世界很多地区应用相当广泛,可以用来取暖,也可以被用于发电。地热发电成本在可再生能源应用中是最低的,可以低至4—5美分/kWh。目前,我国除少数省区外,其他省区都在不同程度地推广地源热泵技术。

(6) 海洋能。海洋能通常指蕴藏于海洋中的可再生能源,主要包括潮汐能、波浪能、海流能、海水温差能、海水盐差能等。海洋能蕴藏丰富,分布广,清洁无污染,但能量密度低,地域性强,因而开发困难并有一定的局限。开发利用的方式主要是发电,其中潮汐发电和小型波浪发电技术已经实用化。波浪能发电利用的是海面波浪上下运动的动能。

(7) 氢能。氢能是以氢及其同位素为主导的反应中或氢在状态变化过程中所释放的能量。它可以产生于氢的热核反应,也可以来自氢与氧化剂发生的反应。前者称为核热能或聚变能,通常属核能范畴;后者称为燃料反应的化学能,习称氢能。氢能是世界上最干净的

能源。

(8) 核能。核能分为核裂变能和核聚变能两种。核裂变能是通过一些重原子核发生"链式裂变反应"释放出的能量,核聚变能是由两个轻原子核结合在一起释放出的能量。迄今达到工业应用规模的核能只有核裂变能。

(9) 天然气水合物。俗称为"可燃冰",又称固态甲烷,被称为是 21 世纪的潜在新能源,它广泛存在于大陆周边海底和陆地冻土带内,资源极为丰富。但天然气水合物的实际开发利用还存在一些难题。

四、我国可再生能源发展现状及前景

20 世纪 90 年代,为应对气候变化,国际社会先后通过了《联合国气候变化框架公约》及《京都议定书》,许多国家,如欧盟、美国、澳大利亚、日本、韩国和南非都陆续制定了不同形式的温室气体减排承诺方案,增加可再生能源生产和使用的比例。时至今日,已取得了显著的成绩。我国已于 2005 年制定了《可再生能源法》,据此,国家发改委又于 2007 年 8 月制定了《可再生能源中长期规划》。提出了从现在到 2020 年期间我国可再生能源发展的指导思想、主要任务、发展目标和重点领域、保障措施,以指导我国再生能源发展和项目建设。2009 年,我国通过了《可再生能源法(修正案)》;2013 年"十一五"规划中,也将促进可再生能源发展再一次提上重要议程。

我国可再生能源的发展速度很快,成绩突出。主要表现在以下四个方面:

(1) 水能资源利用达到空前规模。我国目前的水电勘探、设计和施工、安装和设备制造均达到国际水平,已形成完备的产业体系。2015 年年底,全国水电装机容量占全国发电总装机容量(15.1 亿 kW)的 21.19%;2010 年全国水电发电量 1110 TWh,占全国发电量(5600 TWh)的 19.82%。

(2) 生物质能利用发展快。生物质能主要为农作物秸秆、树木枝、畜禽粪便、工业有机废水和生活垃圾等。如全部转换为能源约 5 亿吨标准煤。随着造林面积的扩大和经济社会的发展,生物质能转换能源的潜力可达 10 亿吨标准煤。到 2011 年,我国农村大中小型沼气工程总产量已达 200 亿 m^3,为 1 亿农村人口提供了优质生活燃料。沼气技术已从单纯的能源开发利用发展成废弃物的处理和生物质多层次的综合利用,并与养殖业、种植业广泛地结合,成为发展绿色生态农业的重要途径。从 2005—2013 年,生物质发电装机量由 200 万 kW 增加到 800 万 kW;生物质发电量由 52 亿 kWh 增加到 380 亿 kWh。

(3) 太阳能利用发展迅速。我国的太阳能的利用主要分为太阳能光伏电池和太阳能热水器。截至 2015 年,我国的太阳能光伏电池产量超过 58.6GW,连续 9 年居世界前三位;全国有 3000 多家太阳能热水器生产企业,已形成较完整的行业体系。太阳能热水器的使用,已在世界排第一位。截至 2015 年年底,我国光伏发电累计装机容量 4318 万 kW,成为全球光伏发电装机容量最大的国家。其中,光伏电站 3712 万 kW,分布式 606 万 kW,年发电量 392 亿 kWh。

(4) 风能并网发电量迅猛增长。根据我国最新风能资源评估,全国陆地可利用风能资源和近海海岸风能资源丰富。自 2005 年以来,我国每年并网发电量迅猛地增长。截至 2015 年年底,我国风电累计并网装机容量达 129 GW,居世界第一;当年风电产量高达 186.3TWh。

第二节　我国可再生能源立法回顾及现状分析

根据《可再生能源法》，目前我国法律中的可再生能源"是指风能、太阳能、水能、生物质能、地热能、海洋能等非化石能源"，但"通过低效率炉灶直接燃烧方式利用秸秆、薪柴、粪便等"不适用可再生能源法。可再生能源法是指有关可再生能源开发利用及其管理的各种法律规范和各种法律表现形式的总和。通过十多年的努力，目前我国已经初步形成了以《可再生能源法》为基干的可再生能源法律体系，在可再生能源的开发、利用和管理方面基本上实现了有法可依。我国可再生能源法律体系的组成包括以下两大方面：

（一）可再生能源的专门性法律规范性文件

我国可再生能源的专门法律、基干法律是《可再生能源法》（2005年2月28日通过，2009年12月26日修订）。该法包括总则、资源调查与发展规划、产业指导与技术支持、推广与应用、价格管理与费用分摊、经济激励与监督措施、法律责任和附则八章，设立了可再生能源发展规划制度，可再生能源总量目标制度，可再生能源发电全额保障性收购制度，可再生能源发电分类固定电价和发电费用分摊制度，可再生能源专项资金制度，可再生能源财政补贴和税收、信贷优惠措施等制度。《可再生能源法》的颁布实施，有效改善了我国的能源消费结构，降低了我国在经济发展过程中的温室气体排放。

为了实施《可再生能源法》，我国制定了一系列有关可再生能源的专门规章和其他规范性文件。如《风力发电场并网运行管理规定（试行）》（电力工业部1994年4月10日），《可再生能源发电价格和费用分摊管理试行办法》（国家发改委2006年1月4日），《可再生能源发电有关管理规定》（国家发改委2006年1月5日），《可再生能源发展专项资金管理暂行办法》（财政部2006年5月30日），《可再生能源建筑应用专项资金管理暂行办法》（财政部、建设部2006年9月4日），《可再生能源电力配额管理办法》（国家发改委2007年1月11日），《可再生能源电价附加收入调配暂行办法》（国家发改委2007年1月11日），《电网企业全额收购可再生能源电量监管办法》（国家电监会2007年7月25日），《风力发电设备产业化专项资金管理暂行办法》（财政部2008年8月11日），《太阳能光电建筑应用财政补助资金管理暂行办法》（财政部2009年3月23日），《关于加快推进太阳能光电建筑应用的实施意见》（财政部、住建部2009年3月23日），《关于实施金太阳示范工程的通知》（财政部、科技部、国家能源局2009年7月16日），《金太阳示范工程财政补助资金管理暂行办法》（财政部、科技部、国家能源局2009年7月16日），《关于完善农林生物质发电价格政策的通知》（国家发改委2010年7月18日），《可再生能源发展基金征收使用管理暂行办法》（财政部、国家发改委、国家能源局2011年11月29日）等。

以上部委规章和其他规范性文件对可再生能源的具体事项作了详细规定。如《可再生能源发电价格和费用分摊管理试行办法》规定可再生能源发电价格实行政府定价和政府指导价即通过招标确定的中标价格，该法同时对可再生能源发电价格作了具体规定：水力发电价格暂按现行规定执行；风力发电项目的上网电价实行政府指导价，电价标准由国务院价格主管部门按照招标形成的价格确定；太阳能发电、海洋能发电和地热能发电项目上网电价实行政府定价，电价标准由国务院价格主管部门按照合理成本加合理利润的原则制定；生物质发电项目上网电价实行政府定价，电价标准由各省（自治区、直辖市）2005年脱硫燃煤机组标杆上网电价加 0.25 元/ kWh 的补贴电价组成。

此外,一些地方立法机关和政府还根据国家法律规定,依法制定了大量有关可再生能源的专门性地方法规和其他法律规范性文件,如 2005 年《湖南省农村可再生能源条例》、2007 年《山东省农村可再生能源条例》、2008 年《黑龙江省农村可再生能源开发利用条例》、2010 年《湖北省农村可再生能源条例》等。

(二) 有关可再生能源的非专门性法律规范性文件和政策文件

除可再生能源的专门性法律规范性文件外,我国有些非专门性的法律规范性文件和政策文件中也有可再生能源的内容。这类非专门性的法律规范性文件和政策文件主要包括以下三方面:

(1) 有关可再生能源的其他能源法律规范性文件

能源法不是仅指某一部法律,而是指由能源基本法、电力法、煤炭法、核能法、水能法、节约能源法、可再生能源法等有关能源的各种法律法规所组成的能源法体系。可再生能源法是能源法的一个重要组成部分,但不是能源法的全部。除可再生能源法规外,其他能源法律、法规和规章中也有可再生能源的内容。

例如,2007 年《节约能源法》(2016 年修正)把发展可再生能源作为节约传统化石能源的一个主要措施,明确规定"国家鼓励、支持开发和利用新能源、可再生能源","国家鼓励在新建建筑和既有建筑节能改造中使用新型墙体材料等节能建筑材料和节能设备,安装和使用太阳能等可再生能源利用系统","国家鼓励、支持在农村大力发展沼气,推广生物质能、太阳能和风能等可再生能源利用技术,按照科学规划、有序开发的原则发展小型水力发电,推广节能型的农村住宅和炉灶等,鼓励利用非耕地种植能源植物,大力发展薪炭林等能源林"。《电力法》(1995 年 12 月 28 日通过)第 5 条也规定"国家鼓励和支持利用可再生能源和清洁能源发电"。

(2) 有关可再生能源的环境保护方面的法律规范性文件和政策文件

一般而言,防治污染和保护环境的法律规范性文件中大都有可再生能源的内容,因为可再生能源是一种污染少、可再生的清洁能源,要减少污染物排放、节约不可再生的矿物资源能源就必须开发利用可再生能源。现行有关可再生能源的环境保护法律主要有《大气污染防治法》(1987 年 9 月 5 日通过,1995 年、2000 年修订)及 1991 年《大气污染防治法实施细则》,《固体废物污染环境防治法》(1995 年 10 月 30 日通过,2004 年修订),《清洁生产促进法》(2002 年 6 月 29 日通过,2012 年 2 月 29 日修订),《循环经济促进法》(2008 年 8 月 29 日通过)等。例如,《大气污染防治法》明确规定:国家鼓励和支持大气污染防治的科学技术研究,推广先进适用的大气污染防治技术;鼓励和支持开发、利用太阳能、风能、水能等清洁能源;国务院有关部门和地方各级政府应当采取措施,改进城市能源结构,推广清洁能源的生产和使用;国家鼓励生产和消费使用清洁能源的机动车船。

应对气候变化和节能减排的专门政策和法律规范性文件中大都含有可再生能源方面的内容。随着国际社会对应对气候变化的重视和国内防治环境污染、保障能源供应和能源安全需要的增长,我国陆续制定了一些应对气候变化和节能减排的专门政策和法律规范性文件,其中大都含有使用可再生能源的措施。在应对气候变化的专门政策和法律规范性文件方面,国务院 2007 年 6 月 3 日《应对气候变化国家方案》中含有大量采用可再生能源的措施的内容。2009 年 8 月 27 日,第十一届全国人大常委会通过了《全国人民代表大会常务委员会关于积极应对气候变化的决议》,2011年12月1日国务院《"十二五"控制温室气体排放工作方案》明确提出:积极发展低碳能源,到2015年,非化石能源占一次能源消费比例达到11.4%。在节能减排的专门政策和法律规范性文件方面,2011年《国务院关于印发"十二五"节能减排综合性工作方案的通知》和《"十二五"节能减排综合性工作方案》规定了一系列有关可再生能源的政策和措施。如《"十二五"节能减排综合性工作方案》明确规定,"因地制宜大力发展风能、太阳能、生物质能、地热能等可再生能源。到2015年,非化石能源占一次能源消费总量比重达到11.4%","推动可再生能源与建筑一体化应用","完善和落实资源综合利用和可再生能源发展的税收优惠政策"。

(3) 其他涉及可再生能源的非专门性法律规范性文件和政策文件

除了上述两个方面,其他非专门性法律规范性文件和政策文件中也有可再生能源方面的内容。例如,《农业法》第57条规定:"发展农业和农村经济必须合理利用和保护土地、水、森林、草原、野生动植物等自然资源,合理开发和利用水能、沼气、太阳能、风能等可再生能源和清洁能源,发展生态农业,保护和改善生态环境。"

国务院及其所属行政管理部门除了依法分别制定行政法规、部委规章外,还可以制定决定、决议、规定、意见和规划等政策文件,其中国家计划是国家政策的一种重要表现形式。目前我国已经制定了大量含有可再生能源内容的计划和规划,主要有《全国生态环境保护纲要》(国务院2000年12月颁布),《国家中长期科学和技术发展规划纲要(2006—2020年)》,《农业生物质能产业发展规划(2007—2015年)》(农业部2007年7月3日),《能源发展"十一五"规划》(国家发改委2007年4月),《可再生能源中长期发展规划》(国家发改委2007年8月31日),《国家环境保护"十一五"规划》(国务院2007年11月22日),《可再生能源发展"十一五"规划》(国家发改委2008年3月18日),《中国生物多样性保护战略与行动计划(2011—2030年)》(环保部2010年9月17日),《全国主体功能区规划》(国务院2010年12月21日),《国民经济和社会发展第十二个五年(2011—2015年)规划纲要》(2011年3月14日十一届全国人大四次会议批准),《国家环境保护"十二五"科技发展规划》(环保部2011年6月9日),《国家"十二五"科学和技术发展规划》(科技部2011年7月4日),《国家能源科技"十二五"规划》(能源局2011年12月5日),《国家环境保护"十二五"规划》(国务院2011年12月15日),《工业转型升级规划(2011—2015年)》(国务院2011年12月30日)等。

如上所述,我国已经初步形成了较为完整的可再生能源政策法律体系。但是还存在一些问题。例如,法规不够齐全、配套,综合性的能源基本法还没有出台,风能和太阳能的立法效力级别较低,水能、生物质能、地热和海洋能等可再生能源立法还相当欠缺,某些可再生能源法律制度还不够健全,可再生能源法律与应对气候变化联系不够密切等。

第三节　国外可再生能源立法概况和经验

世界各个国家和地区都十分重视开发和利用新能源和可再生能源,加快可再生能源替代常规能源的步伐,并积极利用政策与法律的机制作为强有力的保障。如欧盟风电发展迅速,得益于欧盟和各成员国的政策支持。再如,日本于1997年制定了《新能源法》,德国在1990年通过了《电力输送法》,2000年又制定了专项的《可再生能源优先法》,澳大利亚于2000年颁布了《可再生能源(电力)法》,而美国、丹麦、英国、荷兰等国家也通过了一系列的促进能源替代方面的政策和法律制度。下面以美国和欧盟成员国德国为例,作简单分析。

美国是世界上可再生能源发展及立法较为成功的国家之一。其可再生能源发展起步于20世纪70年代石油危机后,经过40多年的研究和发展,美国目前在风能、太阳能和生物质能利用方面的技术均处于世界领先地位,并拥有大规模的风电场、太阳能热发电站和生物质能发电系统,其立法在世界范围内也算是比较成熟的;德国是欧盟开发、利用新能源和可再生能源的标杆国家,不仅建树颇广,而且在其重视的领域都能达到世界前沿的水平。追根溯源,除德国政府的政治决心外,还与德国独特的可再生能源立法模式有关。[①] 下面着重阐述美、德可再生能源立法模式的特点,并分析其立法模式对我国的启示和借鉴作用。

一、美国可再生能源立法体系及其经验

美国在20世纪70年代石油危机以后开始重视对可再生能源的开发利用,现有的大部分可再生能源立法都是在70年、80年代制定的。美国在70年代出台的专门针对促进可再生能源技术发展的法律有1974年《太阳能研究、开发和示范法》、1974年《地热能研究、开发和示范法》、1978年《太阳光伏能研究、开发和示范法》等。

在加强可再生能源立法以应对石油危机的同时,美国也加强了能源综合性立法,如颁布了1978年《国家能源法》,该法虽然名称与可再生能源无关,但其核心在于提高能效、推广使用可再生能源以降低对化石能源的需求;同时,1978年《公用事业管制政策法》中规定小型电厂利用可再生能源发电应当允许并网,为可再生能源发电技术与化石燃料发电技术的公平竞争创造了条件。在70年代专门的可再生能源立法以及1978年《国家能源法》和1978年《公用事业管制政策法》的基础上,美国在80年代又进行了大量的可再生能源专门立法,如1980年的《太阳能和能源节约法》《风能促进法》《生物能源和酒精燃料法》《地热能法》和《合成燃料公司法》。这些立法的基本思路是通过立法促进可再生能源技术的研究和开发应对能源危机。可以看出,1970年到1980年是美国可再生能源立法的黄金时期。

从20世纪80年代中期及至90年代期间,美国总统忽视了能源需要增长的趋势,美国可再生能源政策未取得实质性进展。进入21世纪以后,面对国际社会的压力,特别是《京都议定书》和联合国《能源宪章》对美国施加的国际义务,美国重新开始重视对可再生能源的开发利用。2005年《能源政策法》对促进可再生能源开发利用的优惠措施进行了明确规定,主要包括:

(1)扩展了可再生能源生产税收减免政策的适用范围,除了风能和生物能源,地热能、小规模发电机组、废物堆沼气和垃圾燃烧设施也纳入适用范围。

(2)授权政府机构、合作制电力企业等组织可以发行"清洁可再生能源债券"用来融资购置可再生能源设施。

(3)为了推动新兴可再生能源的市场化,规定到2013年美国政府电力消费至少要有7.5%的份额源自可再生能源。

(4)在建筑行业方面,规定在2015年前要降低联邦建筑能耗的20%,为包括学校和医院在内的公共建筑提供资金,实施能源效率计划。在2005年~2008年之间节能住宅的建设企业和商业住宅购买者享受一定税收减免,安装太阳能设施的私人住宅所有人对其购买的

---

① 参见龚向前:《气候变化背景下能源法的变革》,中国民主法制出版社2008年,第267—293页。

太阳能设施也享有税收减免。

（5）制定了可再生燃料标准制度。美国2007年《能源独立和安全法》规定的四项关键内容是：企业平均油耗、可再生燃料标准、能效设备标准、撤销对石油和天然气的税收激励政策。有关可再生能源的规定主要在第2章"通过增加生物燃料的生产来增进能源安全"，包括可再生燃料标准、研发、基础设施和环境保护措施；第五章"加快研究和开发"，对可再生能源如太阳能、地热能、流体动力学可再生能源技术等研究和开发作了规定。

除了联邦立法之外，美国各州也根据本州情况进行了相关立法，如1978年《公用事业管制政策法》颁布后，加利福尼亚州当年即发布了与此相配套的相关条款、制定了标准的购电合同，要求电力公司以天然气发电的电价计算可再生能源发电的上网电价，并与符合条件的独立发电系统签署10年不变的购电合同。德克萨斯州的《自然资源法》《公用事业监管法》都有关于可再生能源的规定。

同时美国各州通过标准、基金、计量或净用电量等制度来推动可再生能源的发展。例如美国有30多个州通过可再生能源配额标准强制干预可再生能源电力在电力总量中的比例，并发挥市场的资源调配作用，保证可再生能源的稳定增长。许多州通过企业税、所得税、财产税或者销售税等税收刺激降低企业成本从而鼓励企业从事可再生能源的开发利用，如有些州为集中和分散的风能系统提供投资税收减免，有些州采用销售税优惠，即对销售的可再生能源设备免征或者减少收税，还有的州采取财产税减征的方式刺激可再生能源的利用。也有很多州面向住宅的、商业的、工业的、交通和公共及非盈利部门有贷款或拨款项目，这些拨款和低息贷款协助设备配置、科研和其他相关费用，直接对生产进行支付；另外，美国绝大部分州都已经实行分表计量或净用电量政策。

除联邦和州政府之外，地方政府在推动可再生能源发展中发挥着突出的重要作用，因为他们对于当地规划和土地使用、建筑规范以及空气质量管理方面有直接的控制权。地方政府通过修改规划法令、规范和地方规章，来指导分散的可再生能源系统的建设，并将开发利用的许可和选址程序更加合理化。

美国还十分重视其他相关立法对可再生能源开发利用的推动与促进作用。例如，美国有关契约制度、土地区划制度、建筑法、侵权行为法、环境保护法等均重视与可再生能源利用制度的配合与协调，为可再生能源的利用清除制度障碍。

虽然美国的一些学者认为美国可再生能源法律体系尚不健全，但客观来看，美国可再生能源立法仍然比大多数国家要健全完善得多。纵观美国可再生能源立法历史与现状，可以看出美国可再生能源法律体系具有以下四个方面的特点与经验：

第一，从立法结构上看，联邦、州、地方立法并重。美国可再生能源立法以联邦为主，这体现在美国从20世纪70年代开始进行的一系列综合能源立法和有关可再生能源的专门立法之中，如1978年、1995年和2005年的《能源政策法》以及2007年《国家能源独立和安全法》中有关可再生能源的规定。此外，美国各州以及地方政府亦十分重视对可再生能源立法和制度建设。譬如美国联邦层面一直没有进行可再生能源配额标准制度的联邦立法，但是30多个州通过立法实行配额制，而各州的配额制对美国可再生能源的大力发展起了至关重要的作用，并成为全球发展可再生能源制度建设中具有代表性的典范。

第二，从立法技术上看，综合立法与分类立法并重、专门立法与其他立法并重。美国不仅重视综合性能源立法中对可再生能源的规定，还制定了针对各种可再生能源技术的专门立法,例如《太阳能研究、开发和示范法》《地热能研究、开发和示范法》《太阳光伏能研究、开发和示范法》《地热能法》《太阳能和能源节约法》《风能促进法》《生物能源和酒精燃料法》等,以推动各类可再生能源的均衡发展。

第三,从立法内容看,自愿行动、政府推动、强制措施并重。美国可再生能源立法也十分重视政府在可再生能源研究、开发与示范、利用中的推动作用,如利用财政、税收等刺激手段鼓励企业、个人从事可再生能源的开发与利用,但同时也十分重视社会各主体的自愿参与和强制手段,如美国各州实行的配额标准制度以及净用电量制度。

第四,注意与其他立法之间的配合协调。美国不仅通过综合性能源立法和专门的可再生能源立法来推动可再生能源的发展,同时注意通过其他的立法(如建筑法、土地法、市政规划法、侵权法等)的完善以及判例来配合推动可再生能源的发展。

二、德国可再生能源立法概况及经验

新能源和可再生能源立法按应用领域可分为电力、交通和供热供冷三大应用领域。德国立法的突出特点是为不同应用领域分别立法,其中电力领域的新能源和可再生能源立法尤为深入。

1. 可再生能源电力立法

德国新能源和可再生能源电力立法迄今已有20年历史,是德国新能源和可再生能源立法的成名作和代表作,给德国带来很高声誉。它先后经历了《电力输送法》和《可再生能源法》两个阶段。

《电力输送法》制定于1990年12月7日,次年1月1日起施行,1994年和1998年两次修订,1999年底失效。其宗旨是将美国首创的固定电价制引入德国,主要内容是:电网运营商不仅有义务接纳新能源和可再生能源电力并网,而且按固定电价收购新能源和可再生能源电力。固定电价制在德国推出后,实施效果显著。20世纪90年代,德国新能源和可再生能源电力尤其是风电飞速发展,一举超过美国,成为全球风电冠军。

2000年《可再生能源法》取代《电力输送法》,于2000年1月1日正式施行。它实际上是发展新能源和可再生能源电力的一部法律,对德国新能源和可再生能源发展起到了巨大的推动作用,尤其是风电、生物质发电和太阳能光伏发电发展迅速。其中,德国风电曾经稳居全球第一,在国内也大大超过水电;生物质发电在国内超过水电,仅次于风电;太阳能光伏发电在国内尽管无法与风电和生物质发电相提并论,但近年来也发展很快。《可再生能源法》后经2004年和2009年2次重大修订。如果说《电力输送法》只是德国初步尝试固定电价制,那么2000年《可再生能源法》则是德国针对固定电价制进行改革。通过比较,可以发现二者具有很大的不同:前者篇幅小,只有6条,定价机制粗糙,带有美国固定电价制的印记;而2000年《可再生能源法》不仅篇幅长(12条),而且开始给固定电价制烙上德国印记。德国印记主要体现在三个方面:(1)精确定价,为不同类型的新能源和可再生能源电力精确定价是德国立法的核心内容,占据了2000年《可再生能源法》的大部分篇幅,而《电力输送法》电力定价尚没有达到精确的程度,只是笼统地规定了收购电价与最终用户电价之比。(2)长期支持,即新投产的新能源和可再生能源电站在投产以后20年内均享受固定电价。(3)建立全国共同分担机制,即收购成本由全国各大电网运营商共同分担,最终转嫁给全国电力消费者。

2004年《可再生能源法》出台后,取代了2000年《可再生能源法》。它的出台源自德国贯彻欧盟《可再生能源电力指令》(RES-E)。2004年《可再生能源法》是德国可再生能源法迈向成熟的标志。这主要体现在:(1)体例严谨。与2000年《可再生能源法》相比,它的体例编排更为严谨。(2)篇幅加长,多达21条。篇幅扩充一方面是贯彻欧盟RES-E,另一方面是电力定价占据较大篇幅。(3)电力定价开始迈向精致。2000年《可再生能源法》电力定价依据装机容量分野,但分野较简单,2004年《可再生能源法》则对装机容量分野进行了细化,因而电力定价明显更为细致。

2009年1月1日起,德国实施2009年《可再生能源法》。它的出台与欧盟2009年出台综合性指令《可再生能源指令》,宣布RES-E将于2012年废止有关。德国显然没有遵照欧盟制定一部新的、综合性的可再生能源法,而是继续分应用领域单独立法。这是因为,新能源和可再生能源电力是德国的强项,它没有必要取消《可再生能源法》;相反,德国需要继续大力发展新能源和可再生能源电力,同时也要继续完善《可再生能源法》。实际上,2009年《可再生能源法》的出台主要是因为德国新能源和可再生能源电力发展势头之猛,已超出政府预期。2004年《可再生能源法》要求可再生能源电力份额2010年要达到12.5%,2020年达到20%,而德国2007年可再生能源电力份额就已14%,2008年更是达到14.8%。为此,2009年《可再生能源法》将2020年目标提高了10个百分点,即可再生能源电力份额达到30%。这表明德国对于发展新能源和可再生能源电力不仅充满信心,而且对《可再生能源法》存在偏爱,不会放弃它而在立法上另起炉灶。

2. 可再生能源交通立法

德国是世界生物燃料强国,尤其生物柴油全球第一。2003年之前,德国生物燃料全部是生物柴油,2003年开始发展植物油,2004年开始发展生物乙醇,实现了生物燃料发展的多元化。生物柴油占生物燃料的份额显著下降,2008年已降至76.1%,植物油和生物乙醇份额明显上升,2008年分别增至11.6%和12.3%。与新能源和可再生能源电力立法主要涉及电力和价格,因而可以进行集中、全面立法不同,生物燃料立法涉及能源、交通、环境、农业、税收等多个领域,牵涉面广。① 而且生物燃料产业链条过长,从农作物种植一直延伸到汽车产业,因而德国一直没有为生物燃料发展进行集中、全面立法,有关促进生物燃料发展的法律条款分散在多部法律中。为了贯彻欧盟的《生物燃料指令》以及《能源税收指令》,德国于2006年出台了《生物燃料配额法》,但该法仍是对多项重要法律的一次集中修订。

《生物燃料配额法》的主要内容是:(1)修订《能源税收法》,为第二代生物燃料、纯生物柴油和E85提供免税;(2)修订《联邦排放控制法》,规定必须按时间表提高生物燃料在燃料中的含量。该法反映出德国新能源和可再生能源交通立法的分散性特征,更说明新能源和可再生能源交通立法需要建立在其他法律基础之上。2009年欧盟发布《可再生能源指令》,对德国新能源和可再生能源交通立法产生了影响。一方面,《生物燃料指令》于2012年失效,另一方面,欧盟要求成员国2020年都必须达到可再生能源在交通领域最终能源消费总额中占10%的目标。于是,德国修订了《生物燃料配额法》,提出2020年德国可再生能源在交通领域最终能源消费总额中占到17%的目标。与电力和供热领域相比,德国交通领域可再生能源利用水平一直较低,在交通领域最终能源消费总额中,2007年更是达到创纪录的

---

① 参见陈柳钦:《美日欧新能源汽车产业发展的政策支持》,载《汽车工程师》2010年第10期。

7.3%,虽然2008年回落至6.1%,但交通领域可再生能源利用潜力大。因此,德国制定的2020年交通领域可再生能源利用目标为17%,高出供热领域3个百分点。

3. 可再生能源供热立法

德国可再生能源供热主要是生物质能,2008年占到93.9%;其次是太阳能和地热能(即热泵),2008年分别占到3.8%和2.3%。供热领域对可再生能源的利用水平虽然低于电力领域,但却要高于交通领域,且一直呈平稳上升势头,2008年可再生能源在供热领域最终能源消费总额中的比例已经达到7.7%。在此基础上,德国确定了2020年可再生能源在供热领域最终能源消费总额中的比例达到14%的发展目标。供热领域的新能源和可再生能源立法既不同于电力领域,也不同于交通领域。

可再生能源立法一般要从能源供应和能源消费两方面着力,但要具体分析不同领域。在电力和交通领域,能源供应方和能源消费方是分开的,电力领域的新能源和可再生能源立法的着力点主要是增加可再生能源电力供应;而交通领域新能源和可再生能源立法的着力点不止一个,既要增加生物燃料供应(通过强制性标准),又要增加生物燃料消费(通过税收政策)。供热领域则大为不同,供热领域的可再生能源利用通常分为三种情形:热电联产;区域供热;家庭、商用和公共建筑自主供热。自主供热情形下,供热方和用热方是合一的;区域供热情形下,供热方和用热方是分离的;热电联产情形较为特殊,所产生的热能企业可以自用,也可以接入附近的区域供热系统。各国通常为热电联产专门立法,而区域供热法律法规通常也较为完备。因此,供热领域新能源和可再生能源立法的着力点主要是鼓励自主供热的家庭、商用和公共建筑使用新能源和可再生能源。

德国正是从这个角度进行供热领域新能源和可再生能源立法的。受欧盟2009年《可再生能源指令》推动,德国于2008年8月7日制定《可再生能源供热法》。该法的主要内容是:第一,提出使用可再生能源供热义务,今后凡新建建筑都有使用可再生能源供热的义务,如果选择不使用可再生能源供热,必须采取其他能够减少温室气体排放的措施,例如提高建筑隔热性能、接入区域供热系统、使用热电联产供热等。第二,出台财政支持措施,德国政府在2009—2012年期间每年拨出5亿欧元用于支持可再生能源供热。

在德国,负责法律实施的联邦部门通常会制定法规。这些法规都有法律基础,即联邦部门都是根据法律授权来制定法规,因此属于行政立法。德国发展新能源和可再生能源,不仅出台了法律,还制定了法规,典型例子是海上风电和生物质发电。

虽然海上风电在德国起步晚于陆上风电,但是德国政府高度重视发展海上风电,确立了2030年海上风电发展目标:在北海和波罗的海的海上风电装机容量将达到$2×10^4 \sim 2.5×10^4$ MW,全国电力消费需求的15%将由海上风电满足。德国为海上风电提供的立法支持主要是《可再生能源法》,同时辅之以其他方面的法律法规。海上风电在德国也是由多个部门共同推动的。其中,海上风电的并网和收购电价在《可再生能源法》中得到确定,该法由联邦环境部负责实施;海上风电的项目规划和批准由联邦经济和技术部负责;海上风电安装则由联邦交通部下属的联邦海上和水道测绘局负责发放许可。德国为海上风电安装制定了专门法规,1997年联邦交通部依据《联邦海上责任法》发布《海上风电安装条例》,后来进行过多次修订。在法律的助推下,风电在德国发展迅速,并于2004年超过水电在可再生能源发电中居首位。

鉴于生物质发电潜力巨大,2001年6月21日,联邦环境部依据2000年《可再生能源法》

的授权,制定了《生物质条例》,以推动生物质发电。2005年8月18日,经修订的《生物质条例》发布。其主要内容包括:生物质的范围、哪些生物质可以算作生物质发电、哪些生物质必须排除在生物质发电之外;生物质发电的技术范围;生物质发电需达到的环境标准。《生物质条例》发布后,配合《可再生能源法》的实施,效果显著,生物质发电在德国的发展仅次于风电,最终超过水电。2008年,生物质发电在德国可再生能源发电总量中已占到约29%,仅次于风电(44.3%)居第二位,并拉大了对水电(22.9%)的领先优势。

第四节　我国可再生能源法立法

一、我国可再生能源法立法的意义与原则

（一）立法意义

新能源与可再生能源是可持续发展的能源、未来的能源,谁掌握了新能源和可再生能源,谁就掌握了能源的未来。面对能源的潜在危机、全球气候变暖和生态环境的不断恶化,被称为绿色能源的风能、太阳能、水能、生物质能、地热能、海洋能等可再生能源的开发利用日益受到各级政府和全社会的重视。法律作为具有约束性和强制力的行为规范和制度资源,对于促进和保障我国可再生能源的可持续发展具有重要的意义和作用。

我国初步形成了以《可再生能源法》为基干的可再生能源法律体系,在可再生能源的开发、利用和管理方面基本上实现了有法可依。但是,还存在法规不够齐全、配套,综合性的能源基本法还没有出台,某些可再生能源立法还相当欠缺或立法效力级别较低、法律制度不够健全,可再生能源法律与应对气候变化联系不够密切等问题。[①] 我国今后在可再生能源立法的完善中,应进一步发挥政府在促进可再生能源发展方面的主导作用以及法律对发展可再生能源的引导和促进作用,针对可再生能源的特点,改进和健全可再生能源立法。这具有十分重要的现实意义。

1. 发展可再生能源对经济可持续发展意义重大

我国能源虽然总量丰富,但人均资源非常有限。大量使用化石能源,会排放大量的有害物质,严重破坏生态环境。而可再生能源的特点是清洁、安全和充足。

我国探明的石油和天然气贫乏,单纯依靠化石能源难以实现经济、社会和环境的协调发展。加快发展可再生能源,促进能源结构调整是建设资源节约和环保型社会,是实现可持续发展的基本要求。

我国已是世界第二大经济体,三十多年经济高速发展的同时,环境受严重破坏,生态系统脆弱。因此,开发利用可再生能源是保护社会环境、减排温室气体和应对气候变化的重要措施。

开发利用可再生能源是开拓经济增长点,促进经济转型升级,扩大就业的重要选择。可再生能源是高新技术产业和新兴产业,它的发展不仅可以充分地利用当地的自然资源和人力资源,而且可以有效地带动相关产业的发展,推动我国整体经济和社会可持续发展。

---

① 参见蔡守秋:《我国可再生能源立法的现状与发展》,载《中州学刊》2012年第5期。

2. 完善可再生能源立法对于可再生能源规模化发展意义重大

能源法是"政策法"。能源方面的法律应是随着新政策出台不断发展变化的,能源法的立法是一个动态的过程。一旦国家可再生能源政策调整变动,对相关法律规范就要进行相应修改、废止或重新立法,使国家能源政策与现行法律趋于一致。我国可再生能源规模化发展需要国家制定一个比较完善和全面的战略框架,促进可再生能源立法的完善就显得尤为重要。

纵观国外,大部分关于可再生能源的政策是通过法律体现的。不论是强制性手段,还是经济激励手段,不论是国家采购手段,还是市场激励手段,都以法律的形式确立。通过立法手段,明确可再生能源的法律地位,将发展可再生能源作为全民的义务,是促进可再生能源发展的根本途径。目前世界上已经有五十多个国家以不同的方式,通过立法支持可再生能源的发展。完善可再生能源法律法规,对于进一步促进我国能源立法框架的完整性和科学性具有不可忽视的重要意义。

（二）立法原则

我国对可再生能源立法原则的讨论比较充分。如有的认为,能够贯穿可再生能源开发活动始终的原则主要有政府主导原则、经济刺激原则、鼓励创新原则。有的学者认为,可再生能源的立法应当遵循下列原则:科技先导与制度保障相结合的原则、制度创新与制度移植相结合的原则、经济效益与社会效益相结合的原则、政府调控与市场调节相结合的原则、强制与激励相结合的原则等。[①] 我国《可再生能源中长期发展规划》确立了四项原则:坚持开发利用与经济、社会和环境相协调的原则、坚持市场开发与产业发展互相促进的原则、坚持近期开发利用与长期技术储备相结合的原则、坚持政策激励与市场机制相结合的原则。[②]我国《可再生能源法》则主要体现了四项立法原则:国家责任和全社会支持相结合、政府引导和市场运作相结合、当前需求和长远发展相结合、国内发展和国际经验相结合。这些原则对于引导和鼓励国内外各类经济主体参与利用可再生能源、改善中国不合理的能源结构、促进中国可再生能源发展、助力我国能源安全起到了重要作用。

二、可再生能源法的主要制度

综合欧盟及各成员国、美国、日本等国的可再生能源法和新能源法的主要制度,结合我国《可再生能源法》确定的主要制度,我们认为,可再生能源法应该确立以下六项基本制度:

（一）总量目标制度

总量目标制度是指在一定时期能源消费中可再生能源所占的市场份额要达到规定目标。要达到这个目标,需付出很大的努力。这项制度通过采取强制性政策和措施,使规定的目标如期实现。其含义有两点:(1) 总量目标。这是指一个国家以强制性手段对未来一定时期内可再生能源与新能源等替代能源等发展总量作出一种强制性规定,是必须实现的一个国家目标。(2) 目标的实现手段。这是说必须有一系列的政策措施或机制来保证该制度所确立的目标得以实现。总量目标制度的核心是,国家根据替代能源开发利用的资源条件、经济承受能力、能源需求状况等诸多因素,提出在一定阶段的发展目标,并制定保证总量目

[①] 参见周勇、李燕:《我国可再生能源法若干问题研究》,载《中国矿业大学学报（社会科学版）》2004年第2期。

[②] 参见国家发改委:《可再生能源中长期发展规划》,2007年8月31日。

标实现的具体措施。①

归纳起来,总量目标制度具有如下特征:(1)强制性:总量目标制度是基于强制性立法的制度。(2)战略性:该制度提出国家中长期的可再生能源发展战略目标,是未来相当长一段时间内可再生能源要达到的状态。时间的跨度一般要有10~20年,甚至更长的时间。(3)阶段性:提出的目标一般要分几个阶段来逐步实现。(4)计划性:要制定明确的发展计划达到所提出的战略目标。(5)指导性:该制度对总量目标和保障手段的提出对整个可再生能源产业的发展和市场容量具有明确的前景指示作用。(6)明确性:总量目标具有明确的量的规定(绝对量或相对量)和实现目标的手段,由此可以对未来可再生能源的发展速度、在某段时间里要达到的状态,市场潜力,投资者的获利机会(利润空间)和对国民经济持续发展(社会、经济、资源和环境)等方面作出明确判断。

(二)强制上网制度

强制上网制度是指强制对电网企业作出指示性安排的制度,对电力公司明确了发展替代能源的法定义务。实施该制度,是由新能源和可再生能源等的开发技术和经济特性决定的,因可再生能源缺乏持续性,电网从安全和技术角度考虑,多持有忧虑和抵触心态。在现有技术和经济核算机制条件下,如风力发电、生物质能发电等大多数替代能源的产品还不能与常规能源产品相竞争。因此,实行强制上网,是保障可再生能源产业发展的基本制度,这也是世界大力发展新能源和可再生能源发电国家的通常做法,是可再生能源电力企业得以生存并逐步提高市场竞争力的重要措施。

(三)分类电价制度

制约可再生能源电力开发和发展的主要因素是上网电价。由于可再生能源发电的成本明显高于常规发电成本,难以按照竞价上网机制确定电价,在一定时期内对可再生能源的发电必须实行政府定价,实行根据资源、地区和建设时间因素确定的分类电价制度。

(四)费用分摊制度

这是解决可再生能源发电的额外成本问题的有效措施。总体看来,可再生能源上网电价要高出常规化石能源上网平均电价。但是可再生能源具有良好的生态效应和社会效益,具有很大正外部效益。西方国家的普遍做法是让化石能源使用者分摊新能源和可再生能源成本,如实行上网电价分摊,或对化石能源使用征收生态能源税,而对生物质能源免收生态税。因此可再生能源上网电价高出常规化石能源上网平均电价的差额部分,需要在销售电价中分摊。我国《可再生能源法》对该制度也有相关规定。

(五)优惠补贴制度

可再生能源优惠补贴制度主要包括补贴制度、税收制度、低息贷款制度、价格制度和担保信贷制度。国外各国都针对可再生能源的生产实行优惠政策,只是所实行的优惠政策类型和优惠程度不同。其中,对可再生能源的优惠制度主要有两类:一是鼓励可再生能源产业化和促进可再生能源产业投资的优惠制度,包括优惠定价、投资补贴、税收减免,发电配额比例制度或招投标制度等。这些制度位于供给或生产环节,主要目的是削弱投资者风险,增加投资预期利益,鼓励投资,实现替代能源利用的产业化。另一类是鼓励"绿色能源"消费的各项制度。包括其他化石能源的税收制度、购买可再生能源设备津贴制度、提供低息贷款、购

---

① 参见李俊峰、王仲颖:《中华人民共和国可再生能源法解读》,化学工业出版社2005年版,第16、22页。

买多余电力、担保信贷等制度。这些是消费环节的鼓励制度,主要用于鼓励消费者购买或使用可再生能源。

(六) 强制配额制度

其主要做法是通过立法手段,明确可再生能源在全部能源消费中的比例,并将这一责任强制性地落实到能源供应商或能源销售商,甚至能源消费大户身上。对能源供应商而言,就是要求他们生产一定比例的可再生能源;对能源销售商而言,就是要求他们在销售的能源总量中可再生能源必须占据一定的比例;对消费大户而言,就是要求他们在能源消费中使用一定比例的可再生能源。

但是,为了培育可再生能源发电的市场竞争能力,促进和鼓励相关科技的进步,上述各项制度不应该成为投机者的天堂,需要不断、适时降低或者调整各种扶持力度,并在它具有市场竞争力的时候,取消相关扶持(政策)。

三、从立法现状及国外经验看我国可再生能源立法的发展完善

我们应该结合我国能源开发、利用、供应、服务、安全及其管理的特点和实践,结合应对气候变化和环境保护的需要,顺应可再生能源法发展的趋势,努力实现可再生能源法的本土化,进一步发展和健全具有中国特色的可再生能源法律体系,促进我国可再生能源的开发利用和可持续发展。[①]

根据我国目前的可再生能源立法现状和存在的问题,借鉴美、德的相关立法经验,我们认为,我国应当健全以《可再生能源法》为基础、在可再生能源各种技术的分类立法和地方立法为主干、以其他相关立法和政策为补充的可再生能源政策法律体系,并着力解决目前立法体系存在的法规不够齐全、配套,综合性的能源基本法还没有出台,有些可再生能源立法还相当欠缺、立法效力级别较低、法律制度不够健全,可再生能源法律与应对气候变化联系不够密切等问题。以此为目标,我国应该在以下四个方面对我国的可再生能源法律体系予以完善:

(一) 从政策性立法向应用性立法转变

不论是美国还是德国的可再生能源立法,都非常注重其法规的应用性,因此,其法律规定的技术性与实践性都较强,在推进可持续能源发展的过程中都发挥了重要的作用。而我国现行能源立法,无论是《可再生能源法》还是《节约能源法》,甚至未来待出台的《能源法》,都有一个共通的特点,就是内容规定得较为抽象而不具体,往往只是作一些原则性、方向性的规定,而具体内容则有待有关部门通过制定具体办法来加以细化。如果配套制度没有跟进或者一些具体规定未能及时出台,这些具有较强政策性和宣示性的抽象内容,在适用上就容易落空。法律是社会关系的调节器,是用来解决社会现实问题的有效工具。从某种意义上来说,正是问题的存在催生了立法的需求。可再生能源立法,需要结合法律的应用特点和各种可再生能源的特性,增强可操作性,实现从政策性立法向应用性立法的转变。当然,这种转变并不是要否定政策,而是要在法律与政策之间实行合理衔接。这种转向,应该主要表现在:

一是淡化政策性和政治性的规定,强化法律的规范功能。《可再生能源法》除应规定原

[①] 参见蔡守秋:《我国可再生能源立法的现状与发展》,载《中州学刊》2012年第5期。

则性、方向性的内容外,更应规范各类法律主体的行为,在法律上明确政府及相关主管部门、能源企业、中介组织和社会公众等的法律地位、权利义务与法律责任。如在立法内容上,可在下列方面细化各类主体的规定:政府负责可再生能源基础研究的投入和实验示范,并对可再生能源市场依法进行调控和监管,维持良好的竞争秩序;企业根据政策导向和市场需求决定是否商业化和规模化发展;而可再生能源发电的交易则应充分利用市场机制,发挥经济激励的功能,并将可再生能源的利用与环境保护相联系起来,强化公众可再生能源法制意识,倡导对可再生能源的积极消费,开拓可再生能源发电的市场需求等。

二是突出可再生能源的特色性,从一般性的泛化立法向技术性立法转变。可再生能源的立法,需要在正确把握各种可再生能源的属性、优劣势、地域分布与结构特点、开发利用技术与方式、开发利用现状与前景等的现实基础上,进行有针对性的专门立法,而不只是大而化之的一般性规定。我国可再生能源立法,应结合我国可再生能源技术发展状况,在《可再生能源法》中实现可再生能源规律与法律规律的结合,体现"技术法"的特点。

(二) 与其他法律制度相协调

可再生能源立法所存在的相关法律或法规不相协调的现实,决定了必须从立法上对该领域的立法冲突问题予以解决。这一问题的解决,要求与可再生能源相关的法律规定皆应系统化,相互之间形成一个内在统一的制度体系。基于此,必须理顺《可再生能源法》与其他相关立法的关系,使这些相关立法共同促进可再生能源的发展。

具体而言,不仅要理顺各种立法主体及其立法权限,而且还要在立法思路上打破惯常的思维,突破传统部门法的限制,建构起综合的可再生能源法体系。首先,应弥合传统部门法划分所形成的"割裂"状态,在调整方法上打破一元化的单向调整格局,实行全面、综合调整。可再生能源的开发利用,是一个极为复杂的综合性问题。它涉及技术、市场、政府、开发利用者等诸多方面的问题,仅靠某一个法律部门来调整是难以发挥作用的。要对其进行有效的规制,就必须借助多个法律部门的不同调整方法,否则难见其效。其次,应理顺可再生能源立法中各相关制度的关系,实现各种制度的有机协调。在与相关制度的衔接配套方面,不仅要在可再生能源的立法范围内解决好各种形式的立法配套和衔接问题,而且还要在整个能源法体系内考虑各个法律相互间的配套和衔接问题。如此,这样一种相互之间协调、配合和统一的法律体系及其制度,就可形成对可再生能源发展的有力支持和保障。具体说来:

首先,在新制定的能源基本法和环境保护基本法中强调和突出可再生能源的开发、利用和管理。我国《能源法》起草工作于 2006 年初正式启动,当年 11 月初步形成能源法大纲。2007 年 3 月形成了能源法工作稿初稿,从 2007 年 12 月 1 日起,有关部门通过新闻媒体和互联网等渠道公开向社会各界征集对《能源法》(征求意见稿)的修改、完善的意见和建议。作为我国能源领域的基本大法,《能源法》应该强调和突出可再生能源的开发、利用及其管理,只有这样才能确保可再生能源在我国能源开发、利用、分配、供应、安全保障和结构调整中的战略地位,促进其可持续发展。可再生能源是不含碳或者含碳很少、对环境影响小的能源,我国环境保护基本法应该明确规定可再生能源在我国污染防治和环境保护中的重要地位和作用。

其次,将制定《应对气候变化法》或《低碳经济促进法》与修改《可再生能源法》紧密结合起来。我国现行《可再生能源法》中没有提到应对气候变化和发展低碳经济,这是一个缺陷。目前有关部门正在酝酿制定《应对气候变化法》或《低碳经济促进法》和修改《可再生能源法》。开发利用可再生能源是应对气候变化和发展低碳经济的基本途径,应该将两者紧密结合起来,将开发、利用、消费可再生能源作为《应对气候变化法》或《低碳经济促进法》的一项重要内容,并在今后修改《可再生能源法》时明确规定开发利用可再生能源对减缓和适应气候变化的作用。

（三）实行分别立法的立法模式

德国关于可再生能源的分别立法及其在实践中的成功经验给了我们很大的启示。可再生能源包括风能、太阳能、水能、生物质能、地热能、海洋能等非化石能源,不同种类的可再生能源有不同的特点和使用范围。为了促进开发利用可再生能源的法律化、制度化,应该实行"一种可再生能源一部法"的立法模式,创造条件分别制定《风能条例》《太阳能条例》《水能条例》《生物质能条例》《地热能条例》《海洋能条例》等法规或规章,分别规定各种可再生能源的开发、利用政策和管理办法。

（四）进一步发挥政府在促进可再生能源发展方面的主导作用,以及法律对发展可再生能源的引导和促进作用

一般而言,是开发利用可再生能源还是继续开发利用传统、常规的化石能源,在传统上属于企业和个人的自由,基本不具备法律可责性,即很少或很难将不开发利用可再生能源的行为视为违法犯罪行为。从法律角度看,这涉及如何处理法律和道德的关系问题。毫无疑问,积极开发、利用、消费可再生能源有利于环境保护和减缓气候变暖,这是一种善举和美德,我们应该大力提倡和鼓励企业和个人开发、利用、消费可再生能源。但是,法律不同于道德,法律一般不直接规定企业和个人开发利用可再生能源的强制性义务,而是通过规定政府有关可再生能源的责任和出台奖励政策来促进自觉开发、利用、消费可再生能源的"善行"。因此,今后我国可再生能源立法应将重点放在规范政府能源行为和严格政府对促进可再生能源开发利用的责任方面,应该继续从立法上规范政府的能源行为,强调政府在促进可再生能源方面的模范带头作用和责任,明确政府有提倡、鼓励、奖励、保护和保障企业及个人自觉开发、利用、消费可再生能源的责任,进一步完善政府可再生能源责任制和问责制,充分、有效地发挥政府在发展可再生能源方面的主导作用。

思考题

1. 我国各个区域在可再生能源利用方面各自有哪些优势?
2. 太阳能光伏发电在家用和商业并网发电方面,是否真的在价格、便捷程度、技术、利用等方面同大网优质电力相比有更大的优势?
3. 你所在的地区在实际生活中有哪些实际利用开发的可再生能源?
4. 可再生能源利用的局限性在哪里,以某一具体类型能源试举一二。
5. 政府、企业、个人在可再生能源的利用中各自应当扮演什么角色?发挥什么作用?

思考方向:了解各地区能源的特点,因地制宜,从当地的自然环境、人文环境、经济基础等多方面考虑当地的能源建设实际。

拓展阅读

1. 龚向前:《气候变化背景下能源法的变革》,中国民主法制出版社 2008 年版。
2. 李艳芳等:《新能源与可再生能源法律与政策研究》,经济科学出版社 2015 年版。
3. 肖江平:《我国〈可再生能源促进法〉的制度设计》,载《中国法学》2004 年第 2 期。
4. 马俊驹、龚向前:《论能源法的变革》,载《中国法学》2007 年第 3 期。

主要参考文献

一、图书

肖乾刚、魏宗琪编著:《能源法教程》,法律出版社1988年版。
肖乾刚、肖国兴:《能源法》,法律出版社1996年版。
吕振勇:《能源法简论》,中国电力出版社2008年版。
黄振中、赵秋雁、谭柏平:《中国能源法学》,法律出版社2009年版。
吕振勇主编:《能源法导论》,中国电力出版社2014年版。
王文革、莫神星主编:《能源法》,法律出版社2015年版。
李响、陈熹、彭亮编著:《能源法学》,山西经济出版社2016年版。
安建主编:《中华人民共和国节约能源法释义》,法律出版社2007年版。
龚向前:《气候变化背景下能源法的变革》,中国民主法制出版社2008年版。
胡德胜编著:《美国能源法律与政策》,郑州大学出版社2010年版。
李显冬:《矿业权法律实务问题及应对策略》,中国法制出版社2012年版。
李艳芳等:《新能源与可再生能源法律与政策研究》,经济科学出版社2015年版。
吕江:《英国新能源法律与政策研究》,武汉大学出版社2012年版。
王曦编著:《国际环境法》(第二版),法律出版社2005年版。
卫德佳:《石油天然气法律制度研究》,石油工业出版社2010年版。
魏铁军:《矿业权交易适用法律文书示范文本与法律依据》,中国法制出版社2015年版。
叶荣泗、吴钟瑚:《中国能源法律体系研究》,中国电力出版社2006年版。
张勇:《能源基本法研究》,法律出版社2011年版。
仲淑姮:《煤炭开发的环境成本研究》,冶金工业出版社2012年版。
〔美〕阿兰·兰德尔:《资源经济学》,施以正译,商务印书馆1989年版。
〔英〕艾琳·麦克哈格等:《能源与自然资源中的财产和法律》,胡德胜等译,北京大学出版社2014年版。
井志忠:《从垄断到竞争——日美欧电力市场化改革的比较研究》,商务印书馆2009年版。
〔荷〕尼科·斯赫雷弗:《可持续发展在国际法中的演进:起源、涵义及地位》,汪习根、黄海滨译,社会科学文献出版社2010年版。
世界环境与发展委员会:《我们共同的未来》,王之佳等译,吉林人民出版社1997年版。
〔美〕约瑟夫·P. 托梅因、〔美〕理查德·D. 卡达希:《美国能源法》,万少廷译,法律出版社2008年版。
朱轩彤:《中国参与全球能源治理之路》,国际能源署2016年版。
BP, *Statistical Review of World Energy 2015*.
BP, *Statistical Review of World Energy 2016*.
IEA, *Energy Efficiency Market Report 2015*.
IEA, *Tracking Clean Energy Progress 2016*.
IEA, *World Energy Outlook 2015*.
IEA, *World Energy Outlook 2016*.
IEA, *World Energy Outlook Special Report 2016: Energy and Air Pollution*.
Martha M. Roggenkamp, et al, *Energy Law in European: National, EU and International Law and

Institutions, Oxford University Press, 2001.

N. Gregory Mankiw, *Principles of Economics* (6th ed.), South-Western Cengage Learning, 2012.

Rafik Hirji, Richard Davis, *Environmental Flows in Water Resources Policies, Plans, and Projects: Findings and Recommendations*, World Bank, 2009.

Raphael J. Heffron, *Energy Law: An Introduction*, Springer, 2015.

Tom Tietenberg, *Environmental and Natural Resources Economics*, Addison Wesley, 2002.

二、文章

陈维春:《法国核电法律制度对中国的启示》,载《中国能源》2007年第29期。

代海军:《从〈煤炭法〉修改看煤炭生产许可制度改革》,载《中国能源》2014年第36期。

格雷克等:《气候变化和科学的整体性》,胡德胜译,载《西安交通大学学报(社会科学版)》2010年第4期。

胡德胜:《"公众参与"概念辨析》,载《贵州大学学报(社会科学版)》2016年第5期。

胡德胜:《论我国环境违法行为责任追究机制的完善》,载《甘肃政法学院学报》2016年第2期。

胡德胜:《论我国能源监管的架构:混合经济的视角》,载《西安交通大学学报(社会科学版)》2014年第4期。

江泽民:《对中国能源问题的思考》,载《上海交通大学学报(自然科学版)》2008年第3期。

李瑞峰:《关于煤炭规划体制的思考》,载《煤炭工程》2011年第4期。

李兴国:《新时期制定我国石油天然气法之思考》,载《西北农林科技大学学报(社会科学版)》2008年第6期。

李艳芳:《论我国〈能源法〉的制定——兼评〈中华人民共和国能源法〉(征求意见稿)》,载《法学家》2008年第2期。

马俊驹、龚向前:《论能源法的变革》,载《中国法学》2007年第3期。

任德曦、胡泊:《关于我国核电安全、高效发展与经济发展相均衡的探讨》,载《中外能源》2013年第18期。

沈陵:《国外天然气立法经验与借鉴》,载《天然气技术》2007年第6期。

石少华:《法治何以推动能源革命》,载《能源评论》2015年第4期。

苏苗罕:《能源普遍服务的法理与制度研究》,载《法治研究》2007年第10期。

田国兴:《我国石油天然气法律制度完善研究》,载《湖北社会科学》2012年第3期。

肖国兴:《论〈能源法〉的理性及其法律逻辑》,载《中州学刊》2007年第4期。

肖国兴:《论能源战略与能源规划的法律界定》,载《郑州大学学报(哲学社会科学版)》2009年第3期。

肖江平:《我国〈可再生能源促进法〉的制度设计》,载《中国法学》2004年第2期。

肖乾刚:《中国能源立法与能源法学科的创建与发展》,载《中德法学论坛》(第9辑),2012年。

杨泽伟:《国际能源法——国际法的新分支》,载《武大国际法评论》2009年第2期。

叶荣泗:《回顾与展望改革开放以来的我国能源法制建设》,载《郑州大学学报(哲学社会科学版)》2009年第3期。

张璐:《论我国能源法律体系的应然构建与完善发展》,载《北京理工大学学报(社会科学版)》2011年第5期。

张淑英:《论天然气输配领域的自然垄断与监管》,载《西南石油大学学报(社会科学版)》2009年第4期。

郑佳宁:《能源市场准入法律制度的思维架构》,载《中国政法大学学报》2011年第4期。

David B. Spence, Robert Prentice, "The Transformation of American Energy Markets and the Problem of Market Power", *Boston College Law Review*, Vol. 53 (2012).

Desheng Hu, Shengqing Xu, "Opportunity, challenges and policy choices for China on the development of shale gas", *Energy Policy*, Vol. 60 (2013).

Iana Dreyer, Gerald Stang, "What energy security for the EU", *Brief*, Vol. 39 (2013).

R. H. Coase, "The Problem of Social Cost", *Journal of Law & Economics*, 1960, Vol. 3 (1960).

Raphael J Heffron, Kim Talus, "The development of energy law in the 21st century: A paradigm shift?", *Journal of World Energy Law and Business*, Vol. 1 (2016).

Raphael J. Heffron, Kim Talus, "The evolution of energy law and energy jurisprudence Insights for energy analysts and researchers", *Energy Research & Social Science*, Vol. 19 (2016).